W0064610

Kohlhammer

DIAKONIE
Bildung – Gestaltung – Organisation

Herausgegeben von

Jürgen Gohde
Hanns-Stephan Haas
Klaus Hildemann
Beate Hofmann
Heinz Schmidt
Christoph Sigrist

Band 14

Hanns-Stephan Haas
Dierk Starnitzke (Hrsg.)

Diversität und Identität

Konfessionsbindung und Überzeugungspluralismus
in caritativen und diakonischen Unternehmen

Verlag W. Kohlhammer

1. Auflage 2015

Alle Rechte vorbehalten
© W. Kohlhammer GmbH, Stuttgart
Gesamtherstellung: W. Kohlhammer GmbH, Stuttgart

Print:
ISBN 978-3-17-029057-0

E-Book-Formate:
pdf: ISBN 978-3-17-029058-7
epub: ISBN 978-3-17-029059-4
mobi: ISBN 978-3-17-029060-0

Inhaltsverzeichnis

1. Die Thesen des Brüsseler Kreises

2. Kommentare zu den Thesen des Brüsseler Kreises

Theologische, kirchliche und diakonische Beiträge

3. Ergebnissicherung und Ausblick

Geleitwort

Die Förderung des gesellschaftspolitischen Austausches über aktuelle Herausforderungen und Perspektiven der sozialen und gesundheitlichen Dienstleistungserbringung ist ein bedeutsamer Arbeitsschwerpunkt des Brüsseler Kreises. Der Brüsseler Kreis ist ein Zusammenschluss von dreizehn gemeinnützigen Unternehmen aus Diakonie und Caritas, die sich als innovative Dienstleister in der Sozial- und Gesundheitswirtschaft verstehen. Auf Basis des christlichen Menschenbildes werden Dienstleistungen in den Bereichen Jugendhilfe, Behindertenhilfe, Altenhilfe, Bildung, berufliche und medizinische Rehabilitation sowie im Gesundheitswesen erbracht.

Die Gewinnung von Fachkräften zur Aufrechterhaltung einer qualitativ hochwertigen Dienstleistungserbringung stellt vor dem Hintergrund des demographischen und gesellschaftlichen Wandels eine zunehmende Herausforderung insbesondere für sozialwirtschaftliche Unternehmen dar. Durch die fortschreitende Säkularisierung der Gesellschaft potenziert sich dieses Thema für die konfessionell gebundenen Mitgliedsunternehmen Regionenspezifisch noch weiter, da der Rekrutierungsprozess von qualifiziertem Personal aufgrund der Kirchenmitgliedschaft an zusätzliche Bedingungen geknüpft ist.

Dies führt die Unternehmen des Brüsseler Kreises zu einer Auseinandersetzung mit der Frage: Wie können wir die für uns unverzichtbare christliche Identität bewahren und gleichzeitig einen bereits begonnenen Wandlungsprozess im Bereich der Personalentwicklung aktiv mitgestalten? Unserem Selbstverständnis entspricht es, die damit verbundene Auseinandersetzung mehr als theologischen Diskurs, denn als Problem der Personalakquise zu führen.

Somit greift das vorliegende Werk diese Thematik insbesondere aus theologischer Perspektive auf und führt die im Jahr 2013 verabschiedeten Thesen des Brüsseler Kreises zum "Konfessionsgebundenen Überzeugungspluralismus" weiter aus. Darüber hinaus macht es diese für Kommentatoren aus den unterschiedlichsten Fachbereichen zugänglich.

In der Tradition der bisherigen Veröffentlichungen des Brüsseler Kreises steht auch hier die Diskussion klar vor der Deklaration. Auch wenn die Ausführungen nicht die jeweiligen Einzelpositionen der Mitgliedsunternehmen wiedergeben, zeigen sie doch eine Richtung für eine wünschenswerte Diskussion auf, die aus unternehmerischer Sicht notwendig ist.

Großer Dank gebührt insbesondere den beiden Herausgebern Prof. Dr. Hanns-Stephan Haas und Prof. Dr. Dierk Starnitzke, deren Wirken für die Veröffentlichung maßgeblich war. Weiterhin danken wir den Kommentatoren für ihre kritische Auseinandersetzung mit den Thesen des Brüsseler Kreises sowie den an der Erstellung der Thesen beteiligten Mitgliedern der Arbeitsgruppe.

Die Leserinnen und Leser laden wir herzlich ein, sich kritisch mit den Thesen und den Kommentaren auseinanderzusetzen und sich an der weiteren Diskussion zu beteiligen.

Für den Brüsseler Kreis

Georg Kruse   Daniel Kiesel

Vorwort

„Diversität und Identität" – schon im Hinblick auf den Titel gab es mehrere Zwischenstände, die einen lebhaften Prozess erkennen lassen. Am Beginn stand eine kleine Arbeitsgruppe des Brüsseler Kreises, die sich eingegrenzt mit der Frage beschäftigte, ob und wie weit sich Unternehmen aus Caritas und Diakonie gegenüber Mitarbeitenden aus anderen Religionsgemeinschaften öffnen sollen und können. Schon bei dieser engeren Fragestellung tat sich ein Spannungsfeld auf. Einerseits gibt es Arbeitsfelder, die aufgrund der besonderen Zielgruppe (z. B. Kinder mit Migrationshintergrund in konfessionellen Kindertagesstätten oder Beratungsstellen) die Einbindung von Mitarbeitenden anderer Religionen sinnvoll erscheinen lassen, oder in denen bei der Personalrekrutierung das Zugehen auf Menschen anderer Religionen sogar schlicht notwendig ist. Andererseits schlug sich in unserem ersten Arbeitstitel „Konfessionsgebundener Religionspluralismus" zugleich der andere Brennpunkt nieder: das Interesse unserer Unternehmungen, die eigene christliche Identität bewahren und gestalten zu wollen.

Den engeren Fragekreis einer Öffnung auf andere Religionen verließen die Überlegungen erkennbar mit dem Arbeitstitel „Konfessionsbindung und Überzeugungspluralismus". Das neue Kunstwort „Überzeugungspluralismus" trug dabei in besonderer Weise den extrem unterschiedlichen Kontexten unserer Unternehmen Rechnung. Hier zeigte sich nämlich, dass für viele Unternehmen die Öffnung für andere Religionen nicht die einzige relevante Herausforderung war. Denn nicht nur in den neuen Bundesländern vollzieht sich die Personalgewinnung nicht in religiösen Milieus, sondern in stabiler Konfessions- und Religionslosigkeit. Dadurch stießen wir unausweichlich auf die Säkularisierung als Megatrend der Moderne, der die Konfessionszugehörigkeit nicht mehr als den fraglosen Grundstein jeder Personalgewinnung anzusehen erlaubt. Im Zuge dieser Überlegung beschäftigten wir uns zunehmend mit der Frage, ob die Konfessionsbindung oder, wie wir im Laufe der Zeit präziser zu sagen lernten, die Konfessionsorientierung als Merkmal und Gestaltungsaufgabe der christlichen Unternehmen und nicht als Einlassbedingung der einzelnen Mitarbeitenden zu sehen sind.

Die Arbeitstitel sollten noch mehrfach geändert werden, bis sie mit „Diversität und Identität" ihre endgültige Gestalt fanden. In diesem Titel sahen wir die Chance, Pluralität nicht als eine Identitätsbedrohung behandeln zu müssen, sondern die Vielfalt in Alter, Geschlecht und Kultur nun auch auf die Überzeugungen unserer Mitarbeitenden beziehen zu können. Sich der Verschiedenartigkeit der Menschen zu öffnen ist kein bedauerliches Zugeständnis an die Rahmenbedingungen unserer Zeit, sondern Ausdruck unserer christlichen Sicht auf den Menschen und die Gesellschaft: Verschiedenartig-keit, nie zu verwechseln mit Beliebigkeit, als Reichtum zu verstehen, war uns auf der Basis unserer Orientierung am Leitgedanken der Inklusion ein Anliegen, das wir um der Identität unserer Unternehmen Willen und nicht nur wegen eines schwierigen Personalmarktes behandeln wollten. Dass das Stichwort „Inklusion" bei der Titelsuche lange auf der Themenliste stand, wird auch von daher niemanden wundern.

So sehr die Titelsuche variierte, war uns die Gestalt, in der wir die anstehen-den Fragen behandeln wollten, von Beginn an klar. Wir wollten von anderen lernen und den Prozess des voneinander Lernens fair dokumentieren. Nach der Abfassung der knappen Thesen des Brüsseler Kreises, an der wir als Herausgeber intensiv beteiligt waren, und einer ausführlicheren Kommen-tierung wollten wir in der Breite zum Diskurs darüber einladen, um den Prozess weitertreiben zu können. Wir wollten Vertreterinnen und Vertreter anderer Religionen und Überzeugungen um ihre Einsichten bitten, wir erba-ten Rückmeldung aus der Perspektive von relevanten Fachdiskursen, von Verantwortlichen aus Kirche und Verbänden. Nicht überall stießen wir auf bereitwillige Aufnahme unseres Diskursangebotes, in vielen Fällen sicher der Komplexität und Aktualität der Thematik geschuldet, in manchen auch der Scheu, sich zu diesem gesellschaftlich und (kirchen)politisch brisanten Thema öffentlich zu äußern. Wo wir aber diese Aufnahme erfuhren, wurden wir reich belohnt durch die vielfältigen Anregungen, die wir für uns und nun in der Weitergabe für die Leser erhalten haben. Selbst wo die Autorinnen und Autoren meinten, die Randständigkeit ihrer Perspektive einräumen zu müssen, erschließt sich ein Reichtum, der bestätigt, dass Diversität und Identität sich nicht ausschließen, sondern definitiv befördern. Die Passung von Inhalt und Weg hat sich aus unserer Sicht vollumfänglich erwiesen mit dem klaren Ergebnis: Wir profitieren als christliche Unternehmen davon, wenn wir uns in die intensive Auseinandersetzung mit anderen Religionen und Überzeugungen, mit anderen Fachdiskursen und Verantwortungsträgern begeben.

In konsequenter Fortführung des Prozesses legen wir die eingesam-melten Stellungnahmen nun einer breiteren Öffentlichkeit vor, damit sie dort weiter diskutiert werden. Wir tun dies in der Gewissheit, dass sich durch neue Stimmen neue Einsichten und auch Korrekturen ergeben werden. Bewusst halten wir uns diesen verändernden Einsichten gegenüber offen und nehmen dies auch für uns persönlich in Anspruch.

Wir betonen dabei, dass die hier vorgelegten Thesen weder eine Positions-bestimmung der Mitgliedsunternehmen des Brüsseler Kreises noch unserer eigenen Stiftungen Alsterdorf und Wittekindshof wiedergeben. Wir sind aber überzeugt, dass der durch diesen Band angeregte Diskurs notwendig, sinn-

voll und nicht länger verschiebbar ist und dass er nicht nur in unseren Stif-
tungen und den Unternehmen des Brüsseler Kreises, sondern auch in anderen
Einrichtungen von Diakonie und Caritas sehr hilfreich sein kann, um zu einer
eigenen Positionierung zu finden. Unsere Hoffnung ist dabei, dass unsere
Thesen von Seiten der verfassten Kirchen als aufrichtige Suche nach einer
Stärkung des eigenen konfessionellen und theologischen Profils verstanden
werden, die in Zeiten einer pluralen Gesellschaft unerlässlich ist. Formale
Bestimmungen wie z. B. Satzungen oder Loyalitätsrichtlinien müssen ja mit
konzeptionell gut begründeten Inhalten gefüllt und manchmal auch verändert
werden. Dabei mag der hier geführte Diskurs weiterhelfen. In diesem Sinne
wünschen wir uns für weitere Schritte in die skizzierte Richtung ausdrücklich auch die kirchliche Anerkennung und Unterstützung.

Dass der in diesem Buch dargestellte Diskurs überdies Freude vermittelt
hat und uns in unserem theologischen Nachdenken weiter gebracht hat, ist
eine Erfahrung auf dem Weg bisher, für die wir vor allem den Autorinnen
und Autoren dieses Bandes zu danken haben. Wir danken auch dem Kohl-
hammer-Verlag, namentlich Florian Specker als verantwortlichem Lektor,
der als katholischer Theologe sich für das Erscheinen in der Diakonie-Reihe
eingesetzt hat. Gelebte Diversität hat immer wieder gute Auswirkungen.
Unser persönlicher Dank gilt Simon Ulrich, der nicht nur die Mühsal der
Druckvorlagenerstellung geduldig auf sich genommen hat, sondern durchgängig unser inhaltlicher Gesprächspartner mit klugen Anregungen und
Kommentierungen war. Unser besonderer Dank gilt den Kolleginnen und
Kollegen im Brüsseler Kreis für vielfältige Unterstützung auf dem Weg. Es
ist gut, sich in dem gemeinsamen Ringen um die richtigen Wege in einer
guten Gemeinschaft mit Menschen unterschiedlicher Konfessionen zu wissen.

Bad Oeynhausen und Hamburg im Dezember 2014

Dierk Starnitzke   Hanns-Stephan Haas

Einleitung: Konfessionsgebundener Überzeugungspluralismus – Stationen eines Weges

Hanns-Stephan Haas/Dierk Starnitzke

Bereits 2012 bildete sich eine Arbeitsgruppe von Unternehmensverantwortlichen aus Caritas und Diakonie,[1] die im sog. „Brüsseler Kreis" (BK)[2] zusammengeschlossen sind. Ihr Ausgangspunkt war der zu vermutende Engpass in der Personalrekrutierung und damit die Grundfrage: Wie kommen wir in Zukunft noch zu qualifizierten Mitarbeitenden in unseren Handlungsfeldern von Pflege, Medizin, Assistenz, Jugendhilfe, Bildung und Berufsförderung? – Eine besondere Zuspitzung erfährt diese Frage dadurch, dass in den meisten der über das gesamte Bundesgebiet verstreut arbeitenden Unternehmen besondere Vorbedingungen der Kirchenmitgliedschaft die Personalgewinnung zusätzlich prägen. Für die Arbeitsgruppe war aber von Beginn an wichtig, dass sie im Kern keine personalstrategische Frage bearbeiten wollte, sondern eine inhaltliche: Welche Überzeugungen prägen unsere Unternehmen und wie realisieren wir sie in einem veränderten Personalmarkt?

Diese Fragestellung bearbeiteten die Mitglieder des BK nur exemplarisch, betrifft sie doch gleichermaßen alle konfessionsgebundenen Unternehmen und damit etwa eine Million Mitarbeitende in Caritas und Diakonie. Auch aus diesem Grund und auf der Suche nach tragfähigen theologischen Grundlagen erweiterte sich die Arbeitsgruppe um einen weiteren, diskurserfahrenen Theologen[3]. Von Beginn an war geplant, zu einem späteren Zeitpunkt weitere Diskurspartner aus Kirche, anderen Religionen und weltanschaulichen Hintergründen in den Prozess einzubeziehen, und wir als Herausgeber des vorliegenden Bandes übernahmen für dieses verabredete Vorgehen die Federführung.

Unsere Zusage lösen wir nun sukzessive ein. Im März 2013 verabschiedete die Mitgliederversammlung des BK ein aus fünf Thesen bestehendes

---

[1] Namentlich beteiligt waren Michael Bartels (Pommerscher Diakonieverein), Prälat Michael H. F. Brock (Stiftung Liebenau), Dieter Czogalla (Sozialwerk St. Georg), Christian Dopheide (Hephata Mönchengladbach), Martin von Essen (Ev. Johannesstift, Berlin) und Hanns-Stephan Haas (Evangelische Stiftung Alsterdorf).

[2] Im BK haben sich 13 Unternehmen aus Caritas und Diakonie zusammengeschlossen, die sich auf Basis eines christlichen Menschenbildes als innovative Dienstleister verstehen. Zu Selbstverständnis und Programmatik vgl. www.bruesseler-kreis.de (23.10.2014).

[3] Dierk Starnitzke (Wittekindshof).

Positionspapier einstimmig. Die Positionen hatten sich in mehreren Sitzungen des Arbeitskreises herausgebildet und wurden von den Herausgebern stellvertretend formuliert. Verabredet war eine zunächst interne Diskussion mit persönlichen Gesprächspartnerinnen und -partnern aus unseren jeweiligen Kirchen und Verbänden. In einer zweiten Phase übernahmen wir als Herausgeber dieses Bandes eine etwas ausführlichere Begründung und Kommentierung dieses Thesenpapieres, für die wir die alleinige Verantwortung übernehmen, und baten weitere Expertinnen und Experten um Kommentierung. Uns war dabei von Beginn an wichtig, ein möglichst breites Spektrum an Fachleuten einzubinden. So sprachen wir neben Repräsentanten unserer Kirchen und Kirchenjuristen auch Vertreterinnen und Vertreter unterschiedlicher Religionen, einen Religionswissenschaftler und einen Vertreter einer humanistischen Position ohne religiöse Konfession an. Der Reigen schloss sich durch besondere Fachperspektiven aus Managementlehre und der Inklusionsdebatte. Der nächste und wichtigste Schritt ist dann die breite Diskussion in der Öffentlichkeit. Es ist dabei unsere feste Überzeugung, dass sich auch durch sie Positionen verändern können und werden. Für unverzichtbar halten wir aber, dass dieser Diskurs stringent und inhaltlich geführt wird. Schon jetzt danken wir den Erstkommentatoren für ihren zeitlichen Einsatz und ihren Mut, sich in eine brisante Debatte einzubringen.

Personalstrategische Herausforderungen

Schon zu Beginn unserer Überlegungen lagen uns einige Rahmendaten aus unseren Mitgliedsregionen vor und wurden uns Zahlen von Fachleuten vorgetragen, deren Tendenzen jüngst durch die Veröffentlichung der Ergebnisse des Zensus 2011 bestätigt wurden. Um einige Daten aus Hamburg zu nennen, die vergleichbar auch für andere Metropolregionen und konfessionsgebundene Unternehmen gelten:[4]

– Etwa 16 % aller Kinder in Hamburgs Schulen sind noch evangelisch getauft. Die Zahl der katholisch getauften ist noch geringer.
– Rund 33 % der unter 18-Jährigen geben evangelisch oder katholisch als ihre Religionszugehörigkeit an, bei den über 50 Jährigen tun dies rund 42 %.
– In der Alterskohorte der jetzt 6–18-Jährigen kommen in Hamburg 40 % der Kinder und Jugendlichen aus Familien mit Migrationshintergrund. Im Regelfall handelt es sich dabei um Familien mit nicht-christlicher Prägung.

---

[4] Die Zahlen des Vortrags konnten nicht verifiziert werden, die Ergebnisse des Zensus 2011 sind u. a. online abrufbar unter https://ergebnisse.zensus2011.de (01.10.2014).

– Schon jetzt sind ganze Unternehmensteile einer Sozialorganisation wie der Evangelischen Stiftung Alsterdorf nicht mehr aufrechtzuerhalten, wenn die Konfessionsbindung zur Voraussetzung der Anstellung gemacht wird. Das gilt nicht nur für besonders relevante Mangelberufe wie z. B. Ärzte oder Lehrer, sondern auch für Spezialgebiete wie z. B. die Epileptologie. Die dort benötigten Fachkräfte für das Monitoring sind in der Regel konfessionslos.

Dass es sich hier nicht nur um ein Hamburger Problem handelt, wird schnell deutlich. Alle Großstädte verzeichnen die gleiche Tendenz bei unterschiedlichen Ausgangssituationen. Wir haben ein Süd-Nord Gefälle in der Konfessionsbindung und vielleicht mehr noch ein West-Ost Gefälle.[5] Ein Kollege in unserem Arbeitskreis aus den neuen Bundesländern stellte schon vor Jahren fest: „Auf Kirchenbindung kann ich schon lange nicht mehr achten, ich habe schon genug damit zu tun, keine Rechtsradikalen anzustellen."

Zwischen Stadt und Land bestehen ebenfalls große Unterschiede. Die aber können sich schnell nivellieren, wenn soziale Unternehmen im ländlichen Raum es ohnehin schwerer haben werden, Mitarbeitende, besonders jüngere Mitarbeitende und noch mal gesteigert Mitarbeitende für Mangelberufe zu gewinnen.

Die grundlegende Problematik wird deutlich, wenn man sich die Kirchenmitgliedschaftsentwicklung im Ist-Stand klarmacht und die Entwicklung in den letzten zehn Jahren vergegenwärtigt.[6]

Wer heute Unternehmensverantwortung in einer „intakten" Region trägt, bei Stellenausschreibungen noch eine Flut von Bewerbungen Konfessionsgebundener auslöst, sollte wissen, dass sie oder ihn das gleiche Problem treffen wird, möglicherweise nur mit einer Zeitverzögerung. Die Attraktivität sozialer und medizinischer Berufe wird uns in einer unterjüngten Gesellschaft ohnehin genug Kopfschmerzen bereiten. Jede Anstellungsbarriere kann hier schneller als erwartet in einen Personalengpass führen.

---

[5] Vgl. hierzu D. Pollack/O. Müller (2013).
[6] Die Zahl der Austritte aus der evangelischen und der katholischen Kirche übersteigt die Zahl der Eintritte in diesem Zeitraum jährlich um das Zwei- bis Fünffache. Vgl. Statistisches Bundesamt (2012), S. 65.

Akzeptanz der Kirchenzugehörigkeitspflicht innerhalb der Unternehmen

Vielleicht könnte man mit dem Problem gelassener umgehen, wenn diejenigen, die im System sind, mit der Situation hoch zufrieden wären. Für einen Moment sei einmal der Traum geträumt, dass diejenigen, die im diakonischen oder caritativen Unternehmen arbeiten, entweder die Konfessionsbindung als fröhliche Überzeugung in den Arbeitsalltag einbringen oder als sinnvolle Bindung für sich entdecken. Dass es beide Personengruppen gibt, ist ebenso wahr wie ein wertvoller Schatz in konfessionsgebunden Unternehmen. Der Regelfall ist es aber nicht. Für viele ist die Kirchenmitgliedschaft eine rein formale Bedingung der Festanstellung. Sie fragen sich, wie ein rein formales Kriterium zum Garanten einer inneren Einstellung und Haltung gemacht werden kann. Sie fragen sich nach der Relevanz der Kirchenmitgliedschaft in der täglichen Arbeit. Sie fragen sich, warum in einer Organisation, in die keine oder keine nennenswerten Kirchensteuermittel einfließen, eine Kirchenmitgliedschaft verlangt werden kann.

Längst stellen die Mitarbeitenden im System aber diese Fragen nicht nur sich selbst, sie stellen sie auch an die Leitungsverantwortlichen. Sie stellen sie zunehmend laut und sie stellen sie schärfer. „Zwang" wird zum beliebtesten Argumentationskompositum: Von „Zwangskirchenmitgliedschaft" ist die Rede, das Geschenk der Taufe wird nicht selten als „Zwangstaufe" empfunden und die finanzielle Seite wird auf den Nenner der „Zwangsabgabe" gebracht. Die Motive hinter den laut gestellten Fragen sind so unterschiedlich wie die Menschen selbst. Da gibt es die, denen der persönliche Glaube gerade auch im diakonischen Unternehmen so wichtig ist, dass sie ihn nicht auf eine formale Zughörigkeitsfrage reduziert wissen wollen. Und da sind die, die gar keinen Unterschied zwischen einer Sozialorganisation in konfessioneller Bindung und einem privaten Unternehmen mehr ausmachen können. Manchen geht es schlicht – und angesichts unserer Entlohnungsstruktur mehr als verständlich – um die Einsparung der Kirchensteuer, anderen darum, dass sie die arbeitsrechtliche Sondersituation lieber durch eine Tarifpartnerschaft ersetzt wissen würden.

Die Bewertung dieser Motive wäre völlig fruchtlos. Sie würde nichts ändern an der ohnehin schon schwierigen Gesprächslage. Wichtiger wären die Antworten, die gegeben werden. Auch sie haben eine hohe Varianz mit starker regionaler und individueller Einfärbung: Da wird auf die besondere Tradition der jeweiligen Unternehmen verwiesen und die besondere Prägung, deren Verlust gerade in die Beliebigkeit sozialer Unternehmen führen müsste. Da werden die besonderen Gestaltungsspielräume eines kirchlich gebundenen Trägers betont. Theologische Argumente mischen sich mit verfassungs- und kirchenrechtlichen Fragen. Hinzu kommen Marketing-gesichtspunkte und finanzielle Folgen. Die Rechtsformen und die Gremien-besetzungen der jeweiligen diakonischen Unternehmen spielen mit hinein. Es sind Überzeugungen und Interessen im Spiel.

Wir werden diesen Argumenten und Fragen, den dahinterstehenden Ebenen und Dimensionen im weiteren Verlauf nachgehen. So oder so kann aber schon hier die Hypothese aufgestellt werden: Keine gegebene Antwort oder kein Argumentationsbündel hat die Diskussion um die notwendige Kirchenmitgliedschaft in diakonischen Unternehmen entschärfen oder auch nur entschleunigen können.

Pragmatismus versus Klärung. Plädoyer für einen unbequemen Weg

Man braucht nicht viel Phantasie, um sich vorzustellen, wie diese Entwicklung weiterlaufen könnte. Der unternehmerischen Caritas und Diakonie wohnt ein gerüttelt Maß an Pragmatismus inne, häufig, aber nicht immer zu ihrem eigenen Vorteil. Die wachsenden Probleme der Mitarbeiterrekrutierung, die steigende Unzufriedenheit der Mitarbeiterschaft, logische Inkonsistenzen einer Beibehaltung des Status quo und die schwer zu findende klare Linie werden zu einer wachsenden Zahl an Sonderregelungen führen. Rechtlich steht zu befürchten oder zu erhoffen, dass der Sonderstatus eines an die Kirchenmitgliedschaft gebundenen Trägers zunehmend angezählt wird. In der Konsequenz wird sich die Kirchenmitgliedschaft immer stärker von einer konstituierenden Bedingung zu einem Gestaltungselement der Unternehmensidentität neben anderen entwickeln. Schwer abzusehen ist dabei, wie sich diese Verschiebungen auf das Verhältnis von unternehmerischer Diakonie und verfasster Kirche auswirken wird. Die Durchgriffsmöglichkeiten der Kirche unterscheiden sich je nach Rechtsform der Organisationen und der Zusammensetzung von Aufsichts- und Leitungsebenen.

Unabhängig von der Frage, welches Szenario einer zukünftigen Entwicklung Wirklichkeit werden wird, unterschreitet nach Meinung der Verfasser ein reines Abwarten und Reagieren den unternehmerischen Gestaltungsauftrag eines christlichen Unternehmens. Vielfältige Gründe können für ein nach vorn gerichtetes Agieren angeführt werden: So liegt es erstens auf der Hand, dass eine reine Traditionsbindung ohne gegenwartsbezogene Aktualisierung leicht erstarren wird. Zweitens hängt an der Stellung eines grundrechtlich abgesicherten kirchlichen Trägers immer noch eine Reihe von Privilegien, deren Aufgabe zumindest gut reflektiert sein sollte. Drittens verbinden sich mit der Positionierung als konfessionsgebundenes Unternehmen auch spezifische Zuschreibungen von Vertrauenswürdigkeit, humanistischer Grundorientierung und Glaubwürdigkeit, deren Anziehungskraft nicht unterschätzt werden sollte.

Inklusion als Treiber der Gesellschafts- und Unternehmensentwicklung

Vor allem ist es eine Grundüberzeugung, die hier kurz entfaltet und im Folgenden in einen breiteren Diskurs eingebracht werden soll, die uns leitet. Sie belegt zugleich, dass das Nachdenken über die Konfessionalität diakonischer Unternehmen nicht nur deshalb notwendig ist, weil sich Opportunitäten und Herausforderungen der Personalgewinnung verändert haben. Es geht im Zentrum der Überlegungen um eine zutiefst inhaltliche Frage nach dem Identitätskern christlicher Unternehmen. Um diesen Gedanken einzuführen, sei nur in Kürze eine Entwicklung gekennzeichnet: In den vergangenen zwei bis drei Jahrzehnten hat sich wie in der Gesamtgesellschaft auch in den Arbeitsfeldern diakonischer Unternehmen die Einsicht durchgesetzt, dass Vielfalt als Ausgangspunkt und Gestaltungskraft von notwendigen Entwicklungen gesehen werden muss. Dem menschenrechtlichen Ansatz, dass Menschen unabhängig von ethnischer Herkunft, Alter, Geschlecht, Religion und sexueller Orientierung gleichberechtigte Träger von Grundrechten sind, entspricht spiegelbildlich, dass in sog. Profit-Unternehmen Vielfalt der Mitarbeitenden nicht mehr als homogenisierungsbedürftige Herausforderung gesehen wurde, sondern als schützenswerte Bereicherung in Organisationen wie in der Gesellschaft insgesamt. Unter dem Stichwort „Diversity" wurde ein breiter Katalog von Maßnahmen entwickelt, um der Vielfalt von Menschen vor allem nach Geschlecht, kultureller Herkunft und Alter einen Entfaltungsraum zu bieten. In ähnlicher Weise setzte sich auch in den sozialen Arbeitsfeldern die Einsicht durch, dass nicht die Schaffung von Sonderwelten und homogenen Milieus, sondern im Gegenteil die geförderte Vielfalt eines Miteinanders der individuellen wie der gesellschaftlichen Entwicklung am ehesten förderlich ist. Entsprechend sind die Anstalten, ursprünglich gegründet als Schutz- und Schonräume für geschlossene Klientengruppen, als ungeeignete Entwicklungshemmnisse in Verruf gekommen und zunehmend zunächst durch dezentrale, kleinere Einheiten und immer stärker durch ambulante, wohnortnahe Betreuungsangebote ersetzt worden. Besondere Anstöße sind dabei von der Eingliederungshilfe und vom Bildungswesen ausgegangen. In der Arbeit mit Menschen mit Behinderung hatte sich bereits unter dem Stichwort „Integration" die Sichtweise vorbereitet, dass die Partizipation an der Gesellschaft ein unteilbares Recht aller Menschen sei. Diese Einsicht wurde unter der Vision der Inklusion überboten durch die besonders im Zusammenhang der UN-Behindertenrechtskonvention stehende Einsicht, dass Menschen unabhängig von ihren Voraussetzungen und Einschränkungen als Teil der Gesellschaft respektiert werden müssen und jeder Aussonderungstendenz von vorneherein entgegenzutreten sei. Im Bildungswesen setzte sich etwa zeitgleich, freilich nicht unwidersprochen, immer mehr die Überzeugung durch, dass das gemeinsame wie individuelle Lernen am ehesten dann gelingt, wenn eine möglichst große Vielfalt von Voraussetzungen in Bildungsprozessen individueller Förderung Berücksichtigung findet, anstatt dass in möglichst homogenen Gruppen am gleichen Gegenstand in einer gemeinsamen Zeittaktung gelernt wird. Ähnliche Grundanstöße einer auf Vielfalt ausgerichteten Sicht der Gesellschaft und einer Vermeidung von Sonderwelten prägen auch die anderen Arbeitsfelder der Diakonie. Unter dem Leitstern der Lebensweltorientierung war die Jugendhilfe schon lange darauf ausgerichtet, die Sonderwelten von Heimen kritisch zu sehen und mit zeitlicher Verzögerung wurde auch die Altenhilfe immer stärker von der Tendenz erfasst, die Heimstrukturen zunehmend durch wohnortnahe Hilfeangebote in den eigenen vier Wänden zu ersetzen.

Partizipierte die Diakonie damit fraglos an allgemeinen gesellschaftlichen Entwicklungen und Fachdiskursen, so war sie doch – mindestens teilweise – selbst Motor dieser Prozesse. Sie verabschiedete sich zunehmend von der Tradition einer fürsorglichen Entmündigung von KlientInnen und betonte den Anschluss an protestantische Werte von Freiheit und individueller Selbstbestimmung. Unterschiedliche Gründe, nicht zuletzt die finanzierungstechnischen Rahmenbedingungen, bringen bis in die Gegenwart hinein retardierende Elemente in das konsequente Umsteuern von Sonderwelten in eine inklusionsorientierte Dienstleistungserbringung. Dennoch lässt sich feststellen, dass die Zielvorstellung der Inklusion auf breiter Front auf Zustimmung gestoßen ist. Entsprechend lässt sich eine entschiedene Rezeption des Begriffes der Inklusion nicht nur in den jeweiligen Fachdiskursen beobachten sondern ebenso auch in den für den ideologischen Überbau besonders relevanten theologischen Disziplinen.

Inklusion in der Mitarbeitendenorientierung

Setzt sich so erkennbar die Einsicht immer mehr durch, dass Vielfalt ein gesellschaftlicher Reichtum und Inklusion eine menschenrechtliche Normvorstellung ist, so erstaunt um so mehr, dass in der Mitarbeitendenorientie-

rung an einer Stelle die Vielfalt in keiner Weise eine wertschätzende Berücksichtigung gefunden hat und die Exklusion die gängige Praxis ist. Denn in
der religiösen Orientierung wird – bei allen Erweichungstendenzen aufgrund
besonderer Rahmenbedingungen – an der monoreligiösen Auswahl festgehalten. Abgewichen wird von diesem Grundsatz nur, wenn die Besonderheiten einer Klientengruppe, man denke etwa an Kindertagesstätten in Stadt-
teilen mit starkem Migrationshintergrund, eine Anstellung von Personen aus
dem gleichen Kulturhintergrund erforderlich erscheinen lassen. Oder eben,
wenn wie erwähnt, der erwünschte konfessionsgebundene Mitarbeitende
nicht zu bekommen ist.

Religionspluralismus, mehr noch Weltanschauungspluralismus wird so,
anders als bei der Klientenorientierung, weder als selbstverständlich noch
erst recht wie in den Dimensionen von Alter, Geschlecht und ethnischer
Herkunft als Bereicherung empfunden. Dies ist als Beobachtung auch insofern interessant, weil etwa in einer anderen Dimensionen von Diversity,
nämlich der Frage der sexuellen Orientierung, der Abschied von traditionel-
len Wertungsmustern weitgehend gelungen zu sein schein. Denn es ist, auch
hier von Ausnahmen abgesehen, in diakonischen Unternehmen nicht nur zur
Normalität geworden, dass Homosexualität als eine Variante menschlicher
Sexualität gesehen wird, sondern mehr noch wird die Vielfalt von sexuellen
Orientierungen als Reichtum in der Organisation gesehen.

Warum gelingt es aber nicht, diese Sichtweise auch auf Religionen und
Weltanschauungen zu beziehen? Verläuft hier eine Grenze, bei der die Vielfalt in Beliebigkeit umzuschlagen droht? Benötigt die Identität der Diakonie
hier doch die Exklusion? Müssen an diesem Punkt notwendig die systemtheoretischen Grenzen zwischen außen und innen gezogen werden?

Genau um diese Fragen geht es im Folgenden. Wir werfen diese Fragen
exemplarisch für viele andere auf. Wir stellen sie aus einer unternehmerischen Perspektive, weil wir eine Antwort brauchen auf die Frage, mit welchen Mitarbeitenden wir der sozialen Verantwortung in unserer Gesellschaft
gerecht werden wollen. Aber wir stellen sie vor allem auch als Theologen,
auf der Suche nach einem klaren diakonischen Profil, in der Verantwortung
vor den Quellen unseres Glaubens und unserer Theologie.

Vielfalt ist dabei nicht nur Teil unseres Überzeugungskanons. Wir machen Diversity auch zum Grundzug unseres Diskursprojektes. Wir legen
unsere eigenen Überzeugungen zu diesem Thema als Hypothese ein. Wir
setzen sie der fachlichen Perspektive von anderen aus. Die folgenden Gedanken richten sich dabei nach dem Argumentationsgang der Thesen des BK,
freilich ohne Anspruch auf Vollständigkeit, sondern eher in Aufnahme der
wesentlichen Stichworte. Dafür werden die Thesen im folgenden Abschnitt
zunächst einmal vorgestellt und dann fortlaufend kommentiert.

Die Thesen des Brüsseler Kreises

Präambel

Die Unternehmen des Brüsseler Kreises (BK) stehen in einer Bindung an ihre jeweiligen Konfessionen und Kirchen. Diese Bindung ist über die geschichtliche Tradition und die rechtliche Verfassung hinaus ein wesentliches Merkmal der unternehmerischen Identität. Diese Identität ist dabei nicht einfach gegeben, sondern unter Berücksichtigung der jeweiligen kontextuellen Bedingungen aufgegeben. Um dieser Aufgabe nachzukommen, möchte der BK mit folgenden Überlegungen einen Diskurs anregen, der über die positionelle Selbstvergewisserung hinaus dem Gespräch mit den jeweiligen Kirchen dienen soll.

These 1

Ausgangslage: Die konfessionelle Bindung der Unternehmen des BK ist ein geschichtlich gewachsenes Gut und zugleich eine rechtliche Rahmenbedingung unternehmerischen Handelns. Für die Motivation vieler Handelnder, für die Positionierung auf dem Markt und für die Findung von handlungsleitenden Grundüberzeugungen bietet die Konfessionsbindung eine unverzichtbare Basis. Dazu in Spannung steht, dass die Konfessionsbindung (mit großen regionalen Unterschieden) nicht (mehr) als allgemein verbindliche Grundlage der Mitarbeitenden gesehen werden kann. Insbesondere bei der Mitarbeitendengewinnung erweist sich die Konfessionsbindung als eine Praxis bedrohende Forderung, die den ohnehin vorhandenen Fachkraftmangel erheblich verschärft. Als rein formale Bindung (Kirchenzugehörigkeit) wird die Konfessionsbindung zu einer Bedingung, die den vielfältigen Säkularisierungstendenzen in unserer Gesellschaft nicht mehr gerecht zu werden vermag.

These 2

Die Orientierung an dem formalen Kriterium der Kirchenmitgliedschaft unserer Mitarbeitenden ist aber nicht in erster Linie eine Herausforderung für das Personalmanagement, sondern vor allem ein theologisches Problem. Die Exklusivität einer formalen konfessionellen Mitarbeiterbindung steht nicht nur in Spannung zu einem universellen Hilfeethos im Klientenbezug, sondern vor allem zum Kern theologischer Überzeugungen, die unsere Unternehmen prägen. Die Grundüberzeugung, dass niemand aufgrund seiner besonderen Eigenschaften aus der menschlichen Gemeinschaft ausgeschlossen sein darf, bildet den Kern des biblischen Zeugnisses. Der Universalität des Erbarmens Gottes entspricht, dass das Heil gerade auf der Basis des Christusglaubens auch außerhalb des Christusglaubens gedacht werden konnte (vgl. 1 Kor 15,21f und Röm 11,32).

These 3

In der Gestaltung unserer Gesellschaft entspricht diesem Grundimpetus die Zielperspektive der Inklusion, der sich die Unternehmen des BK verpflichtet wissen. Das Miteinander in Verschiedenheit wird danach in menschenrechtlicher Orientierung als Reichtum gesellschaftlicher Entwicklung verstanden. Inklusion steht dabei für die Unternehmen des BK für klare fachliche Konzepte und zugleich für einen beschreibbaren inhaltlichen Konsens, dem die Mitarbeitenden der Unternehmen verpflichtet sind.

These 4

Weil für die Unternehmen des BK die Konfessionsbindung in ihren Inhalten identitätsbildend ist, ist die Einwilligung in einen ungesteuerten Säkularisierungsprozess keine Orientierungsoption. Sie übersieht die tragende Bedeutung christlicher Grundüberzeugungen und würde die Unternehmen des BK zu ununterscheidbaren Marktteilnehmern machen. Ebenso lehnt der BK eine Strategie der erzwungenen konfessionellen Exklusivität der Mitarbeiterschaft ab. Sie unterschreitet theologisch die Universalitätsdynamik des biblischen Zeugnisses, ist mit einer Inklusionsperspektive nicht vereinbar und führt in eine unternehmensstrategische Sackgasse. Der BK tritt deshalb für einen konfessionsgebundenen Überzeugungspluralismus ein. Dieser beinhaltet die Überwindung formaler Kirchenmitgliedschaftsbindungen und Einstellungsvoraussetzungen durch die inhaltliche Beschreibung einer Inklusionsorientierung und durch Orientierungs- und Spiritualitätsangebote auf der Basis der christlichen Tradition.

These 5

Der konfessionsgebundene Überzeugungspluralismus setzt deshalb nicht bei der persönlichen Glaubensüberzeugung der einzelnen Mitarbeitenden an, sondern beim Selbstverständnis des Unternehmens, das sich fest im christlichen Überzeugungssystem verankert weiß. Auf der Basis der eigenen konfessionellen Herkunft wird ein verbindliches Selbstverständnis formuliert, das einerseits fest mit dem jeweiligen kirchlichen Bekenntnis verbunden ist und sich andererseits gerade dadurch für die Unterstützung verschiedenster Menschen öffnen kann. Das Unternehmen formuliert dieses Selbstverständnis gegenüber allen Mitarbeitenden, spricht an sie die klare Erwartung aus, sich mit ihrem eigenen Handeln daran zu orientieren. Es akzeptiert dabei explizit nicht nur die verschiedensten persönlichen Überzeugungen der durch das Unternehmen unterstützten Personen, sondern auch der eigenen Mitarbeitenden. Die Mitarbeitenden erkennen umgekehrt bei aller Pluralität der persönlichen Überzeugungen die konfessionelle Bindung des Unternehmens und die dadurch an sie selbst gerichteten Verhaltenserwartungen ausdrücklich und verbindlich an.

Entfaltung der Thesen

Hanns-Stephan Haas/Dierk Starnitzke

Konfessionsbindung als Identitätsmerkmal

> Präambel: Die Unternehmen des Brüsseler Kreises (BK) stehen in einer Bindung an ihre jeweiligen Konfessionen und Kirchen. Diese Bindung ist über die geschichtliche Tradition und die rechtliche Verfassung hinaus ein wesentliches Merkmal der unternehmerischen Identität. Diese Identität ist dabei nicht einfach gegeben, sondern unter Berücksichtigung der jeweiligen kontextuellen Bedingungen aufgegeben. Um dieser Aufgabe nachzukommen, möchte der BK mit folgenden Überlegungen einen Diskurs anregen, der über die positionelle Selbstvergewisserung hinaus dem Gespräch mit den jeweiligen Kirchen dienen soll.

Präambeln sind bedeutungsschwer und strapazierfähig. Sie bringen häufig „Richtigkeiten" in sprachliche Gestalt, beschwören den „Basiskonsens",[7] auf dessen Herleitung und Begründung man im folgenden Text ebenso verzichten kann wie auf konsequente Ableitungen. Je höher der axiomatische Gehalt einer Präambelformulierung ist, desto größer ist die Versuchung, den entsprechenden Text eher zu überfliegen, um dann zum Eigentlichen zu kommen.

Die Präambel der vorgelegten Thesen ist dieser Problematik ebenfalls unterworfen. Sie liefe damit Gefahr, die eigentliche Spitze ihres Grundgedankens unkenntlich werden zu lassen: Die Konfessionsbindung ist für die Unternehmen des Brüsseler Kreises ein wesentliches Merkmal der unternehmerischen Identität. Dieser Grundgedanke ist keineswegs selbstverständlich und bedarf der Entfaltung. Kaum strittig dürfte sein, dass die konfessionelle Bindung eine historische Wurzel caritativer und diakonischer Unternehmen ist. Bei aller Unterschiedlichkeit sind sie entstanden durch die Initiative einzelner oder mehrerer Menschen, die in ihrer jeweiligen Konfession gegründet waren. Ebenso unstrittig ist, dass es in diesem Unternehmen eine rechtliche Anbindung an die jeweilige Konfession gibt. Die Unternehmen des BK gehören den beiden konfessionellen Wohlfahrtsverbänden an und sind über diese in die jeweiligen Kirchen eingebunden. Die eigentliche Spitze der Präambel liegt aber in der Behauptung der Konfessionsbindung als Identitätsmerkmal der genannten Unternehmen. Konfession wird

---

7 Vgl. http://de.wikipedia.org/wiki/Präambel (23.10.2014).

dabei im doppelten Sinne als Bekenntnis und als Kirchenzugehörigkeit verstanden. Ob es darüber hinaus weitere Identitätsmerkmale gibt, ist nicht gesagt. Jedenfalls sind weitere nicht explizit genannt. Diese besondere Bedeutung wird dabei durch das Attribut „wesentlich" unterstrichen.

Die Frage nach der Identität von Unternehmen hat bereits seit Jahrzehnten Hochkonjunktur.[8] In ihr bildet sich die Notwendigkeit ab, dass sich Unternehmen in einem wachsenden Wettbewerbsumfeld als unterscheidbare Anbieter mit einer klaren Botschaft zu erkennen geben müssen. Die Beantwortung beispielsweise der Fragen „Wer sind wir?", „Was tun wir?", „Woher kommen wir?", „Wohin wollen wir?" richtet sich gleichermaßen nach innen wie nach außen. Kunden kaufen nicht einfach nur ein Produkt, Mitarbeitende suchen nicht einfach nur eine Lohnstelle und das Umfeld eines Unternehmens achtet sehr genau darauf, wofür ein Unternehmen steht. Unternehmen werden deshalb nicht nur als austauschbare Produktionsstätten von Waren und Anbieter von Dienstleistungen gesehen, sondern als gesellschaftlich relevante Akteure, als Markenträger und „Sinngemeinschaften"[9].

Die Diskussion um die Identität von Unternehmen wird vor allem unter dem Stichwort der „Corporate Identity" geführt. Da dies ein Begriff ist, der in seiner Managementverwendung aus anderen Wissenschaften (Philosophie, Psychologie und Soziologie) entlehnt ist, ist es nicht erstaunlich, dass es keine einheitliche Definition gibt und der Themenumfang unterschiedlich weit bestimmt wird. In der Außen- und Innenorientierung kann Corporate Identity so nicht nur das Erscheinungsbild (corporate design), die Kommunikation (corporate communication) und das Verhalten von Unternehmen (corporate behaviour) umfassen, sondern ebenso auch die Kultur (corporate culture) einer Organisation umschließen. Als personale Kategorie spiegelt der Begriff der Unternehmensidentität gewisse semantische Unschärfen, sofern er voraussetzt, dass ein Unternehmen eine eigene Persönlichkeit hat und aus einer inneren Einheit handelt. Viele der gängigen Definitionen von Corporate Identity überwinden diese Grenzen der Übertragbarkeit, indem sie eine stark funktionale Dimension in ihre Definition übernehmen. So definieren etwa Birkigt e. a. Corporate Identity als „die strategisch geplante und operativ eingesetzte Selbstdarstellung und Verhaltensweise eines Unternehmens nach innen und außen auf Basis einer festgelegten Unternehmensphilosophie, einer langfristigen Unternehmenszielsetzung und eines definierten (Soll-)Images mit dem Willen, alle Handlungsinstrumente des Unternehmens in einheitlichem Rahmen nach innen und außen zur Darstellung zu bringen."[10]

---

[8] Vgl. dazu z. B. den Forschungsbericht zur Unternehmensidentität von Kathrin Vogel: Dies. (2012), S. 99–119.

[9] S. Burel (2012), S. 2.

[10] K. Birkigt/M. Stadler (2002), S. 18.

Gleichgültig ob in einem engeren oder weiteren Verständnis, es hat sich heute als Konsens herausgebildet, dass auch Unternehmen besondere erkennbare Einheiten sind (und sein müssen), die der Persönlichkeit eines Individuums vergleichbar in einer besonderen Erscheinung, einer spezifischen Kommunikation und einem bestimmten Verhalten erkennbar werden. Diese Unternehmensidentität ist, wie auch das Thesenpapier des BK verdeutlicht, nicht einfach eine stabile statische Größe, sie ist, auch darin der menschlichen Identität vergleichbar, stets in Bezug auf sich verändernde Rahmenbedingungen neu zu entwickeln und zu entfalten.

Dieses dynamische Verständnis gilt auch für den Bezug von Corporate Identity und Konfession. Dies trifft schlicht auch deshalb zu, weil auch Kirchen organisationalem Wandel unterworfen sind und Bekenntnisse an aktuellen Herausforderungen ausgerichtet werden müssen. Von daher könnte es treffend sein, für die Verhältnisbeziehung von Corporate Identity und Konfession zwei Klärungen einzufügen, die es ermöglichen, die Beziehung zwischen Konfession und Unternehmensidentität in einem dynamischen Verständnis zu entfalten.

Die eine Klärung ist dem philosophischen Identitätstheorieinventar entnommen. In der Tradition der Hegelschen Philosophie, mit maßgeblichem Einfluss auch auf Pädagogik, Psychologie und Theologie, bildet sich nämlich das Selbst oder die Identität eines Menschen an einem Gegenüber (dem Anderen seiner selbst) aus.[11] Die Sprache, die wir sprechen, nennen wir unsere Muttersprache. Der Name, mit dem wir uns vorstellen, ist zunächst unser Rufname, den wir gehört haben. Unser Selbstbewusstsein bildet sich zunächst in der symbiotischen Einheit mit der Mutter aus. Zahlreich sind so die Hinweise dafür, dass sich Identität in einem komplizierten Wechselspiel von außen und innen herausbildet. Identität ist immer auch zugesprochene Identität und damit wesentlich bestimmt durch ihre Externalität. In vergleichbarer Weise gilt dies auch für die Identität von Organisationen. Sie bildet sich heraus durch Zuschreibungen von außen. Das Image und die Rollenzuschreibungen bleiben auch einem Unternehmen dabei nicht äußerlich. Sie bestimmen wesentlich darüber, was man von einem Unternehmen erwartet und ihm umgekehrt zugesteht. Im Folgenden möchten wir Konfession als Hinweis auf die besondere Externalität caritativer und diakonischer Unternehmen verstehen. Wenn, wie später zu zeigen sein wird, im Zentrum der christlichen Konfessionen das Gotteshandeln steht, bedeutet dies: Ein Unternehmen von Caritas und Diakonie ist in seiner Identität wesentlich bestimmt durch das Handeln Gottes. Freilich nicht in dem Sinne, dass die Identität des christlichen Unternehmens unmittelbar durch das Handeln Gottes gestiftet wäre (dies wäre schlichte Blasphemie!). Wohl aber so, dass

---

[11]   Vgl. dazu H.-S. Haas (1992), S. 148ff.

sich die Identität des christlichen Unternehmens unmittelbar daran auszu-
bilden hat, dass Gott in der Welt gehandelt hat und handelt.

Die zweite Klärung betrifft das Rahmenverständnis von Corporate Identity. Im Folgenden wird diese im Sinne eines konzentrischen Kreismodells
dargestellt, das es ermöglicht, unterschiedliche Bestandteile und Treiber der
Corporate Identity zu erkennen und zuzuordnen:

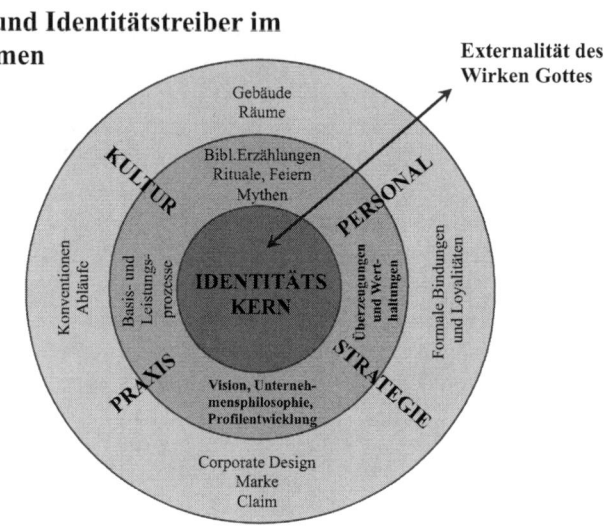

Den inneren Kreis bildet der Identitätskern. Entsprechend dem oben dargelegten Identitätsverständnis entsteht dieser Kern am „Anderen seiner
selbst". Identität ist damit zugeschriebene und zugesprochene Identität,
theologisch gesprochen zugesagte und geschenkte Identität. Sie ist nicht
selbstreferentiell, sondern entwickelt sich an einem Gegenüber. Für ein
christliches Unternehmen bedeutet dies, dass es durch das Handeln Gottes
bestimmt ist. So wie dieses Handeln nie verfügbar ist, ist auch die Identität
eines christlichen Unternehmens im Kern nicht einfach „machbar".[12]

Dies schließt allerdings nicht aus, dass es erkennbare Treiber gibt, die die
Identität eines Unternehmens prägen und in denen sich umgekehrt die Iden-
tität eines Unternehmens auch abbildet. Vorschlagsweise werden diese
Treiber in zwei Kreisen abgebildet und vier Bereichen zugeordnet. So lässt

---

[12]   In ähnlicher Weise beschreibt dies Christian Albrecht: „Entspannend ist vor allem die
       theologisch gut begründete Einsicht, dass die fehlende Kirchenmitgliedschaft eines
       Mitarbeiters die Identität der Diakonie so wenig gefährden kann wie umgekehrt die
       Kirchenmitgliedschaft eines Mitarbeiters schon eine hinreichende Garantie für das
       diakonische Profil seiner Arbeit oder seiner Einrichtung darstellt." C. Albrecht
       (2013b), S. 81f.

sich ein innerer Kreis, in dem die unmittelbar einwirkenden Faktoren gezeigt werden, von einem äußeren Kreis unterscheiden, der die eher äußeren Phänomene beschreibt. Ziel dieser Darstellung ist nicht, die identitätsbildenden Faktoren und Phänomene vollständig abzubilden, sondern eine Heuristik anzubieten, in der die vielfältigen Dimensionen erkennbar werden, in denen sich die Konfessionsbindung als Identitätsmerkmal zeigen und gestalten lässt. Kritisch enthält dies die Abgrenzung von monokausalen Herleitungen der christlichen Identität eines Unternehmens.

Sinnvollerweise fällt dabei der Blick zunächst (1) auf das Personal. Nichts prägt ein Unternehmen so stark wie die Menschen, die in ihm arbeiten. Sie bringen sich ein mit ihren Überzeugungen, ihren Wertvorstellungen, ihren Erfahrungen. Im Regelfall ist dies ein dialogischer Prozess. Mitarbeitende leben ihre Überzeugungen aus, aber sie werden ihrerseits auch in ihren Überzeugungen geprägt durch das Unternehmen. Zwischen Kongruenz und Konflikt tut sich ein weiter Zwischenraum auf, in dem sich Mitarbeitende mit ihren eigenen Einstellungen im Unternehmen erfahren. Dieser inneren Beziehung gegenüber sind äußere und formale Bindungen nicht bedeutungslos. Erklärte Loyalität und formale Zugehörigkeit sind im Idealfall Ausdruck innerer Einstellungen, bilden diese aber keineswegs vollständig ab. Sofern im christlichen Unternehmen die Formalisierung der Kirchenmitgliedschaft als notwendige Voraussetzung aufgegeben wird, wird neu zu entscheiden sein, welche formalen Verbindlichkeiten im Unternehmen etabliert werden. Viele Unternehmen machen hier gute Erfahrungen mit der formal erklärten Zustimmung zum jeweiligen Leitbild. Wichtig wäre dabei, dass diese Leitbilder nicht den kleinsten gemeinsamen Nenner möglicher Überzeugungskoalitionen zum Ausdruck bringen, sondern den besonderen christlichen Deutehorizont klar benennen.

Werden die persönlichen Überzeugungen und Einstellungen der Mitarbeitenden als wesentliche Treiber der Identitätsbildung eines Unternehmens genannt, so geschieht dies zugleich in Abgrenzung gegenüber einer Position, die nach dem Motto „Orthopraxie vor Orthodoxie" die persönliche Einstellung von Mitarbeitenden als für das christliche Unternehmen unerheblich ansieht. Wesentlich ist für die gelebte Identität eines Unternehmens nicht nur, was Menschen in ihm tun, sondern gleichwohl auch, warum sie es tun. Ob ein Mitarbeitender seine Dienstleistung z. B. aus einem unbearbeiteten Helfersyndrom erbringt oder aus einer abgeklärten humanistischen Grundhaltung heraus, macht einen wesentlichen Unterschied. Theologisch kann man sich hier zurecht daran erinnert sehen, dass es etwa in der reformatorischen Theologie zu einer Gleichsetzung von guter Tat und Sünde kommen kann, wenn diese Tat nicht aus der richtigen Grundhaltung entspringt.[13] Es

---

[13]   Vgl. dazu Martin Luther: „Omne opus bunum esse peccatum, nisi ignoscat misericordia." (WA 8, 93, 18f).

liegt entsprechend im Interesse des Unternehmens, jenseits von Bevormundung und Indoktrination nach der Einstellung von Mitarbeitenden zu fragen und die Auseinandersetzung über diese Einstellungen anzubieten.

Deutlich wird mit dem hier vorgeschlagenen Verständnis von Personal als Treiber des christlichen Profils einerseits eine Fiktion aufgegeben und andererseits eine Engführung vermieden.[14] Denn häufig arbeitete man in Caritas und Diakonie mit der Fiktion, Diakonie und Caritas seien soziale Arbeit und Gesundheitsdienstleistungen, die von Christinnen und Christen unter einem institutionellen Dach erbracht würden. Gerne verstand man dabei das Besondere des christlichen Unternehmens durch die individuelle Identität konstituiert. Wichtig dürfte demgegenüber sein, dass die Identität eines Unternehmens sich gerade im Personalbereich durch Diskurskulturen ausbildet, in denen ein gemeinsame Sicht erstritten und eine gemeinsame Handlungsfähigkeit erreicht wird.

Gilt es, die Engführung des christlichen Profils auf das überzeugte Individuum zu vermeiden, dann wird darauf zu achten sein, dass dieses Profil sich auch in der funktionalen Aufbauorganisation des Unternehmens abbildet. Klassische Erkennungszeichen sind in der Unternehmensgeschichte von Caritas und Diakonie, dass bestimmte Schlüsselpositionen von insbesondere Diakonen und Pastorinnen besetzt werden bzw. Menschen in Schlüsselfiguren Fort- und Weiterbildungen erhalten, die ihnen zur Entwicklung einer eigenen Sprachfähigkeit des christlichen Deutungsrahmens verhelfen. Diese Besetzungs- und Qualifizierungspraxis stellt keine Diskriminierungspraxis dar, sofern daraus keine Besetzungspraxis für ganze Hierarchieebenen abgeleitet wird. Im Gegenteil ist darauf zu achten, dass die Sprachfähigkeit des Glaubens auf den unterschiedlichen Ebenen eines Unternehmens die eigentliche Zielsetzung ist.

Die Profilierung der Konfessionsbindung ist zudem (2) eine strategische Aufgabe. In der Vision und Philosophie beschreibt ein Unternehmen sein Selbstverständnis, benennt Unterscheidungsmerkmale gegenüber anderen Anbietern, formuliert seinen Auftrag in der und für die Gesellschaft. Vision und Philosophie des Unternehmens sind, sofern sie nicht in krassem Gegensatz zur gelebten Wirklichkeit stehen, wesentliche Bausteine für die Identifikation der Kunden und Mitarbeitenden. In diesem Sinne achten heute viele Unternehmen in Caritas und Diakonie eher auf diese Identifikation mit dem Unternehmen als auf formale Zugehörigkeit. Das christliche Unternehmen hat dabei die Chance und Pflicht, seine Vision und seine Philosophie aus den Traditionen des christlichen Glaubens heraus zu entwickeln und darzustellen. Sofern dies aber nicht nur deklaratorischen Charakter hat, sind Vision und Philosophie zu ergänzen durch strategisch eingebundene Angebote zur Profilierung.

---

[14]   Vgl. zum Folgenden: M. Nauerth (2013), S. 12f.

Im äußeren Kreis entspricht dem, dass das einzelne Unternehmen auch einen erkennbaren Außenauftritt haben muss. Das äußere Erscheinungsbild, die wahrgenommene Marke verdichtet den Grundcharakter eines Unternehmens in wenigen Signalen, die auf Konsistenz und Wiederholung setzen. Das Corporate Design und die Marke eines Unternehmens sind so wesentliche Trivialisierungen des Identitätskerns, die Menschen ansprechen und Identifikationen verstärken. Es ist bleibend wichtig, dass sich Unternehmen in Caritas und Diakonie von der Namensgebung bis zur Imagesteuerung erkennbar machen.

Wesentlich besteht ein Unternehmen darüber hinaus (3) in seinen konkreten Dienstleistungen. Entsprechend muss sich hier zeigen, was die Identität einer Organisation ausmacht. Die Annahme, dass sich das christliche Profil in den Führungsprozessen entscheide, entsprechend die Konfessionsbindung allein bei der Führungsetage ausreichend sei, halten wir für eine Verkürzung. Folglich muss dabei darauf geachtet werden, wo und wie Identitätsmerkmale in den Basisprozessen gestärkt werden können. Wir schließen damit an Bemühungen an, die Christlichkeit eines Unternehmens nicht in einer Angebotspalette einer bestimmten Abteilung innerhalb der Organisation zu verorten sondern als grundsätzliche Dimensionen zu gestalten.[15] Dazu gehören beispielsweise, dass sich Mitarbeitende durch eine spezifische Reflexions- und Beteiligungskultur als verantwortliche Subjekte erfahren, dass ihr Orientierungs- und Rekreationsbedarf in der grundsätzlichen Gestaltung der Arbeitsprozesse berücksichtigt wird und dass spirituelle Erfahrungsräume im Arbeitsalltag entdeckt werden können.[16]

Der zentralen Verortung der Unternehmensidentität in den grundlegenden Basisprozessen entspricht, dass auch die Konventionen und Abläufe eines Unternehmens dem entsprechen müssen. Egal ob es die Erfordernisse der Verwaltung und Bürokratie sind, deren Einfluss auf den Arbeitsalltag reflektiert werden müssen, oder auch die Konventionen der Kommunikation (z. B. Handygebrauch in der Dienstzeit etc.), das christliche Unternehmen zeigt sich ganz basal darin, wie Menschen in den Dienstleistungsprozessen miteinander kommunizieren und handeln.

Schließlich (4) bleibt als letzter großer Gestaltungsbereich der Unternehmensidentität die Kultur. Die Kultur eines Unternehmens spiegelt die bewährten Gestaltungen der Unternehmensidentität. Dazu gehören äußerlich schlicht Gebäude und Räume und deren innere Gestaltung. Eine Kirche auf einem Stiftungsgelände, das Läuten ihrer Glocken zu bestimmten Tageszeiten und besonderen Anlässen im Leben einer Organisation, die Kapelle in

---

[15] Vgl. dazu J. Reber (2013), S. 13ff. passim.
[16] Insbesondere in der franziskanischen Tradition ist das spirituelle Wissen bewahrt, dass Gotteserfahrung grundsätzlich an die Begegnung mit dem Menschen in Not gebunden ist.

einem Krankenhaus, der Andachtsraum in einer Schule versinnbildlichen den spezifischen Deutungsrahmen des christlichen Unternehmens. Vollkommen zurecht sprechen wir in der Pädagogik von dem Raum als zweiten Erzieher, wir könnten dies sogar um andere Berufsgruppen erweitern: Räume predigen, sie können gesund (aber auch krank) machen. Wer immer die Außengestaltung eines Gebäudes sieht oder Räume von innen betritt, wird mit einer spezifischen Botschaft konfrontiert. Insbesondere in der katholischen Tradition hat sich das Wissen darum bewahrt, dass sich die Identität einer Organisation nicht nur von innen (von den Überzeugungen der Menschen) nach außen (zu den erkennbaren Gestaltungen) ergibt, sondern ebenso auch von außen nach innen. An der Formulierung dieser Botschaften in steingewordener Kultur können und müssen wir arbeiten.

Im inneren Kern entspricht dem eine Fülle einerseits von Mythen und andererseits von Ritualen und Feierlichkeiten im Jahresablauf einer Organisation. Immer wieder stößt man in Unternehmen von Caritas und Diakonie auf identitätsstiftende Mythen der ersten Gründerjahre oder auch besonderer Krisenzeiten. Sie verdeutlichen in Kurzform, wofür das Unternehmen steht und welche besondere Modalitäten sich in der Wahrnehmung des Unternehmensauftrages ausgebildet haben. Christliche Unternehmen sind so wesentlich Erzählgemeinschaften, deren Selbstvergewisserung durch den Rückbezug auf solche Erzählungen gelingt. Von besonderer Bedeutung sind dabei biblische Erzählungen, die zum normativen Bestand christlicher Organisationen gehören. Dazu treten andererseits auch besondere Rituale, die durch ihre Wiederholung und Regelmäßigkeit wesentliche Identitätstreiber sind. Diese Rituale können anlassbezogen (z. B. Einführung von Mitarbeitenden in Gottesdiensten) sein, sie können tagesstrukturierende Elemente (z. B. Andachten zum Sitzungsbeginn) darstellen oder schlicht dem Jahreslauf zugeordnet sein (Sommerfest, Adventsfeier etc.) sein. Auch hier ist entscheidend, dass diese Rituale in ihrer identitätsstiftenden und -vergewissernden Funktion erkannt und genutzt werden.

Das vorgelegte Strukturierungsmodell hat den Vorteil, (a) die Gemeinsamkeit und Unterschiedlichkeit von Unternehmen in Caritas und Diakonie und (b) die Interdependenzen des Identitätsbildungsprozesses abbilden zu können. So liegt es etwa (zu a) auf der Hand, dass sich die Gründungsmythen der Unternehmen wesentlich unterscheiden, nicht unterschieden ist für sie aber der Bezugspunkt des Gotteshandelns. Ähnlich wird man Unterschiede in den Ritualen und Zeremonien feststellen können, gleich bleibt aber, dass sich in ihnen Identitätsbildungsprozesse vollziehen.

Das Kreismodell erlaubt überdies (zu b) sich die Identitätsentwicklung als einen Prozess von Bezügen und wechselseitigen Interdependenzen vorzustellen. Denn es ist offensichtlich, dass beispielsweise die Feierkultur eines Unternehmens (Jahresfeste etc.) Ausdruck der Unternehmensidentität ist.

Umgekehrt prägt aber die Feierkultur eines Unternehmens auch dessen Identität.

Interessant ist dieses Modell auch deshalb, weil es die Identität eines Unternehmens wesentlich an Phänomenen zu beschreiben erlaubt, die nicht durch die individuelle Einstellung des Mitarbeitenden gedeckt sein müssen, ohne die individuellen Einstellungen zu vergleichgültigen. Das christliche Unternehmen ist eine vielschichtige Organisation, entsprechend vielfältig bleibt die Aufgabe, die Unternehmensidentität zu entwickeln. Eben dieser anspruchsvollen und reizvollen Aufgabe wissen sich die Unternehmen des Brüsseler Kreises verpflichtet.

Die Wurzeln konfessioneller Bindung

These 1: Ausgangslage: Die konfessionelle Bindung der Unternehmen des BK ist ein geschichtlich gewachsenes Gut und zugleich eine rechtliche Rahmen-bedingung unternehmerischen Handelns. Für die Motivation vieler Handelnder, für die Positionierung auf dem Markt und für die Findung von handlungsleiten-den Grundüberzeugungen bietet die Konfessionsbindung eine unverzichtbare Basis. Dazu in Spannung steht, dass die Konfessionsbindung (mit großen regio-nalen Unterschieden) nicht (mehr) als allgemein verbindliche Grundlage der Mitarbeitenden gesehen werden kann. Insbesondere bei der Mitarbeitenden-gewinnung erweist sich die Konfessionsbindung als eine Praxis bedrohende Forderung, die den ohnehin vorhandenen Fachkraftmangel erheblich verschärft. Als rein formale Bindung (Kirchenzugehörigkeit) wird die Konfessionsbindung zu einer Bedingung, die den vielfältigen Säkularisierungstendenzen in unserer Gesellschaft nicht mehr gerecht zu werden vermag.

Die konfessionellen und biblischen Bindungen diakonischer und caritativer Arbeit

Die Identität von Sozialunternehmen, die mit einer der christlichen Kirchen verbunden sind, ist wesentlich auch durch ihren konfessionellen Hintergrund bestimmt. „Sie sind satzungsgemäß Teil und Mitglied der jeweiligen Kirche bzw. eines kirchlichen Wohlfahrtsverbandes. Im Selbstverständnis der Kirchen sind Sozialunternehmen ‚eine Lebens- und Wesensäußerung der Kirche'. In den letzten Jahren bringen das die Kirchen durch besondere Reformprogramme (EKD 2011/2012) oder durch verbindliche Grundord-nungen (DBK 2012/2013) zum Ausdruck. Beide Kirchen verlangen von ihren Sozialunternehmen eine hohe Loyalität hinsichtlich ihres konfessio-nellen Profils und dessen dienstrechtliche Durchsetzung. Zunehmend werden Sozialunternehmen vonseiten der verfassten Kirche auch als Akteure des missionarischen Auftrags der Kirche identifiziert."[17]

---

[17] So Hans-Martin Brüll in seinem für die Arbeitsgruppe des Brüsseler Kreises formulierten unveröffentlichten Text: Für einen neuen Umgang mit der konfessionellen Bindung von Sozialunternehmen mit christlichem Anspruch. Brüll bezieht sich mit der ersten Klammer auf: Geschäftsstelle der Synode der EKD (Hg.): Bericht über den Reformprozess „Kirche im Aufbruch" auf der 5. Tagung der 11. Synode der Evangelischen Kirche in Deutschland 4. bis 7. November 2012 in Timmendorfer Strand; mit der zweiten Klammer auf: Grundordnung des kirchlichen

Wenn man in evangelischer Perspektive Diakonie als eine Äußerungs-
form des evangelischen Glaubens verstehen möchte, dann muss man zunächst beachten, dass mit dem grundlegenden Bekenntnistext der evangelischen Kirchen, dem Augsburger Bekenntnis von 1530, als wesentliche
Basis des Glaubens die Heilige Schrift und ihre freie Verkündigung angesehen wird. Die Heilige Schrift war, ist und bleibt insofern zentraler Orientierungspunkt evangelischen Glaubens. So heißt es im Augsburger Bekenntnis von 1530, Artikel 5: „Solchen Glauben zu erlangen, hat Gott das
Predigtamt eingesetzt, das Evangelium und die Sakramente geben (…). Und
werden verdammt die Wiedertaufer und andere, so lehren, daß wir ohn das
leiblich Wort des Evangelii den heiligen Geist durch eigene Bereitung,
Gedanken und Werk erlangen.“[18] Der Glaube führt dann aber natürlicher-
weise dazu, dass der Glaubende sich bemüht, gute Werke zu tun. Artikel 6:
„Auch wird gelehrt, daß dieser Glaube gute Frucht und gute Werke bringen
soll und daß man musse gute Werke tun, allerlei, so Gott geboten hat, um
Gottes willen“.[19] Das diakonische Handeln, wie es in diakonischen Unter-
nehmen praktiziert wird, kann also als eine Erscheinungsform dieser guten
Taten des Glaubens verstanden werden, die auf der Basis der biblischen
Texte und ihrer Verkündigung geschehen.

Ähnlich wird man auch für Unternehmen der Caritas davon ausgehen
können, dass sie in den biblischen Texten und vor allem in den dogmatischen
und rituellen Traditionen eine wesentliche Grundlage ihres Handelns erkennen. Die Kenntnis und Praxis dieser Traditionen geht auch in der katholischen Bevölkerung zwar zurück, nicht aber die Akzeptanz der auf diesen
Überlieferungen basierenden sozialen Praxis der Caritas. „Ebenfalls zu
beobachten ist – besonders auffällig im katholischen Segment der Bevölkerung –, dass die Zustimmung zu bestimmten, von der Kirche autoritativ
eingeforderten Dogmen und zur Verbindlichkeit eines sittlichen Lebens-
wandel im Sinn der Kirche, im Verlauf der der letzten zwanzig Jahre immer
geringer wird. (…) Im Gegensatz zu dieser Entkirchlichungstendenz genießen die kirchlichen Wohlfahrtsverbände und ihre sozialen Einrichtungen ein
hohes Maß an Wertschätzung in der Bevölkerung.“[20]

Dienstes im Rahmen kirchlicher Arbeitsverhältnisse in der Fassung vom 1. Januar
1994, zuletzt geändert durch Beschluss der Vollversammlung des Verbandes der
Diözesen Deutschlands (VDD) vom 20. Juni 2011 mit bischöflicher In-Kraft-Setzung
zum 15. August 2011 in der Fassung vom 1. Januar 1994, zuletzt geändert durch
Beschluss der Vollversammlung des Verbandes der Diözesen Deutschlands (VDD)
vom 20. Juni 2011 mit bischöflicher In-Kraft-Setzung zum 15. August 2011.

[18]   Die Bekenntnisschriften der evangelisch-lutherischen Kirche, herausgegeben im
      Gedenkjahr der Augsburgischen Konfession 1930, 9. Aufl. Göttingen 1982, S. 58.

[19]   A. a. O., S. 60.

[20]   Hans-Martin Brüll (vgl. Fn. 17) mit Bezug auf R. Schulz (2010).

Die Heilige Schrift und die daraus entwickelten Lehren und Riten sind Basis diakonischen und caritativen Handelns, weil sie Jesus Christus als zentrales Thema behandeln und bezeugen. Deshalb haben auch die meisten konfessionellen Unternehmen in ihren grundlegenden Dokumenten (z. B. den Satzungen) in der Regel in der Präambel dies als ihr Selbstverständnis festgehalten und ausformuliert. Diese Sätze stellen jeweils keine bloßen inhaltsleeren Formeln dar, sondern sie bringen für das jeweilige Unternehmen die Wurzeln seiner geschichtlich gewachsenen und bis heute prägenden Identität zum Ausdruck. So heißt es z. B. in der Präambel der Satzung des relativ neu gegründeten „Evangelischen Werkes für Diakonie und Entwicklung" als deutscher Dachverband der diakonischen Unternehmen: „In Jesus Christus hat Gott seine Liebe zur Welt erwiesen. Die Kirche hat den Auftrag, diese Liebe allen Menschen in Wort und Tat zu verkündigen. Im Evangelischen Werk für Diakonie und Entwicklung nimmt sie diesen Auftrag wahr." Man wird sich deshalb der Mühe nicht entziehen können, sich bei der Beschäftigung mit der Diakonie und Caritas im Allgemeinen und der konfessionellen Bindung diakonischer und caritativer Unternehmen im Besonderen auch mit biblischen Texten und den daraus erwachsenen Traditionen auseinanderzusetzen. Das gilt sowohl für externe Beobachter als auch für diejenigen, die in den Unternehmen eine Gestaltungsaufgabe haben.

Spätestens seit dem Aufkommen der historisch-kritischen Forschung an den Universitäten müssen die biblischen Texte in ihrem historischen Kontext verstanden werden. Sie können nicht einfach und direkt auf aktuelle Situationen bezogen werden, sondern müssen die Filter der wissenschaftlichen Exegese durchlaufen, die bestimmte Methoden der kritischen Distanzierung und Analyse des Textes enthalten. Andererseits zeigen gerade neuere rezeptionsästhetische und hermeneutische Studien, dass Texte wie die Heilige Schrift dazu geschrieben sind, um bei dem Leser Wirkung zu erzeugen, um ihn z. B. für das Evangelium zu begeistern und dadurch sein Handeln zu verändern. Auch diese Form der Textrezeption, die zweifelsohne der ursprünglichen Intention der Schreiber entspricht, ist gerade bei der Betrachtung heiliger Texte mit zu beachten. Die Schrift inspiriert ihre Leser ständig neu. Anders gesagt: Die Leser biblischer Texte stehen hermeneutisch in einem Deutungszusammenhang und -horizont, der durch die Texte selbst mitbestimmt wird.

Insofern ist jeder hermeneutische Prozess zirkulär und nach vorn offen: er legt in einem kontinuierlichen Verständigungsprozess immer neue Sinnpotentiale des Textes frei. „Der zeitliche Abstand hat offenbar noch einen anderen Sinn als den der Abtötung des eigenen Interesses am Gegenstand. Er läßt den wahren Sinn, der in einer Sache liegt, erst voll herauskommen. Die Ausschöpfung des wahren Sinnes aber, der in einem Text oder in einer künstlerischen Schöpfung gelegen ist, kommt nicht irgendwo zum Abschluss, sondern ist in Wahrheit ein unendlicher Prozeß. Es werden nicht nur immer neue Fehlerquellen ausgeschaltet, so daß der wahre Sinn aus allerlei Trübungen ausgefiltert wird, sondern es entspringen stets neue Quellen des Verständnisses, die ungeahnte Sinnbezüge offenbaren."[21]

Außerdem wird der Rezeptionsprozess heiliger Texte wie auch anderer bewegender Betrachtungsgegenstände wesentlich dadurch mitbestimmt, dass der begeisterte Leser seine Interpretationen in den Text einträgt und ihn dadurch auf seine spezifische Rezeptionssituation hin verändert. Dies ist nicht prinzipiell zu kritisieren, sondern ein ganzer normaler kreativer Rezeptionsprozess, den man natürlich gleichwohl in bestimmtem Maße reflektieren und auch kontrollieren kann. Durch den Akt des Lesens wird die Schrift also gewissermaßen durch die begeisterten Leserinnen und Leser immer neu kreiert.[22]

Der Konstruktivismus hat schließlich diese Überlegungen sogar noch weiter mit dem Gedanken zugespitzt, dass eigentlich alle Realität Konstruktion des jeweiligen Betrachters ist. Der systemtheoretische Konstruktivismus geht dabei davon aus, dass die Systeme in der modernen Gesellschaft aufgrund ihrer Komplexität und Selbstbezüglichkeit „für sich selbst unkalkulierbar" sind.[23] Sie können Identität nur dadurch gewinnen, dass sie sich auf bereits verwendete Kommunikationen zurückbesinnen, diese dann aber für die eigene Situation in je eigener Weise neu interpretieren. „Es braucht deshalb ein Gedächtnis, eine ‚memory function', die ihm die Resultate vergangener Selektionen als gegenwärtigen Zustand verfügbar machen (wobei Leistungen des Vergessens und Erinnerns eine Rolle spielen)."[24] Um unter den modernen Bedingungen der schnellen Vergänglichkeit von Systemen Identität immer neu erzeugen und stabilisieren zu können, muss auf solche bereits verwendeten Kommunikationen zurück und voraus gegriffen werden. „Identitäten ‚bestehen' nicht, sie haben nur die Funktion, Rekursionen zu ordnen, so dass man bei allem Prozessieren von Sinn auf etwas wiederholt Verwendbares zurück- und vorgreifen kann."[25]

Die hermeneutischen Zusammenhänge sind also insgesamt recht kompliziert. Sie bestehen in Bezug auf biblische Texte nicht nur darin, zwischen der damaligen und heutigen historischen Situation zu unterscheiden, zumal wir diese ja zumeist – wiederum zirkulär – nur über die Texte selbst und ihre Verschränkung konstruieren können. Vielmehr muss es darum gehen, die biblischen Texte in Bezug auf die heutige Situation konfessionsgebundener Unternehmen so ins Spiel zu bringen, dass zwar deren historischer Abstand reflektiert wird, dass man sich aber zugleich durch ihre Lektüre begeistern lässt. Dadurch kann dann das Sinnpotential der Texte weiter ausgeschöpft

---

21 H.-G. Gadamer (2010), S. 303.
22 Siehe dazu U. Körtner (1994).
23 N. Luhmann (1997), S. 45.
24 A. a. O., S. 45f.
25 A. a. O., S. 46f.

werden. Nicht zuletzt durch erinnerndes und weiter gestaltendes Wieder-holen kann insofern die geschichtlich gewachsene und biblisch begründete Identität konfessionsgebundener Unternehmen immer neu aktualisiert und konstruiert werden.[26]

Die geschichtlich gewachsene Eigenständigkeit diakonischen und caritativen Handelns

Nach den biblischen Zeugnissen strebt der christliche Glaube im Kern danach, in der Liebe tätig zu sein. So schreibt Paulus z. B. in Gal 5,6: „Denn in Christus Jesus gilt weder Beschneidung noch Unbeschnittensein etwas, sondern der Glaube, der durch die Liebe tätig ist." Ähnlich heißt es auch in Gal 5,14 und anderen biblischen Parallelstellen: „Denn das ganze Gesetz ist in einem Wort erfüllt, in dem: ‚Liebe deinen Nächsten wie dich selbst!'"[27] Dabei soll sich diese Liebe, jedenfalls nach Röm 13,8ff, an alle Menschen richten, nicht nur an die Angehörigen des christlichen Glaubens. Welche Konsequenzen das aktuell für die diakonische Arbeit und ihre Mitarbeiten-den haben könnte, wird weiter unten zu entfalten sein.

Das christliche Handeln geschah auf der Basis des biblischen Liebes-gebotes von vornherein auf Wegen, die einerseits die damaligen Strukturen der Gesellschaft zwar im Grundsatz respektierten, aber andererseits gleich-wohl nach ganz eigenen Formen suchten und dadurch den etablierten gesell-schaftlichen Verhaltensmustern zum Teil auch widersprachen. So heißt es in Röm 12,2: „Und stellt euch nicht dieser Welt gleich (wörtlich: seid nicht mit den Schemata dieses Äons), sondern ändert euch durch Erneuerung eures Sinnes, damit ihr prüfen könnt, was Gottes Wille ist, nämlich das Gute und Wohlgefällige und Vollkommene." Zugleich heißt es aber in Röm 13,1: „Jedermann sei untertan der Obrigkeit, die Gewalt über ihn hat. Denn es ist keine Obrigkeit außer von Gott; wo aber Obrigkeit ist, die ist von Gott ange-ordnet." Durch diese ambivalente Positionierung wurden von Anfang an eigene personelle und organisatorische Strukturen von Kirche und Diakonie generiert, ohne dass damit die gesellschaftliche Ordnung im Grundsatz in Frage gestellt wurde. So schreibt Paulus z. B. in Röm 16,1f (hier in eigener Übersetzung wiedergegeben): „Ich empfehle euch Phöbe, unsere Schwester, die *diakonos* (griechisch, unübersetzt) der Gemeinde in Kenchreä ist (...)

---

[26]   Zur Bedeutung biblischer Texte für das Leitungshandeln siehe auch D. Starnitzke (2011), S. 11ff.

[27]   In Aufnahme von Lev 19,18. Siehe auch Röm 13,8ff sowie ohne wörtliches Zitat von Lev 19: 1Kor 13 und Joh 13,34f mit zahlreichen Parallelen im Johannesevangelium und den Johannesbriefen. Vgl. dazu auch ausführlicher D. Starnitzke (2011), S. 75ff.

denn auch sie ist Vorstand vieler geworden, auch meiner selbst." Es gibt also bereits in den 50er Jahren unserer Zeitrechnung eine eigene Struktur der christlichen Gemeinden, die als Leitungspersonen die so genannten *episkopoi* und *diakonoi* kennt (vgl. auch Phil 1,1), und bei der – im Unterschied zur damaligen Gesellschaftsstruktur – auch Frauen führende Positionen einnehmen konnten (siehe auch Röm 16,7 Junia als Apostelin). Diakonisches Handeln ist insofern ein fester Bestandteil des Christentums, der von Anfang an auch eigene Organisationsstrukturen hervorgebracht hat.

Rechtliche Rahmenbedingungen diakonischer Arbeit

Die organisatorischen Entwicklungen in der deutschen Diakonie seit dem 19. Jahrhundert nehmen diesen genuin christlichen Gedanken der eigenständigen Organisation kirchlich-diakonischen Handelns bei der Gründung rechtlich selbständiger Vereine und Stiftungen auf. Klar ist schon bei der Gründung des „Centralausschusses der Inneren Mission" 1848/49, dass es sich dabei nicht einfach um Vereine und andere Körperschaften sozialer Arbeit, sondern um eine Form christlicher Mission handelt. Auf dieser Basis bildete sich in einer ersten Gründungsphase bereits im 19. Jahrhundert eine größere Anzahl konfessionsgebundener Vereine oder Stiftungen aus, die zum überwiegenden Teil noch bis heute bestehen.

Diese eigenständigen Organisationen christlichen Handelns haben im Kontext der deutschen Gesellschaft im 20. Jahrhundert eine spezielle Ausformung erfahren, die sich an den Selbstbestimmungsrechten der Kirche gemäß Art. 137 WRV; Art. 140 GG orientiert. Die Akzeptanz der verfassungsrechtlich festgeschriebenen Eigenständigkeit von Kirche und Diakonie, wie sie in der Weimarer Verfassung definiert worden war, wurde sicherlich nach 1945 auch durch die Erfahrungen des Dritten Reiches befördert, als sich zumindest ein Teil der Kirche und ihrer Diakonie gegenüber der damals durch die Nationalsozialisten geprägten Gesellschaft konsequent abgegrenzt hatte. Für Art. 140 GG ist dabei unbedingt der Zusammenhang mit Art. 4 zu beachten. Das Recht auf Selbstbestimmung der Kirche und ihrer Diakonie basiert auf dem Grundrecht der freien Religionsausübung. Die Möglichkeit, in eigenständiger Organisation christliches Hilfehandeln im Rahmen des deutschen Sozialstaates zu entwickeln, führte in der 2. Hälfte des 20. Jahrhunderts zu einem großen Wachstum konfessionsgebundener Unternehmen.

Unter diesen Voraussetzungen haben sich konfessionell geprägte Unternehmen der Diakonie und Caritas also einerseits in relativer Eigenständigkeit zu großen und komplex organisierten Einrichtungen entwickelt. Andererseits wurden dabei die unternehmerischen Gestaltungsfreiräume nicht immer ausgeschöpft. Zwar hat das Bundesverfassungsgericht schon in einigen grundsätzlichen Urteilen aus den 1980er Jahren das Selbstbestimmungsrecht konfessioneller Unternehmen aufgrund ihrer Verbindung mit den verfassten Kirchen sehr eindeutig festgestellt. Über weite Strecken wurden dabei diese besonderen Gestaltungsmöglichkeiten von Diakonie und Caritas bis in die 1990er Jahre hinein nicht voll genutzt. Einerseits wurden viele Regelungen parallel zu vergleichbaren Einrichtungen öffentlicher Träger entwickelt und gehandhabt, ohne dabei ein Spezifikum konfessionsgebundener Unternehmen besonders herauszustellen. Andererseits wurden in weiten Teilen Deutschlands kirchliche Tarifwerke mehr oder weniger unverändert übernommen. Damit wurde das Spezifische unternehmerischer sozialer Arbeit nicht recht deutlich. Erst seit den 1990er Jahren ist man nicht zuletzt aufgrund stärkerer marktwirtschaftlicher Bedingungen in vielen Arbeitsbereichen mehr und mehr dazu übergegangen, in konfessionellen Unternehmen eigene Regelungen und sogar eigene Regelungssysteme zu entwickeln, z. B. die „Arbeitsvertragsrichtlinien" (AVR). Ein eigenständiges unternehmerisches Denken und Handeln kommt also im engeren Sinne erst seit dieser Zeit auf.[28]

Im strengen Sinne gibt es auf evangelischer Seite einen speziell ausformulierten, gesamtdeutschen und durch Kirchengesetz zwingend geregelten Sonderweg erst seit der EKD-Synode im November 2011,[29] ähnliches gilt für die Caritas ziemlich zeitgleich mit ihrer „Grundordnung". Problematisch ist daran, dass damit der spezielle Charakter der diakonischen und caritativen Unternehmen wesentlich durch ihre kirchliche Bindung und besonders durch die Kirchenmitgliedschaft der Mitarbeitenden definiert wird – vor allem durch die so genannte ACK-Klausel in den meisten Satzungen von Trägern und Verbänden der Diakonie und Caritas, nach der die Mitarbeitenden in der Regel einem der Mitglieder der Arbeitsgemeinschaft christlicher Kirchen angehören sollen. Diese Definition ist zum einen in ostdeutschen Bundesländern oder Großstädten wie Hamburg und Berlin problematisch, weil sie dort aufgrund des geringen Bevölkerungsanteils an Kirchenmitgliedern gar nicht erfüllt werden kann. Zum anderen identifiziert sie das Selbstverständnis des Unternehmens mit der religiösen Gesinnung der Mehrzahl seiner Mitarbeitenden, was aber nach dem hier entfalteten Verständnis für eine zeitgemäße Führung konfessioneller Unternehmen nicht zwingend ist. Auch die allzu enge organisatorische Verbindung dieser Unternehmen mit den verfassten evangelischen Kirchen kann mindestens dann problematisch werden,

---

[28] Siehe dazu A. Jäger (1990).
[29] Siehe dazu das auf der EKD-Synode am 9. November 2011 verabschiedete „Arbeitsrechtsregelungsgrundsätzegesetz" (ARGG-Diakonie-EKD), abrufbar unter www.ekd. de/synode2011/beschluesse/beschluss_XI_5_argg_diakonie-ekd.html (27.10.2014) sowie die auf der Basis des Urteils des Bundesarbeitsgerichtes vorgenommenen Ergänzungen auf der EKD-Synode im November 2013, abrufbar unter www.ekd.de/down load/s13_x_3_beschluss_argg_2013.pdf (27.10.2014).

wenn sie deren unternehmerische Gestaltungsmöglichkeiten zu sehr einschränkt.

In der katholischen Kirche und ihrer Caritas stellt sich die enge kirchliche Bindung caritativer Unternehmen ebenso deutlich dar. Die katholischen
Träger sind darauf verpflichtet worden, die „Grundordnung des kirchlichen
Dienstes im Rahmen der kirchlichen Arbeitsverhältnisse" (in der Fassung
vom 20. Juni 2011) in ihren Institutionen ausdrücklich anzuerkennen und zu
beachten. Die Grundordnung schreibt dazu in Art. 2, Abs. 2 vor: „Kirchliche
Rechtsträger, die nicht der bischöflichen Gesetzgebungsgewalt unterliegen,
sind verpflichtet, bis spätestens zum 31.12. 2013 diese Grundordnung durch
Übernahme in ihr Statut verbindlich zu übernehmen. Wenn sie dieser Verpflichtung nicht nachkommen, haben sie im Hinblick auf die arbeitsrechtlichen Beziehungen nicht am Selbstbestimmungsrecht der Kirche gemäß
Art. 140 GG i. V. m. Art. 137 Abs. 3 WRV teil." Die Übernahme der Grundordnung ist denn auch bei den meisten Caritas-Einrichtungen inzwischen
geschehen. Die praktische Umsetzung bereitet dabei allerdings erhebliche
Schwierigkeiten. Zum einen bewirkt die feste Bindung an kirchliche Tarif-
verträge gemäß Art. 7, Abs. 2 bei zahlreichen katholischen Trägern erhebliche ökonomische Probleme. Zum anderen sind auch bestimmte moralische
Bestimmungen in der Mitarbeiterschaft kaum vermittelbar, wie z. B. die
mögliche Kündigung nach Abschluss „einer nach dem Glaubensverständnis
und der Rechtsordnung der Kirche ungültigen Ehe [...], wenn sie unter
öffentliches Ärgernis erregenden oder die Glaubwürdigkeit der Kirche
beeinträchtigenden Umständen geschlossen wird (z. B. nach böswilligem
Verlassen von Ehepartnern und Kindern)" (Art. 5, Abs. 5). In der Praxis gibt
es hier durch mögliche Ausnahmegenehmigungen zahlreiche Variations-
möglichkeiten der engen Bestimmungen dieser Grundordnung.

Aus unternehmerischer Sicht führt aber eine solche enge Bindung diakonischer und caritativer Einrichtungen an die verfassten Kirchen, wenn sie in
Unkenntnis der realen Handlungsanforderungen zu einseitig aus kirchlicher
Sicht bestimmt wird, zu einer Einschränkung von Entwicklungsmöglichkeiten, die der weiteren Gestaltung der Arbeit nicht zuträglich sein wird.
Unternehmerische Entwicklungen in Diakonie und Caritas werden zukünftig
auch Aspekte der interkulturellen Öffnung enthalten müssen, und zwar aus
demographischen wie aus theologischen Gründen. Es wird darum gehen
müssen, einerseits das spezifisch christliche Anliegen des Liebeshandelns
aus Glauben weiter zu verdeutlichen, und dabei andererseits aus der Universalität der Botschaft des Evangeliums heraus die diakonische Arbeit für
Menschen anderer Religionen und Kulturen zu öffnen – unter den Klientinnen und Klienten wie auch unter den Mitarbeitenden. Dabei wird der Kern
diakonischer Arbeit auch in Zukunft darin bestehen, dass es sich hier um eine
Äußerung des christlichen Glaubens auf der Basis der biblischen Traditionen
handelt. Wenn die kirchlich-diakonischen Institutionen dies klar als ihr

Selbstverständnis formulieren und kommunizieren, z. B. auch als Erwartung an Mitarbeitende, dann halten wir es im Grundsatz für möglich, auch Menschen aus anderen Kulturen und Religionen als Mitarbeitende in diese Arbeit zu integrieren, damit sie die verschiedenen in Diakonie und Caritas unterstützten Menschen mit Sensibilität für ihre eigene Kultur, Religion und Sprache angemessen begleiten können. Dies wird aber jeweils sehr präzise zu begründen und zu regeln sein.

Universelles Hilfeethos und dessen Konsequenzen

These 2: Die Orientierung an dem formalen Kriterium der Kirchenmitgliedschaft unserer Mitarbeitenden ist aber nicht in erster Linie eine Herausforderung für das Personalmanagement, sondern vor allem ein theologisches Problem. Die Exklusivität einer formalen konfessionellen Mitarbeiterbindung steht nicht nur in Spannung zu einem universellen Hilfeethos im Klientenbezug, sondern vor allem zum Kern theologischer Überzeugungen, die unsere Unternehmen prägen. Die Grundüberzeugung, dass niemand aufgrund seiner besonderen Eigenschaften aus der menschlichen Gemeinschaft ausgeschlossen sein darf, bildet den Kern des biblischen Zeugnisses. Der Universalität des Erbarmens Gottes entspricht, dass das Heil gerade auf der Basis des Christusglaubens auch außerhalb des Christusglaubens gedacht werden konnte (vgl. 1Kor 15,21f und Röm 11,32).

Wir haben den Eindruck, dass wir uns zurzeit an einer ganz entscheidenden Schwelle der gesellschaftlichen Entwicklung befinden. Sie hat historische Vorstufen, die dabei mit zu beachten sind. Und sie fordert uns an bestimmten Punkten zu unternehmerischen Entscheidungen heraus, die wir in nicht allzu ferner Zukunft vermuten. Denn diese Schwelle ist so erheblich, dass sie sich nicht flach und unauffällig nehmen lässt. Wie sich dieser Sprung für uns darstellt und welche Vorgeschichte er hat, das möchten wir hier gern betrachten und zur Diskussion stellen.

Die Allgemeine Erklärung der Menschenrechte als Grundlage der modernen Gesellschaft

Die explizite Formulierung der Basis dieser gesellschaftlichen Entwicklungen und damit die Grundlegung einer potenziell weltweiten menschlichen Gemeinschaft geschah mit der Allgemeinen Erklärung der Menschenrechte der Vereinten Nationen im Dezember 1948. Sie atmete den Schock des Zweiten Weltkrieges. „Da die Anerkennung der angeborenen Würde und der gleichen und unveräußerlichen Rechte aller Mitglieder der Gemeinschaft der Menschen die Grundlage von Freiheit, Gerechtigkeit und Frieden in der Welt bilden, da die Nichtanerkennung und Verachtung der Menschenrechte zu Akten der Barbarei geführt haben, die das Gewissen der Menschheit mit Empörung erfüllen, und da verkündet worden ist, dass einer Welt, in der die Menschen Rede- und Glaubensfreiheit und Freiheit von Furcht und Not genießen, das höchste Streben des Menschen gilt", heißt es im ersten Satzteil in der Präambel. Damit ist der historische Grund für die Erklärung der Menschenrechte genannt, und es werden zugleich die wichtigsten Rechte konkret aufgeführt, als gewissermaßen zentrale Forderungen für die gesamte Menschheit einem jeden Menschen zukommen sollen: „Rede- und Glaubensfreiheit und Freiheit von Furcht und Not", dazu Gerechtigkeit und Frieden. Bahnbrechend daran ist, dass diese Rechte von nun an in einem globalen Kontext begriffen werden müssen. Sie gelten für „alle Mitglieder der Gemeinschaft der Menschen".

Man muss sich einmal plastisch vorstellen, welche Schwierigkeiten es gemacht haben muss, wenn naturreligiös gebundene Afrikaner, christliche Südamerikaner, kommunistische Sowjets, Juden und konfuzianische Chinesen, Moslems aus dem Nahen Osten und abgrundtief durch den Krieg zerstrittene Europäer und Nordamerikaner sich an einen Tisch gesetzt und gemeinsam versucht haben, einen Wertekonsens zu formulieren, der für alle möglichst verbindlich sein soll.[30] Jedenfalls gelang es in diesem Kontext tatsächlich, eine Formulierung der Menschenrechte zu vereinbaren, die für alle Menschen an allen Orte gelten sollten. Zu betonen ist dabei, dass die oft geäußerte These, es handele sich dabei im Kern um einen christlichen Gedanken, der hier rezipiert wurde, so auf keinen Fall richtig ist. Zwar gibt es schon in den Heiligen Schriften des Alten und Neuen Testaments diesen Gedanken, dass jeder Mensch für sich ein wertvolles Einzelwesen ist und dass die ganze Menschheit zusammen gehört. Aber diese Menschenrechte und Werteaussagen werden in der UN-Resolution eben gerade nicht explizit theologisch bzw. christologisch begründet.[31] Die Inanspruchnahme einer christlichen Begründung hätte ja gerade den Effekt gehabt, dass sich dabei ein großer Teil der Weltgemeinschaft ausgeschlossen gefühlt hätte, was natürlich gerade nicht zu einer gemeinsamen Erklärung geführt hätte. Die modernen Menschenrechte sind also, um es noch einmal deutlich zu sagen, keine christliche Erfindung, sondern ein erster und großartiger multikultureller und polyreligiöser Kompromiss, für den jeder seine eigenen Begründungsmuster hatte und an dem es von nun an weiter zu arbeiten galt.

Inklusion und Exklusion als Leitunterscheidung

Konfessionsgebundene Unternehmen finden in den gesellschaftlichen Rahmenbedingungen entscheidende Voraussetzungen und Bezugsunkte ihres Handelns. Wir möchten in dieser Situation versuchen, zwei wesentliche

---

[30] Eindrücklich beschreibt Wolfgang Vögele in seiner Habilitationsschrift diesen Prozess. Ders. (2000), S. 222ff.

[31] Vgl. a. a. O., S. 229ff.

Punkte zu benennen, die für die aktuelle Entwicklung der Gesellschaft so etwas wie eine Grundstruktur abgeben könnten. Der erste Punkt ist – wie bereits dargestellt – die Formulierung der Menschenrechte, wie sie 1948 in der UN-Erklärung niedergelegt und seitdem durch sich anschließende Anti-diskriminierungspapiere der UN weiter konkretisiert worden ist. Dadurch wird klar, dass Werte wie Freiheit und Selbstbestimmung prinzipiell für alle Menschen gelten, dass dies deshalb aber auch für bestimmte Teile der Menschheit wie Kinder, Frauen oder Behinderte nochmals explizit festge-stellt werden muss, weil es für sie offenbar noch nicht selbstverständlich akzeptiert ist.[32] Der zweite Punkt der gesellschaftlichen Entwicklung hängt damit unmittelbar zusammen. Er wird durch die Unterscheidung von Inklu-sion und Exklusion gesetzt. Der Begriff der Inklusion ist ja zurzeit noch in der Entwicklung. Im hier betrachteten Kontext kann man ihn verstehen als selbstverständliche Einbeziehung aller Menschen in die weltweite Gemein-schaft derer, die die Menschenrechte genießen können. Wir möchten deshalb vorschlagen, dass es beim aktuellen Wertewandel, der sich – wie eben skiz-ziert – seit einigen Jahrzehnten anbahnt, im Kern um eine Durchsetzung der Vorstellung einer inklusiven Gesellschaft geht. Die Unterscheidung Inklu-sion/Exklusion könnte in diesem Sinne als Leitunterscheidung der modernen, im Prinzip global zu denkenden Gesellschaft fungieren.

Natürlich wäre dies noch zu präzisieren. Denn Inklusion ist ja ein durch die Tradition schon sehr geprägter Begriff. Er bezeichnete früher, worauf Matthias Benad aufmerksam gemacht hat, z. B. die Selbstabschließung eines Mönches von der Welt, indem er sich etwa sogar für eine gewisse Zeit ein-mauerte. Er war dann ein „Inkluse". Umgekehrt meint der Begriff Inklusion in der heutigen Fachdiskussion z. B. in der Behindertenhilfe, dass niemand aufgrund bestimmter Eigenschaften oder (fehlender) Fähigkeiten aus den gesellschaftlichen Zusammenhängen ausgeschlossen wird. Durch neuere Studien lässt sich etwa mit dem Ansatz der Dis/ability-Forschung zeigen, dass Behinderung unter anderem auch eine „soziokulturelle Konstruktion" ist.[33] Begriffe wie Klasse, Geschlecht, Ethnizität oder auch Behinderung können in dieser Hinsicht als Konstruktionen sozialer Ungleichheit verstan-den werden, die erst durch bestimmte gesellschaftliche Konventionen und daraus abgeleitete Unterscheidungsprozesse erzeugt werden.

Der Gedanke der Inklusion geht insofern weit über die Frage der Ein-beziehung von Menschen mit Behinderungen hinaus. Er lässt sich auf alle Menschen beziehen und versucht, sie unabhängig von Geschlecht, Lebens-alter, religiöser oder ethnischer Herkunft, sexueller Präferenz oder Behinde-

---

[32] Vgl. dazu z. B. das Übereinkommen über die Rechte von Menschen mit Behinderungen der Vereinten Nationen, in Deutschland ratifiziert 2009.

[33] So H.-W. Schmuhl/U. Winkler (2011), S. 22, mit Verweis auf E. Bösl (2010), S. 10. Siehe dazu auch ausführlicher H.-W. Schmuhl/U. Winkler (2013).

rungsgrad in einer im Prinzip weltweit zu denkenden Gesamtgesellschaft einzubeziehen.[34] Exklusion wäre dann einerseits negativ zu verstehen als Ausgrenzung solcher Gruppierungen aus den gesellschaftlichen Zusammenhängen. Das bedeutet, dass sie benachteiligt werden und ihre Menschenrechte nicht in vollem Umfange wahrnehmen können. Andererseits kann der Begriff Exklusion aber auch positiv verstanden werden. Er beinhaltet für das einzelne Individuum die Möglichkeit, sich aus eigenem Willen an bestimmten Stellen aus den universalen gesellschaftlichen Zusammenhängen heraus zu ziehen und für sich zu sein – durchaus in der Tradition der alten „Inklusen".

Wir schlagen vor, in diesem Sinne die Unterscheidung Inklusion/Exklusion als leitende Unterscheidung für den aktuellen Wandel der Gesellschaft auszuprobieren.

Inklusion/Exklusion in Diakonie bzw. Caritas

Die Tragweite dieses Vorschlages ist nicht zu unterschätzen. Wir reden hier nicht über die relativ harmlose Erklärung, dass alle Menschen im Kern gleich seien und deshalb die gleichen Rechte genießen sollten. Die Konsequenz daraus ist eine radikale Umstrukturierung der Gesellschaft nach dem Inklusionsgedanken, und zwar nicht nur weltweit, sondern auch in unserem Lande.

Wenn diese beiden Gedanken der Realisierung der Menschenrechte und der in diesem Sinne inklusiven Gesellschaft tatsächlich konsequent umgesetzt werden sollen, dann geht es sicherlich allein in unserem Land um eine Generationenaufgabe, weltweit wahrscheinlich um einen im Moment kaum überschaubaren Zeitraum. Es ist aber offensichtlich, dass sich diese Entwicklung gerade in unserem Land und an vielen anderen Stellen der Welt mit Macht vollzieht, und dass wir uns gerade in Diakonie und Caritas unbedingt darauf einstellen sollten – ja dies sogar sehr aktiv mit gestalten sollten.

Auf dem Hintergrund des eben Ausgeführten besteht das Grundproblem konfessionsgebundener Unternehmen darin, dass sie einerseits gute Gründe dafür haben, auf Inklusion zu setzen und andererseits dabei oft fest in einer exklusiven Tradition und Denkart verhaftet sind. Das beginnt schon beim Selbstverständnis von Diakonie und Caritas. Sie begreifen sich als eine sehr spezifische Form des Hilfehandelns an bestimmten Personen, die sich auf den Auftrag Jesu Christi beruft, wie er in den biblischen Texten formuliert ist. Das lässt sich in den meisten Präambeln der Grundlagendokumente konfessioneller Unternehmen wieder finden. Insofern bilden sie oft – jeden-

---

[34] So steht es übrigens schon ausdrücklich in Artikel 2 der Allgemeinen Erklärung der Menschenrechte der UN von 1948.

falls in dem weithin verbreiteten Verständnis – eine eigene Identität dadurch aus, dass sie sich in Abgrenzung zu anderen vergleichbaren Formen des Hilfehandelns definieren und sich eher exklusiv verstehen. Sie haben sich dafür, jedenfalls in den meisten Teilen Deutschlands, sogar eine eigene Form gegeben, wie dieses Handeln auch entsprechend intern organisiert ist: den so genannten Dritten Weg. Danach werden durch Vereinbarungen zwischen Dienstgebern und Dienstnehmern besondere Formen der kirchlichen Selbstbestimmung nach Artikel 140 des Grundgesetzes praktiziert, die gerade durch die Abgrenzung vom Zweiten Weg der Regelungen im öffentlichen Dienst und erst recht durch die Unterscheidung vom Ersten Weg der Festsetzung der Arbeitsbedingungen durch die Arbeitgeber gekennzeichnet sind.

Insofern verstehen sich die meisten diakonischen und caritativen Einrichtungen – jedenfalls noch – als kirchliche Institutionen und partizipieren damit am exklusiven kirchlichen Selbstbestimmungsrecht. Kritische Stimmen aus der Gewerkschaft meinen dazu, dass für die diakonischen Mitarbeitenden damit das allgemein für alle Menschen geltende Grundrecht der Vereinigungsfreiheit nach Artikel 9 des Grundgesetzes der BRD, z. B. zu Streiks, eingeschränkt wird. Das Bundesarbeitsgericht hat dazu in seinem grundlegenden Urteil vom 20. November 2012 eine Abwägung dieser beiden Rechte im Sinne der „praktischen Konkordanz" vorgenommen.

Dass dabei das Verhältnis von verfassten Kirchen und konfessionsgebundenen Unternehmen traditionell wie aktuell sehr spannungsgeladen ist, liegt auf der Hand. Die Spannung wird steigen. Denn einerseits befinden sich die Kirchen in Bezug auf ihre Mitglieder und ihre gesellschaftliche Relevanz in einem markanten Schrumpfungsprozess. Damit wird schon in wenigen Jahrzehnten der Anteil der evangelischen und katholischen Kirchenmitglieder zusammen genommen in Deutschland eine deutliche Minderheit bilden. Andererseits werden zumindest die klassischen Arbeitsfelder konfessionsgebundener Unternehmen wie Pflege und Gesundheitsdienste aufgrund der demographischen Entwicklung weiter deutlich ausgeweitet werden. Man kann deshalb davon ausgehen, dass auch Diakonie und Caritas erheblich weiter wachsen werden. Sie werden damit in wirtschaftlichem Umsatz, Mitarbeiterschaft und gesellschaftlicher Bedeutung die verfasste Kirche bei weitem übertreffen.

Nun ist aber gerade auf der EKD-Synode im November 2011 mit dem Arbeitsrechtsregelungsgrundsätzegesetz (ARRG) die Verbindung von Diakonie und verfasster Kirche aufs engste definiert worden und damit die exklusive Stellung der Diakonie zunächst manifestiert worden. Ähnliches gilt im oben dargestellten Sinne auch für die Caritas und ihre Grundordnung. Diese Linie ist durch die Neufassung des ARRG auf der EKD-Synode im November 2013 fortgeführt worden, wobei die kritischen Punkte aus dem oben zitierten BAG-Urteil wie z. B. fehlende Eindeutigkeit und Verbindlichkeit der Arbeitsregelungen und mangelhafte Gewerkschaftsbeteiligung unmittelbar mit aufgenommen wurden.

Diese Konstruktion enthält jedoch perspektivisch deutliche Spannungen. Man hört deshalb in konfessionsgebundenen Unternehmen zunehmend Klagen über eine zu strikte Gestaltung und Interpretation kirchlicher Gesetze in ihrem Handlungsbereich. Eine zu eng gefasste Selbstabgrenzung als exklusiv christliche Institution wird sich aber in Bezug auf die diakonische Mitarbeiterschaft nicht durchhalten lassen. So ist z. B. die konsequente Einhaltung der ACK-Klausel, nach der möglichst alle Mitarbeitenden Mitglied einer Kirche der Arbeitsgemeinschaft christlicher Kirchen sein sollen, schon jetzt außerhalb einiger weniger besonders christlich geprägter Landstriche kaum noch möglich. Und die Fixierung der Mitarbeiterschaft auf die Christlichkeit bewirkt, dass die interkulturellen und interreligiösen Aspekte unterbelichtet bleiben, die gerade in der diakonischen Arbeit so wichtig sind. Wie aber soll man in der Diakonie z. B. einen Muslim angemessen unterstützen, wenn man nur Mitarbeitende hat, die seine Kultur und Religion nicht näher kennen?

Aber auch in Bezug auf die von ihr unterstützten Menschen setzt die kirchlich-diakonische Arbeit zunächst einmal exklusiv an. Sie wendet sich gezielt an diejenigen, die von Ausgrenzungsprozessen aus der Gesellschaft mindestens bedroht sind oder diese Exklusion schon konkret erfahren müssen: Arme, Arbeitslose, Kranke, Alte und Pflegebedürftige, Menschen mit Behinderungen usw. Das kann durchaus in der Absicht geschehen, sie wieder in diese gesellschaftlichen Zusammenhänge einbeziehen zu wollen. Der Ansatz ist aber zunächst exklusiv. Er nimmt eben gerade nicht den Menschen als per se in die Gesellschaft integriertes Individuum in den Blick, sondern betrachtet ihn vor allem im Hinblick auf seine Exklusionsproblematik und seinen Inklusionsbedarf. Damit aber wird der Exklusionsaspekt paradoxerweise sogar eher verstärkt. So wird die Behinderung eines Menschen zunächst einmal detailliert festgestellt und beschrieben, um ihn danach durch diakonische Unterstützung in die Gesellschaft einbeziehen zu können. Hinzu kommt, dass bei den von der Diakonie Unterstützten auch die interkulturellen und interreligiösen Aspekte bislang eher weniger in den Blick kommen. Wie aber kann man z. B. christliche Rituale in einer Einrichtung durchführen, ohne diejenigen dort Unterstützten auszugrenzen, die eine andere Religion haben? Wie kann man sie vor dem eigenen christlichen Hintergrund sogar in der Ausübung ihrer Religion aktiv unterstützen, wie es in Nordrhein-Westfalen etwa das Wohn- und Teilhabegesetz vorschreibt?

Man wird auf diesem Hintergrund vor allem in der Diakoniegeschichte, aber durchaus auch noch aktuell, nicht ignorieren dürfen, dass die diakonische Arbeit an vielen Stellen Exklusion bislang eher gefördert als überwunden hat. Die persönliche Lebensgeschichte der Bewohner diakonischer Heime ist über weite Strecken eine Exklusionsgeschichte, mit zu guten

Teilen sehr traurigen Konsequenzen für die Betroffenen.[35] Und bis heute zeichnen sich relativ viele diakonische Träger nicht gerade durch eine konsequente Umsetzung des Gedankens der Inklusion aus, z. B. bei den Wohnangeboten oder der Beschulung.[36] Auch diakonische Pflegeheime sind sicherlich größtenteils keine besonderen Orte der Inklusion. Außerdem tut sich die Diakonie sogar in der quartiersbezogenen Arbeit trotz der besonderen Vernetzungsmöglichkeiten mit den örtlichen Kirchengemeinden nicht gerade besonders hervor.

Wenn man also die Unterscheidung von Inklusion und Exklusion als Leitunterscheidung für die weitere Entwicklung konfessionsgebundener Unternehmen auffasst, ergibt sich für die diakonische und caritative Arbeit die Frage, wie sie sich aktuell und in Zukunft – aus einer Tradition und einem Selbstverständnis kommend, das eher auf Exklusion angelegt ist – für Inklusion weiter öffnen kann, um an der Entstehung einer inklusiven Gesellschaft teilhaben zu können – ja diese vielleicht sogar aktiv und maßgeblich mit zu gestalten. Es ist nun zum Glück so, dass gerade die christliche und biblische Tradition sehr überzeugende Ansätze enthält, die eher in Richtung einer Öffnung des eigenen Tuns und Glaubens für die gesamte Menschheit gehen. Wenn Diakonie und Caritas sich aktiv an dem aktuell sich vollziehenden Wandel in Richtung auf eine inklusive Gesellschaft beteiligen möchten, dann tun sie deshalb gut daran, sich auf diese eigenen Inklusionstraditionen zu besinnen und sie im genannten Sinne zu reaktivieren und zu aktualisieren.

Theologische Überlegungen zum Inklusionsgedanken

Der Grundgedanke der Inklusion, dass niemand aufgrund seiner Eigenschaften und (fehlenden) Fähigkeiten aus der menschlichen Gemeinschaft ausgeschlossen werden soll, findet einen wesentlichen Protagonisten im Apostel Paulus mit seiner Rechtfertigungslehre. Vor allem im Römerbrief zeigt Paulus in seiner brillanten Analyse menschlicher Existenz, dass kein Mensch aus eigenem Vermögen vor Gott gerecht werden kann. Das führt ihn dann zu der universalen Aussage: „Wir haben soeben bewiesen, das alle (…) unter der

---

[35] Vgl. dazu die Studien von Hans-Walter Schmuhl und Ulrike Winkler, z. B. zu Volmarstein und dem Wittekindshof. Vgl. Dies. (2010); vgl. Dies. (2011).

[36] Ich nehme dabei die Institution, in der ich arbeite, die Diakonische Stiftung Wittekindshof, ausdrücklich nicht aus.

Sünde sind, wie geschrieben steht: ‚Da ist nicht einer, der gerecht ist, auch nicht einer.'"[37]

Hier liegt ein tiefer Gedanke der Inklusion zugrunde. Er besteht theologisch gesehen erst einmal darin, einzusehen, dass alle Menschen insofern gleich sind, als sie sündig sind. Was das heißt, analysiert Paulus eingehend in Röm 7: Die Menschen sind seit Adam und Eva zerrissen in sich selbst und tun nicht, was sie wollen (Röm 7,7–25a). Inklusion bedeutet also zunächst einmal, dass alle Menschen in der Sünde eingeschlossen sind, wie Paulus es am Ende der gesamten Argumentation in Röm 11,32 summarisch feststellt: „Gott hat alle in den Ungehorsam eingeschlossen."[38] Inklusion bedeutet deshalb erstens die Inklusion aller Menschen in den Ungehorsam gegenüber Gott. Aber Paulus geht im gleichen Satz noch weiter. Er sagt: „Gott hat alle in den Ungehorsam eingeschlossen, damit er sich aller erbarme."

In seiner umfangreichen Untersuchung des Römerbriefes zeigt Thomas H. Tobin sehr überzeugend,[39] dass dieser Satz in Röm 11,32 zugleich der Ziel- und Endpunkt der gesamten theologischen Argumentation des Römerbriefes ist. Man kann die Argumentation des Briefes als eines der grundlegenden Texte besonders des Protestantismus folgendermaßen zusammenfassen: Die wahre Inklusion bedeutet also im vollen theologischen Sinne, dass Gott alle Menschen, die zunächst nicht anders können, als gegen sich und Gott zu sündigen, in sein universales Erbarmen einschließt und dass dies im tiefsten Sinne den Zusammenhang der ganzen Menschheit begründet. Der zitierte Text aus Röm 11 stellt insofern eine Spitzenaussage dar, als Paulus damit zugesteht, dass auch alle Juden, die nicht an Christus glauben, in dieser Weise gerettet werden (vgl. Röm 11,26 und 31).

In gewissem Sinne kulminiert die gesamte Argumentation von Kap. 1–11 damit in der universalen Heilsaussage von 11,32 mit der anschließenden Doxologie: „O welch eine Tiefe des Reichtums, beides, der Weisheit und der Erkenntnis Gottes! Wie unbegreiflich sind seine Gerichte und unerforschlich seine Wege! (…) Denn von ihm und durch ihn und zu ihm sind alle Dinge. Ihm sei Ehre in Ewigkeit! Amen." (Röm 11,33 und 36) Der Gedanke findet sich anders formuliert bereits in 1Kor 15,21f: „Denn da durch einen Menschen der Tod gekommen ist, so kommt auch durch einen Menschen die Auferstehung der Toten. Denn wie sie in Adam alle sterben, so werden sie in Christus alle lebendig gemacht werden." Alle ethischen und persönlichen Aussagen in Röm 12–16 hängen also von dieser grundlegenden Feststellung in Röm 11,32 ab. Das führt Paulus an dieser herausgehobenen Stelle sogar so weit, dass er sich eine Rettung Israels auch ohne den Glauben an Christus

---

[37] Röm 3,9f., mit Bezug auf Psalm 14,1, zitiert nach der aktuellen Ausgabe der Lutherbibel.
[38] Wiederum die aktuelle Lutherübersetzung, das griechische Wort für „er hat eingeschlossen (inkludiert)" lautet „synekleisin".
[39] T. H. Tobin (2004), S. 469.

vorstellen kann. Das Vertrauen auf die Universalität des Erbarmens Gottes übersteigt insofern sogar den Christusglauben!

Diese Argumentation dürfte Paulus, verglichen mit der Position in seinen früheren Briefen, nicht leicht gefallen sein. Die Einsicht in das universale Erbarmen Gottes führt ihn aber dazu, das Heil auch jenseits des eigenen Christusglaubens denken zu können. Paulus entwickelt damit eine auf der Gotteslehre fußende Heilslehre von der Versöhnung aller Menschen mit Gott, die über die Begrenzungen der Christologie hinaus geht, den Christusglauben transzendiert und sich damit für andere Religionen öffnet – und zwar aus zutiefst theologischen Gründen.

Der christliche Glaube hat auf dieser Basis von Anfang an eine Tendenz, die Grenzen der eigenen Religionsgemeinschaft zu überschreiten. Das gilt nach den neutestamentlichen Zeugnissen schon für das Reden und Handeln Jesu, das offenbar die Grenzen seiner Herkunft aus dem Judentum bewusst überschritten hat (vgl. z. B. Mk 7,24ff und Lk 10,25ff). Seine Botschaft richtet sich an alle Menschen (vgl. Mt 28,18–20). In der Nachfolge Jesu haben sich die Jünger deshalb ausdrücklich auch für Menschen aus anderen Religionen geöffnet und diese bedingungslos aufgenommen (vgl. Apg 8,26ff; 10,34f). Dieser Geist der Öffnung führt letztlich dazu, dass das Christentum – in der Tiefe betrachtet – nicht als eine sich gegenüber anderen abgrenzende Religion verstanden werden kann, sondern dass es in sich die Selbstüberschreitung seiner Grenzen angelegt hat. Das christliche Vertrauen auf das universale Erbarmen Gottes gegenüber allen Menschen führt zu der Einsicht, dass dieses auch jenseits der christlichen Religionsgemeinschaft gilt und dass sich das Christentum deshalb gegenüber allen Menschen zu öffnen hat. Auf dieser Basis könnte eine interkulturelle und interreligiöse Öffnung sowohl für Mitarbeitende als auch für diakonisch Unterstützte im Sinne der Inklusion aus guten theologischen Gründen geschehen.

Verpflichtung zur Inklusion

These 3: In der Gestaltung unserer Gesellschaft entspricht diesem Grundimpetus
die Zielperspektive der Inklusion, der sich die Unternehmen des BK verpflichtet
wissen. Das Miteinander in Verschiedenheit wird danach in menschenrechtlicher
Orientierung als Reichtum gesellschaftlicher Entwicklung verstanden. Inklusion
steht dabei für die Unternehmen des BK für klare fachliche Konzepte und zugleich für einen beschreibbaren inhaltlichen Konsens, dem die Mitarbeitenden
der Unternehmen verpflichtet sind.

Grenzüberschreitungen

Überlegungen zu einer religionspluralen Öffnung können – wie oben gezeigt
– auf die frühesten und konstitutiven Texte des Christentums zurückgreifen
und bei ihnen ansetzen. Im Gleichnis vom barmherzigen Samariter in Lukas
10,25ff als einem der Urtexte christlichen Liebeshandelns wird deutlich, dass
gerade Mitglieder der anderen Konfession – wie der Samariter – durchaus
den Geboten Gottes entsprechend handeln können und man selbst die
Nächstenliebe nicht zuletzt dadurch versäumen kann, dass man die eigene
Religion in zu selbstbezogener Weise zu pflegen sucht – wie Priester und
Levit. Die Universalität des Gebotes der Nächstenliebe, wie es in acht neutestamentlichen Texten in den verschiedensten Überlieferungssträngen als
wichtigstes Gebot breit bezeugt ist (Gal 5,14; Röm 13,9; Mk 12,31;
Mt 22,39; Lk 10,27; Mt 5,43 und 19,19 sowie Jak 2,8, vgl. dazu auch die
johanneischen Traditionen z. B. in Joh 13,34, 1Joh 2,7, 2Joh 5f), spannt
dabei den Horizont der Zuwendung zum Nächsten sehr weit. War im Ur-
sprungstext aus Lev 19,18 und 34 noch die Unterscheidung zwischen Volks-
genossen und Fremdem leitend, so wechselt das Verständnis des Gebotes
nunmehr in die räumliche Kategorie des „Nächsten", die völlig unbestimmt
lässt, welcher Religion oder ethnischen Gruppe dieser Mensch angehört.

Ethisch hat das zur Konsequenz, dass jeder Mensch – nicht nur der
Angehörige der eigenen Religion – so geliebt werden soll, wie man sich
selbst liebt und von Gott geliebt weiß, so z. B. Röm 13,8–10 in Fortführung
der in den vorherigen Kapiteln entfalteten Gedanken. Diese universale
Ausweitung der diakonischen Zuwendung thematisiert auch der andere dia-
konisch-caritative Urtext aus Mt 25,31ff. Die Pointe der Argumentation besteht gerade darin, dass Christus im „Geringsten" präsent ist und durch diese

christologische Verblüffung alle anderen Klassifizierungen der Hilfsbedürftigen, z. B. die in Angehörige der eigenen Religion und andere, relativiert werden.[40] Offen bleibt hier auch, ob der diakonisch-caritativ Handelnde selbst einer christlichen Gemeinschaft angehört. Insofern werden also in der liebenden Zuwendung zum Nächsten – unabhängig von seiner Religion und Herkunft – alle göttlichen Gebote erfüllt (Röm 13,9). Und in der diakonischen Zuwendung zu allen Hilfebedürftigen – unabhängig von ihrer Religion und Herkunft – wird Christusbegegnung möglich (Mt 25,40).

Konsequenzen einer religionspluralen Öffnung

Aus diesen Überlegungen ergeben sich sowohl für den diakonisch-caritativen Umgang mit Klienten als auch für die Frage der Mitarbeiterschaft in Caritas und Diakonie unmittelbare Folgen. In Bezug auf die durch das diakonische Handeln unterstützten Menschen ist in dieser Sicht klar und völlig unbestreitbar, dass diese nicht nur auf die christliche Religion und Gemeinschaft beschränkt werden können. Auch in den Angehörigen anderer Religionen wie in den Religionslosen kann und muss die diakonische Liebestat den Nächsten (an)erkennen und damit rechnen, dass auch in diesem Menschen ein „Geringster" verborgen ist, in dem man Christus begegnen kann. Das bedeutet keine Vereinnahmung anderer Glaubensüberzeugungen, wohl aber eine bestimmte Interpretation des eigenen Handelns auf der Basis des eigenen christlichen Überzeugungssystems, die aus oben genannten Gründen die Selbsttranszendenz der eigenen Religion immer mit thematisieren kann.

In Bezug auf die eigenen Mitarbeitenden ist dann die entscheidende Frage, ob sie sich auf die Deutungshoheit des christlichen Hilfehandelns im oben skizzierten Sinne einlassen können. Sie müssen dabei nicht zwingend Mitglied einer christlichen Gemeinschaft sein, um diakonisch-caritativ handeln zu können. Das hat in seinem grundlegenden Urteil vom 20. November 2012 auch das Bundesarbeitsgericht so festgestellt und anerkannt. Dort heißt es in Nr. 98 und 99: „Nach der Rechtsprechung des Bundesverfassungsrichts gehört zu den eigenen Angelegenheiten der Religionsgesellschaften, dass diese der Gestaltung des kirchlichen Dienstes auch dann, wenn sie ihn auf der Grundlage von Arbeitsverträgen regeln, das Leitbild einer christlichen Dienstgemeinschaft ihrer Mitarbeiter zugrunde legen können (BVerfG 4. Juni 1985 - 2 BvR 1703/83 - [Loyalitätspflichten] zu B II 1 d der Gründe, BVerfGE 70, 138). (...) Sie verbindet alle am kirchlichen Auftrag Teilneh-

---

[40]   Wir folgen hier der universalen Interpretation des Gleichnisses von P. Fiedler (2006), S. 379, gegen U. Luz (2012), S. 538f.

menden unabhängig davon, auf welcher vertraglichen Grundlage und in welcher Einrichtung sie tätig sind (Joussen RdA 2007, 328, 333). (…)

Danach verlangt das Bestehen einer Dienstgemeinschaft keine konfessionelle Gebundenheit aller Beschäftigten zu einer christlichen – hier zur evangelischen – Kirche. Es ist vielmehr Ausdruck des kirchlichen Dienstes selbst, der durch den Auftrag bestimmt wird, das Evangelium in Wort und Tat zu verkünden. Hieran wirken alle Beschäftigten durch ihre Tätigkeit und demnach ungeachtet ihres individuellen Glaubens oder ihrer weltanschaulichen Überzeugungen mit (vgl. Hammer Kirchliches Arbeitsrecht S. 175; Richardi Arbeitsrecht in der Kirche 6. Aufl. § 4 Rn. 24). Die Dienstgemeinschaft hängt deshalb nicht davon ab, ob oder in welchem Umfang nicht evangelische Christen oder Nichtchristen in einer kirchlichen Einrichtung beschäftigt sind. Ebenso wenig kommt es darauf an, ob die jeweiligen Arbeitsverhältnisse verkündigungsnahe oder verkündigungsferne Tätigkeiten betreffen. Auch insoweit entscheidet die Kirche darüber, was Teil ihres Bekenntnisses ist, ob eine solche Differenzierung ihrem Bekenntnis entspricht und sich auf die Dienstgemeinschaft auswirkt (vgl. BVerfG 4. Juni 1985 - 2 BvR 1703/83 - [Loyalitätspflichten] zu B II 2 a der Gründe, BVerfGE 70, 138)."

Die Struktur des Handelns, das Verständnis, in dem dieses Handeln geschieht und der daraus sich ergebende Qualitätsanspruch müssen auf dieser Basis von konfessionsgebundenen Unternehmen jedoch eindeutig vorgegeben, klar formuliert und sichergestellt werden. Der Mitarbeitende sieht sich unabhängig von seiner persönlichen religiösen Überzeugung der klaren Erwartung des Unternehmens ausgesetzt, nach den genannten Kriterien zu handeln und diese in seiner Arbeit einzuhalten. Genau dies ist ein entscheidender Teil der Dienstvereinbarung, und Abweichungen davon sind nicht tolerierbar.

Im Sinne einer kultursensiblen Unterstützung von Menschen aus nichtchristlichen Religionen und Kulturkreisen ist es auf dieser Basis an vielen Stellen sogar gerade geboten, in Diakonie und Caritas auch Mitarbeitende zu beschäftigen, die die besonderen Bedarfe der Klienten kennen, welche sich aus ihrem Glauben oder ihrer Weltanschauung ergeben, und die darauf eingehen können.

Die Kommunikation dieser Position konfessionsgebundener Unternehmen gegenüber den verfassten Kirchen ist jedoch mitunter nicht einfach. An manchen Stellen erscheint innerhalb der evangelischen und auch katholischen Kirchen die Fixierung des christlichen Profils des jeweiligen Unternehmens auf die persönliche Einstellung der Mitarbeitenden noch sehr geläufig. Erst langsam entwickelt sich ein Verständnis, welches die konfessionelle und theologische Profilierung nicht an der persönlichen Gesinnung, sondern an dem Akt der Kommunikation oder Handlung selbst festmacht. Ermutigend sind hier z. B. die Überlegungen in einer Andacht der Präses der

Ev. Kirche v. Westfalen Annette Kurschus vor der Hauptversammlung des Diakonischen Werkes von Westfalen im Dezember 2012. Mit Bezug auf einen Satz aus Kantate V des Weihnachtsoratoriums von Johann Sebastian Bach *„Und sie, sie kennen dich noch nicht, als sie dich schon verehren wollen"* stellt sie eine Analogie des diakonischen Handelns zur Kirchenmusik her. So, wie z. B. auch eine ihr bekannte japanische Studentin durch das Singen der großen kirchenmusikalischen Werke das Evangelium verkünden könne, ohne dieses persönlich näher zu kennen, könne es sich auch mit der Verkündigung des Evangeliums durch die Arbeit in der Diakonie verhalten: „Wer singt, ist auch seinem eigenen Glauben voraus. Das mag auch für diakonische Arbeit so gelten: Im helfenden Tun für unsere Mitmenschen sind wir manchmal unseren eigenen Überzeugungen voraus: Wir sehen, dass jemand uns braucht – und sind da. Ohne lange zu überlegen, warum."

Solche Überlegungen könnten nicht nur für die Verkündigung der christlichen Botschaft durch Kirchenmusik, sondern auch für die Verkündigung und Praxis des christlichen Liebesgebotes durch das Handeln konfessionsgebundener Unternehmen fruchtbar werden und zwischen ihnen und den kirchlichen Institutionen wichtige Verbindungslinien aufzeigen.

Auf der Basis dieser universalen Öffnung der diakonischen/caritativen Klientenkreise und Mitarbeiterschaft ist gleichwohl nach begrenzenden Ausschlusskriterien zu suchen. Zum einen kann es sein, dass bestimmte Menschen aufgrund ihrer eigenen Glaubensüberzeugung innerhalb der Diakonie und Caritas nicht angemessen unterstützt werden können (z. B. weil sie aus religiösen Gründen Bluttransfusionen bei Erkrankungen ablehnen und damit die Hilfe verhindert wird). Zum anderen kann auch die persönliche Einstellung von Mitarbeitenden so deutlich mit den Grundsätzen konfessionsgebundener Unternehmen im Konflikt liegen, dass eine Zusammenarbeit gemäß ihrem am Gedanken der Inklusion orientierten Selbstverständnis unmöglich erscheint (z. B. in Bezug auf die Bestreitung der Gleichberechtigung der Geschlechter oder extreme politische Orientierungen). Solche Ausschlusskriterien wird jedes Unternehmen für sich in unmittelbarer Ableitung aus seinem Selbstverständnis definieren und dann auch konsequent praktizieren müssen.

Konfessionsgebundener Überzeugungspluralismus

These 4: Weil für die Unternehmen des BK die Konfessionsbindung in ihren Inhalten identitätsbildend ist, ist die Einwilligung in einen ungesteuerten Säkularisierungsprozess keine Orientierungsoption. Sie übersieht die tragende Bedeutung christlicher Grundüberzeugungen und würde die Unternehmen des BK zu ununterscheidbaren Marktteilnehmern machen. Ebenso lehnt der BK eine Strategie der erzwungenen konfessionellen Exklusivität der Mitarbeiterschaft ab. Sie unterschreitet theologisch die Universalitätsdynamik des biblischen Zeugnisses, ist mit einer Inklusionsperspektive nicht vereinbar und führt in eine unternehmensstrategische Sackgasse. Der BK tritt deshalb für einen konfessionsgebundenen Überzeugungspluralismus ein. Dieser beinhaltet die Überwindung formaler Kirchenmitgliedschaftsbindungen und Einstellungsvoraussetzungen durch die inhaltliche Beschreibung einer Inklusionsorientierung und durch Orientierungs- und Spiritualitätsangebote auf der Basis der christlichen Tradition.

Die Unternehmen des BK legen mit ihren Thesen nicht nur eine Personalmarkteinschätzung vor, begründen theologisch und unternehmerisch ein Verständnis des christlichen Unternehmens und entfalten eine inklusionsorientierte Unternehmensstrategie, sie grenzen insbesondere in der 4. These auch einen Gestaltungsweg dieser unternehmerischen Perspektive von zwei anderen denkbaren (und praktizierten) Wegen ab.[41] Sie entscheiden sich für den dem Begriff nach erläuterungsbedürftigen „Überzeugungspluralismus" und verwerfen die Wege der Selbstsäkularisation und der konfessionellen Exklusivitätsstrategie.

Gehen wir dabei zunächst von der Option der Selbstsäkularisation aus, so handelt es sich dabei schlicht um ein Hinnehmen und Akzeptieren einer gesellschaftlichen Entwicklung. Denn bei allen Kontroversen um ein mögliches (oder faktisches) Wiedererwachen von religiösen Interessen[42] besteht weitgehend darüber Konsens, dass sich die konfessionellen Milieus zunehmend auflösen.[43] Der „häretische Imperativ"[44] hat längst dazu geführt, dass sich Menschen jenseits institutioneller Angebote einen eigenen Sinnmix wählen. Traditierte Konfessionsbindung im Sinne einer hohen Übereinstimmung mit bestimmten Dogmen oder auch einer verbindlichen Kultfrequenz werden zum Minderheitenphänomen. Längst spiegelt sich dies auch in der

---

[41] In der Kennzeichnung und Bewertung dieser Alternativen verdanken wir Dr. Hans-Martin Brüll aus der Stiftung Liebenau wesentliche Anregungen.
[42] Vgl. M. Drobinski (2012).
[43] Vgl. die Ergebnissammlung von Sinus-Milieustudien, abrufbar unter: www.milieuskirche.de (20.10.2014).
[44] U. J. Wenzel, Wir sind alle Häretiker. Eine Erörterung der Frage: Was ist eine gute Religion? in: Neue Zürcher Zeitung vom 26.05.2007, abrufbar unter www.nzz.ch/aktuell/startseite/articlef7bak-1.364361 (27.10.2014).

schwindenden Kirchenmitgliedschaft, wenn auch bei hohen regionalen Unterschieden.

Diesen gesellschaftlichen Entwicklungstendenzen entsprechen viele Unternehmen in Caritas und Diakonie faktisch so, dass sie in diesen Säkularisierungsprozess offen oder unausgesprochen einwilligen. Die eigene Konfession ist nicht mehr handlungsleitend, sondern es wird ein pragmatischer
Minimalkonsens benannt, dem die Orientierungsleistung für die unternehmerische Positionierung zugetraut wird. So betont man etwa die Qualität der
Dienstleistung in einer möglichst allgemeinen humanistischen Grundüberzeugung. Dieses Vorgehen wird in der Personalrekrutierung häufig dadurch
konfliktvermeidend umgesetzt, dass Ausnahmen von nichtkonfessionell
gebundenen Mitarbeitenden als unvermeidbare Einzelausnahmen deklariert
werden und gegebenenfalls an besondere Mitarbeitendengruppen, etwa Leitende, höhere Anforderungen gestellt werden. Unter der Hand werden, ohne
dass die Konfessionsbindung als Identitätsmerkmal des Unternehmens für
die neuen Mitarbeitenden irgendwie spürbar wird, Ausnahmen zum Regelfall, der die Konfessionsbindung auch als formales Kriterium völlig unhalt-
bar werden lässt.

Auch wenn dieser Weg gegenüber den jeweiligen Kirchen weniger
konfliktär sein mag, haben sich die Unternehmen des BK nicht für dieses
Vorgehen entscheiden können. Wesentlich dafür ist, dass die Konfessionsbindung als Identitätsmerkmal diese Selbstergebung in einen gesellschaftlichen Säkularisierungstrend ausschließt. Konfessionsbindung ist eine
Gestaltungsaufgabe, die unter den gesellschaftlichen Bedingungen ernst
genommen werden muss.

Im Gegensatz zu einer Selbstsäkularisierung wird in einer Exklusivitätsoption die Konfessionsbindung der Mitarbeitenden als unverzichtbare condi-
tio sine qua non angesehen. Bekenntnis und konfessionelle Orientierung der
(idealtypisch aller) Mitarbeitenden sichern überhaupt erst die diakonischen
und caritative Aufgabenwahrnehmung. In der Konsequenz akzeptiert diese
Position ein Nischendasein auf dem Markt oder gegebenenfalls sogar die
Geschäftsaufgabe.

Die Unternehmen des BK sehen in dieser Positionierung keine Hand-
lungsoption, weil sie (a) einen Widerspruch zur Inklusionsorientierung darstellt, sie (b) auf einer Engführung des Verständnisses vom christlichen
Unternehmen beruht und (c) die Gestaltungsverantwortung für das Gemeinwesen nicht ernst nehmen würde. Der Universalität des Gotteshandelns
entspricht (zu a) unbestritten ein universalistisches Hilfeethos, das sich
umgekehrt in einer Willkommenshaltung gegenüber Mitarbeitenden unterschiedlicher Überzeugungen abbildet. Damit wird gerade nicht aufgegeben
(zu b), dass das Unternehmen sich als christliches versteht, erkennbar macht
und entsprechend seine Gestalt und sein Handeln ausrichtet. Es stellt nur eine
Verkürzung des Unternehmensverständnisses dar, wenn dieses auf die in ihm

handelnden Menschen, zugespitzt deren Glaubensüberzeugungen, enggeführt wird. Ein Unternehmen ist als System mehr als die Summe der Überzeugungen seiner aktuellen Akteure, es ist bestimmt durch seine Ritualisierungen, durch seine Prozesse, durch seine spezifischen Orientierungen im breiten Spektrum von Unternehmensphilosophie bis zu kulturellen Kristallisaten. Theologisch ist dieses Verständnis deshalb problematisch, weil es das Wirken Gottes allein auf der Basis individueller Überzeugungsumsetzungen denkt. Schließlich haben sich (zu c) Caritas und Diakonie mit spezifischen Angeboten auf die Gestaltung unseres Gemeinwesens eingelassen. Es wäre eigens begründungsbedürftig, unter welchen Bedingungen konfessionsgebundene Unternehmen sich dieser Verantwortung entziehen könnten. Inwiefern die Universalität des Hilfehandelns die Partikularität besonderer Kirchenzugehörigkeit zur zwingenden Umsetzungsvoraussetzung hat, ergibt sich nicht als selbstverständliche Erfahrung und ist bislang auch nicht argumentativ schlüssig entfaltet worden.

So bleibt nach dem dargelegten Verständnis nur die Positionierung eines konfessionsgebunden Überzeugungspluralismus. Die Konfessionsbindung ist dabei über den Traditionshintergrund hinaus der wesentliche Deutehorizont des unternehmerischen Selbstverständnisses, vornormativer Erfahrungshintergrund[45] und metaethischer kritischer Maßstab. Die materiale Füllung wurde mit dem Stichwort der Inklusion bereits vorgenommen. Damit wird deutlich, dass Überzeugungspluralismus nicht in die Beliebigkeit von Überzeugungen führt, sondern in die Verschiedenartigkeit der Begründungen von Inklusion. Ausgeschlossen bleiben hier Überzeugungslosigkeit oder andere inhaltliche Orientierungen. Dies wendet sich gegebenenfalls sogar kritisch gegen formale Zugehörigkeiten ohne inhaltliche Überzeugungen. Die Unternehmen des BK definieren überzeugungsgeleitetes Handeln als unverzichtbar für ihre Mitarbeitenden. Sie fördern den Diskurs um die handlungsleitenden Überzeugungen sowie deren angemessene Umsetzung und verstehen die Verschiedenartigkeit von Überzeugungen als Bereicherung. Sie bieten den Mitarbeitenden anderer, nichtchristlicher Orientierungen in ihren Organisationen an, den besonderen christlichen Deutungshorizont als eine Chance für sich zu entdecken und erwarten von ihnen die Akzeptanz für diese Herleitung. Bewusst achten sie darauf, dass Menschen, die aus ihrem christlichen Glauben aktiv werden wollen, sich in ihren Organisationen beheimatet fühlen.

In der Konsequenz benennt die 4. These den konfessionsgebundenen Überzeugungspluralismus als unternehmerische Verantwortung. Nicht die Mitarbeitenden haben zuerst eine bestimmte Glaubenshaltung oder Zugehörigkeit einzubringen, sondern das Unternehmen hat eine Orientierungsleistung anzubieten und Angebote zu machen, die die spezifische christliche

---

[45]   Vgl. A. Einig (2014).

Erfahrungsbasis zu erschließen ermöglicht. Wichtig ist, dabei den Angebots-
charakter zu betonen, wobei die erwähnten „Spiritualitätsangebote" nur einen
wesentlichen Beispielbereich andeuten, der immer wieder von Mitarbeitenden als Bedarf genannt wird.

Selbstverständnis der Institution und Mitarbeiterbindung

These 5: Der konfessionsgebundene Überzeugungspluralismus setzt deshalb nicht bei der persönlichen Glaubensüberzeugung der einzelnen Mitarbeitenden an, sondern beim Selbstverständnis des Unternehmens, das sich fest im christlichen Überzeugungssystem verankert weiß. Auf der Basis der eigenen konfessionellen Herkunft wird ein verbindliches Selbstverständnis formuliert, das einerseits fest mit dem jeweiligen kirchlichen Bekenntnis verbunden ist und sich andererseits gerade dadurch für die Unterstützung verschiedenster Menschen öffnen kann. Das Unternehmen formuliert dieses Selbstverständnis gegenüber allen Mitarbeitenden, spricht an sie die klare Erwartung aus, sich mit ihrem eigenen Handeln daran zu orientieren. Es akzeptiert dabei explizit nicht nur die verschiedensten persönlichen Überzeugungen der durch das Unternehmen unterstützten Personen, sondern auch der eigenen Mitarbeitenden. Die Mitarbeitenden erkennen umgekehrt bei aller Pluralität der persönlichen Überzeugungen die konfessionelle Bindung des Unternehmens und die dadurch an sie selbst gerichteten Verhaltenserwartungen ausdrücklich und verbindlich an.

Ein häufiges Problem im Verständnis der Identität eines Unternehmens besteht darin, diese Identität nur oder wesentlich als die Summe der Überzeugungen und Werthaltungen der gegenwärtig agierenden Akteure zu sehen. In der Folge wird der Homogenität der Überzeugungen ein hoher Eigenwert zugeordnet. Je besser die Überzeugungen der jeweils handelnden Individuen zusammen- oder übereinstimmen, desto höher ist die Konsistenz der Unternehmensidentität. Folglich kommt den Glaubensüberzeugungen der einzelnen ein besonders hoher Aufmerksamkeitsgrad zu. Um in dieser Aufmerksamkeitszufuhr keinen inquisitorischen Charakter zu verleihen, wird die Überprüfung persönlicher Glaubenseinstellungen durch die niederschwellige Kirchenmitgliedschaftsabfrage ersetzt.

Dieser Logik widersetzt sich eine Sicht, die das Unternehmen vor allem als System sieht. Identität wird danach nicht als aktualisierte Kumulation von individuellen Überzeugungen gesehen, sondern als systemische Gesamtleistung. Sie wird getrieben von den binären Codes,[46] denen das Unternehmen in seiner Steuerung folgt, sie wird geprägt durch Ordnungsmomente[47] von Kultur, Struktur und Strategie, sie aktualisiert sich in den Prozessen, in denen die Wertschöpfung des Unternehmens stattfindet bzw. unterstützt wird. Nicht zuletzt bildet sich die Identität immer wieder neu aus in Aushandlungsprozessen und Beziehungen, die das Unternehmen mit seinen Anspruchsgruppen und seiner Umwelt gestaltet.

---

[46] Vgl. dazu N. Luhmann (2004); sowie D. Starnitzke (1996).
[47] Zum Begriff der Ordnungsmomente im Organisationsverständnis vgl. J. Rüegg-Stürm (2003), S. 35ff.

Beides ist wichtig zu sehen: Die Identität eines Unternehmens ist etwas anderes und mehr als die Summe der Einzelüberzeugungen. Sie ist etwas anderes, weil die systemische Leistung in dieser Perspektive gar nicht erfasst werden kann. Sie ist mehr, weil sich eine Kongruenz der Unternehmensidentität nicht erst dadurch ergibt, dass sie durch die Summe ihrer aktuellen Überzeugungen gedeckt wäre. Weder der Einzelne noch die Mitarbeiterschaft muss diese Identität leisten. Diese bauen an den aktuellen Identitätsausbildungen mit – nicht weniger, aber auch nicht mehr.

Geht man so, wie die 5. These des BK, von dem Unternehmen als soziale Organisation aus, dann wird es zur entscheidenden Frage, wie der konfessionsgebundene Überzeugungspluralismus als Gestaltungsaufgabe so strukturiert werden kann, dass aus ihm eine kollektive Handlungsfähigkeit entsteht. Der erwähnte Begriff der Ordnungsmomente verweist darauf, dass die Strukturierung nur dann gelingen kann, wenn Kultur, Struktur und Strategie das Unternehmen wirksam bestimmen, wenn sie gewissermaßen das Rückgrat des Unternehmens bilden. Dies ist keinesfalls ein Automatismus. Denn wenn etwa die Aufbaustruktur eines Unternehmens durch Unklarheiten oder Inkompetenzen für die Wertschöpfung nichts mehr austrägt, dann bilden sich häufig Parallelstrukturen, die das Unternehmen faktisch bestimmen. Noch bekannter sind die Phänomene im Ordnungsbereich der Strategie, dass etwa ein Unternehmensleitbild im diametralen Gegensatz zur Unternehmenswirklichkeit steht oder strategische Glasperlenspiele in extra dazu geschaffenen Strategieabteilungen stattfinden, die mit der tatsächlichen Geschäftsentwicklung nichts mehr zu tun haben. Schließlich ist auch die Wirksamkeit der Kultur eines Unternehmens kein Selbstläufer. Unternehmen können sich in bewussten Gegensatz zu ihrer bisherigen Prägung bringen, bewusst oder unbewusst einen Kulturabbruch riskieren. Häufiger noch trifft man auf das Phänomen einer laxen Tradierung, die eine wirkliche Auseinandersetzung mit der eigenen Unternehmenskultur gar nicht als Aufgabe erkennt. Das Wissen um die Kultur als Ordnungsmoment des Unternehmens bedingt aber notwendig Kulturarbeit.

Sehr deutlich benennt die 5. These in fast assertorischer Weise die feste Verankerung im christlichen Überzeugungssystem und entfaltet diese in typischen Umsetzungsmomenten: Unternehmen in Caritas und Diakonie haben ein verbindliches Selbstverständnis zu formulieren, das die Rückbindung an die jeweiligen Konfessionen leistet und zugleich die Öffnung des Unternehmens auf Menschen unterschiedlicher Überzeugungen auf der Seite der Klientinnen, Klienten und Mitarbeitenden gestaltet. Ob die Klärung explizit in Leitbildprozessen stattfindet, in Positionierungsworkshops geleistet wird oder Teil der kontinuierlichen Personalarbeit ist, kann als nachgeordnete methodische Frage gewertet werden. Wichtig ist, dass es das Unternehmen als ständige Bringschuld ansieht, sich in seinem Selbstverständnis zu erklären und Mitarbeitende kontinuierlich in diesen Prozess mit einbindet. Es bedarf keiner ausführlichen Nachweise, dass dies auch in konfessionell gebundenen Unternehmen nicht einfach selbstverständlich ist.

Nur die geklärte und stets wieder erklärte Position des Unternehmens schafft die Grundlage dafür, dass Mitarbeitende auch eingeladen und aufgefordert werden können, sich an dieser Position zu orientieren. Dies ist deutlich mehr als erklärte formale Loyalität[48] im Sinne einer Verpflichtung eines Mitarbeitenden gegenüber seinem Dienstherren, kein Verhalten an den Tag zu legen, dass dessen Wertorientierung widerspricht. Die Verankerung im christlichen Überzeugungssystem verweist auf einen Entdeckungszusammenhang, der einen spezifischen Deutehorizont umschließt und sich in einer besonderen Reflexions- und „Unterbrechungskultur" niederschlägt.[49] Notwendig setzt dies voraus, dass es im Unternehmen einerseits einen gepflegten Diskurs gibt und andererseits Spiritualitätsangebote, in denen die Selbstvergewisserung der eigenen Position und Handlungsweise stattfinden kann.

Die Praxis der Unternehmen wird erweisen, dass die Christlichkeit des Unternehmens nicht an der Vielfalt der Überzeugungen zerbricht, sondern an der Gestaltlosigkeit der Diskurskultur. Dies ist schon deshalb zu vermuten, weil auch die Überzeugungen von Christinnen und Christen kein monolithischer Dogmenblock sind, sondern ein hochdifferenziertes Wachstumsprodukt. Der Konfession ist der Überzeugungspluralismus inhärent. Insofern war es nicht nur konsequent, dass das Christentum in seinem Hilfeethos von Beginn an universal wurde, sondern dass es die Auseinandersetzung um tragende Überzeugungen konstituierend aufnahm. Die Vielfalt der Evangelien und die hohe Diskursivität theologischer Argumentationen gibt von dieser Konstitutionsbedingung ein beredtes Zeugnis. Dass dies immer auch die Grenzziehung Positionen gegenüber bedeutete, die als unkanonisch angesehen wurden, bleibt auch weiterhin prägend. Denn den konfessionsgebundenen Pluralismus als Beliebigkeit zu verstehen, hieße ihn völlig misszuverstehen.

---

[48] Zum Begriff der Loyalität vgl. S. Keller (2007).
[49] In Aufnahme von J. Reber (2013), S. 56–76.

Loyalitätsrichtlinie und Konfessionsgebundenheit des Trägers: kumulativ oder alternativ? Anmerkungen zu den Thesen des Brüsseler Kreises

Jörg Antoine

1.   Einführung

Die Thesen des BK suchen in der Frage der Loyalitätsanforderungen einen Neuansatz. Statt der Orientierung an dem formalen Kriterium der Kirchenmitgliedschaft die ausdrückliche und verbindliche Anerkennung der konfessionellen Bindung des Unternehmens. Das ist ein wirklicher Neuansatz, der zunächst einmal einige Sympathie für sich beanspruchen kann. Die Säkularisierung der Gesellschaft einerseits und gesellschaftliche Verortung des diakonischen Dienstes andererseits führen insbesondere in der Frage der Konfessionsbindung zu Spannungen. Nur wenige konkrete Beispiele, die mir begegnet sind, seien benannt: (1) bei einem kirchlichen Unternehmen mit zwei Geschäftsführern ist eine Position neu zu besetzen. Der „Traumkandidat" war bislang langjährig bei einem evangelischen Träger angestellt, wurde für die Stelle gezielt angefragt und erst im Bewerbungsgespräch kommt heraus, dass er katholisch ist; der andere Geschäftsführer ist auch katholisch. (2) Eine kirchliche Kindertagesstätte hat viele Kinder mit Migrationshintergrund und würde gerne eine muslimische Erzieherin einstellen. Die muslimischen Eltern haben sich bewusst für eine kirchliche Kindertagesstätte entschieden. Sie akzeptieren die christliche „Leitkultur" in der Kindertagesstätte und verstehen nicht, warum eine muslimische Erzieherin nicht beschäftigt werden kann. (3) Ein muslimischer Chefarzt mit einem befristeten Arbeitsvertrag setzt für Sonntagmorgen keine Visiten an. Seine evangelichen Kollegen wundern sich. Der muslimische Chefarzt, dachte, dass er mit Rücksicht auf die Gottesdienstzeit hier keine Visite machen sollte. Der befristete Vertrag läuft aus, eine Weiterbeschäftigung soll mit Rücksicht auf die Loyalitätsrichtlinie nicht möglich sein.

Es sind Fälle aus der Praxis. Ihnen gemeinsam ist, dass die Personen, die angestellt werden sollen, die konfessionelle Bindung des Trägers persönlich bejahen können und ein Gewinn für die Einrichtung wären. Im Konzept des

„konfessionsgebundenen Überzeugungspluralismus" könnte eine Einstellung
ohne weiteres bejaht werden. Eine Gefährdung der konfessionellen Identität
des Trägers dadurch ist nicht wirklich zu erkennen.

Der konfessionsgebundene Überzeugungspluralismus hat seinen Charme
darin, dass er auf die inhaltliche Kraft des Christentums setzt. Statt formaler
Kirchenmitgliedschaft muss benannt werden, wofür das Unternehmen steht.
Diese konfessionelle Verortung ist von den Mitarbeitenden einerseits anzuerkennen und sie kann andererseits auch für sich einnehmen. Paradigmenwechsel bieten sich an, wenn das „Herumdoktern" an überkommenen und
nicht mehr adäquaten Modellen nur zu immer mehr Widersprüchen und
Ungereimtheiten führt.

2.   Ist die Loyalitätsrichtlinie zu restriktiv?

Aber stimmt die Analyse der Ausgangslage, dass die Loyalitätsrichtlinie der
EKD „als eine Praxis bedrohende Forderung [...] den ohnehin vorhandenen
Fachkräftemangel erheblich verschärft"?

Nach § 3 Abs. 1 der Loyalitätsrichtlinie der EKD setzt die berufliche
Mitarbeit in der evangelischen Kirche und ihrer Diakonie *grundsätzlich* die
Zugehörigkeit zu einer Gliedkirche der EKD oder evangelischen Kirche in
Kirchengemeinschaft. In Abs. 2 wird die Möglichkeit eröffnet, von dieser
Vorgabe für Aufgaben, die nicht der Verkündigung, Seelsorge, Unterweisung oder Leitung zuzuordnen sind, abzuweichen, wenn geeignete evangelische Mitarbeiter nicht zu gewinnen sind. Die Personen sollen dann einer
ACK-Kirche angehören; sie müssen das aber nicht. Diese weite Öffnung für
die personalpolitischen Bedürfnisse wird gern übersehen. Einer Einstellung
qualifizierter nicht evangelischer Mitarbeiter steht die Loyalitätsrichtlinie an
dieser Stelle nicht entgegen. Die Loyalitätsrichtlinie gibt dabei noch nicht
einmal eine konkrete quantitative Vorgabe vor – wie z. B., dass die Mehrheit
der Beschäftigten eines Trägers evangelisch sein muss. Es muss lediglich
„im Einzelfall unter Beachtung der Größe der Dienststelle oder Einrichtung
und ihrer sonstigen Mitarbeiterschaft sowie der wahrzunehmenden geprüft
werden".

Letztlich schränkt sich damit die Frage nach der unzumutbaren Restrik-
tion der Loyalitätsrichtlinie ein auf die Stellen, die der Verkündigung, Seelsorge, Unterweisung und Leitung zuzuordnen sind. Soweit für mich erkennbar, wird im Bereich von Verkündigung und Seelsorge allseits Wert auf die
Zugehörigkeit zur evangelischen Kirche gelegt. Ein Bedürfnis, in diesem
Kernbereich kirchlicher Tätigkeit Stellen für fremdkonfessionelle und akon-

fessionelle Bewerber zu öffnen, ist nicht gegeben. Gerade vor dem Hintergrund, dass, bedingt durch das säkularisierte und pluralisierte gesellschaftliche Umfeld und die Offenheit der Loyalitätsrichtlinie, die Mitarbeiterschaft in der Diakonie vielfach diese Pluralität bereits faktisch abbildet, ist die konfessionelle Verortung im Kernbereich kirchlicher Verkündigung und Seelsorge umso deutlicher sicher zu stellen. In der Diakonie machen Stellen, die explizit diesem Aufgabenprofil zuzuordnen sind, ohnehin nur einen kleineren Teil der Stellen aus.

Schwieriger wird es im Bereich der Unterweisung (Jugendhilfe, Kindertagesstätten) und auf der Leitungsebene (Geschäftsführer, Chefärzte, Pflegedienstleitung). Bei genauer Lektüre von § 3 Abs. 1 der Loyalitätsrichtlinie kann man mit Blick auf die Einschränkung dieser Vorgabe durch das Adverb „grundsätzlich" zu dem Ergebnis kommen, dass über die Öffnung von § 3 Abs. 2 hinaus im Einzelfall weitere Abweichungen von der Loyalitätsrichtlinie möglich sind. Juristisch ist diese Auslegung vertretbar; sie stellt dann aber die Frage, welche Funktion Abs. 2 noch haben soll, wenn die (generelle) Öffnung bereits in Abs. 1 enthalten ist. Auch spricht es nicht für die Transparenz der Loyalitätsrichtlinie, wenn es solche Öffnungen quasi „unter der Hand" weiterreichte. Auf der Ebene der Unterweisung und der Leitung besteht damit um der Transparenz willen in der Praxis in der Tat ein Bedürfnis nach Öffnung der Loyalitätsrichtlinie.

Mit dieser Einschränkung kann an dieser Stelle festgehalten werden, dass die Loyalitätsrichtlinie die personalpolitischen Bedürfnisse der Träger zwar erschwert, aber nicht unzumutbar einschränkt, weil sie die Besetzung der Stellen mit den geeigneten Bewerbern und Bewerberinnen ermöglicht.

Bevor man sich vorschnell von der Loyalitätsrichtlinie verabschiedet, muss ein weiteres beachtet werden. Die Loyalitätsrichtlinie setzt formal an der Kirchenmitgliedschaft an. Selbstverständlich ist damit die evangelische Profilierung eines Trägers nicht hinreichend bestimmt. Das ist aber auch gar nicht das Ziel der Loyalitätsrichtlinie. Die Loyalitätsrichtlinie bestimmt vor dem Hintergrund der europäischen Anti-Diskriminierungsrichtlinie und dem bundesdeutschen Allgemeinen Gleichbehandlungsgesetz, aus welchem Grund und nach welchem Grundsatz evangelische Bewerber und Bewerberinnen gegenüber anderen bei der Einstellung bevorzugt einzustellen sind. Im Kontext des Verbots der Diskriminierung aus religiösen Gründen gibt sie den diakonischen Trägern die Möglichkeit, ihre Stellen bevorzugt mit Menschen evangelischer Kirchenzugehörigkeit zu besetzen. Wird dieser Grundsatz aufgegeben, weil es nicht mehr entscheidend auf die Kirchenzugehörigkeit der Mitarbeitenden, sondern auf die Konfessionsbindung des Trägers ankommt, dann darf bei der Besetzung einer Stelle die Religionszugehörigkeit als Kriterium nicht mehr herangezogen werden. Der Bundesverband (Evangelisches Werk für Diakonie und Entwicklung e. V.) hat jüngst erst in zweiter Instanz beim Landesarbeitsgericht Berlin durchsetzen können, dass er bei einer Stellenbesetzung eine evangelische Bewerberin wegen ihrer Kirchenzugehörigkeit gegenüber einer nicht-kirchlichen Bewerberin bevorzugen durfte. Das wäre mit dem Konzept des „konfessionsgebundenen Überzeugungspluralismus" dann nicht mehr möglich.

Beachtet werden muss eine weitere Stärke des formalen Kriteriums der Kirchenzugehörigkeit der Loyalitätsrichtlinie. Ihrem Wortlaut nach erlaubt die Anti-Diskriminierungsrichtlinie (Richtlinie 2000/78 des Rates) in Art. 4 Abs. 2 die Ungleichbehandlung wegen der Religion, wenn „die Religion dieser Person nach der Art dieser Tätigkeiten oder der Umstände ihrer Ausübung eine wesentliche, rechtmäßige und gerechtfertigte berufliche Anforderung angesichts des Ethos der Organisation darstellt". § 9 Abs. 1 des nationalen Allgemeinen Gleichbehandlungsgesetztes (AGG) setzt dies dahingehend um, dass die unterschiedliche Behandlung wegen der Religion zulässig ist, wenn dies „unter Beachtung des Selbstverständnisses der jeweiligen Religionsgemeinschaft [...] im Hinblick auf ihr Selbstbestimmungsrecht *oder* nach der Art der Tätigkeit eine gerechtfertigte berufliche Anforderung darstellt". Es gibt Kritiker, die meinen, dass mit Rücksicht auf die Formulierung der EU-Richtlinie in § 9 Abs. 1 „und" statt „oder" zu lesen ist.[50] Die Loyalitätsrichtlinie hält an der weiten Fassung des § 9 Abs. 1 fest und stellt mit Bezug auf das Selbstverständnis und Selbstbestimmungsrecht der Kirchen klar, dass die Mitarbeit in Kirche und Diakonie grundsätzlich die Zugehörigkeit zur evangelischen Kirche voraussetzt. Das Konzept des „konfessionsgebundenen Pluralismus" würde an dieser Stelle auch hinter den erreichten Rechtsstand für die Kirchen in § 9 Abs. 1 AGG zurück fallen. Auch das will bei einem Konzeptwechsel bedacht sein.

3.   Loyalitätsrichtlinie und verbindliches Selbstverständnis im Unternehmen ergänzen einander

Die EKD-Loyalitätsrichtlinie gibt nicht vor, die Unternehmenskultur als Leerformel der Kirchenmitgliedschaft zu leben. Die Formulierung eines verbindlichen Selbstverständnisses wird durch die Loyalitätsrichtlinie selbst weder behindert noch ausgeschlossen. Diakonische Träger, die sich fest im christlichen Überzeugungssystem verankert wissen, dieses Selbstverständnis gegenüber ihren Mitarbeitenden formulieren und die klare Erwartung aus-

---

[50]   Siehe zu diesem Fragenkreis m. w. N. A. Schoenauer (2012), S. 31ff.

sprechen, dass sich die Mitarbeitenden daran mit ihrem Handeln im unternehmerischen Kontext zu orientieren haben, werden jedenfalls durch die Kirche an dieser konfessionellen Orientierung des Unternehmens nicht gehindert. Im Gegenteil wäre die unternehmerische Selbstvergewisserung als inhaltliche Ergänzung zur Loyalitätsrichtlinie sogar zu begrüßen. Denn konfessionellen bis hin zu akonfessionellen Pluralismus gibt es bereits in der Wirklichkeit der diakonischen Träger. Sei es, dass die Loyalitätsrichtlinie nicht hinreichend beachtet wird, ihr erheblicher Spielraum im akonfessionellen Umfeld genutzt wird oder durch Übernahme akonfessioneller Träger – insbesondere in den Neuen Bundesländern – eine konfessionelle Bindung nur bei einem Teil der Mitarbeitenden vorhanden ist. Gerade hier wäre die verbindliche Formulierung des konfessionellen Selbstverständnisses des Trägers umso wichtiger und eine im Grunde zwingend notwendige Ergänzung der Loyalitätsrichtlinie, um Diakonie nicht nur im Namen zu führen, sondern auch in der Unternehmenskultur zu gewährleisten.

Bei nüchterner Betrachtung kann also das Kirchenrecht nicht verantwortlich dafür gemacht werden, wenn das unternehmerische Selbstverständnis nur suboptimal Ausdruck findet. Mir scheint vielmehr, dass es der Anspruch des konfessionsgebundenen Überzeugungspluralismus selbst ist, der seiner Verbreitung im Wege steht. Mit der Formulierung eines Leitbildes wird ein solcher Anspruch nicht erfüllt sein. Es bedarf erheblicher intellektueller Selbstvergewisserung und ernsthafter Realisierung in der Unternehmenswirklichkeit, um diesem Konzept Glaubwürdigkeit zu verleihen. Ohne Glaubwürdigkeit entsteht dagegen eine Fallhöhe zwischen formuliertem Anspruch und Realität im Unternehmen, welche die Mitarbeiter frustriert und Kunden und Öffentlichkeit verärgert.

Die Öffnung diakonischer Träger ist auch nicht im Hinblick auf unseren Anspruch geboten, dass „niemand aus der menschlichen Gemeinschaft ausgeschlossen" sein darf. Soweit ist es ja nun nicht, dass sich die menschliche Gemeinschaft in der Bundesrepublik nur in und durch die Diakonie bildet. Die Freie Wohlfahrtspflege ist selbst – zum Glück – eine plurale Wertebindung durch verschiedene Verbände. Wegen dieser Pluralität der Wohlfahrtsverbände muss niemand bei der Diakonie arbeiten, der in der Sozialwirtschaft berufliche Erfüllung finden will; ja – die Tätigkeit bei der Diakonie ist noch nicht einmal heilsnotwendig und auch die Nächstenliebe ist nicht der Diakonie vorbehalten. Aber diakonischer Dienst ist ein Dienst der Kirche. Was liegt da näher, als dass dieser Dienst von Kirchenmitgliedern ausgeübt wird? Schließlich werden auch die Kanzeln mit Verweis auf den „Kern des biblischen Zeugnisses" nicht für jedermann geöffnet.

Am Ende ist nichts gewonnen, wenn die formale Loyalitätsrichtlinie mit dem Verweis auf den material-konfessionellen Überzeugungspluralismus ausgespielt wird, dieser aber sein Versprechen auf Umsetzung nicht einlöst bzw. die Träger der Diakonie in der Breite überfordert. Dann haben wir alles

verloren: konfessionell gebundene Bewerber dürfen gegenüber akonfessionellen Bewerbern bei der Einstellung nicht bevorzugt werden und die den
Säkularisierungsgrad der Gesellschaft widerspiegelnde Mitarbeiterschaft
wird von den Unternehmen nicht konfessionell gebunden, weil diese mit
dieser Integrationskraft überfordert sind.

Ohnehin müsste die Formulierung der konfessionellen Überzeugung des
Trägers in den Thesen des Brüsseler Kreises m. E. auch noch im Hinblick
auf die Funktion der Kirchen in diesem Prozess bedacht werden.
Diakonische Träger sind einer bestimmten Kirche und damit einer
Bekenntnisgemeinschaft zugeordnet. Das diakonische Unternehmen sollte
deshalb mit der Formulierung des Bekenntnisses nicht allein gelassen
werden; es bedarf wie auch immer der Rückbindung an die
Bekenntnisgemeinschaft.

4.   Schluss

Wie soll es also weitergehen? Die Loyalitätsrichtlinie ist mit ihren Öff-
nungsklauseln verständig auszulegen, das Selbstverständnis der Unternehmen ist fest im christlichen Überzeugungssystem zu verankern und damit der
ohnehin sich verstärkende Überzeugungspluralismus in einer konfessionellen
Bindung des Trägers aufzunehmen. Das ist die verständige Reihenfolge, die
nicht auf leere Versprechungen setzt und das eine nicht ohne Not aufgibt,
ohne das andere wirklich zu haben.

Kirchliche Auftragsgemeinschaft und organisationale Identität. Anmerkungen aus der Sicht eines Kirchenjuristen

Hans-Tjabert Conring

1. Einführung

Die fünf Thesen des Brüsseler Kreises sprechen aktuelle Probleme diakonischer und kirchlicher Einrichtungen an. Sie sind in der Absicht formuliert, zu diesen Themen in einen Dialog einzutreten und „einen Diskurs an[zu]regen, der über die positionelle Selbstvergewisserung hinaus dem Gespräch mit den jeweiligen Kirchen dienen soll."[51] Die Argumentationslinien dieses Beitrages knüpfen an das westfälische Recht[52] an, beziehen sich aber weitgehend auf EKD-Recht und sind deshalb auch für anderen Gliedkirchen und deren diakonische Einrichtungen in der Bundesrepublik Deutschland anwendbar.[53]

Drei grundlegende Unterscheidungen habe ich für einen wirksamen Dialog als sehr hilfreich kennengelernt:

Zum einen die Unterscheidung zwischen personaler und organisationaler Ebene in einer Einrichtung. Einzelne Personen können sich zu Gemeinschaften zusammenfinden und sind dann Teil einer Gruppe (Kollektiv). Davon zu unterscheiden ist eine Organisation. Die Organisation ist fest gefügt geregelt und nimmt ggf. als eigenes Subjekt (juristische Person) im Rechtsverkehr teil. Die Organisation ist deshalb Verantwortungssubjekt, was bei einem Kollektiv (Gruppe) kaum gilt. Die Organisation kann andere Interessen haben als die mit ihr in Beziehung stehenden einzelnen Personen (Mitarbeitende, Kunden, Eigentümer, usw.). Diese Unterscheidung wird dem Grunde nach in These Fünf des Brüsseler Kreises aufgenommen, dort allerdings als alternatives Verhältnis, nicht als ergänzende Kräfte, beschrieben.[54]

---

[51] Präambel der Thesen des BK vom März 2013.
[52] Kirchenrecht, das in der Evangelischen Kirche von Westfalen gilt.
[53] Die nachfolgend zitierten Normen sind abrufbar unter www.fis-kirchenrecht.de (20.10.2014) oder unter www.kirchenrecht-westfalen.de (20.10.2014).
[54] These 5 beginnt mit dem Satz: „Der konfessionsgebundene Überzeugungspluralismus setzt deshalb nicht bei der persönlichen Glaubensüberzeugung der einzelnen

Zum zweiten die Unterscheidung von eingeübter Praxis und rechtlicher Normierung. Recht wirkt typischerweise normativ; es geht also davon aus, dass Sollen und Sein nicht vollständig deckungsgleich sind. Durch stetige Veränderungsarbeit kann aber das faktische Sein dem normierten Sollen angenähert werden.[55] Diese Annäherung setzt eine zielgerichtete Lenkungsarbeit der Unternehmensleitung voraus. Das gelingt typischerweise besser, wenn die Lenkenden von dem normierten Ziel auch überzeugt sind. Dies ist gerade in unserem Feld nicht immer der Fall. Wenn Normen nicht (mehr) passen oder der Zielerreichung nicht (mehr) dienen, dann muss der Gesetzgeber (bei Landeskirchen: die Landessynode, bei der EKD: die EKD-Synode) gestaltend handeln. Eine nachfolgende Unterscheidung ist die rechtspolitische zwischen *de lege lata* und *de lege ferenda*.

Schließlich möchte ich noch auf die methodische Unterscheidung von Schlussfolgerungen und politischen Begründungen hinweisen. Politische Begründungen müssen nicht „logisch" sein, sie können auch viele gedankliche Zwischenschritte überspringen, sie sind nicht falsch oder richtig, sondern tragbar oder untragbar und sie suchen die Veränderung zu gestalten. Schlussfolgerungen aber unterliegen Regeln der Logik, sie können in verschiedener Hinsicht analysiert (d. h. zerlegt) und geprüft werden. Für eine nachvollziehbare und überzeugende Argumentation ist eine schrittweise Begründung mit nachvollziehbaren Schlüssen deshalb angeraten, weil in der Diskussion unterschieden werden kann, welcher konkrete Begründungsschritt fehlerhaft oder weniger überzeugend ist und ob es sich um eine methodisches oder ein inhaltliches Problem handelt, dass gerade angefragt wird. Nach meiner Diskussionserfahrung in diesem Themenfeld besteht ein sehr viel größerer Konsens in vielen Fragen, als die zum Teil konfrontativ und angriffig, zum Teil auch einfach nur aus einer nicht hinterfragten Perspektive vorgetragenen Meinungen vermuten lassen. Polemische oder unterstellende Argumentationen sind oftmals in politischen Debatten wirksame Instrumente, in der sorgfältigen Auseinandersetzung aber meist weniger hilfreich.[56] Kompliziert wird es insbesondere dann, wenn darüber, ob etwas

---

Mitarbeitenden an, sondern beim Selbstverständnis des Unternehmens, das sich fest im christlichen Überzeugungssystem verankert weiß." Der hier formuliert Gegensatz würde nur dann funktionieren, wenn es ein „christlichen Überzeugungssystem" als personenunabhängige Weisheit gäbe. Eine solche abstrahierende Lehre scheint mir aber weder den Evangelien noch dem Römerbrief zu entsprechen.

[55]   Christian Albrecht fordert umgekehrt die Anpassung des Rechts an „die praktisch erfolgreichen und theologisch legitimen Realitäten". C. Albrecht (2013b), S. 88f.

[56]   Als Beispiel eines zu diskutierenden Argumentes mag folgendes dienen: die Unterscheidung des Mitarbeitenden vom Kunden (Klienten/Patienten/Bewohners usw.) ist keine Originalität der diakonischen Debatte. Aus der Tatsache, dass sich Diakonie an alle Menschen wendet, wird gelegentlich geschlossen, dass diese diakonische Leistung auch durch alle Menschen erbracht werden könne. Möglicherweise stimmt das Ergebnis auch, die Argumentation bleibt aber unvollständig und funktioniert jeden-

polemisch ist, schon kein Konsens besteht oder eine sachliche Argumentation mit Polemik garniert wird.[57]

2.   Einige rechtliche Grundlagen vorab …

Da sich die meisten Fragestellungen der Brüsseler Thesen auch als rechtliche Fragestellungen darstellen lassen, ist eine Betrachtung der rechtlichen Rahmenbedingungen und Grundlagen[58] angezeigt.[59] Die im Folgenden dargelegte Betrachtung nimmt auch rechtsdogmatische Details in den Blick, die uns erlauben, die betreffenden Normen zum einen zu verstehen und zum anderen auch bestehenden Änderungsbedarf zu begründen. Der Blick auf rechtliche Grundlagen steht hier vor der Frage der tatsächlichen Umsetzung des Rechts und einer Bewertung dieser Rechts- und Sachlage. In dieser Reihenfolge ist eine Bearbeitung nach meiner Erfahrung hilfreich, weil leichter deutlich wird, ob Differenzen in der Darstellung der Grundlagen oder der Umsetzungspraxis oder einer vor- oder nachgelagerten Einschätzung der Sachlage bestehen. Dabei ist das Ziel, möglichst viele Punkte „unstreitig" zu stellen, um so die (möglicherweise bleibenden) Unterschiede genauer in den Blick nehmen zu können.

---

falls nicht als einfacher Umkehrschluss. Eben so wenig kann aus der Tatsache einer pluralen Gesellschaftswirklichkeit einfach der Anspruch abgeleitet werden, diese Pluarlität auch in der Mitarbeitendenschaft einer gesellschaftseinwirkenden Einrichtung zu spiegeln.

[57]   Als Beispiel sei hier die Aussage aus „Einleitung: Konfessionsgebundener Überzeugungspluralismus – Stationen eines Wege", dort der Abschnitt „Akzeptanz der Kirchenzugehörigkeitspflicht innerhalb der Unternehmen" zitiert, wonach es manchen schlicht um die Einsparung der Kirchensteuer gehen, was „angesichts unserer Entlohnungsstruktur mehr als verständlich" sei. Das erscheint mir „polemisch". Die Kirchensteuer nimmt als Annexsteuer zur Einkommensteuer an deren Gerechtigkeitsmechanik teil. Wer viel hat, von dem wir viel gefordert und umgekehrt. Das führt praktisch dazu, dass in Summe sehr wenige Menschen einen sehr großen Teil des Kirchensteueraufkommens tragen. Damit dies am oberen Ende erträglich bleibt, gibt es das Instrument der Kappung. Die meisten Kirchenmitglieder werden durch die Kirchensteuer kaum belastet. Der Grundsatz, wonach jeder nach seiner Leistungsfähigkeit zum Gemeinwohl beiträgt, überzeugt mich. Die oben zitierte Aussage ist im Ergebnis dieser Überlegungen für mich damit (mehr als) unverständlich.

[58]   Vgl. zum konkreten Themenkreis jüngst: M. Heinig (2013).

[59]   So formuliert die These 1 des BK die Ausgangslage wie folgt: „Die konfessionelle Bindung der Unternehmen des BK ist ein geschichtlich gewachsenes Gut und zugleich *eine rechtliche Rahmenbedingung* unternehmerischen Handelns." (Hervorhebung durch Autor).

Die Loyalitätsrichtlinie der EKD[60] aus dem Jahr 2005 befasst sich mit der beruflichen kirchlichen Mitarbeitendenschaft im privatrechtlichen Anstellungsverhältnis. Für die kirchlichen Angestellten gilt der Bundesangestelltentarif in kirchlicher Fassung (BAT-KF), im Bereich der Lippischen, Westfälischen und Rheinischen Kirche ist dies der BAT-KF vom 22. Oktober 2007.[61] Der BAT-KF wiederum verweist im Wesentlichen auf zwei Normbestände, nämlich die Loyalitätsrichtlinie der EKD[62] sowie auf gliedkirchliche Bestimmungen für bestimmte Berufsgruppen[63].

Im Bereich der diakonischen Einrichtungen steht neben dem BAT-KF zum Teil ergänzend, zum Teil ersetzend die Arbeitsvertragsrichtlinie der Diakonie (AVR)[64]. Im § 1 Abs. 1 AVR wird der diakonische Auftrag wie folgt definiert:

> „(1) Die dem Diakonischen Werk der Evangelischen Kirche in Deutschland (EKD) angeschlossenen Einrichtungen sind dem Auftrag verpflichtet, das Evangelium Jesu Christi in Wort und Tat zu bezeugen. Der diakonische Dienst ist Wesens- und Lebensäußerung der evangelischen Kirche."

---

[60] Richtlinie des Rates der Evangelischen Kirche in Deutschland nach Art. 9 Buchst. b Grundordnung über die Anforderungen der privatrechtlichen beruflichen Mitarbeit in der Evangelischen Kirche in Deutschland und des Diakonischen Werkes der EKD vom 1. Juli 2005, ABl.EKD 2005, S. 413.

[61] Abgedruckt im KABl. 2007 S. 327, zuletzt geändert durch ARR vom 19. Juni 2013 (KABl. 2013, S. 130).

[62] Die Präambel des BAT-KF lautet wie folgt: „₁Der kirchliche Dienst ist durch den Auftrag der Verkündigung des Evangeliums in Wort und Tat bestimmt. ₂Nach ihren Gaben, Aufgaben und Verantwortungsbereichen tragen die kirchlichen Mitarbeitenden, wie es in der Richtlinie des Rates der EKD nach § 9 Buchstabe b Grundordnung über die Anforderungen der privatrechtlichen beruflichen Mitarbeit in der EKD und des Diakonischen Werkes der EKD in der Fassung vom 1. Juli 2005 bestimmt ist, zur Erfüllung dieses Auftrags bei. ₃Ihr gesamtes Verhalten im Dienst und außerhalb des Dienstes muss der Verantwortung entsprechen, die sie als Mitarbeitende im Dienst der Kirche übernommen haben. ₄Es wird von ihnen erwartet, dass sie die freiheitlich demokratische Grundordnung im Sinne des Grundgesetzes bejahen."

[63] Der § 1 Abs. 2 BAT-KF lautet: „Im Übrigen gelten die arbeitsrechtlichen Bestimmungen, die in anderen in der Evangelischen Kirche im Rheinland, der Evangelischen Kirche von Westfalen und der Lippischen Landeskirche sowie ihren Diakonischen Werken geltenden Arbeitsrechtsregelungen für Küsterinnen/Küster, Kirchenmusikerinnen/Kirchenmusiker, Mitarbeitende in Verkündigung, Seelsorge, Diakonie und Bildungsarbeit sowie weitere Mitarbeitende geregelt sind, in der jeweils geltenden Fassung."

[64] Arbeitsvertragsrichtlinien für Einrichtungen, die dem Diakonischen Werk der Evangelischen Kirche in Deutschland angeschlossen sind, beschlossen von der Arbeitsrechtlichen Kommission des Diakonischen Werks der EKD, Stand 1. September 2013.

2.1. Leitnorm „Loyalitätsrichtlinie der EKD" (LoyalitätRili.EKD)

Das übergreifende Ziel der Norm findet sich im § 2 LoyalitätRili.EKD. Es lohnt sich den vollständigen Wortlaut genau zu lesen:

§ 2 Grundlagen des kirchlichen Dienstes

(1) ₁Der Dienst der Kirche ist durch den Auftrag bestimmt, das Evangelium in Wort und Tat zu bezeugen. ₂Alle Frauen und Männer, die in Anstellungsverhältnissen in Kirche und Diakonie tätig sind, tragen in unterschiedlicher Weise dazu bei, dass dieser Auftrag erfüllt werden kann. ₃Dieser Auftrag ist die Grundlage der Rechte und Pflichten von Anstellungsträgern sowie Mitarbeiterinnen und Mitarbeitern.

(2) ₁Es ist Aufgabe der kirchlichen und diakonischen Anstellungsträger, ihre Mitarbeiterinnen und Mitarbeiter mit den christlichen Grundsätzen ihrer Arbeit vertraut zu machen. ₂Sie fördern die Fort- und Weiterbildung zu Themen des Glaubens und des christlichen Menschenbildes.

Dieser Normtext setzt zuerst an der organisationalen Ebene an. „Die Kirche" ist das Subjekt des Auftrags. Damit ist die konkrete Organisationsgestalt der Kirche Jesu Christi angesprochen, in der wir praktisch agieren („Anstellungsverhältnisse in Kirche und Diakonie"). Für die personale Ebene wird sogleich – und realistischerweise – Pluralität angezeigt: Alle Mitarbeitenden tragen „in unterschiedlicher Weise" zur Auftragserfüllung bei. Die Intention der Auftragserfüllung auf Ebene der Organisationseinheit wird dabei nicht in Zweifel gezogen. Dies entspricht wohl auch dem Ansatz der Brüsseler Thesen.

Auch der zweite Absatz nimmt die Unterscheidung „organisational-personal" auf. Der Anstellungsträger – also die organisationale Einheit – muss die Mitarbeitenden (personale Ebene) mit dem Auftrag bekannt machen und auch deshalb die Fort- und Weiterbildung zu Themen des Glaubens und des christlichen Menschenbildes – also zum Auftragsverständnis – fördern. So auch die Brüsseler Thesen, insbesondere These 5.[65]

Diese Norm-Aussagen am Anfang sind wichtig, für das Verständnis der gesamten Norm. Die Auftragsorientierung ist im Übrigen kein überraschendes Spezifikum kirchlicher und diakonischer Einrichtungen; sie ist kirchliches Proprium.[66] Dem entspricht auch die staatskirchenrechtlich eröffnete Freiheit zur Organisationsgestaltung und Umsetzung des Auftrags unabhän-

---

[65] These 5 enthält unter anderem den Satz: „Das Unternehmen formuliert dieses Selbstverständnis gegenüber allen Mitarbeitenden, spricht an sie die klare Erwartung aus, sich mit ihrem eigenen Handeln daran zu orientieren."

[66] Vgl. Art. 8 und 18 KO.EKvW

gig von der Rechtsform[67]. Die staatskirchenrechtliche Freiheit ist weiter als
für sog. Tendenzbetriebe (Medienfirmen, Gewerkschaften, politische Parteien), denn dem religionsneutralen Staat ist eine eigene konkrete Einschätzung, wie der Auftrag auszuführen ist, verwehrt.

Dieser weite Freiheitsraum ist für den kirchlichen Arbeitgeber relevant
und wird auch von Arbeitsgerichten beachtet.[68] Dadurch wird der kirchliche
Arbeitgeber nicht gehindert, im konkreten Fall bewusst und gewollte jemanden einzustellen, der gerade nicht der Kirche angehört.[69] Problematisch ist
lediglich eine unkontrollierte (also „zufällige") und dann auch sachlich nicht
mehr begründbaren Einstellungspraxis.[70] Dadurch könnte darüberhinaus die
arbeitsrechtliche Erlaubnis konfessionelle Unterscheidungen zu treffen, auch
rechtspolitisch gefährdet werden.[71]

Die maßgebliche Norm für die Einstellung von kirchlichen Mitarbeitenden ist § 3 LoyalitätRili.EKD:

„§ 3 Berufliche Anforderung bei der Begründung des Arbeitsverhältnisses

(1) ₁Die berufliche Mitarbeit in der evangelischen Kirche und ihrer Diakonie
setzt grundsätzlich die Zugehörigkeit zu einer Gliedkirche der Evangelischen
Kirche in Deutschland oder einer Kirche voraus, mit der die Evangelische Kirche in Deutschland in Kirchengemeinschaft verbunden ist.

(2) ₁Für Aufgaben, die nicht der Verkündigung, Seelsorge, Unterweisung oder
Leitung zuzuordnen sind, kann von Absatz 1 abgewichen werden, wenn andere
geeignete Mitarbeiterinnen und Mitarbeiter nicht zu gewinnen sind. ₂In diesem
Fall können auch Personen eingestellt werden, die einer anderen Mitgliedskirche
der Arbeitsgemeinschaft christlicher Kirchen in Deutschland oder der Vereinigung Evangelischer Freikirchen angehören sollen. ₃Die Einstellung von Personen, die die Voraussetzungen des Absatzes 1 nicht erfüllen, muss im Einzelfall
unter Beachtung der Größe der Dienststelle oder Einrichtung und ihrer sonstigen
Mitarbeiterschaft sowie der wahrzunehmenden Aufgaben und des jeweiligen
Umfeldes geprüft werden. ₄§ 2 Absatz 1 Satz 2 bleibt unberührt.

(3) Für den Dienst in der evangelischen Kirche und ihrer Diakonie ist ungeeignet, wer aus der evangelischen Kirche ausgetreten ist, ohne in eine andere Mitgliedskirche der Arbeitsgemeinschaft Christlicher Kirchen oder der Vereinigung
Evangelischer Freikirchen übergetreten zu sein. Ungeeignet kann auch sein, wer
aus einer anderen Mitgliedskirche der Arbeitsgemeinschaft christlicher Kirchen
in Deutschland oder der Vereinigung Evangelischer Freikirchen ausgetreten ist."

---

[67] Vgl. Art. 4 GG, 140 GG i. V. m. 137 V WRV
[68] U. Seelemann (1999), S. 240.
[69] Ebd.
[70] A. a. O., S. 242.
[71] Das rechtspolitische Argument (Gestalt des Staatskirchenrechts) ist auf einer anderen
       Ebene angesiedelt, als das unternehmenspolitische Argument (Steuerung der Ein-
       stellungspraxis durch das Recht). Beide Argumentationsebenen können sich ergän-
       zen, sind aber sachlich zu unterscheiden.

Diese Norm geht von dem Grundsatz aus, das kirchliche Mitarbeitende auch Mitglieder der Kirche sind (§ 3 Abs. 1 LoyalitätsRili.EKD). Für den Juristen indiziert das Wort „grundsätzlich", dass es Abweichungen gibt. Das Regel-Ausnahme-Verhältnis wird aber dadurch nicht negiert.

Weil die protestantischen Kirchen sich selbst nicht als Heilsbedingung verstehen, kann es verschiedene Kirchen nebeneinander geben. Diesem Umstand trägt der Hinweis auf die Kirchengemeinschaft Rechnung. Alle Kirchen, die eine dogmatische Klärung mit der Evangelischen Kirche in Deutschland im Sinne einer erklärten Kirchengemeinschaft herbeigeführt haben[72], sind „Kirche" iSd Loyalitätsrichtlinie der EKD. Deshalb können Methodisten ebenso eingestellt werden wie Mitglieder aller EKD-Gliedkirchen und vieler weiterer europäischer evangelischer Kirchen.[73]

Die Ausnahmen vom Grundsatz werden im § 3 Abs. 2 Loyalitäts-Rili.EKD näher beschrieben und eingegrenzt. Die etwas kompliziert gefasste Regelung bedarf zum Verständnis einer genauen Analyse.

Im § 3 Abs. 2 Satz 1 LoyalitätsRili.EKD werden zunächst die unbestimmten Rechtsbegriffe „Verkündigung, Seelsorge, Unterweisung und Leitung" (VSUL) eingeführt. Diese Begriffe sind nicht selbsterklärend, sondern bedürfen der Auslegung[74] und Konkretion. Für Mitarbeitende, deren Aufgabe den Bereichen der Verkündigung, Seelsorge, Unterweisung oder Leitung zuzuordnen ist (VSUL-Mitarbeitende), „kann nicht von § 3 Abs. 1 LoyalitätRili.EKD abgewichen werden." Hier gilt also die strengste Norm, wonach eine Mitgliedschaft bei einer der zwanzig EKD-Gliedkirchen oder einer der ca. 100 weiteren Signatar-Kirchen der Leuenberger Konkordie Einstellungsvoraussetzung ist.

Im § 3 Abs. 2 Satz 2 LoyalitätRili.EKD werden die Arbeitsgemeinschaft Christlicher Kirchen (ACK) und die Vereinigung Evangelischer Freikirchen (VEF) eingeführt. Damit wird ein über die dogmatisch gefestigte Kirchengemeinschaft hinausgehender Kreis von Kirchen beschrieben, die in einem ökumenischen Verhältnis zur EKD stehen. Dazu gehören – im Falle der ACK – insbesondere auch die römisch-katholische Kirche und – im Falle der VEF – auch baptistische Kirchen.

---

[72] Wichtigstes Beispiel ist die Leuenberger Kirchengemeinschaft (Leuenberger Konkordie 1973), die seit 2003 Gemeinschaft Evangelischer Kirchen in Europa (GEKE) heißt.

[73] Vgl. im Einzelnen www.leuenberg.org (20.10.2014).

[74] Im Folgenden wird die klassische Auslegungsmethode angewandt: Wortlaut, Systematischer Zusammenhang, Historischer Wille des Gesetzgebers und schließlich Zielintention der Norm (Teleologie)

Es entsteht also folgendes Bild:

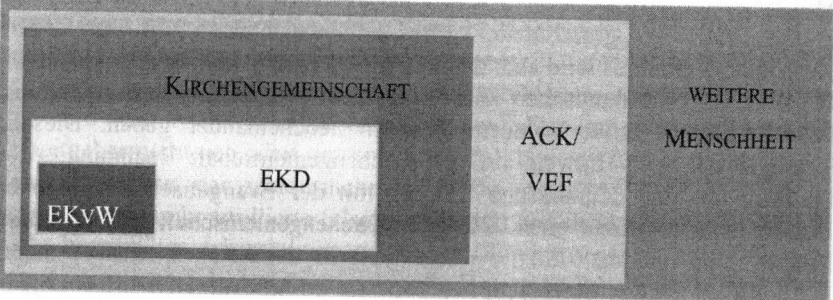

Damit sind alle Menschen die sich außerhalb der christlichen Mitglieds-struktur bewegen, noch nicht ausdrücklich im Blick. Explizit als „ungeeignet für den Dienst" werden aber nur jene bezeichnet, die ausgetreten sind ohne in eine andere Mitgliedskirche der Arbeitsgemeinschaft Christlicher Kirchen oder der Vereinigung Evangelischer Freikirchen übergetreten zu sein. (§ 3 Abs. 3 LoyalitätRili.EKD), also jene Menschen, die einen aktiven Abwen-dungsschritt von der Kirche getan haben.[75]

Gleichwohl spricht § 4 Abs. 4 LoyalitätRili.EKD aber auch von „nicht-christlichen" Mitarbeitenden:

> „Nichtchristliche Mitarbeiterinnen und Mitarbeiter haben den kirchlichen Auf-trag zu beachten und die ihnen übertragenen Aufgaben im Sinne der Kirche zu erfüllen."

Die Loyalitätsrichtlinie der EKD geht also – realistischerweise – davon aus, dass auch Menschen außerhalb des beschriebenen christlichen Mitglieder-feldes[76] kirchliche Mitarbeitende sind und sein können. Dazu passt auch die kohärente Zielbeschreibung der christlichen Unterweisung im § 2 Abs. 2 LoyalitätRili.EKD. Dieses Ergebnis kann nur (sic!) erreicht werden, wenn

a) der Grundsatz des § 3 Abs. 1 LoyalitätRili.EKD weiteren Ausnahmen, jenseits der in § 3 Abs. 2 LoyalitätRili.EKD explizit beschriebenen, kennt und

---

[75]   Eine gelegentlich vorgetragener Einwand, warum zwischen den ausgetretenen und den nie eingetretenen hier ein Regelungsunterschied gemacht wird, gehört in die rechtspolitische Debatte.

[76]   Diese Beschreibung geht davon aus, dass der Normtext mit „christlichen" bzw. „nichtchristlichen" Mitarbeitenden eine Deckungsgleichheit mit der jeweiligen Mitgliedschaftsentscheidung der Personen voraussetzt. Für eine eigenständige (theologische) Unterscheidung von christlich und nichtchristlich jenseits der Organisationsmitgliedschaft fehlen in der Norm Anhaltspunkte; sie wäre auch nach evangelischem Verständnis kaum möglich, vgl. insoweit die Confessio Augustana 1530.

b) die Sollvorschrift des § 3 Abs. 2 Satz 2 LoyalitätRili.EKD[77] dazu genutzt wird, jenseits der ACK und der VEF-Mitglieder Einstellungen vorzunehmen oder

c) wenn auch im Sinne des § 3 Abs. 3 LoyalitätRili.EKD ungeeignete Personen im Dienst verbleiben.

Die Zielbeschreibung des § 2 LoyalitätRili.EKD muss freilich auch für diese Einstellungen von Mitarbeitenden ohne Kirchenmitgliedschaft (nichtchristliche Mitarbeitende) gelten. Es bedarf mithin einer konzeptionellen Klarstellung auf Einrichtungs- oder Verbandsebene (organisationale Ebene), wie diese Ausnahmen systematisch behandelt werden und im Blick auf die strategisch entscheidende Auftragsorientierung der Organisationseinheit bearbeitet werden.

Die Abweichungsmöglichkeit, die § 3 Abs. 2 LoyalitätRili.EKD regelt, setzt damit voraus:

(1) keine Aufgaben, die der Verkündigung, Seelsorge, Unterweisung oder Leitung zugeordnet werden (VSUL-Aufgaben)[78]

(2) andere geeignete Mitarbeitende i. S. d. § 3 Abs. 1 LoyalitätRili.EKD sind nicht zu gewinnen

(3) einzustellende Mitarbeitende sollen einer ACK- oder VEF-Kirche zugehörig sein

(4) Prüfergebnis im Einzelfall „unter Beachtung der Größe der Dienststelle oder Einrichtung und ihrer sonstigen Mitarbeiterschaft sowie der wahrzunehmenden Aufgaben und des jeweiligen Umfeldes" (§ 3 Abs. 2 Satz 3 LoyalitätRili.EKD)

(5) eingestellte Mitarbeitende tragen („in unterschiedlicher Weise", vgl. § 2 Absatz 1 Satz 2 LoyalitätRili.EKD) zur Erfüllung des Auftrages von Kirche und Diakonie bei.

Aus dem Zusammenhang der Norm ist erschließbar, dass die Soll-Vorgabe des § 3 Abs.2 Satz 2 LoyalitätRili.EKD als Ausnahme zur Regel restriktiv zu handhaben ist. Die „anderen geeigneten Mitarbeitenden iSd § 3 Abs. 1" sind solche mit Kirchenzugehörigkeit. Was aber die Normanwendenden jenseits dieses Normalfalles tun sollen, beschreibt die LoyalitätsRili nicht direkt, sondern nur mittelbar. Ein wichtiger teleologischer Ansatzpunkt zur Auslegung findet sich in der Pflicht zum Beitrag zur kirchlich-diakonischen

---

[77] „₂In diesem Fall können auch Personen eingestellt werden, die einer anderen Mitgliedskirche der Arbeitsgemeinschaft christlicher Kirchen in Deutschland oder der Vereinigung Evangelischer Freikirchen angehören sollen." (§ 3 Abs. 2 Satz 2 LoyalitätsRili).

[78] Vgl. § 3 Abs. 2 Satz 1 LoyalitätRili.EKD: „₁Für Aufgaben, die nicht der Verkündigung, Seelsorge, Unterweisung oder Leitung zuzuordnen sind, kann von Absatz 1 abgewichen werden, wenn andere geeignete Mitarbeiterinnen und Mitarbeiter nicht zu gewinnen sind."

Auftragserfüllung aller Mitarbeitenden (= § 2 Absatz 1 Satz 2 § 2 Absatz 1 Satz 2 LoyalitätRili.EKD). Ergänzt wird diese Zielausrichtung[79] durch die konzeptionelle Ausrichtung[80] der jeweiligen Arbeitseinheit (§ 3 Abs. 2 Satz 3 LoyalitätRili.EKD).

Das Prüfinteresse im § 3 Abs. 2 Satz 3 § 2 Absatz 1 Satz 2 Loyalität-Rili.EKD ist ausgerichtet auf die Auftragserfüllung. Die (nur restriktiv zugelassenen) Ausnahmen sollen in vier Kategorien auf ihre Möglichkeit hin geprüft werden: (1) Größe der Dienststelle oder Einrichtung, (2) Größe der Mitarbeitendenschaft, (3) wahrzunehmende Aufgabe, (4) Umfeld der Stelle.

Es bedarf damit einer konzeptionellen Klärung auf Kirchen- oder Verbands- oder mindestens auf Einrichtungsebene, wenn die von der Loyalität-Rili.EKD – realistischerweise – eröffneten Spielräume konsistent und gleichermaßen für verschiedene Fälle genutzt werden sollen. Sowohl die unterschiedlichen Auftragsbeiträge verschiedener Mitarbeitendender (§ 2 Abs. 1 Satz 1 am Ende LoyalitätRili.EKD) also auch die Einzelfallbetrachtung bei der Ausnahmeentscheidung nach § 3 Abs. 2 Satz 3 LoyalitätRili.EKD setzen wohlverstanden eine konzeptionelle Klärung im Horizont der Loyalitätsrichtlinie der EKD voraus.

Andernfalls, nämlich ohne Konzeption, läuft die Einrichtung Gefahr, dass die Regelungsgegenstände der LoyalitätRili.EKD (wer arbeitet mit, wer nicht und warum) mit rechtlichen Auslegungsfragen belastet zu einer mehrschichtigen, nach unterschiedlichen kommunikativen Regeln zu bearbeitenden und damit schwer entwirrbaren Problemlage führen.

Die LoyalitätRili.EKD trägt nicht nur Auslegungsaufgaben in sich, sondern trägt auch die in der Entstehung eingeflossenen unterschiedlichen Richtungsinteressen in sich. „Kirche" sollte wirksam darauf achten, dass die Ausnahmen von der Kirchenzugehörigkeit nicht als „Notlösungen" ungeregelt bleiben, sondern im konkreten Fall konzeptionell begründet und dadurch sowohl „erlaubt und gewollt" als auch „begrenzt" sind.

In dem hier behandelten Feld führen strikte Verbote und deren konsequente Durchsetzung nicht zum gewünschten Ergebnis, weil die Wirklichkeit vielgestaltig ist und eine kluge Einrichtung darauf Rücksicht nimmt. Ebenso ist ein striktes Verbot mit pragmatischer Ausnahmeerlaubnis[81] kein sinnvolles Steuerungsinstrument. Es bedarf deshalb eines abgestimmten und verantwortlichen Umgangs mit der Frage, wie und mit wem der kirchliche

---

[79] Vgl. dazu auch J. Kruttschnitt (2013), S. 58: „Diese Veränderung der Sichtweise könnte man auch als eine ‚finale‘ statt einer ‚kausalen‘ Betrachtungsweise bezeichnen. Es geht um das kirchlich-diakonische Ziel, dessen Verwirklichung sich der Mitarbeitende angelegen sein lässt, unabhängig davon, welcher Religion oder Denomination er sich zugehörig weiß."

[80] M. Heinig (2013), S. 39f. nennt dies „den konkreten Funktionszusammenhang".

[81] Etwa in der Art, dass nur Kirchenmitglieder eingestellt werden dürfen, es sei denn es lassen sich keine finden. Eine solche Regelung macht am Ende halt- und orientierungslos.

Auftrag vor Ort umgesetzt werden soll und kann. Und – auch das wird oft übersehen – diese Frage ist nicht mit der Einstellung erledigt, sondern bedarf – realistischerweise – einer berufsbiografischen Begleitung.[82]

Exkurs: Interkulturelle Öffnung? Handreichung des Diakonie Bundesverbandes vom November 2008

Im Nachgang zur Loyalitätsrichtlinie 2005 und der dieser vorausgehenden Diskussion[83] hat der Bundesverband der Diakonie 2008 ein Statement zur interkulturellen Öffnung veröffentlicht,[84] in dessen Nachgang das Stichwort „interkulturelle Öffnung" zum Leitbegriff avancierte.[85] Der Begriff „interkulturelle Öffnung" ist allerdings insofern irreführend, als hier auch eine Öffnung zu anderen Religionen gemeint ist, also eine interreligiöse Öffnung der Wesens- und Lebensäußerung der Kirche. Auch Ausarbeitungen im Rahmen des diakonischen Masterstudienganges des Institutes für Diakoniemanagement der Kirchlichen Hochschule Wuppertal/Bethel[86] und von einzelnen diakonischen Vorständen[87] nutzen diese Begrifflichkeit. Der kirchenrechtlich einschlägige Begriff „Dienstgemeinschaft" wird dazu als spannungsreich wahrgenommen.[88]

Die Diakonie-Handreichung vom November 2008 formuliert dazu:

„2. Positionspapier [...]

2.5 Arbeitsrechtliche Anforderungen an die Mitarbeitenden in der Diakonie:

Die Evangelische Kirche in Deutschland hat daher auch für ihr Diakonisches Werk eine Richtlinie erlassen, in der sie Anforderungen an die privatrechtliche berufliche Mitarbeit in Kirche und Diakonie formuliert. Diese Richtlinie sieht grundsätzlich vor, dass die in Kirche und Diakonie beschäftigten Mitarbeiterinnen und Mitarbeiter einer Landeskirche angehören sollen. Für einige Bereiche, wie zum Beispiel für die Seelsorge und für die Leitung, müssen die Mitarbeitenden evangelisch sein. Wenn zum Beispiel im Hinblick auf Migrationsgeschichte

---

82 Vgl. § 2 Abs. 2 LoyalitätRili.EKD.

83 Vgl. Hans-Richard Reuters theologisches Gutachten zum Entwurf der „Loyalitäts-richtlinie" des Rates der EKD vom März 2005, in dem er sich auch mit den Meinungsäußerungen von ver.di zum Richtlinienentwurf 2004 sowie dem im Auftrag von ver.di erstellten Gutachten durch Michael Haspel auseinandersetzt. Ders. (2009).

84 Vgl. Diakonisches Werk der EKD e. V. (2008).

85 Vgl. u. a. Diakonie in Hessen und Nassau (2009); Diakonie Rheinland Westfalen Lippe (2011).

86 D. Mucks-Büker (2011); B. Löhmann (2011).

87 Schildmann, Johannes, Die Diakonie als Arbeitgeber vor der interkulturellen Öffnung. Impulsvortrag auf der Klausurtagung der Geschäftsführer und Vorstände der kreiskirchlichen Diakonischen Werke der Ev. Kirche im Rheinland und des Verbundes regionaler diakonischer Werke der Ev. Kirche von Westfalen, 21. Juni 2013.

88 Vgl. z. B. Diakonisches Werk in Hessen und Nassau e. V. (2010).

und Integrationserfahrungen, die für den konkreten Arbeitsplatz benötigt werden, Mitarbeitende anderer Überzeugung besser geeignet sind, können diese Mitarbeiter und Mitarbeiterinnen angestellt werden."[89]

„2.6 Thesen [...]

6. Die Diakonie sorgt für die Vermittlung von interkultureller Kompetenz für ihre Mitarbeitenden (Aus-, Fort- und Weiterbildung). Die Einstellung von Menschen mit Migrationshintergrund kann aufgrund ihrer ‚Türöffnerfunktion' (Netzwerke, Sprache) förderlich sein." [90]

„3. Prüfsteine und Beispiele aus Handlungsfeldern der Diakonie

3.1 Prüfsteine

3.1.3 Berücksichtigen Maßnahmen der Personalentwicklung die interkulturelle Dimension? [...]

2. Sind Menschen mit Migrationshintergrund auf allen Hierarchieebenen vertreten?"[91]

Diese Darstellung ist mit dem Normtext der Loyalitäts-Rili kaum zu begründen. Die LoyalitätsRili sieht nicht vor, das „Mitarbeitende anderer Überzeugung eingestellt werden können", „wenn" dies der Einrichtung „geeignet" erscheint. Vielmehr sieht die LoyalitätsRili vor, dass unter bestimmten Bedingungen die Ausnahme von der Christlichkeit der Mitarbeitenden unverboten ist. Diese Unterscheidung mag auf der ersten Blick als unwesentlich erscheinen – sie ist zwar klein, aber fein.

Die eigentliche Streitfrage ist hier nämlich, wie die Einstellung von Mitarbeitenden „anderer Überzeugung" gesteuert und, gemessen am kirchlichen Auftrag, sinnvoll ausgerichtet werden sollte. Hier hilft eine Konzeption im Horizont des eigenen Selbstverständnisses, die die wohlverstandene Anwendung der LoyalitätsRili voraussetzt.

3. Kirchliche Auftragsgemeinschaft

Der Begriff der Dienstgemeinschaft wurde auch vor dem Hintergrund der mit Urteil des Bundesarbeitsgerichtes vom 20. Nov. 2012 (vorläufig)[92] abgeschlossenen Auseinandersetzung mit ver.di um den sog. Zweiten und den

---

[89] Diakonisches Werk der EKD e. V (2008), S. 7.
[90] A. a. O., S. 8.
[91] A. a. O., S. 10.
[92] Die Prüfung der von ver.di eingelegten Beschwerde zum Bundesverfassungsgericht bleibt abzuwarten. Prima facie ist ver.di allerdings als obsiegende Beklagte nicht beschwert und daher wäre eine Verfassungsbeschwerde unzulässig.

sog. Dritten Weg in der Kirche verschiedentlich angegriffen.[93] Der Begriff der Dienstgemeinschaft wird z. T. ausschließlich für die berufliche Mitarbeit benutzt, z. T. eng geführt auf den Anwendungsbereich des MVG.EKD und z. T. auch geweitet benutzt für ehrenamtliche und berufliche kirchliche Mitarbeit insgesamt.

Dienstgemeinschaft ist mehr als Dienststellengemeinschaft.[94] Der Begriff Dienstgemeinschaft wird im MVG.EKD zwar benutzt[95], aber nicht umfassend definiert[96]. Vielmehr findet er dort seine spezifische Fokussierung für den Bereich der beruflich Mitarbeitenden, für die das MVG auch anwendbar ist. Die Kirche lebt aber von einer Vielzahl Mitarbeitender, die nur zum Teil beruflich tätig sind. Große Teile der kirchlichen Aufgaben werden ehrenamtlich geleistet.[97]

Beispielhaft sei die Regelung der westfälischen Kirche zu kirchlich Mitarbeitenden in der Kirchenverfassung betrachtet. Art 18 der Kirchenordnung.EKvW lautet:

„II. Ämter und Dienste in der Kirchengemeinde

Artikel 18

₁Auf Grund der Taufe sind alle Christinnen und Christen zum Zeugnis und Dienst in der Welt berufen. ₂Alle Ämter und Dienste der Kirche dienen der Erfüllung dieses Auftrages. ₃Der gemeinsame Auftrag verpflichtet die Mitarbeiterinnen und Mitarbeiter der Kirche zu vertrauensvoller Zusammenarbeit."

Die hier in den Blick genommenen Mitarbeiterinnen und Mitarbeiter können beruflich oder ehrenamtlich der Kirche verbunden sein. Der Auftrag verbindet sie zur Auftragsgemeinschaft, nämlich zu Zeugnis und Dienst. Die Westfälische Kirchenordnung sieht alle getauften Christinnen und Christen – also unabhängig von konkreter Konfessions- und Kirchenzugehörigkeit – als gleichermaßen Auftragsberufene an. Die Auftragsgemeinschaft der Mitarbeiterinnen und Mitarbeiter ist zudem weiter als die Gemeinschaft der Ge-

---

[93] Vgl. Diakonisches Werk der EKD e. V. (2008); Diakonisches Werk in Hessen und Nassau e. V. (2010); vgl. dezidiert M. Haspel (2013), der Dienstgemeinschaft für ein „theologisch nicht haltbares Konzept" hält.

[94] Vgl. H.-T. Conring (2007).

[95] In der Präambel des MVG.EKD heißt es: „Kirchlicher Dienst ist durch den Auftrag bestimmt, das Evangelium in Wort und Tat zu verkündigen. Alle Männer und Frauen, die berufliche in Kirche und Diakonie tätig sind, wirken als Mitarbeiterinnen und Mitarbeiter an der Erfüllung dieses Auftrages mit. Die gemeinsame Verantwortung für den Dienst der Kirche und ihrer Diakonie verbindet Dienststellenleitungen und Mitarbeiter wie Mitarbeiterinnen zu einer Dienstgemeinschaft und verpflichtet sie zu vertrauensvoller Zusammenarbeit."

[96] Vgl. zum Begriff auch M. Heinig (2013), S. 44ff. und C. Albrecht (2013a).

[97] Vgl. insoweit nur die Besetzung aller Rechtsvertretungsorgane in der EKvW (Presbyterien, Kreissynodalvorstände, Kirchenleitung) mit überwiegender Anzahl von nicht beruflich in der Kirche beschäftigen Menschen.

tauften. Andernfalls wäre die Taufe eine ausnahmslose Bedingung für eine Mitarbeit in der Kirche. Die Auftragsgemeinschaft entsteht faktisch durch die Mitarbeit am Auftrag der Kirche, d. h. an der Zusage des Arbeitnehmenden, der Beamten oder der Pfarrer oder der Ehrenamtlichen, den kirchlichen Auftrag mit umzusetzen. Der Satz 3 des Art. 18 KO.EKvW sieht gerade nicht die Voraussetzung der Kirchenmitgliedschaft für Mitarbeitende vor.[98] Die Formulierung in der These 1 des Brüsseler Kreises, wonach sich insbesondere bei der Mitarbeitendengewinnung „die Konfessionsbindung" als eine Praxis bedrohende Forderung erweise, die den ohnehin vorhandenen Fachkräftemangel erheblich verschärfe, läßt nicht erkennen, ob diese Offenheit überhaupt wahrgenommen wurde. Die These 5 des Brüsseler Kreises bringt die Unterscheidung persönlicher Glaubensbindung bei gleichzeitiger und geradezu durch die Glaubensbindung motivierter Offenheit für andere Menschen ganz deutlich. Diese Differenzierung von eigener Überzeugung und Offenheit für den anderen, die Bezogenheit von personaler und organisationaler Ebene in der Institution Kirche, die beide zusammen wesentlich für die geschichtlich bewiesene innovative Dynamik der Kirche sind, ist auch schon im Art. 18 der KO.EKvW angelegt. Auch die kirchenrechtlichen Normierungen der LoyalitätsRili.EKD zeichnen diese Wirklichkeitserkenntnis nach. Eben deshalb bedürfen sie auch einer verstehenden Auslegung und Anwendung.

Der Begriff der Auftragsgemeinschaft knüpft an denjenigen der Dienstgemeinschaft an. Die „kirchliche Dienstgemeinschaft" wird im ev. Kirchenrecht als „einer durch den Glauben geprägten Gemeinschaft bei der Erfüllung des kirchlichen Auftrags" verstanden.[99] Dieses Verständnis findet sich auch in der römisch-katholischen Kirche.[100]

Auch § 1 Abs. 2 AVR (2013) beschreibt explizit die Dienstgemeinschaft aller Mitarbeitenden:

> „(2) Alle in einer diakonischen Einrichtung tätigen Mitarbeiterinnen und Mitarbeiter bilden eine Dienstgemeinschaft. Von den Mitgliedern dieser Dienstgemeinschaft wird erwartet, dass ihr Verhalten innerhalb und außerhalb des Dienstes der Verantwortung für die Nächste und den Nächsten entspricht."

Die römisch-katholische Grundordnung des kirchlichen Dienstes (Beschluss der Deutschen Bischofskonferenz 1993) nimmt in Art. 1 folgende Definition der Dienstgemeinschaft vor:

---

[98]   Vgl. auch: H.-R. Reuter (2009), S. 207: „Diese objektive Mitwirkung der Mitarbeiter am kirchlichen Auftrag ist unabhängig von ihren glaubensbestimmten Motivationen und Bindungen zu konstatieren; sie nimmt den Kooperationsverband der kirchlichen Mitarbeiterschaft von seiner *zweckrationalen* Seite her in den Blick." [Hervorhebung im Original]

[99]   H. de Wall/S. Muckel (2014), S. 313, Rz. 3.

[100] Vgl. jüngst: Sekretariat der Deutschen Bischofskonferenz (2014).

„Alle in einer Einrichtung der katholischen Kirche Tätigen tragen durch ihre Arbeit ohne Rücksicht auf die arbeitsrechtliche Stellung gemeinsam dazu bei, dass die Einrichtung ihren Teil am Sendungsauftrag der Kirche erfüllen kann (Dienstgemeinschaft).“[101]

Die Erläuterung dazu lautet:

„Diesem Ziel [gemeint ist: der Auftrag der Kirche] dienen auch die Einrichtungen, die die Kirche unterhält und anerkennt, um ihren Auftrag in der Gesellschaft wirksam wahrnehmen zu können. Wer in ihnen tätig ist, wirkt an der Erfüllung dieses Auftrages mit. Alle, die in den Einrichtungen mitarbeiten, bilden – unbeschadet der Verschiedenheit der Dienst und ihrer rechtlichen Organisation – eine Dienstgemeinschaft.“[102]

Diese Darstellung der römisch-katholischen Position beruht auf der Rechtsprechung des Bundesverfassungsgerichtes, die gleichermaßen für die Evangelische Kirche und ihre Diakonie gilt. Auch das Taufverständnis beider Kirche ist ein gemeinsames.[103]

Die beiden großen Kirchen sind sich mithin darin einig, dass die in der Kirche Mitarbeitenden nicht alle der Gemeinschaft der Getauften angehören müssen. Der organisationale Anspruch der Kirche, dem kirchlichen Auftrag zu dienen, bleibt freilich bestehen. Er fordert eine aufmerksame und kontextsensible Zuwendung zu den kirchlichen und diakonischen Mitarbeitenden – seien sie nun Mitglieder der eigenen Kirche, einer Kirche mit der Kirchengemeinschaft besteht oder einer weiteren Kirche oder keine Kirchenmitglieder.

Die Formulierung am Ende der These 1 des Brüsseler Kreises, wonach „die Konfessionsbindung“ „als rein formale Bindung (Kirchenzugehörigkeit)“ unzureichend ist, beschreibt richtig, dass eine rein formale Betrachtung dem Gegenstand nicht gerecht werden kann. Gleichzeitig bleibt die Formulierung aber unterkritisch, insoweit die Reduktion auf die individuelle Betrachtungsebene und die Ausblendung der organisationalen Verantwortlichkeit nicht ausdrücklich in den Blick genommen wird.[104] Auch in der These 2 des Brüsseler Kreises wird die Orientierung an dem „formalen Kriterium der Kirchenmitgliedschaft“ als „ein theologisches Problem“ adressiert. Dabei ist aber wohl nicht gemeint, dass die heilsame Wirkung der kirchlichen Zugehörigkeit aus ihrer materialen Seite folge, und deshalb bei einer rein formalen

---

[101] Zit. nach: G. Thüsing (2006), S. 4, Fn. 10.
[102] Zit. nach: Ebd.
[103] Deshalb begannen die auf das Reformationsjubiläum hinführende Themenjahre der EKD auch mit dem Jahr der Taufe, um den gemeinsamen Anknüpfungspunkt der evangelischen und der römisch-katholischen Kirchen an den Anfang zu stellen.
[104] Insoweit deutlicher: Sekretariat der Deutschen Bischofskonferenz (2014).

Betrachtung unterbestimmt bleiben muss.[105] Die These 2 folgt dem im theologischen Diskurs gelegentlich geäußerten Gedanken, wonach das „christia-
num" im Kern ein „humanum" sei. Dafür wird typischerweise auf Lukas
10,25ff (barmherziger Samariter) und Matthäus 25,40 verwiesen. Beide
Bibelstellen sind – so wie dies auch die Zielperspektive des Römerbriefes
(Kap 11,32) ist[106] – ausgerichtet auf eine integrierende Menschheitsperspek-
tive.[107] Die Brüsseler These 2 nennt dies deshalb auch den Kern des biblischen Zeugnisses. Der ebenfalls dort formulierte Satz, wonach das Heil „auf
der Basis des Christusglaubens" auch außerhalb desselben gedacht werden
müsse, weist freilich auf eine (ungelöste) Spannung.[108] Es bleibt jedenfalls
ausgeschlossen, dass die Evangelische Theologie und mithin die Evangelische Kirche ohne Christusglauben auskommen könnte. Einen solchen
Schluss, der die Gottesaussagen des Alten und Neuen Testamentes in
Methodenerkenntnissen verpackt und vom personalen Gottesverständnis
abstrahieren zu einer offenbarungs- und glaubensunabhängigen Menschheit-
erkenntnis reformuliert, ziehen auch die Brüsseler Thesen wohl nicht.[109] Die
Zielperspektive der Inklusion löst den kirchlichen Verkündigungsauftrag
nicht ab. Die Christuspredigt geht auch nicht einfach in dieser Zielperspektive auf.

4.   Schluss und Ausblick

Nach der rechtlichen Analyse und dem dargelegten Organisationsverständnis
ist eine realistische Handhabung der Praxisfragen auch schon mit den aktuellen kirchlichen Normen möglich. Es liegt freilich nahe, die anzuwendenden
Normen einer regelmäßigen Evaluation zu unterziehen. Dabei sollte nicht zu

---

[105]   Vgl. insoweit klarstellend die Formulierung in These 4: „Weil für die Unternehmen des
         BK die Konfessionsbindung in ihren Inhalten identitätsbildend ist, ist die Einwilligung
         in einen ungesteuerten Säkularisierungsprozess keine Orientierungsoption."
[106]   Vgl. dazu D. Starnitzke (2014), dort insbesondere „5. Theologische Überlegungen
         zum Inklusionsgedanken", S. 118f.
[107]   Vgl. insoweit Apg 10 (Petrus und der Hauptmann Kornelius). Diese Bibelstelle wird vor
         allem in der Missionstheologie gerne zitiert, um einerseits die unserem Planungs-
         horizont vorlaufende Aktivität Gottes zu betonen und damit andererseits ein dem
         missio-dei-Gedanken widersprechenden christlichen Aktionsstolz entgegenzutreten.
[108]   Diese Spannung tritt auch in These 5 zu Tage, wenn auf der Basis der eigenen
         konfessionellen Herkunft ein verbindliches Selbstverständnis formuliert wird, das
         zwar fest mit dem jeweiligen Bekenntnis verbunden ist, aber sich gerade deshalb
         auch für die Unterstützung verschiedenster Menschen öffnen kann.
[109]   Siehe aber die Kritik zur These 5 oben in Fn. 54.

rasch auf eine überkommene Praxis verzichtet werden – schon um sich nicht den Vorwurf eilfertiger Bequemlichkeit auszusetzen. Erwägenswert ist der Vorschlag von Michael Heinig, die in der Loyalitätsrichtlinie angelegten Stufungen zu verfeinern und dabei an die tradierte theologische Unterscheidung von Konstitutiva, Vitalia und Adiaphora anzuknüpfen.[110] Eine solche Abschichtung setzt freilich weiterhin bei den hergebrachten Grundsätzen an und würde deshalb die Idee, dass kirchliche Arbeit insbesondere durch kirchlich gebundene Mitarbeitende erfolgen sollte, nicht einfach aufgeben. Vielmehr muss diese Idee gestützt, flankiert und getragen werden durch eine gestaltete christliche Einrichtungswirklichkeit (organisationale Ebene, Kultur der Organisation).[111]

Dass die Identität eines Unternehmens (oder auch einer Einrichtung) nicht allein durch die je individuellen Überzeugungen seiner Mitarbeitenden – seien sie ehrenamtlich oder beruflich engagiert – definiert wird, steht wohl außer Frage. Es wäre deshalb zu kurz gegriffen, wenn nach Anwendung des Filters „Kirchenmitgliedschaft" auf kirchliche Mitarbeitende, das Thema christliche Identität der Organisation oder Einrichtung als erledigt betrachtet würde. Daraus allerdings zu schließen, dass es auf eine Überzeugung der Mitarbeitenden überhaupt nicht ankäme, ist ein unzulässiger Umkehrschluss.[112] Eben so wenig kann dieses Ergebnis durch die Unterscheidung einer personalen von einer organisationalen Ebene erreicht werden. Vielmehr wird die organisationale Ebene umso wichtiger, je weniger sich die Einrichtung isoliert auf die personale Ebene stützen kann.

Unterscheidungen bleiben auch im Zeitalter der Antidiskriminierung wichtig. Auch die Inklusion hebt Unterschiede nicht auf, sondern sie fordert uns heraus, mit ihnen konstruktiv und friedlich umzugehen, eben weil wir sie nicht umgehen können oder leugnen wollen. Die Brüsseler Thesen fordern zu einer wichtigen, aber auch sehr komplexen Frage zur Diskussion auf und heraus. Sie bieten damit im laufenden Diskurs innerhalb der christlichen Kirchen und ihrer Diakonie und Caritas einen Orientierungspunkt, an dem zu Reiben sich lohnt. Möge die Diskussion zu mehr wechselseitigem Verstehen führen.

---

[110]   M. Heinig (2013), S. 59ff.

[111]   Die These 4 des Brüsseler Kreises kann so interpretiert werden, dass sie genau dies und nichts anderes sagen will. Die Formulierung „Überwindung formaler Kirchenmitgliedschaftsbindung" kann aber auch weitergehend verstanden werden, im Sinne einer Ablösung des eingeführten Kriteriums zugunsten einer ausschließlich material beschreibbaren Kriteriologie der Einstellung. Die Unterscheidung von personal und organisational wird insbesondere in These 5 des Brüsseler Kreises betont, wobei dort ein alternatives Verständnis und kein ergänzendes Verhältnis formuliert wird.

[112]   Dies ist auch die Schwäche der Einstiegs-Formulierung in These 5 des Brüsseler Kreises. Vgl. im Übrigen dazu oben Fn. 56.

Eine Auseinandersetzung mit gründlicher Argumentation[113] und Abwägung ist eine solide Grundlage für Entscheidungen in der Unternehmenssteuerung, Kommunikation mit Stakeholdern sowie in der kirchlichen Normsetzung. Dazu soll dieser Beitrag dienen.

---

[113] Die rechtlichen Erwägungen beruhen auf einem LKA.EKvW-Vermerk „Kirchliche Auftragsgemeinschaft in Westfalen" vom 11. Nov. 2013, (Az. 300.002.), der dem Landeskirchenamt der Evangelischen Kirche von Westfalen (EKvW) im Dezember 2013 und dem Verwaltungsrat des Diakonischen Werkes der EKvW im Frühjahr 2014 vorgelegen hat.

Reflexion zu diakonischer Identitätsbildung

Beate Hofmann

1.   Vorbemerkungen

Ich teile die Einschätzung der Autoren, dass es – vor allem aus personalwirtschaftlichen Gründen - nicht realistisch ist, zur „Absicherung" der diakonischen Identität diakonischer Unternehmen am formalen Kriterium der Kirchenzugehörigkeit für Mitarbeitende festzuhalten. Daher halte ich es für zukunftsweisend, darüber nachzudenken, wie diakonische Unternehmen mit religiöser Pluralität so umgehen können, dass sie zu einer Chance für die Unternehmensentwicklung wird und nicht zu einem Verlust an diakonisch profilierter Identität führt.

In der Konsequenz dieser Position und in der Auseinandersetzung mit den Thesen des Brüsseler Kreises (BK) haben mich zwei Fragen beschäftigt: Wie kann die diakonische Identität von Organisationen gestaltet und gestärkt werden, wenn man auf die Kirchenmitgliedschaft der Mitarbeitenden verzichtet? Und welche Rolle spielt dabei Bildung?

Bevor ich mich diesen Fragen widme, möchte ich kurz zwei andere Aspekte benennen, die mich in der Lektüre des Kommentars zu den Thesen herausgefordert haben.

1.1.   Inklusion als „Mitte der Schrift"

Alle Versuche, eine theologische Mitte der Heiligen Schrift bzw. einen „Kern" zu beschreiben, stehen in der Spannung von notwendiger Fokussierung einerseits und Sicherung der Fülle und des Reichtums des biblischen Kanons andererseits. Und sie sind immer auch zeitbedingt geleitet von den zentralen Fragen der Menschen, die die biblischen Schriften lesen und in ihrem Kontext rezipieren. Der Fokus „Universalität des Erbarmens Gottes" ist angesichts von Pluralität und Fragen der Inklusion eine zentrale biblische Dimension. Aber ist sie hinreichend, um den „Kern des Evangeliums" zu beschreiben? Wird der Schatz, den die christliche Tradition diakonischen Unternehmen bietet, damit ausreichend erfasst? Braucht es nicht auch andere

Elemente des christlichen Glaubens wie Kreuz und Auferstehungshoffnung, um die Kontingenzerfahrungen und Ambivalenzen diakonischer Arbeit verkraften zu können? Braucht es nicht den Schatz des ganzen Kanons, z. B. auch die Sprache der Psalmen und die Bilder und Geschichten der Evangelien, um in Ritualen und Symbolen diakonische Grenzerfahrungen bewältigen zu können? Braucht es nicht auch die Tradition der Gerechtigkeit, die in Spannung zu universaler Barmherzigkeit treten kann, weil sie unterscheidet zwischen Recht und Unrecht und weil sie denen, die Unrecht tun, das Gericht über ihre Taten ankündigt?

Hier gilt es auf jeden Fall, die Universalität der Liebe Gottes weiter zu denken, um ihre Relevanz für unterschiedliche Lebenserfahrungen, für Erfahrungen von Fragmentarität, Kontingenz und Ungerechtigkeit fruchtbar zu machen.

1.2.   Der Konfessionsbegriff

Eine zweite Vorbemerkung: Der Begriff „konfessionsgebundener Überzeugungspluralismus" ruft danach, den Konfessionsbegriff zu klären, vor allem in der Verknüpfung mit Inklusion. Denn der Begriff kann ja vielfältig gefasst werden:[114] Religionssoziologisch beschreibt er die Mitglieder einer historisch gewachsenen Glaubensgemeinschaft, die gewisse Überzeugungen und Sozialformen teilen. Theologisch beschreibt Konfession im Sinne von Bekenntnis die Zusammenfassung und Zuspitzung zentraler Lehren, die historisch gesehen meist formuliert wurden, um sich von anderen Überzeugungen abzugrenzen und Übereinstimmung einzufordern.[115] Durch Konfessionen sollte Pluralität innerhalb der eigenen Gemeinschaft begrenzt oder gar verhindert werden, was freilich dann zu einer gesteigerten Pluralität führte, weil es in der Folge der Abgrenzung die „drinnen" gab, die das Gleiche glauben und die „draußen", die anders oder auch falsch glauben. Somit hat der Begriff der Konfession in meinen Ohren immer auch eine exkludierende Dimension, die in Spannung zum Anliegen der Inklusion führt.

---

[114]   Vgl. in diesem Band S. 15ff. zu Bekenntnis und Kirchenzugehörigkeit.
[115]   Vgl. B. Oberdorfer (2001), Sp. 1546f.

2.   Wie entsteht diakonische Identität?

In der Diskussion um die Relevanz der Kirchenmitgliedschaft in diakonischen Unternehmen müssen einige Fragen geklärt werden: Was ist diakonische Identität, wie entsteht sie und wie kann ihre Entwicklung gefördert werden?

Das Thesenpapier des BK und der Kommentar beschreiben diakonische Identität über die Idee der Inklusion und verankern diese sowohl in den fachlichen Konzepten als auch im Selbstverständnis der diakonischen Unternehmen. Als Aufgabe beschreibt das Thesenpapier, dieses Selbstverständnis klar zu formulieren, so dass es als Verhaltenserwartung von Mitarbeitenden eingefordert werden und handlungsorientierend wirken kann. Dies zielt auf Visionen und Unternehmensphilosophie ab,[116] die als wesentliche Bausteine für die Identifikation der Kunden und Mitarbeitenden beschrieben werden.

An dieser Stelle setzen meine Fragen ein. Gewiss haben Leitbilder und Visionen eine orientierende Funktion, aber nur unter bestimmten Bedingungen: Leitbilder wirken nur dann orientierend, wenn sie zur gelebten Unternehmenskultur passen und von der Führung des Unternehmens überzeugend verkörpert werden. Ansonsten ist solches Papier geduldig und wirkungslos. Das bedeutet in der Konsequenz, dass die Klärung des Selbstverständnisses zwar ein wichtiger Schritt bei der Gestaltung diakonischer Identität ist, aber entscheidend für eine fassbare diakonische Identität ist die Frage, wie diese Identität im Alltag des Unternehmens gelebt und erfahren wird. Zur Beschreibung dieser gelebten Identität hat sich m. E. das Konzept der Unternehmenskultur als geeignet erwiesen.

Daraus leiten sich für mich mehrere Fragen ab: Welche Rolle spielen die Mitarbeitenden und ihre Überzeugung bzw. Haltung in diesem Identitätsgestaltungsprozess? (2.1.)

Inwieweit ist Unternehmenskultur tatsächlich ein „Ordnungsmoment" des Unternehmens, das wie Strategie, Strukturen und Personalauswahl gestaltet werden kann? (2.2.)

2.1.   Die Rolle von Mitarbeitenden für die Gestaltung diakonischer Identität

Die Thesen des BK sind von dem Anliegen getragen, diakonische Identität nicht mehr in der persönlichen Glaubensüberzeugung der Mitarbeitenden zu

---

[116]   Vgl. in diesem Band S. 11.

verankern, sondern im Selbstverständnis der Organisation, das von den Mit-arbeitenden bejaht werden muss. Systemtheoretisch wird die Entstehung von Identität in Organisationen als zirkulärer Prozess beschrieben: Identität wird als Konstanz der Erwartungen bezeichnet, die der Beobachter dem beobach-teten System als Identitätsmerkmale zuschreibt und die zugleich von dem System auf sich selbst bezogen werden. In der Wechselwirkung von System und Umwelt werden Erwartungen kommuniziert, die sich auf Handlungen des Systems beziehen, und damit Identität konstruiert.[117] Diakonische Identi-tät müsste folglich sich an Handlungen festmachen lassen, die z. B. von Nutzern oder anderen Anspruchsgruppen erwartet und von Mitarbeitenden ausgeführt werden, weil sie diese als ihre Aufgabe erkannt und akzeptiert haben.

Theologisch stützt sich diese Argumentation u. a. auf die These von Christian Albrecht, dass die Wesensmerkmale bzw. notae ecclesiae (und in Ableitung davon die Identität von Diakonie) nach CA VII an der Praxis von Wortverkündigung und Feier der Sakramente festgemacht werden und nicht an der persönlichen Glaubensüberzeugung derer, die das Wort hören oder die Sakramente empfangen. Entscheidend sei, dass Menschen sich der Diakonie zurechnen und in ihrem Namen tätig werden.[118] In beiden Argumentations-strängen ist also entscheidend, was als diakonische Identitätsmerkmal identi-fiziert, erwartet und praktiziert wird.

In der Diakoniewissenschaft gibt es eine intensive Diskussion, ob sich das, was in der Diakonie getan wird, von der Praxis anderer Sozialunterneh-men unterscheidet. In vielen Bereichen diakonischen Handelns wird das, was getan wird, über Leistungskataloge der Kostenträger beschrieben, die für alle Leistungsanbieter gelten. Liegt die diakonische Identität dann darin, dass hier mehr erwartet wird (mehr Zeit, mehr Zuwendung, mehr Raum für Kommu-nikation und Spiritualität, was schnell zu Überforderungen führen kann), oder bezieht sich die Erwartung vor allem darauf, *wie* es getan wird, in wel-cher Haltung und Atmosphäre, wie dabei kommuniziert wird und welche Dimensionen des Menschseins dabei in den Blick kommen?[119] Fragt man Nutzerinnen und Nutzer diakonischer Einrichtungen, was für sie die diakoni-sche Identität des Unternehmens ausmacht, in dem sie gepflegt, begleitet, unterstützt o. ä. werden, werden sie von Mitarbeitenden und ihrem Verhalten erzählen.

Diakonische Identität wird zwar „extra nos" konstituiert, aber durch die Mitarbeitenden in ihrer täglichen Arbeit gelebt und erfahren. Daher ist die Frage: wie entwickeln Mitarbeitende eine Praxis, die der diakonischen Iden-

---

[117] Vgl. H. Willke (2005), S. 175.
[118] Vgl. C. Albrecht (2013b), S. 80.
[119] Gegen E. Hauschildt (2000), S. 415, der im Handeln diakonischer Einrichtungen keinen Unterschied zu nichtkirchlichen Einrichtungen festmachen will. Diakonie könne in ihrer Arbeit nicht gleichzeitig explizites Bekenntnis sein.

tität eines Unternehmens entspricht? Wird diese Praxis durch eine Haltung begründet, die durch (Glaubens-)Überzeugungen in der (religiösen) Sozialisation und somit mitgebracht wird, oder entsteht sie durch (Aus-)Bildung oder Inkulturation im Unternehmen selbst? Ich komme auf diese Frage zurück.

Worin zeigt sich diakonische Identität? In der Orientierung an bestimmten Normen oder auch in gemeinsamer Spiritualität? Reicht es, wie auf S. 34 des Kommentars beschrieben, Inklusion als Struktur und Verständnis von Handeln in Qualitätsansprüchen zu beschreiben? Aus meiner Sicht gehört zu diakonischer Identität neben der normativen Orientierung im Handeln gegenüber Klienten auch eine gemeinsam gestaltete Spiritualität, die die Gestaltung dieser Normen im Miteinander „inkarniert", aber auch das Scheitern an diesen Normen thematisiert und verarbeiten hilft. Daher beschäftigt mich die Frage, was aus dieser spirituellen Basis von Diakonie werden kann und muss, wenn aus Diakonie als Überzeugungsgemeinschaft ein diakonisches Unternehmen mit konfessionsgebundenem Überzeugungspluralismus wird?

Möglicherweise verändert sich gar nichts, weil mit diesem Schritt nur etwas offensichtlich wird, was sowieso schon da ist, nämlich eine höchst plurale Mitarbeiterschaft mit unterschiedlichen Motivationen: Da sind neben den christlich Motivierten, die in der Arbeit ihrem Glauben Ausdruck geben wollen, die sozial Engagierten, die ihre Vision von einem solidarischen und gerechten Miteinander durch ihre Arbeit verwirklichen helfen wollen; da sind die an Menschlichkeit Interessierten, die für andere da sein und mit Menschen arbeiten wollen, und da sind die, die einfach Arbeit gesucht haben und in die Diakonie „reingerutscht" sind. Ihre Identifikation mit dem diakonischen Selbstverständnis und ihr Interesse an diakonischer Spiritualität sind schon jetzt – auch mit geltender ACK-Klausel im Blick auf die Anstellung – verschieden; das wird aber nicht zwangsläufig thematisiert oder problematisiert.

Die Lösung der Frage diakonischer Identität von der formalen Kirchenmitgliedschaft der Mitarbeitenden nimmt zudem eine Erkenntnis aus der Religionssoziologie auf: Kirchlichkeit und Religiosität sind zu unterscheiden. Auch unter Menschen ohne Kirchenbindung sind religiös interessierte und offene Menschen zu finden; umgekehrt bezeichnet sich ein überraschend hoher Anteil von evangelischen Kirchenmitgliedern als nicht oder kaum religiös.[120] Mit dem Verzicht auf Kirchenmitgliedschaft als Anstellungsvoraussetzung wird auf die Einbettung in die kirchliche Überzeugungs- und Solidargemeinschaft (auch finanziell!) verzichtet. Damit geht möglicherweise auch die Vertrautheit mit kirchlichen Strukturen und Ritualen verloren. Es geht aber nicht unbedingt das Interesse und die Offenheit für Religion verloren, doch entsteht für die diakonischen

---

[120] Vgl. W. Huber (2006), S. 148ff.

Einrichtungen die Aufgabe, die Verknüpfung zu Kirche als Ort gelebter
Religiosität, die Notwendigkeit von Gemeinschaft neu plausibel zu machen
und diakonische Einrichtungen als „kirchliche Orte"[121] jenseits der oder auch
mitten in der Parochie erkennbar und erfahrbar zu machen.

Ich sehe hier hohen Forschungsbedarf, um mehr darüber zu erfahren, wie
Nutzende und Mitarbeitende diakonischer Einrichtungen diakonische Identi-
tät konstruieren, praktizieren und erleben und was zur Identifikation von
Mitarbeitenden mit ihrem Unternehmen beiträgt.

2.2.   Unternehmenskultur als Ordnungsmoment?

Eine der Kernfragen in der Unternehmenskulturforschung ist die Frage, ob
ein Unternehmen Kultur ist oder hat oder macht.[122] Je nachdem, über welchen theoretischen Ansatz Unternehmenskultur erfasst wird, erscheint Kultur
als etwas, das sich nicht oder nur in geringem Maß direkt steuern und beeinflussen lässt, oder als etwas, das von Führungskräften gestaltet und gelenkt
werden kann. Der Begriff des „Ordnungsmoments" im Kommentar[123] könnte
in die zweite Richtung missverstanden werden. Doch hier ist Behutsamkeit
geboten. Aspekte von Kultur lassen sich gestalten, doch das Gesamtbild ist
hochkomplex und nur begrenzt von Führungskräften manövrierbar. Die
Metapher von der „Grammatik" einer Organisation bei Rüegg-Stürm[124] weist
zu Recht auf diesen Aspekt hin.

Edgar Schein, dessen Ansatz zur Wahrnehmung von Kultur ich folge,
beschreibt Unternehmenskultur als „ein Muster gemeinsamer Grundprämis-
sen, das die Gruppe bei der Bewältigung ihrer Probleme externer Anpassung
und interner Integration erlernt hat, das sich bewährt hat und somit als bin-
dend gilt; und das daher an neue Mitglieder als rational und emotional kor-
rekter Ansatz für den Umgang mit Problemen weitergegeben wird."[125] Diese
Definition enthält mehrere wichtige Aspekte: Kultur wirkt orientierend und
reduziert Komplexität im Umgang mit Problemen; sie wird nicht von außen
oder oben gesetzt, sondern miteinander in der Bewältigung von Aufgaben
entwickelt, und sie wird an neue Mitarbeitende weitergegeben als das, was in
der Organisation als verbindlich gilt. In Abwandlung des Scheinschen Eis-
bergmodells für die sichtbaren und unsichtbaren Aspekte von Kultur arbeite

---

[121]   Vgl. U. Pohl-Patalong (2006).
[122]   Vgl. S. Sackmann (2007), S. 7f.
[123]   In diesem Band S. 60.
[124]   Vgl. J. Rüegg-Stürm (2003), S. 56.
[125]   E. H. Schein (1995), S. 25.

ich mit dem Bild einer Wasserlilie.[126] Mit diesem Bild aus der organischen Natur wird zugleich deutlich, dass es bei der Kultur um etwas Lebendiges geht, das gepflegt und genährt werden kann, dessen Wachstum aber nur bedingt „erzeugt" werden kann, sondern ein Moment der Unverfügbarkeit (Wetter, Klima etc.) enthält.

In der Kultur diakonischer Einrichtungen hat es sich bewährt, vier Felder von Kultur zu unterscheiden:

Mitarbeitergemeinschaft	Mitarbeiterbiografie
Gebäude, Räume, Sitzungen, Zeiten	Prozesse der Begleitung von Nutzerinnen und Nutzern

Zwei davon fokussieren ausdrücklich die Mitarbeitenden, zwei andere die Prozesse um die Nutzerinnen und Nutzer und die räumlichen, zeitlichen und kommunikativen Gegebenheiten. Dieser letzte Aspekt wird auch im Kommentar des BK hervorgehoben.[127]

In der Begleitung von Kulturentwicklungsprozessen verschiedener diakonischer Unternehmen hat sich gezeigt, dass das Bewusstsein für die Prozesse mit den Nutzenden (z. B. Einzug oder Aufnahme, Begleitung an biografischen Schwellen oder im Sterben) meist hochentwickelt ist, während die anderen Bereiche unterschiedlich stark ausgeprägt und gepflegt sind. Eine religiös plurale Mitarbeiterschaft wird sich auf die Gestaltung der Kulturfelder unterschiedlich auswirken. Aspekte, die eher religiös implizit oder patientenbezogen sind, werden auch für Menschen anderer Religionen oder ohne Religionszugehörigkeit leichter mitzutragen sein als religiös explizite Elemente. In diesem Bereich sehe ich die größte Herausforderung für diakonische Unternehmen.

Für den weiteren Argumentationsgang braucht es noch eine zusätzliche Klärung. Religiöse Aspekte spielen bei Mitarbeitenden diakonischer Einrichtungen in mehreren Dimensionen eine Rolle, nämlich im Blick auf professionelle Fachkompetenz, eigene Glaubensüberzeugungen und religiöse Fragen der Unternehmenskultur. Diese Dimensionen sind m. E. mit unterschiedlichen Graden von Verbindlichkeit verknüpft:

---

[126] Vgl. B. Hofmann (2010), S. 15.
[127] Vgl. in diesem Band S. 19f.

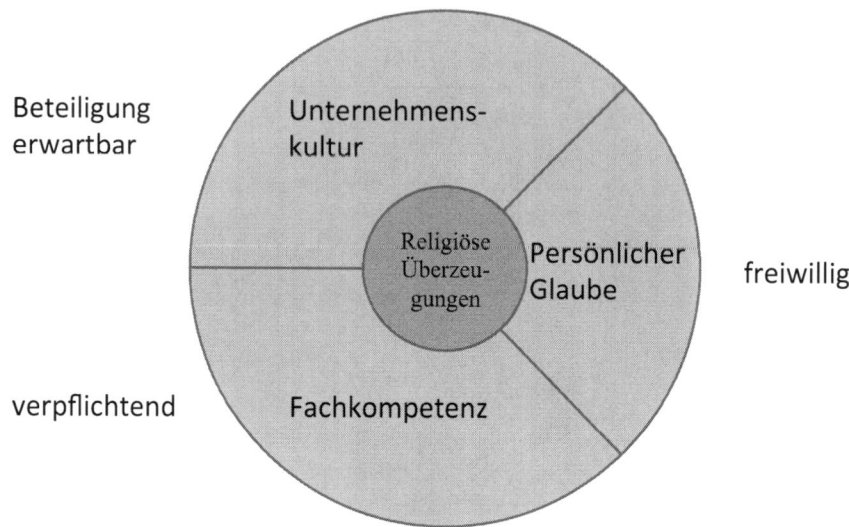

Professionelle Fachkompetenz

Der erste Bereich betrifft das Wissen im religiösen Bereich, das jemand, der in der Diakonie arbeitet, zur Ausübung seiner professionellen Fachkompetenz braucht. Dieses Wissen bezieht sich auf alles, was die Religiosität von Nutzerinnen und Nutzern diakonischer Angebote berührt. Dazu gehören religiöse Alltagspraktiken wie Gebetszeiten, Lesung der Losungen, Waschungen, aber auch Sterberiten, Trauerrituale oder jahreszeitliche Elemente. Das Wissen um diese Elemente gelebter Religiosität in verschiedenen Religionen, mit denen Mitarbeitende in ihrer Arbeit in Kontakt kommen können, gehört heute zum guten Standard aller sozialen Einrichtungen, auch der nichtdiakonischen. Es muss in Berufsausbildungen integriert oder, wenn das nicht möglich ist, in Einarbeitungsprozesse implementiert werden.

Diesen Bereich betrachte ich als verpflichtend. Es kann von allen Mitarbeitenden erwartet werden, dass sie dieses Wissen haben oder erwerben und sich entsprechend verhalten, um die Religiosität der Nutzerinnen und Nutzern zu respektieren bzw. ihre religiöse Praxis zu unterstützen oder gar zu ermöglichen. Ein drastisches Beispiel für die Nichtachtung dieser Dimension ist mir aus einer Senioreneinrichtung in Ostdeutschland berichtet worden. Ein alter Mann wollte sich im Wissen um seinen nahen Tod auf sein Sterben vorbereiten. Er bat deshalb die diensthabende Schwester, noch einmal Abendmahl feiern zu dürfen. Die Mitarbeiterin verstand nicht, was er wollte und brachte ihm ein zweites Abendbrot, statt einen Geistlichen zu benachrichtigen.

So etwas darf nicht passieren. Es gehört zur Fachkompetenz, dass Mitarbeitende wissen, was Abendmahl ist. Denn Mitarbeitende, die in einer diakonischen Einrichtung arbeiten, müssen damit rechnen, dass sie dort für Menschen arbeiten, die christlich geprägt sind und ihre Religiosität in dieser Einrichtung auch weiter leben und gestalten wollen und dafür ggf. auch Unterstützung brauchen. Pluralitätssensibel ist an dieser Stelle die Frage, inwieweit Mitarbeitende die religiöse Praxis von Nutzerinnen und Nutzern auch aktiv unterstützen müssen. Was ist, wenn jemand nicht mehr selbst lesen kann, aber seinen Tag jahrzehntelang mit der Lektüre und Meditation der Herrnhuter Losungen begonnen hat und das weiterhin tun will? Was ist, wenn jemand im Sterben den Psalm 23 noch mal hören oder „Befiehl du deine Wege" gesungen haben will? Auch diese stellvertretende oder assistierende Ausübung religiöser Praxis sollte in diakonischen Einrichtungen möglich sein, und zwar nicht nur für die christliche Religion. Inwieweit das bedeutet, dass jede Altenpflegerin bereit und fähig sein muss, Sterbende auch religiös zu begleiten, oder ob diese Aufgabe innerhalb des Teams aufgeteilt wird, muss in den Einrichtungen geklärt werden.

Persönliche Glaubensüberzeugungen

Eine zweiter Dimension sind die persönlichen Glaubensüberzeugungen von Mitarbeitenden. In der Gründung vieler diakonischer Einrichtungen im 19. oder frühen 20. Jahrhundert war der Glaube ein wichtiger Antreiber für die Gründung von oder die Mitarbeit in Einrichtungen. Durch die Professionalisierung und Säkularisierung hat sich das deutlich verändert. Nur selten wird eine soziale Berufswahl vorrangig mit Glaubensmotiven begründet.[128]

Von Seiten der diakonischen Dienstgeber war die Orientierung an der Kirchenmitgliedschaft der Mitarbeitenden bei der Anstellung (ACK-Klausel) getragen von der Intention, die Relevanz des Glaubens für die Diakonie festzuhalten, ohne in Bewerbungsgesprächen „Glaubensprüfungen" durchführen zu müssen. Dahinter stehen nicht nur rechtliche Überlegungen, die diesen sehr persönlichen und intimen Bereich dem Zugriff des Arbeitgebers entziehen, sondern auch theologische Gründe. Glaube ist ein Geschenk des Heiligen Geistes und daher etwas, über das Menschen nicht verfügen und das sie nicht erzwingen können. Hilfreich ist hier auch eine alte theologische Unterscheidung. Nur die Kenntnis religiösen Wissens oder religiöser Praxis

---

[128] Eine umfassende Analyse zur religiösen Dimension in der Berufsmotivation im sozialen Bereich fehlt, vgl. R. Hoburg (2008), S. 208. In Beiträgen wie dem von Rosemarie Karges, Ilse Lehner und Hedwig Wegmann: „Soziale Arbeit in der Falle ihrer Berufsmotivation" oder: „Was motiviert und was demotiviert in der Sozialen Arbeit?" In: Sozialmagazin, 12 (2001), S. 57–59, kommt Glaube als Berufsmotivation nicht in den Blick.

(notitia) kann erlernt werden. Das Fürwahrhalten religiöser Überzeugungen bzw. die innere Übereinstimmung mit ihnen (assensus) und das Vertrauen auf Gott als darauf folgende Lebenshaltung (fiducia) ist nicht in Bildungsprozessen erlernbar, auch wenn es darin Momente von Einübung und Probehandeln gibt.[129] Zurückhaltung ist darum an dieser Stelle auch aus theologischen Gründen geboten.

Ich halte es für eine Aufgabe diakonischer Einrichtungen, Mitarbeitenden in diesem Bereich Angebote zu machen, in denen sie die religiösen Überzeugungen und die religiöse Praxis des Christentums kennenlernen können. Diese Angebote müssen freiwillig sein und sie müssen in Verknüpfung mit „dritten Orten" stattfinden. Hier kann niemand zu irgendetwas verpflichtet werden. Vorgesetzte, selbst wenn sie Theologinnen und Theologen sind, dürfen an dieser Stelle auch nicht die Rolle des Spirituals annehmen und solche Angebote selbst gestalten. Ein Ort jenseits von allen Arbeitszusammenhängen ist vorteilhaft – was nicht heißt, dass Vorgesetzte im Blick auf religiöse Überzeugungen unwichtig seien. Vielmehr sind sie als glaubwürdige Zeuginnen und Zeugen unentbehrlich. Aber sie fungieren eher als Türöffner zu solchen Angeboten, als dass sie solche Angebote selbst durchführen sollten.

Für die Kultur diakonischer Einrichtungen angesichts wachsender religiöser Pluralität halte ich es für entscheidend, dass die Auseinandersetzung über persönliche Welt- und Selbstsichten Raum hat und nicht als „Privatsache" tabuisiert wird. Aber sie muss frei von Ergebnisdruck sein. Es braucht Kommunikationsräume, in denen Menschen ihre Sprache zu Sinnfragen und existentiell berührenden Erfahrungen finden können, ohne dass dabei eine bestimmte Überzeugung herauskommen muss.

Interviews, die ich im Rahmen eines Forschungsprojektes mit nichtgetauften Teilnehmenden an Glaubenskursen geführt habe, zeigen ganz deutlich: Kein Mensch ist eine „tabula rasa". Auch Menschen, die ohne religiöse Bindung in diakonischen Einrichtungen arbeiten, bringen Lebenserfahrungen und Lebensdeutungen mit. Die Frage ist dann, inwieweit sie in und durch ihre Arbeit in der Diakonie die Möglichkeit bekommen, ihre eigenen Lebensdeutungen ins Gespräch mit christlichen Lebensdeutungen zu bringen, und inwieweit es dabei gelingt, den christlichen Glauben als tragfähige Selbst- und Weltsicht zu erleben und dann entsprechend für sich selbst zu entdecken und zu gestalten.

In diesem Zusammenhang halte ich die Idee der existentiellen Kommunikation[130] für eine vielversprechende Weiterentwicklung, weil sie das Anliegen der Klärung von Selbst- und Weltsicht im Kontext unterschiedlicher Überzeu-

---

[129] Vgl. zu dieser Frage B. Hofmann (2013), S. 36ff.
[130] Diakonisches Werk der EKD e. V. (2012).

gungen verdeutlicht und die Förderung von Sprachfähigkeit im Kontext des alltäglichen beruflichen Handelns fördert. Auch darauf komme ich zurück.

Religiöse Aspekte der Unternehmenskultur

Eine dritte Dimension, in der religiöse Überzeugungen in der Diakonie tangiert sind, beschäftigt sich mit der Unternehmenskultur, die bezüglich der Mitarbeitergemeinschaft und Mitarbeiterbiografie praktiziert wird.[131] Hier geht es um den Bereich der gemeinsamen Rituale und Traditionen eines diakonischen Unternehmens, die zur Mitarbeitendenpflege gehören. Dies betrifft Gestaltungsfragen von Weihnachtsfeiern, Einführungsgottesdiensten, Jahresfesten, spirituelle Elemente bei Sitzungen, die Teilnahme an Einführungsseminaren – alles, wo Mitarbeitende Kontakt mit dem weiten Feld diakonischer Spiritualität bekommen. Auch hier kann die *Teilnahme* von Mitarbeitenden erwartet werden. Aber die *innere Zustimmung* und Bejahung dieser Elemente kann nicht von vornherein erwartet oder gar eingefordert werden. Um die innere Zustimmung muss vielmehr geworben werden. Zustimmung entsteht, wenn Mitarbeitende solche Rituale als für sie tragfähig, hilfreich, aufbauend und authentisch[132] erleben. An dieser Stelle dürfte sich entscheiden, ob der christliche Deutungshorizont und die christliche Spiritualität als Sauerteig erlebt werden, der diakonisches Handeln tatsächlich durchdringt und belebt, oder als Sahnehäubchen für bestimmte Gelegenheiten, das mit den unerbittlichen, ökonomischen Realitäten des Berufsalltags nichts zu tun hat.

Das Feld der gemeinsam gestalteten Unternehmenskultur ist m. E. das zentrale Bewährungsfeld für die Bedeutung christlicher Traditionen und christlicher Spiritualität in einer pluraler werdenden Mitarbeiterschaft. Dabei sind die religiös eher impliziten Elemente wie eine Geburtstagsfeier weniger komplex als die religiös expliziten Rituale wie die Gestaltung des Kirchenjahres oder eine Segenshandlung im Kontext von Einführung oder Verabschiedung. Hier werden durch eine religiös pluralere Mitarbeiterschaft vielfältige Herausforderungen für die Gestaltung diakonischer Kultur entstehen. Wie sieht eine von Inklusion geprägte diakonische Spiritualität aus? Wie kann in einer überzeugungspluralen Mitarbeiterschaft (noch) gemeinsam Glaube gefeiert und gestaltet werden?

Vor allem werden hier sehr verschiedene Herausforderungen auftreten, je nachdem, ob die Mitarbeitenden einer anderen Religion angehören oder reli-

---

[131] Auch die beiden anderen Dimensionen sind natürlich Aspekte von Unternehmenskultur.

[132] Der Begriff der „Authentizität" spielt in der Spiritualität der Postmoderne eine zentrale Rolle, vgl. D. Miller (1997).

gionslos sind. Mitarbeitende mit einer nichtchristlichen Religionszugehörigkeit sind möglicherweise „religiös musikalisch"[133], also aufgeschlossen für
religiöse Fragen, aber sie sind skeptisch gegenüber der Anforderung, an der
religiösen Praxis einer anderen Religion zu partizipieren. Hier muss in Bewerbungsgesprächen geklärt werden, was an dieser Stelle im Blick auf eine
gemeinsam getragene Unternehmenskultur erwartet wird und was nicht. Gibt
es z. B. gemeinsame Weihnachtsfeiern mit religiösen Elementen? Wie wird
andererseits mit Ramadan oder Opferfest umgegangen?

Bei „religiös unmusikalischen" Mitarbeitenden wird dagegen zu klären
sein, inwieweit sie bereit sind, sich auf religiöse Rituale und Kommunikation
überhaupt einzulassen und ob sie die religiöse Dimension des Menschseins
wahrnehmen und seine Bedeutung für die Praxis diakonischer Einrichtungen
mittragen können.

Für die Gestaltung religiöser Rituale in diakonischen Einrichtungen wird
das vielfältige Konsequenzen haben. Vieles, was bisher vertraut und selbstverständlich war, wird hinterfragt und überprüft werden, muss neu plausibel
und zugänglich oder in seiner Fremdheit erst einmal ertragen werden. Auch
das braucht Raum und Unterstützung für die, die solche Rituale gestalten,
und für die, die sie erstmals erleben.

3.   Implementierungswege

Damit bin ich bei der schon mehrfach angeklungenen Frage der Implementierung diakonischer Identität. Ich habe bereits unter 2.2. auf die theologischen Grenzen verwiesen, an die religiöse Bildungsprozesse stoßen, und ich
habe die begrenzte Reichweite von Leitbildern oder Unternehmensphiloso-
phien ohne entsprechende Implementierungsprozesse angedeutet. Die Frage
der Implementierung diakonischer Identitätsmerkmale ist für mich durch
meine Tätigkeit in der diakonischen Fortbildung zu einer zentralen Frage
geworden. Vielfach habe ich erlebt, dass die Definition diakonischer Identi-
tätselemente in Leitbildern oder Prozessbeschreibungen noch nicht deren
Gestaltung im Alltag diakonischer Einrichtungen garantiert hat.

Aus meinem Zugang zu Unternehmenskultur und zu ihrer religiösen
Dimension wurde bereits deutlich, dass bei der Implementierung solcher
Elemente Prozesse der Inkulturation eine hervorragende Rolle spielen. Wenn

---

[133] Der Begriff wurde von Jürgen Habermas in seiner Rede anlässlich der Verleihung des
Friedenspreises des deutschen Buchhandels 2001 geprägt, vgl. SZ vom 15.10.2001,
S. 17.

Menschen christliche Überzeugungen nicht mehr selbstverständlich mitbringen (sofern sie das jemals getan haben) und diakonische Spiritualität ihnen fremd ist, braucht es Orte des Kennenlernens, des Probehandelns, des Aushandelns, der Klärung des eigenen Standpunkts.

Der Kommentar der Autoren verweist hier auf die Rolle von Bildung. Aus meiner wissenschaftlichen Tätigkeit im Bereich der empirischen Bildungsforschung muss ich dieses Vertrauen auf die Kraft von Bildung etwas hinterfragen. Es wurde in den vorangegangenen Überlegungen deutlich, dass weite Bereiche praktizierter diakonischer Identität nicht nur mit erlernbarem Wissen, sondern mit Haltungen und Überzeugungen zu tun haben. Diese Bereiche sind durch formelle Bildungsprozesse, also gezielt gestaltete und strukturierte Lernprozesse, nur begrenzt beeinflussbar. Viel größere Bedeutung kommt hier Begegnungen und Erfahrungen in der beruflichen Praxis zu. In meiner Fortbildungspraxis bin ich immer wieder Menschen begegnet, die durch die Arbeit in der Diakonie einen Zugang zu christlicher Spiritualität bekommen haben und Mitglied einer diakonischen Gemeinschaft geworden sind. Entscheidend war dabei nicht der Besuch von Seminaren, sondern die Begegnung mit Menschen, die als glaubwürdige Vorbilder erlebt wurden. Diese Begegnungen haben Fragen nach der persönlichen Lebensführung, Sinnorientierung und Spiritualität angeregt, die dann auch zum Wunsch nach Klärung durch die Teilnahme an Bildungsangeboten geführt haben. Entsprechendes zeigt sich auch bei denen, die an Glaubenskursen teilnehmen. Es ist nicht der Glaubenskurs, der einen Menschen in den christlichen Glauben führt, sondern es sind Begegnungen mit Menschen und Erfahrungen mit Gott, die nach Klärung und Formierung[134] suchen. Entsprechende Erkenntnisse werden in der Konversionsforschung auf die kurze Formel „belonging before believing and behaving" gebracht.[135]

Für diakonische Einrichtungen, die diakonische Identität sichern wollen, stellt sich daher die Frage, wie sie solche Begegnungen und Erfahrungen ermöglichen und fördern können und wie sie Elemente des „belonging" erlebbar machen. Ich halte hier die Phase der Einarbeitung als „Inkulturation" für entscheidend. Sie braucht höchste Aufmerksamkeit und zugleich Geduld, denn die Erfahrung der Relevanz des christlichen Glaubens und der christlichen Spiritualität lässt sich nicht erzwingen.

Aber es gibt einige Aspekte, die sie befördern können. Dazu gehören die diakonischen Gemeinschaften oder andere „Kulturträger", die z. B. als „Pa-

---

[134] Im Englischen wird für diese Art von Bildungsprozessen der Begriff der „formation" genutzt.

[135] Auch die Greifswalder Konversionsstudie bestätigt das: Bei Menschen, die sich taufen lassen oder neuen Zugang zum christlichen Glauben finden, steht der Besuch von Glaubenskursen nicht am Anfang dieser Glaubensreisen oder Konversions-Prozesse, sondern er findet mittendrin, in der Klärungsphase, statt, vgl. J. Zimmermann/A.-K. Schröder (2010).

tinnen" und „Paten" in der Einarbeitung zur Begegnung mit christlicher
Spiritualität einladen können. Das impliziert, dass diese Kulturträger von der
Leitung gefördert werden und sich in solchen Prozessen auch einbringen und
fordern lassen und dass sie genug Sprachfähigkeit und Begleitungskompe-
tenz mitbringen.

Dazu gehört die Begegnung mit diakonischer Tradition und Geschichte,
die für viele Mitarbeitende eine hohe Faszination hat, wenn sie in menschlicher Gestalt begegnet, z. B. über ehemalige Mitarbeitende mit Gemein-
schaftsbindung. Wichtig dabei ist, dass die Spannungsfelder und Aporien
diakonischer Arbeit, z. B. der Umgang mit den begrenzten Ressourcen, nicht
ausgeblendet werden. Es geht darum, zu zeigen, wie christlicher Glaube und
diakonische Spiritualität darin unterstützen können, diese Spannungen aus-
zuhalten und die Kraft für die Arbeit, den Spaß und die Gesundheit nicht zu
verlieren. Es geht also um exemplarische Begegnungen mit einer Spiritualität
des „Trotzdem", die diakonische Resilienz stärkt.

Ein weiterer Aspekt ist das „situierte Lernen", also die Gestaltung von
Lernprozessen, in denen die praktische Relevanz des Gelernten sichtbar
ist.[136] Diakonische Leitbilder können dann Wirkung entfalten, wenn es Orte
und Gelegenheiten gibt, wo der Rückbezug auf ihre Inhalte in der täglichen
Arbeit ermöglicht wird und als hilfreiche Orientierung empfunden wird. Das
kann in Dienst- oder Fallbesprechungen institutionalisiert sein, das kann aber
auch in der Begleitung von Einarbeitungsprozessen durch sprachfähige
Begleiterinnen und Begleiter ermöglicht werden oder in Ritualen wie der
Aussegnung von Verstorbenen oder in der Sterbebegleitung unmittelbar
erlebt werden.

Auch die Aufnahme in das jeweilige Team und die Mitarbeiterschaft der
ganzen Organisation spielt eine wichtige Rolle im Blick auf das „belonging".
Wird hier z. B. über ein Aufnahmeritual Zugehörigkeit und Gemeinschaft
erfahren und in Tischgemeinschaft erlebbar oder stehen Erfahrungen von
Differenz und Fremdheit oder hierarchische Platzanweisungen im Vordergrund?

Es wurde schon deutlich, dass auch Führungskräfte als Kulturträger und
„Kultivierer" eine entscheidende Rolle spielen. Wenn das Verhalten von
Führungskräften nicht als kongruent zu der in der Unternehmensphilosophie
formulierten Haltung empfunden wird, hat die Entwicklung diakonischer
Identität wenig Chancen. Jedoch genügt es nicht, diese Anforderung an
Führungskräfte in Bewerbungsgesprächen zu formulieren; Führungskräfte
müssen dabei auch z. B. durch Coaching oder Supervision oder andere
Reflexionsmöglichkeiten an dritten Orten (Exerzitien, geistliche Begleitung
etc.) unterstützt werden, denn auch sie befinden sich oft in Dilemmasitua-
tionen, in denen sie wenig Spielraum für ein leitbildgerechtes Handeln sehen.

---

[136] Vgl. dazu J. Lave/E. Wenger (1991).

Zu den Aspekten, die einer Stärkung diakonischer Identität förderlich sind, trägt auch der Grundcharakter diakonischer Arbeit bei. Ich halte Diakonie für einen sehr ehrlichen Ort, weil die eigene Welt- und Selbstsicht hier täglich auf Bewährungsproben gestellt wird. Fragen nach dem Umgang mit Grenzerfahrungen, nach dem Sinn des Lebens auch mit Einschränkungen, nach dem, was Leben „wertvoll" macht und uns etwas wert ist, Fragen nach dem Umgang mit Schuld und Scheitern, mit Fragmentarität in der Umsetzungen von Ansprüchen und Erwartungen begegnen in der diakonischen Arbeit vielfältig und häufig. Sie müssen nicht erst didaktisch erzeugt werden, sondern sie liegen „auf der Hand" und brauchen Orte und Gelegenheiten der Klärung und Reflexion. Und viele Mitarbeitende kommen auch deshalb in die Diakonie, weil sie an dieser Stelle neugierig und sehnsuchtsvoll sind und etwas von ihrem Arbeitgeber erwarten.

4. Praxisermutigungen

Im Entstehungsprozess dieses Beitrags bin ich auf die Erfahrungen im Caritasverband der Diözese Rottenburg-Stuttgart gestoßen. Dort wurden in einem Modellprojekt multireligiöse Teams in verschiedenen Arbeitsfeldern etabliert und theologisch begleitet.[137] Einige Erfahrungen aus diesem Prozess möchte ich hier abschließend kurz vorstellen.

Die Auseinandersetzung mit Menschen anderer Religionen führte in den betroffenen Teams zu einer Enttabuisierung des Themas Religion und machte es zum Gesprächsgegenstand. So wurde die Sprachfähigkeit der Mitarbeitenden im religiösen Bereich gesteigert. Das regte bei vielen Mitarbeitenden Fragen nach ihrer eigenen Religiosität an und wurde eher als Profilschärfung und nicht als Identitätsverlust erlebt. Für Leitende ergab sich verstärkt die Herausforderung, Menschen anderer oder ohne Religion diakonische Identität zu beschreiben. Dadurch brauchte das, was bisher als christliche Identität implizit vorausgesetzt wurde oder in Leitbildern in meist eher abstrakten Begriffen gefasst wurde, eine erneute, alltagsnahe Explikation. Es entstand der Bedarf nach einer neuen Sprachfähigkeit und Sprache für das, was Caritas ausmacht. Daher war die theologische Begleitung des Teams für

---

[137]   Vgl. die Präsentation von Dr. Dorothee Steiof, Stabsstelle Caritastheologie und Ethik, DiCV Rottenburg-Stuttgart bei der Tagung „Religiöse Pluralisierung in Deutschland als Herausforderung für Wohlfahrtsverbände" am 16.1.2014 in Bochum; außerdem: Caritasverband der Diözese Rottenburg-Stuttgart: Viele Religionen in der einen Caritas? in: Impulse Nr. 15, Oktober 2010.

alle Beteiligten wichtig und hilfreich. Es zeigte sich auch, dass die Expertise für die Auseinandersetzung z. B. mit dem Islam nicht allein den muslimischen Mitarbeitenden aufgebürdet werden darf. Es brauchte externe Unterstützung und Zusammenarbeit mit religiösen Organisationen, um den Informationsbedarf über die beteiligten Religionen zu erfüllen.

Deutlich wurde auch: Menschen anderer Religionen müssen sich in christlichen Einrichtungen willkommen fühlen, nicht nur geduldet. Dabei war wichtig, dass hier nicht Sonderprozesse ausgegliedert wurden als Prozesse für die neuen, nichtchristlichen Mitarbeitenden, sondern ein alle Mitarbeitenden umfassender Prozess zur Bedeutung von Religion für die Arbeit der Caritas gestaltet wurde. Auch das ist ein wichtiger Hinweis im Blick auf die Gestaltung von Inkulturations- und Einarbeitungsprozessen.

Interessant ist schließlich die Erkenntnis, dass sich Handlungs- und Begründungszusammenhang diakonischer bzw. caritativer Praxis unterscheiden konnten. Auch Mitarbeitende, die die christliche Begründung diakonischen Handelns nicht teilen, konnten und wollten in der Caritas im Sinne christlicher Leitbilder handeln. Gemeinsam gestaltete Spiritualität wurde deutlich als ein zweiter, späterer Schritt auf der Basis des gemeinsamen Handelns benannt.

Die in Rottenburg-Stuttgart gesammelten Erfahrungen sind m. E. sehr ermutigend. Sie zeigen, dass es sich lohnt, in diesem Feld Erfahrungen zu sammeln und diese Prozesse gut zu begleiten und auszuwerten, um Fehlentwicklungen entgegenwirken und positive Tendenzen verstärken zu können. Deutlich wird auch, dass seine plurale Mitarbeiterschaft neue Chancen der Verortung im Sozialraum sowie neue Kooperationen und Allianzen mit sich bringt.

Durch solche Prozesse wird Diakone ein Lernraum für die Auseinandersetzung mit Grenz- und Sinnfragen des menschlichen Lebens, in dem Menschen christlichen Zugängen ganz neu begegnen können und in der diakonische Einrichtungen aufgefordert sind, die Relevanz dieser Zugänge neu sichtbar und fassbar zu machen. Damit wird Diakonie eine Sprachschule des Glaubens in einer zunehmend religiös pluralen Welt, die aber nicht unzugänglich ist für Sinnfragen. So wird Diakonie auch ein Übungsraum für das Miteinander verschiedener Religionen und Kulturen in der Mitarbeiterschaft, sozusagen exemplarisches Lernfeld für die gesamtgesellschaftliche Frage: Wie können wir gut zusammenleben und zusammenarbeiten, so, dass es unser Miteinander nicht stört, dass wir sehr verschieden sind, Verschiedenes essen, anziehen, hören, feiern, lesen, beten.

Der Balanceakt, um den es dabei geht, heißt: religiöse Vielfalt unter einem christlichen Dach gestalten und dabei mit Vielfalt so umgehen, dass sie als Kennzeichen diakonischer Identität, nicht als ihr Verlust gelebt und gestaltet wird.

Inklusion als Leitkategorie für die Personalentwicklung von Caritas und Diakonie!? Eine Anmerkung aus theologisch-ethischer Perspektive

Andreas Lob-Hüdepohl, Berlin

I.

Der *Brüsseler Kreis* – ein Zusammenschluss von großen Sozialunternehmen aus der deutschen Caritas und Diakonie – meldet sich mit seinen Thesen zum „konfessionsgebundenen Überzeugungspluralismus" in einer seit vielen Jahren während Diskussion der deutschen (verbandlichen) Caritas und Diakonie pointiert zu Wort: Wie können ihre professionellen Dienstleister in einem zunehmend umkämpften Fachkräftemarkt zukünftig Mitarbeiterinnen und Mitarbeiter gewinnen, die sowohl die ausgewiesenen fachlichen Standards als auch die spezifischen kirchlichen Profile von Caritas und Diakonie sichern helfen? Angesichts des fortschreitenden Rückgangs der formalen Mitgliedschaft in einer der beiden Kirchen erscheint dem *Brüsseler Kreis* die Sicherung konfessioneller Bindung ihrer Einrichtungen, die selbst grundsätzlich unbestritten ist, über den sogenannten „Dritten Weg" nicht mehr aussichtsreich. Zwar mag aus kirchlicher Sicht die formale Mitgliedschaft in einer Kirche zumindest der *Arbeitsgemeinschaft christlicher Kirchen*, wie sie bei den Mitarbeiterinnen und Mitarbeitern in der Regel vorliegen sollte, geboten erscheinen. „Aus unternehmerischer Sicht führt", so die *Thesen*, „aber eine solche enge Bindung diakonischer und caritativer Einrichtungen an die verfassten Kirchen, wenn sie in Unkenntnis der realen Handlungsanforderungen zu einseitig aus kirchlicher Sicht bestimmt wird, zu einer Einschränkung von Entwicklungsmöglichkeiten, die der weiteren Gestaltung der Arbeit nicht zuträglich sein wird."[138]

Stattdessen plädiert der Brüsseler Kreis für einen „konfessionsgebundenen Überzeugungspluralismus", der sich konsequent am Paradigma der *Inklusion* „als Treiber der Gesellschafts- und Unternehmensentwicklung" orientiert und die Vielfalt religiöser oder weltanschaulicher Überzeugungen

---

[138] In diesem Band S. 42.

ihrer Mitarbeiterinnen und Mitarbeiter nicht nur zulässt, sondern als Bereicherung caritativer und diakonischer Einrichtungen wertschätzt – eine Einsicht, die sich nach Auffassung des *Brüsseler Kreises* zunehmend durchsetzt: „Dem menschenrechtlichen Ansatz, dass Menschen unabhängig von ethnischer Herkunft, Alter, Geschlecht, Religion und sexueller Orientierung gleichberechtigte Träger von Grundrechten sind, entspricht spiegelbildlich, dass in sog. Profit-Unternehmen Vielfalt der Mitarbeitenden nicht mehr als homogenisierungsbedürftige Herausforderung gesehen wurde, sondern als schützenswerte Bereicherung in Organisationen wie in der Gesellschaft insgesamt."[139]

Was sich auf den ersten Blick lediglich als eine personalstrategische Entscheidung darstellt, die lediglich ihre Chancen an Mitarbeitergewinnung erhöhen oder etwa im Sinne des *managing diversity* die Vielfalt an Lebensformen ihrer Mitarbeitenden als Kreativitätspotential nutzen und in erhöhte Marktchancen ummünzen will, sehen die *Thesen* sogar *theologisch* geboten: Die umfassende Inklusion *aller* Menschen in die Gesellschaft entspricht dem *Heilsuniversalismus* des christlichen Glaubens. Und wer als Kirche bzw. als kirchlich-diakonische Einrichtung *sui generis* Motor einer umfassenden gesellschaftlichen Inklusion sein will, kann mit Blick auf die Mitarbeitendenorientierung unmöglich in sich selbst exklusiv verfasst sein. Eine von ihrem heilsuniversalistischen Selbstanspruch inklusiv wirkende caritative bzw. diakonische Einrichtung muss – wenn sie sich nicht in Selbstwidersprüche verwickeln will – auch alle Mitarbeitenden unbeschadet ihrer religiösen Überzeugungen oder sonstigen persönlichen Lebensumstände einstellen bzw. binden können – sofern jene dem christlich-kirchlichen Charakter („konfessionelle Bindung") der Einrichtungen nicht entgegenwirken.[140]

Gegen diese aufregende Schlussfolgerung ließe sich freilich zunächst einwenden, dass Inklusion weder ein genuin theologischer noch ein ausreichend sozialwissenschaftlich präzis bestimmter Begriff ist. Mehr noch: dass gerade ein menschenrechtsbasierter Begriff der Inklusion, auf den die *Thesen* offensichtlich abheben, keinesfalls zwingend zu dieser Konsequenz führt.

Ein menschenrechtsbasierter Begriff von Inklusion, wie er in jüngster Zeit prominent im Rahmen der UN-Behindertenrechtskonvention von 2006 entwickelt wurde, der sich in seinem Grundkonzept gleichwohl sehr gut auf andere Lebensbereiche übertragen lässt, fordert um der inhärenten Würde aller Menschen deren umfassende Einbeziehung in alle gesellschaftlichen Bereiche, in denen Grund- und Menschenrechte berührt werden. Im Unterschied zum bloß funktionalen Verständnis von Inklusion, wie es besonders im systemtheoretischen Denken *Niklas Luhmanns* vorherrscht, achtet es vor allem auf die menschenrechtskonforme Qualität der Einbeziehung, die Men-

---

[139] A. a. O. S. 18.
[140] Vgl. a. a. O. S. 19f.

schen in den unterschiedlichen Lebensbereichen erfahren.[141] Nicht „irgendwie dabei", sondern „mittendrin" ist das bezeichnende Motto einer menschenrechtsbasierten Inklusion für jeden Menschen, und zwar als an Rechten
wie Wertschätzung gleichberechtigtes wie gleichgeachtetes Mitglied der
Gesellschaft. Inkludiert sind Menschen immer dann, wenn ihre fundamentalen Rechte als Menschen in allen relevanten Lebensbereichen respektiert,
geschützt und gefördert werden – und zwar unabhängig davon, ob sie in ihrer
spezifischen Lebenslage gesellschaftlich funktionstüchtig sind oder aber
keinen (ökonomischen, sozialen, kulturellen usw.) Mehrwert einbringen.

Vom funktional-deskriptiven lernt das normativ-emphatische Inklusions-
verständnis die Einsicht, dass niemand in alle denkbaren Teilsysteme, die
sich in einer funktional differenzierten Gesellschaft ausbilden, einbezogen
sein kann. Er muss es auch nicht sein, um ein würdevolles Leben führen zu
können. Demjenigen, der aufgrund einer Höhenphobie jegliche Klettersteige
meiden muss, ist der Zugang zum Klub der Extrembergsportler ebenso ver-
sperrt, wie der religiös Unmusikalische sich vermutlich aus dem Kreis derer
ausschließt und damit ausgeschlossen ist, die sich allwöchentlich in die Tiefe
meditativer Gottesdienste einsenken und daraus Lebenskraft schöpfen. Die
Liste ähnlich alltäglicher Ausschlüsse ließe sich beliebig verlängern. Solche
Exklusionen verhindern aber keinesfalls automatisch ein würdevolles Leben.
Dagegen gibt es Exklusionen, die die Bedingungen der Möglichkeit würde-
voller Lebensführungen unmittelbar berühren. Solche Exklusionen betreffen
vor allem öffentliche wie private Bereiche, in denen menschenrechtliche
Ansprüche residieren. Freiheits-, Partizipations- sowie Wirtschafts-, Sozial-
und Kulturrechte formulieren gewissermaßen Bedingungen der Möglichkeit
würdevollen Lebens. Ausschlüsse in diesen Bereichen beeinträchtigen tatsächlich eine würdevolle Lebensführung. Hier fordert Inklusion reale Betei-
ligungschancen an all jenen privaten wie öffentlichen Gütern, die für ein
würdevolles Leben essentiell sind. Inklusion schützt und gestaltet solche
privaten wie öffentlichen Arrangements, in denen sich Menschen unterschiedlichster Besonderheiten in den sozialen Netzen ihrer Lebenswelten als
eigenständige Akteure ihrer Lebensführung befähigt und bewähren lernen.

Im Lichte dieses normativ-emphatischen Verständnisses von Inklusion
lässt sich aber tatsächlich bezweifeln, dass der unbeschränkte Zugang zum
kirchlich-caritativen bzw. diakonischen Dienst eine Forderung oder wenigstens eine spiegelbildliche Entsprechung menschenrechtsbasierter Inklusion
ist. Und ein wirklich unbeschränkter Zugang wäre die notwendige Konsequenz, da Menschenrechtsansprüche per definitionem nicht an bestimmte
Vorleistungen des Trägers dieser Ansprüche (Konformität mit dem Leitbild
usw.) geknüpft sind. Ein Gegner der freiheitlich-demokratischen Grundord-

---

[141] Ich habe diese wichtige Unterscheidung an anderer Stelle ausführlicher erläutert in:
A. Lob-Hüdepohl (2014).

nung verwirkt nicht seine grundrechtlich geschützten Ansprüche. Sie führen lediglich dann zur Einschränkung, wenn die Ausübung der Ansprüche die Grundrechte anderer ungebührlich verletzen. Es gibt kein Menschenrechtsanspruch auf eine Dienstnehmerschaft im kirchlich caritativen bzw. diakonischen Dienst, der durch menschenrechtsbasierte Inklusion einzufordern und zu verwirklichen wäre.

II.

Anders verhält es sich dann, wenn zum menschenrechtsbasierten Verständnis von Inklusion spezifisch theologische Komponenten hinzutreten, die eine bestimmte Form einer mitarbeiterorientierten Inklusion als theologisches Erfordernis ausweisen. Dabei kann man durchaus am menschenrechtsbasierten Verständnis von Inklusion anknüpfen. Denn Inklusion im normativ-emphatischen Sinne beschreibt ja weniger einen (soziologisch feststellbaren) Zustand, denn eine (persönliche) Haltung und einen fortwährenden (gesellschaftlichen) Prozess.

Zwar ist der Begriff der Inklusion kein genuin theologischer Begriff. Der Sache nach aber greift er zentrale Intuitionen biblischer Gottesrede und ihrer Heilsamkeitserzählungen auf.[142] Zahlreiche Traditionen aus dem Alten Testament wie aus dem Umfeld des Mannes aus Nazareth belegen, dass die Wirklichkeit, die Christen als den Gott Sarahs und Abrahams wie den Gott Jesu Christi bekennen und bezeugen, gerade in den lebensfeindlichen Erfahrungen von Armut, Ausgrenzung, Unterdrückung, kurz: in den Erfahrungen von Exklusion seine heilsame und darin befreiende Kraft (griech. *dynamis*) entfaltet und auf das verweist, was in moderner Sprache mit einem normativen Verständnis von Inklusion verbunden wird.

Besonders die vielfältigen Heilungserzählungen aus dem Umfeld Jesu, die im Kern heilsame Beziehungsgeschichten sind, illustrieren beinahe in Reinform inklusive Praxis im face-to-face-Kontakt.[143] Wie auch immer Heilungsgeschichten im Einzelnen zu beurteilen sind[144], theologisch wollen sie alle die Unüberbietbarkeit des Handelns Gottes in solchen Befreiungserfahrungen[145] manifestiert sehen, also handgreiflich erfahrbar werden lassen,

---

[142] Zum Folgenden vergleiche ausführlich die Beiträge von Ottmar Fuchs und Sabine Schäper in: J. Eurich/A. Lob-Hüdepohl (2014); sowie A. Lob-Hüdepohl (2011), S. 158–174.

[143] Ich habe dies an anderer Stelle mehrfach unternommen: A. Lob-Hüdepohl (2002); ders. (2004); ders. (2005).

[144] Vgl. G. Theißen (2008), bes. S. 51ff.

[145] Vgl. ausführlich J. Werbick (1990), S. 53–104.

die die gewohnten, gleichwohl lebensverneinenden Aussonderungen des zwischenmenschlichen Alltags heilsam überwinden. Sie stehen darin pars pro toto für die befreiende, inkludierende Praxis Jesu, die sich unter systematischer Rücksicht in vier Momenten charakterisieren lässt[146]: Indem Jesus – erstens – eindeutig Partei ergreift für die Unterdrückten und Entrechteten, für die Verachteten und Verfemten, für die Ausgestoßenen und Verlorenen, befreit er sie aus der Hoffnungslosigkeit ihrer Situation, sowie sehr konkret aus der Isolation als Ausgegrenzte: Er hält Mahlgemeinschaft mit Sündern und Zöllnern. Durch die Solidarität mit den Unterdrückten befreit er nicht nur die Unterdrückten, sondern – zweitens – ebenso die Mehrheitsgesellschaft. Denn dadurch wird – vorerst noch symbolisch, prinzipiell aber schon real – das dominant repressive Herr-Knecht-Denken in Richtung einer zwanglosen Kommunikation und Lebensgemeinschaft aller abgelöst. Das zeigt sich bereits inmitten seiner Jüngerschaft, die eine große innere Heterogenität, ja Gegensätzlichkeit vereinigt: Sowohl Zeloten wie Zöllner – eigentlich verfeindet – führt er über die einschlägigen Grenzziehungen zusammen. Diese Grenzüberschreitungen setzen sich fort: Indem Jesus – drittens – Partei ergreift für Benachteiligte *und gleichzeitig* mit den Mächtigen und seinen eigenen Widersachern Kontakt aufnimmt und Streitgespräche führt, reißt er Kommunikationsbarrieren nieder und eröffnet Auswege aus den lebensfeindlichen Lagen abgeschnittener Kommunikation. Der Respekt selbst vor den befremdlichen Anderen, ja sogar vor Zöllnern und Sündern, deren lebensfeindliches Tun der Nazarener keinesfalls leugnet, nimmt er zum Anlass, ihnen durch Versöhnung und Verzeihen Auswege aus der Isolation zu eröffnen. Damit führt Jesu Praxis – viertens – aus der Spirale von Ausgrenzung und Gegenausgrenzung, von Gewalt und Gegengewalt heraus. In dieser Praxis manifestiert sich die kommunikative Liebe von Jesu Vater: „Die alles überbietende Liebe Gottes", resümiert Walter Kasper, „wirkt sich aus in der Annahme des Menschen durch den Menschen, im Abbau von Vorurteilen und gesellschaftlichen Barrieren, in neuer, ungezwungener Kommunikation unter den Menschen, in brüderlicher Herzlichkeit, in Mitleid und Mitfreude."[147]

Damit ist angedeutet, wie unter theologisch-ethischer Rücksicht das Erlösungshandeln Gottes – in und durch seinen Sohn Jesus Christus – und menschliche Befreiungspraxis – im besten Sinne „inspiriert" durch den Heiligen Geist – zusammenwirken. Ihr Ineinandergreifen beschreibt das „theosoterische Prinzip": Erlösung ist Erlösung in und aus Gott. So wie christliche Erlösung Werkgerechtigkeit und Selbsterlösung des Menschen *kategorisch* ausschließt, so schließt sie umgekehrt die Heilsverantwortung

---

[146] Vgl. H. Kessler (1972), S. 62–73.
[147] W. Kasper (1984), S. 102.

des Menschen durch dessen „Heilsverwirklichungspraxis"[148] prinzipiell ein –
im Wissen, dass sie selbst das Heil in der Welt nicht *her*stellt, sondern lediglich dessen Wirkmacht in der Welt *dar*stellt. Die Wirklichkeit umfassender,
erlöst-befreiter Gemeinschaft (und damit *Inklusion* in einem genuin theologischen Sinne) wird Gegenwart in jenen Begegnungen und Lebensgemein-
schaften, in denen Menschen im Geist der Nachfolge anderer Menschen die
lebensbejahende Wirkmacht solidarischen Miteinanders durch innovatori-
sches, also neue Vergemeinschaftung erzeugendes und darin inkludierendes
Handeln vermitteln. Diesem Handeln geht es im Letzten um das unbedingte
Erwünscht-, Anerkannt- und Angenommensein der Anderen als Andere –
und zwar vor aller Leistung und trotz möglicher Schuld; und zwar als wirklich Andere, deren Eigentümlichkeit gerade in ihrer Fremdheit, in ihrer
vermeintlichen oder realen Gefährlichkeit für die eigene Person besteht.
Angezielt ist eine Anerkennung der Anderen, die sich nicht im Modus des
bloßen Ertragens („Toleranz") ihrer eingespielten Lebensvollzüge erschöpft
– womöglich aus der taktischen Spekulation, auch umgekehrt in der eigenen
Fremdheit ertragen zu werden. Angezielt ist vielmehr jener Modus von
Anerkennung, der die je eigenen *humanen* Entfaltungsmöglichkeiten nach-
haltig befördert. In und durch solcherart kommunikativ-inklusive Praxis wird
„Heil von Gott für Menschen", wird „Erlösung" gegenwärtig. „Daß Men-
schen sie darstellen dürfen, ohne sie erschöpfen zu müssen – das ist das
Wesen christlicher Freiheit und der Grund ihrer Hoffnung: die geschichtliche
Realität der Erlösung."[149]

III.

Ein solchermaßen theologisch akzentuiertes Verständnis von Inklusion hat
unmittelbare Auswirkungen auf das Profil jener (hauptamtlichen) Mitarbeiterinnen und Mitarbeiter, die in den Einrichtungen von Caritas und Diakonie
diese „geschichtliche Realität der Erlösung" durch eine erneut im normativ-
emphatischen Sinne inkludierende professionelle Praxis zur Darstellung
bringen. Im Mittelpunkt steht dabei aber *primär* das qualitative Profil der
Handlung („Tatprofil"), weniger und nur in einer abgeleiteten *sekundären*
Bedeutung das qualitative Profil des Handelnden („Täterprofil"). Das caritative bzw. diakonische Handeln muss im Hilfeakt die unbedingte Liebe Gottes
zu Jeder und Jedem in Gestalt humaner, lebensförderlicher Assistenz zur
Darstellung bringen – nochmals: vor aller Leistung, und trotz aller möglichen

---

[148]   M. Seckler (1982), S. 296.
[149]   T. Pröpper (1988), S. 210.

Schuld des Hilfebedürftigen. Eine formale Religions- bzw. Konfessionszugehörigkeit mag ein Indikator sein, der ein Wissen um solche Sendung anzeigt. Zuverlässig oder gar zwingend dagegen ist sie wohl kaum.

Wie wenig zwingend die formale Zugehörigkeit zur Religions- bzw. Konfessionsgemeinschaft für solcherart caritative, die Liebe Gottes darstellende Praxis ist, offenbart der Nazarener selbst prominent am Gleichnis vom Barmherzigen Samariter. Dabei ist zunächst an die ursprüngliche Aussageabsicht dieses Gleichnisses zu erinnern. Mit Blick auf seine Rahmung will es keineswegs ein Handlungsmodell sinnvoller Beseitigung von Notsituationen entfalten oder gar eine professionelle Helferrolle skizzieren. Vielmehr erläutert es an einem profanen Alltagsbeispiel die im Umfeld Jesu brisant gewordene Frage, wer denn als der Nächste eines Menschen und deshalb um der Gottesliebe willen ein bevorzugter Adressat von Nächstenliebe und Unterstützung zu gelten hat (vgl. Lk 10,25–37). Modern gewendet lautet die Frage: Mit wem habe ich caritativ solidarisch zu sein?

Nach gängiger Auffassung des antiken Judentums sind eigentlich der Priester und der Gesetzeslehrer (Levit) für den unter die Räuber gefallenen Israeliten zuständig. Sie gehören demselben Religions- und Sozialverband an. Trotzdem gehen sie achtlos am Überfallenen vorbei. Stattdessen hilft der Reisende aus Samaria dem hilflosen Israeliten, obwohl er nach den sozialen Gepflogenheiten seiner Zeit eigentlich gar nicht zuständig ist. Dass der Samaritaner als Angehöriger einer vom zeitgenössischen Judentum geächteten und marginalisierten sozialen Gruppierung den unter die Räuber gefallenen Israeliten dennoch rettet und sich ihm in dieser Weise *praktisch und leibhaftig* als Nächster erweist, unterstreicht die Kernaussage dieses Gleichnisses und mithin die Botschaft Jesu: Nicht überkommene soziale Normierungen und Rollenzuweisungen, sondern praktisches Unterstützungshandeln – sozusagen von der Unterseite der etablierten Gesellschaft – dokumentiert eine Nächstenliebe, die die vorfindlichen sozialen Grenzziehungen mit ihren üblichen Exklusionsmechanismen überschreitet. Insofern ist das Gleichnis vom Barmherzigen Samariter keinesfalls als Illustration vorbildhaft mitleidvollen Hilfehandelns zu lesen, sondern – zugespitzt formuliert – als modellhafte Praxis gewohnheitssprengender inkludierende Solidarbeziehungen, das um der unterstützungsbedürftigen Menschen willen über die prinzipiell entgrenzte, universale Zuständigkeit aller vermeintlich Unzuständigen aufklärt.

Nochmals also ein eindrucksvolles Beispiel für die Logik inkludierender Praxis – und zugleich der Beleg, wie wenig das Persönlichkeitsprofil des Täters für die beispielgebende Qualität seiner Tat eine entscheidende Rolle spielt. Mit Blick auf die Jüngerschaft Jesu ist dies nicht verwunderlich. Sie umfasste sehr heterogene, ja manches Mal sogar gegensätzliche Gruppen und „Typen" von Menschen. Diese Heterogenität mag eine wichtige Ressource für die Kreativität und letztlich auch für die Resonanz der frühchristlichen Bewegung wie übrigens auch der Kirche insgesamt sein, die man infolgedessen auch heute noch wertschätzen und fördern sollte. Wesentlicher erscheint jedoch dies: Das Markenzeichen der Jesusbewegung war nicht die *Einheitlichkeit* ihrer sozialen, kulturellen oder ethnischen Herkunft, sondern die *Eindeutigkeit* ihrer Sendung, die der „Tat"-Qualität ihr entscheidendes Profil verleiht.

Hier kommt tatsächlich auch das persönliche Profil des „Täters" ins Spiel: Seine Lebensphilosophie und Lebensführung dürfen nicht das Tatprofil in einer Weise konterkarieren, dass die in ihm ansichtig werdende „Heilsbotschaft Gottes" unglaubwürdig und damit zunichte gemacht wird. Wann dieser Fall eintritt, ist aber nur selten von vorneherein auszumachen. Am allerwenigsten wird man als Ausschlussgrund gelten lassen können, dass Mitarbeiterinnen und Mitarbeiter hinter den (mutmaßlichen oder tatsächlichen) moralischen Anforderungen zurückbleiben, die ihnen durch die Inspiration der inklusiven Praxis Jesu (s. o.) vor Augen schweben oder die sie in ihrer Lebensführung generell realisieren wollen. Entgegen einer (auch kircheninternen) weitverbreiteten Ansicht fordert der christliche Glaube keine Heldenmoral supererogatorischer Spitzenleistungen. Er enthält stattdessen als Erstes die freimachende Botschaft eines *Könnens*, das von der Last des Sich-beweisens und des Sich-rechtfertigens gerade entlastet ist und deshalb immer die Chancen eines behutsam unverkrampften (Neu-)Anfangs eröffnet. Die Art und Weise, wie Kirche selbst mit diesem bleibend Fragilen und Fragmentarischen menschlicher Lebensführung auch im Kontext caritativen bzw. diakonischen Dienstes umgeht, wird zum Lackmus-Test für ihre theologische Inklusionsfähigkeit und damit für ihre eigene Glaubwürdigkeit als Kirche Jesu Christi.

Dagegen wird ein überzeugter Atheist, der offensiv gegen die Sinnhaftigkeit religiöser oder christlicher Überzeugungen eintritt, wohl schwerlich durch seinen Dienst in Caritas oder Diakonie ein wahrhaftiges Zeugnis geben können für die inkludierende Praxis in der Nachfolge Jesu Christi. Seine offensiv praktizierte Lebensüberzeugung dementiert die Sinnhaftigkeit dieser Praxis. Eine Mitarbeiterin hingegen, deren Lebensweg sie – aus welchen Gründen auch immer – bislang nicht zu einem persönlichen Bekenntnis geführt hat, die aber die Sinnhaftigkeit eines (biblischen) Gottesglaubens keinesfalls ausschließt und sogar von der Lebensdienlichkeit christlich akzentuierter inkludierender Nächstenliebe in einer Weise inspiriert wird, dass sie diese selbst wahrhaftig praktiziert, eine solche Mitarbeiterin wird *um der Erlösungsbotschaft Gottes willen* immer einen Platz in der Dienstgemeinschaft von Caritas und Diakonie finden können müssen. Ähnlich auch jener wahrhaftig handelnde Mitarbeiter, der sich in eine andere Glaubensgemeinschaft rückgebunden weiß und dort, wie das 2. Vatikanische Konzil in seiner Erklärung *Nostra aetate* den Respekt der katholischen Kirche für die nichtchristlichen Religionen zum Ausdruck bringt, mindestens den „Strahl jener Wahrheit" erkennt, „die alle Menschen durchleuchtet" (NA 3). Aus diesem

Grund ist es auch konsequent, dass die Caritas der Kirche mit anderen wohl-
fahrtsorientierten Akteuren gewissermaßen ohne Gesichtsverlust zusam-
menwirkt und zusammenwirken kann, „damit", wie Benedikt XVI. in seiner
Enzyklika *Deus caritas est* unter Verweis auf die Enzyklika *Ut unum sint*
ausführt, „,der Achtung der Rechte und der Bedürfnisse aller, besonders der
Armen, der Gedemütigten und der Schutzlosen zum Sieg verholfen wird'."
(DCE 31)

IV.

Nachdem die *Thesen* des *Brüsseler Kreises* vor einer zu engen Bindung an
die „verfasste Kirche" warnen, überrascht, dass das systematisch entscheidende Argument für einen konfessionsgebundenen Überzeugungspluralismus
caritativer und diakonischer Einrichtungen gerade theologischer Natur ist:
nämlich jener Heilsuniversalismus, der niemanden ausschließt und sich
deshalb auch auf die innere Verfassung caritativer und diakonischer Unternehmungen; genauer: auf die grundsätzliche Zulassung aller „Überzeu-
gungsträger" erstrecken muss.
    Darin deutet sich auch in den *Thesen* an, was durch meine Skizze der
genuin theologischen Kontur inklusiver Praxis deutlich geworden sein sollte:
erst die enge Bindung an die theologische Verkündigungspraxis der Kirche
als Volk Gottes bzw. als Gemeinschaft der Glaubenden verleiht der inkludie-
renden Praxis von Caritas und Diakonie ihre spezifische Kontur. Ohnehin ist
die insinuierte (und durchaus auch gängige) Unterscheidung zwischen Cari-
tas/Diakonie und (verfasster) Kirche zumindest aus katholisch-theologischer
Sicht extrem problematisch, ja unzulässig. Caritas gehört zu den drei Grund-
funktionen von Kirche und ist insofern „kirchenstiftend": ohne Caritas keine
Kirche. Und ohne Kirche (als Gemeinschaft der Glaubenden bzw. als Volk
Gottes) keine Caritas – wenigstens dann nicht, wenn sich die Caritas und
Diakonie tatsächlich als Manifestation jenes christlichen Universalismus
begreift, der Heil von Gott für jeden Menschen in *allen* Dimensionen seiner
leiblich-seelischen Existenz zuspricht und damit nicht nur *quantitativ alle,*
sondern auch *qualitativ alles* inkludiert. Denn das heilende Handeln Gottes
umfasst das ganze Koordinatensystem, innerhalb dessen Menschen ihr
Menschsein zur Entfaltung bringen wollen und dabei prekäre Lebenssituatio-
nen auch unter professioneller Mithilfe anderer bewältigen müssen: die eigene Leiblichkeit, den *Oikos* von natürlicher Umwelt und menschlicher
Mitwelt, die auch strukturellen Verflechtungen jedes Menschen in Kultur,

Wirtschaft und Gesellschaft bis hin zur religiösen Dimension menschlicher Lebenswirklichkeit.[150]

Kirche ist kein Selbstzweck, sondern – von ihrem Selbstverständnis her – lediglich *Instrumentum* für die „Kommunikation des Evangeliums" (Ernst Lange) in diese Welt: in Gestalt der wortreichen Verkündigung der frohen Botschaft, in der liturgisch feierlich empfangenden wie lobpreisenden Gemeinschaft wie im stummen Zeugnis der caritativ helfenden Tat. Die katholische Tradition spricht deshalb von der Kirche als *Sakrament*, nämlich als „Zeichen und Werkzeug für die innigste Vereinigung mit Gott wie für die Einheit der ganzen Menschheit" (LG 1). Deshalb sind „Freude und Hoffnung, Trauer und Angst der Menschheit von heute, besonders der Armen und Bedrängten aller Art, (…) auch Freude und Hoffnung, Trauer und Angst der Jünger Christi." Auch wenn Kirche nicht den Himmel auf Erden erzeugen kann und will, so geht es ihr um das umfassende Heilwerden von Menschen als Ausdruck und um die wenigstens ansatzweise Verwirklichung des heilsamen Zuspruchs Gottes an *Alle* in *Allem*.

(Verbandliche) Einrichtungen von Caritas und Diakonie, die sich in der Tradition, also in der überlieferten Sendung dieses christlichen Heilsuniversalismus verstehen, sind folglich in erster Linie keine Wohlfahrtsunternehmen in kirchlicher Trägerschaft, sondern kirchliche Einrichtungen im Format wohlfahrtsstaatlicher Unternehmungen. Sie orientieren sich – wie Kirche insgesamt – an der Universalität dieses heilsamen Zuspruches Gottes in der ganzen „Höhe, Breite und Länge" menschlichen Heils. Dies schließt auch die religiöse Dimensionierung menschlicher Lebensführungsprobleme ein, die sie – in welchem Setting auch immer – professionell begleiten will. Wer das fachliche Selbstverständnis menschenrechtsbasierter und darin ganzheitlicher Sozialer Professionen kennt, weiß, dass sie sich damit keinesfalls außerhalb des fachlichen Diskurses stellt. Im Gegenteil: Fragen des religiösen, des spirituellen oder des wie auch immer weltanschaulich gebundenen Selbstverständnisses einer Person sind eng mit den spezifischen Herausforderungen und Problemen verbunden, die sich ihrer Lebensführung stellen – und zwar unabhängig davon, ob dies der betroffenen Person bewusst ist oder nicht. Lebensweltorientierte soziale Professionen meinen exakt auch dies: Sensibilität für die religiösen Deutungs- und Sinnpotentiale, die die Probleme der Lebensführung eines Menschen mitbestimmen – sei es als Teil der Lösung, wie es beispielweise die Bedeutung von Hoffnungspotentialen für die Überwindung von Lebenskrisen unterstreicht[151]; sei es als Teil des Problems, wie es beispielsweise religiogene oder ekklesiogene Zwangsneurosen eindrücklich vor Augen führen.[152]

---

[150] Vgl. dazu ausführlich G. Greshake (1983); E. Schillebeeckx (1977), bes. S. 712–725.
[151] Vgl. K. I. Pargament (2013).
[152] Vgl. H. Hark (1990).

V.

Um der Fachlichkeit sozialer Professionen willen ist deshalb grundsätzlich bei jedem Sozialprofessionellen eine Fähigkeit vorauszusetzen, die ich vorschlagsweise *basale religiöse Kompetenz* genannt habe. Solche basale religiöse Kompetenz ist unmittelbarer Ausdruck einer *Achtsamkeit*, die für soziale Professionen unverzichtbar ist.[153] Das mag in einer weitgehend säkularen Gesellschaft überraschen oder sogar befremden. Freilich, mit basaler religiöser Kompetenz ist nicht gemeint, dass jeder Sozialprofessionelle im klassischen Sinne religiös sein, sich also zu einer Religion bekennen muss. Basale religiöse Kompetenz meint vielmehr die Fähigkeit, in der Erfahrung eines Gegenübers radikal offen zu sein für das Unverfügbare, das sich dem Antlitz des Anderen entbirgt und sich jeder Festlegung in schematisierten Bildern, jeder Vereinnahmung für die eigenen Interessen entzieht. *Basal religiös* ist eine solche Kompetenz, da das Religiöse in seiner ursprünglichen Bedeutung für jenes intuitive Wissen eines Menschen steht, dass sich die menschliche Existenz nicht allein ihrer selbst verdankt, sondern auch auf etwas zurückgreifen muss, was *unverfügbar*, eben „nicht in unserer Hand" (Kant) ist.

Religionen bieten für diese grenzüberschreitende Frage nach dem, was nicht in unserer Hand ist, konkrete Sinndeutungen an. Gleichwohl: Die basale religiöse Kompetenz eines Sozialprofessionellen schließt solche Sinndeutungen nicht notwendigerweise ein. Was sie aber notwendigerweise einschließen muss, ist dessen grundsätzliche Offenheit, von etwas im eigenen beruflichen Tun in Anspruch genommen zu werden, das seinem eigenen intervenierenden Zugriff immer vorenthalten bleiben muss: die Authentizität und Eigenständigkeit der Lebensführung und des Lebenskonzeptes seiner Gegenübers, auch wenn dieser selbst auf noch so viel sozialprofessionellen Assistenzbedarf angewiesen ist. Diese basale religiöse Kompetenz ermöglicht zugleich eine Sensibilität und Offenheit für die ausdrücklich religiösen Deutungen, in deren Licht der Andere seinen Lebensentwurf eintauchen mag; eine Offenheit besonders dann, wenn die religiösen Deutungen des Anderen gerade nicht den eigenen entsprechen und der Andere genau darin wirklich anders, wirklich befremdlich ist und bleiben soll. Das Gebot der Achtsamkeit fordert auch von „religiös Unmusikalischen" (*Max Weber*), die religiöse Musikalität des Anderen als ernst gemeinten Baustein seines authentischen Lebensentwurfes zu respektieren und darin anzuerkennen – und umgekehrt!

Diese basale religiöse Kompetenz ist Teil dessen, was mittlerweile wieder gerne als die *Spiritualität* einer (beruflich handelnden) Person genannt

---

[153] Vgl. zu professionsmoralischen Grundhaltungen Sozialer Arbeit ausführlicher A. Lob-Hüdepohl (2007), bes. S. 138–145.

wird.[154] Unter (beruflicher) Spiritualität wäre jene (geistig-geistliche) Grundhaltung eines Menschen zu verstehen, in der die Tiefengrammatik seiner eigenen (religiösen oder weltanschaulichen) Lebensauffassung in Grundfiguren seines (beruflichen) Handelns wie seiner Lebensführung insgesamt Gestalt annehmen und gleichsam *leibhaft-authentisch* gelebt werden. Wie dem auch sei: Weil solche Spiritualität und diese basale religiöse Kompetenz eigentlich ein fachliches Erfordernis sind, sollten sie bei keinem Professionellen im Kontext personenbezogener sozialer Dienstleistungen fehlen. Bei Mitarbeiterinnen und Mitarbeiter der Caritas und Diakonie *dürfen* sie es hingegen nie. Das folgt zum einen aus deren spezifisch religiös imprägnierten Selbstverständnis, für Fragen des Religiösen grundsätzlich offen zu sein. Diese Offenheit müssen die Mitarbeiterinnen und Mitarbeiter im Vollzug ihrer Tätigkeit vermitteln. Zum anderen ist dieses Anforderungsprofil – gleichsam spiegelbildlich – der Erwartungshaltung ihrer Einrichtungsnutzerinnen und -nutzer geschuldet. Darin besteht der Sinn des sogenannten Wunsch- und Wahlrechtes, der für das Sozial- und Gesundheitswesen in Deutschland die auch weltanschaulich gebundene Vielfalt von Wohlfahrtsunternehmen sichert, fordert und fördert.

Selbstverständnis, die ihm korrespondierende Erwartungshaltung und vor allem die ihnen zugrundeliegende und beschriebene religiöse Tiefengrammatik menschlicher Lebensführungen machen freilich mitunter sogar eine explizit religiöse Sprachkompetenz erforderlich, zu der nicht nur das gesprochene Wort, sondern auch das auskunftsstarke Ritual und Symbol gehören. Bestimmte Tätigkeitskonstellationen – ich erinnere *pars pro toto* an Hospiz und Pflege oder an Erziehung und Bildung – berühren gleichsam automatisch Fragen höchst persönlicher Lebens- und damit auch Glaubensfragen. Hier muss bei den Mitarbeiterinnen und Mitarbeitern ein Grundlevel an religiöser Auskunftsfähigkeit und Auskunftswilligkeit vorhanden sein, um *fachlich* bestehen zu können. Insofern ist es keineswegs abwegig, in solchen Konstellationen in der Personalentwicklung in Caritas und Diakonie eine bestimmte Überzeugungsfähigkeit einem in dieser Hinsicht schnell beliebig wirkenden Überzeugungspluralismus vorzuziehen. (Übrigens: Der Respekt vor der religiösen Überzeugung der Einrichtungsnutzerinnen und -nutzer etwa im Bereich der Pflege kann dann sogar den Einsatz von nichtchristlichen Mitarbeiterinnen und Mitarbeiter erforderlich machen.)

Gelegentlich ist sogar eine spezifisch christliche Rede-, Reflexions- und mit ihnen eine spezifische Gestaltungskompetenz geboten: Dies betrifft vor allem Leitungsmitarbeiterinnen und -mitarbeiter, die in ihren Einrichtungen für eine reflektierte und darin redliche Kommunikationskultur über die Fragen des Religiösen besondere Verantwortung tragen. Diese Verantwortung

---

[154] Vgl. etwa die Beiträge in M. Lewkowicz/A. Lob-Hüdepohl (2003).

umfasst besonders die Gestaltung von Räumen, in denen Mitarbeiterinnen und Mitarbeiter ihre berufliche Spiritualität („Habitus") entdecken, leben und entwickeln lernen. Auch die Gestaltungskompetenz von Leitungen ist ebenso wie solche Lebens- und Entdeckungsräume persönlicher Spiritualität ein professionell-fachliches Erfordernis: Denn jedes berufliche „Tatprofil" bedarf einer spezifisch institutionalisierten „Raumkultur", innerhalb dessen es sich als beständige Grundfigur eigenen beruflichen Handelns etablieren kann. Auch solche spirituelle Gestaltungskompetenz bedarf der Einübung und Entwicklung. Eine formale Kirchenzugehörigkeit der leitenden Mitarbeiter reicht dazu zweifelsohne nicht.

Ich ziehe ein kurzes Fazit: Inklusion kann und muss tatsächlich eine Leitkategorie der Personalentwicklung von Caritas und Diakonie sein – freilich in einer spezifisch christlich bzw. theologisch geschärften Konturierung. Diese Konturierung kann durchaus an das menschenrechtlich basierte Verständnis von Inklusion anschließen, setzt aber eine qualitativ andere Priorität: Es nimmt Maß an der biblisch inspirierten inklusiven Praxis, die das *„Heil von Gott für alle in allem"* unterstützungsbedürftigen Menschen erfahrbar machen und darin in der menschlichen Lebenswelt zur Darstellung bringen will. Der Logik dieser inklusiven Praxis folgen Caritas und Diakonie und in ihnen potentiell alle, die diese Logik zur Richtschnur ihres professionellen Handelns nehmen wollen – eine Logik freilich, die sie mitunter auch mit der spezifisch religiösen Tiefengrammatik menschlicher Lebensführung konfrontiert. An der Bereitschaft wie Fähigkeit, dieser Logik grundsätzlich entsprechen zu wollen, entscheidet sich, ob Mitarbeiterinnen und Mitarbeiter in den Einrichtungen von Caritas und Diakonie tätig werden können oder nicht – und zwar unabhängig davon, ob sie formal einer Kirche angehören oder nicht. Insofern ist ein Überzeugungspluralismus auf Seiten der Mitarbeitenden weder geboten noch verboten. Ausschlaggebend ist die inklusive Qualität professionellen Handelns, die nicht konterkariert oder anders verunmöglicht werden darf. In bestimmten Tätigkeitskonstellationen kann eine bestimmte Überzeugungsbindung fachlich und damit auch personalpolitisch geboten sein, um dieses spezifisch inklusive Tatprofils in ihren Einrichtungen im besten Sinne des Wortes zu kultivieren.

Vielfalt und Einheit – Freiheit und Bindung

Interview mit Landesbischof Gerhard Ulrich[155]

Einleitung: Für das Interview wurden Bischof Ulrich die folgenden Fragen mit einer kurzen Einführung schriftlich zugesandt:

– *In der Nordkirche wächst die Diakonie aus den alten und neuen Bundesländern zusammen, mit z. T. völlig unterschiedlichen Grundvoraussetzungen in Bezug auf Religiosität, Konfessionsorientierung und Kirchenmitgliedschaft. Wie beurteilen Sie die gegenwärtige Lage und vor welchen Herausforderungen sehen Sie die diakonischen Unternehmen in Ihrer Landeskirche?*

– *In einem ersten Argumentationsstrang verweisen die Thesen des BK auf die personalstrategischen Herausforderungen. Sind die in These 1 vorgenommene Problemsicht und die daraus gezogenen Konsequenzen Ihrer Meinung nach schlüssig oder würden Sie Korrekturen anbringen?*

– *These 2 und 3 verweisen auf die Inklusion als ein theologisches Konzept, nach dem die Universalität des Heilshandelns Gottes in Spannung zu einer exklusiven Kirchenzugehörigkeit der Mitarbeitenden gesehen wird. Wie einleuchtend erscheint Ihnen der vorgetragene theologische Verortungsversuch?*

– *In These 5 wird die Konfessionsorientierung nicht als formale Eingangsvoraussetzung der Mitarbeitenden beschrieben sondern als systemische Aufgabe, bei deren Abarbeitung die Unternehmen selbst in der Pflicht stehen. Welche Chancen und Grenzen sehen Sie in dieser systemischen Verantwortungszuschreibung?*

– *Die Thesen des Brüsseler Kreises sind in eine bewegte Diskussionslage in Kirche und Diakonie hinein formuliert. Wie beurteilen Sie den Orientierungsimpuls des Brüsseler Kreise und welchen Fortgang wünschen Sie sich für den weiteren Prozess?*

Wie verabredet hat sich Bischof Ulrich die Freiheit genommen, diese Fragen in einer eigenen Reihenfolge und Schwerpunktsetzung aufzunehmen. Entsprechend ergab sich ein Dialog, in dem auch der Interviewer Positionen eingebracht hat, die an anderer Stelle dieser Veröffentlichung dargelegt worden sind. Um an dieser Stelle eindeutig den Darlegungen von Gerhard

---

[155] Geführt von Hanns-Stephan Haas am 30.04.2014.

Ulrich Raum zu geben, haben wir seine Äußerungen als Fließtext abge-
druckt, in dem wir redaktionell nur die Übergänge geglättet haben und um
der Lesbarkeit willen Überschriften eingefügt haben.

Biographische Zugänge zur Präambel

Ich möchte gerne noch weiter vorne, bei der Präambel anfangen, denn ich
finde, dass man die fünf Thesen nicht verstehen kann ohne die Präambel.
Und vor allem nicht ohne den beschreibenden und begründenden Text, den
Sie dazu verfasst haben. Genauso möchte ich meinen Eindrücken zu den
Thesen des BK eine eigene Einleitung vorausschicken, die hoffentlich ein
wenig erklären kann, warum ich gerne bereit war, hier Stellung zu beziehen.

Ich fange bei meiner Biographie an. Denn das, was Sie vor allem in den
hinteren Thesen beschreiben, ist meine eigene Geschichte: Ich bin überzeugt
worden von der Wahrheit, an die ich glaube und von der Kraft des biblischen
Zeugnisses, nicht von der Institution Kirche und auch nicht von Vertreterinnen und Vertretern derselben. Ich bin nicht überzeugt worden von hauptamtlichen Funktionären der Verkündigung. Was mich überzeugt hat, waren
Erfahrungen an einem Theater. Meine erste Begegnung mit biblischen Texten nach der Konfirmation – die mich überhaupt nicht berührt hat – war ein
Stück auf der Bühne des Ernst-Deutsch-Theaters in Hamburg. Das ist ein
Drama über eine verbotene Liebe aus dem Mittelalter gewesen, *Abaelard*
und Heloise, in dem der Abt Abaelard ein intimes Verhältnis mit der Leiterin
des Benediktinerinnen-Klosters von nebenan in Cluny eingeht und dafür
entmannt wird durch die Inquisition. Dieses Stück war inszeniert als Liturgie
und ist eine Auseinandersetzung mit der Verlogenheit und der Heuchelei von
vorreformatorischer mittelalterlicher Theologie und Kirche. Die Schauspielerin, die die Heloise spielte, hat in hoher Professionalität Bibeltexte zitiert,
die zu ihrer Rolle gehörten. Unter anderem Ausschnitte aus dem 139. Psalm,
der sich ja beschäftigt mit der Sehnsucht nach Gott und mit der Furcht vor
seiner Gegenwart gleichermaßen. Das hat sie so intensiv auf die Bühne gebracht, dass mich das gepackt hat. Und diese Frau war zu der damaligen Zeit,
Anfang der 70er Jahre, keine bekennende Christin, sondern Atheistin. Die
sogenannte „ACK-Klausel" hätte mir damals jedenfalls nicht wirklich gehol-
fen. Seitdem weiß ich, dass das Wort Gottes größer ist, allemal größer als
alle kirchliche Institution und alle diakonischen Unternehmungen zusammen.
Und dass wir nicht im Besitz desselben sind, sondern dass es uns in ganz
eigentümlicher und auch in ganz eigener Weise anvertraut scheint, damit
etwas Anständiges anzufangen und zwar in Wort und Tat. Und vielleicht ist
dieser biographische Hinweis nicht ganz unwichtig dafür, dass es sich lohnt,
den eigenen Laden aufzusperren und dass man nicht Angst haben muss, man
würde sich verlieren, sondern dass man sehr wohl auf die Selbstentfaltungs-
kraft des Wortes Gottes in Wort und Tat vertrauen darf. Es ist bei mir also

biographisch begründet, warum ich mich auch als Bischof ohne Angst vor Verlust an dieses Thema machen kann und will. Ich sage, wir brauchen neue Überlegungen, Anderes zu wagen, andere Wege zu gehen, und zwar nicht nur aus ökonomischen oder personalstrategischen Gründen, sondern aus inhaltlichen Gründen.

Grenze und Funktion der ACK-Klausel

Außerdem habe ich ja vielleicht als einer der Ersten oder einer der Wenigen selber diesen Stein ins Wasser geworfen. Wenn Sie sich erinnern, 2012 habe ich bei Ihnen in Alsterdorf einen Vortrag gehalten. Darin habe ich ausgeführt, dass die ACK-Klausel als formales Mitgliedschaftskriterium nicht ausreicht und in keiner Weise geeignet ist, die derzeitige Situation sowohl in den Kirchen als auch in den Diakonischen Unternehmen hinreichend zu beschreiben oder auch nur hinreichend auf diese Situation zu reagieren.[156] Wir brauchen die ACK-Klausel als ein flexibles Instrument, als ein Bildungs-Instrument. Und ich habe damals schon gesagt, dass ich mir wünsche, dass nicht die Mitglieder die Konfessionalität als Erste herzeigen müssen, sondern dass die Institution selbst dies tun muss. Und dass sich damit ein Bildungsauftrag verbindet innerhalb des Unternehmens und auch innerhalb von Kirche, denn mein Eindruck ist, dass wir es mit dieser ACK-Klausel, je formaler sie angewendet wird, desto stärker zu tun haben mit einem Zeichen der Schwäche und nicht mit einem – was wir dringend brauchten – Zeichen des Selbstbewusstseins. Und je geringer das Selbstbewusstsein oder die Selbstsicherheit einer Institution innerhalb der Gesellschaft ist, desto stärker ist ihr Bemühen, sich abzugrenzen. Das haben wir im Moment. Wir haben nicht nur eine Säkularisierung der Gesellschaft und einen Verlust der Bindekraft der Institution, sondern wir haben vor allem eine Verunsicherung innerhalb der Institution selbst, die nicht dazu führt, dass man sich mit ihren Inhalten auseinandersetzt, sondern dass man die Inhalte behauptet und damit eine Selbstabschließung verursacht, die keineswegs in die Gesellschaft hinein öffnet, sondern auf Dauer allen Menschen unverständlich macht, warum es sie gibt.

Die Thesen des Brüsseler Kreises.
Eine richtige Spur und eine herausfordernde Reihenfolge

Aber nun zu Ihren Thesen und meiner Rezeption derselben. Zunächst finde ich es ganz allgemein hoch beachtlich, dass Sie das Thema bearbeiten und eine inhaltliche Auseinandersetzung mit der Konfessionsbindung so auf den

---

[156] Titel des Vortrags: Alsterdorf – Evangelische Stiftung in einer multireligiösen Metropole. Impulsvortrag vor dem Kreis der Freunde und Förderer der Evangelischen Stiftung Alsterdorf am 02.02.2012.

Weg bringen, ich finde das gut und kann nur sagen: Das ist die richtige Spur. Und ich finde vieles beinahe selbstverständlich.

Beim Lesen der Thesen des BK und Ihrer einleitenden und erklärenden Texte habe ich aber auch eine Entwicklung gemacht. Vom leisen Zweifel am Anfang hin zu großer Zustimmung. Beim Lesen der ersten Thesen und Ihrer Ausführungen dazu dachte ich sofort: wer „Vielfalt" sagt, muss sich auch mit „Einheit" auseinander setzen; und wer von Kirche redet, muss doch auch deutlich beschreiben, was er denn damit meint. Da reicht mir der Verweis auf die „Gründerzeit-Mythen", wie er in der Präambel vorkommt, nicht aus. Aber darauf komme ich gleich noch einmal. Je weiter ich aber eingestiegen bin in die Thesen, desto einleuchtender wurden sie mir und ich habe fast den Eindruck, die Thesen werden immer „konfessioneller", sie spitzen sich immer mehr zu. Vielleicht hätte ich persönlich schon vorher ein Stopp-Zeichen gesetzt.

Folgenden Hinweis möchte ich zudem geben, der auch ein Fazit sein könnte, für mich aber im Umgang mit Ihren Thesen stets ein persönlicher Lesebegleiter war und der anzeigt, mit welcher Grundeinstellung ich der Thematik begegne: Ich finde, wir brauchen nicht nur die Entwicklung eines neuen Arbeitsrechts für die diakonischen Unternehmungen. Wenn die Diakonischen Unternehmen sagen, wir sind ein „gutes Stück Kirche", und sie betonen das ja auch immer wieder, dann müssen wir *gemeinsame* arbeitsrechtliche Bedingungen diskutieren, die sowohl für die verfasste Kirche als auch für diakonische Unternehmungen gelten. Ich glaube z. B., dass die ACK-Klausel in der Form, wie wir sie anwenden, auch für die verfasste Kirche inzwischen untauglich ist. Und wenn wir an der Stelle weiterhin trennen – nicht nur unterscheiden, sondern sogar trennen –, dann glaube ich, werden wir nicht viel weiter kommen, als wir derzeit sind. Dann werden die Unternehmungen irgendwann dazu übergehen müssen, personalstrategisch zu handeln, weil es irgendwie weitergehen muss. Oder aber es wird die Argumentation mit der Ausnahme personaltaktisch zur Regel, wie es teilweise schon jetzt zu beobachten ist. Eine so ausgehöhlte ACK-Klausel, die ein rein formales Kriterium bildet, schadet der diakonischen Identität doch auch viel mehr, als wir das zulassen können. Ich habe nichts dagegen, die ACK-Klausel zu erhalten und sie so zu definieren, dass sie im Sinne des Inklusionsgedankens die Sache weitet. Nur müssen wir noch sehr große Anstrengungen machen, uns ekklesiologisch zu vergewissern, wer wir denn eigentlich sind und was wir denn eigentlich meinen, wenn wir sagen „Konfession" oder „Kirche". Da, finde ich, ist Nachholbedarf.

Konfessionsbindung als Identitätsmerkmal. Einheit und Vielfalt

Wie gesagt, die Präambel ist essentiell für das Verständnis der Thesen und deshalb möchte ich gerne auch dort ansetzen: Sie sagen, die Spitze der Präambel liegt in der Behauptung der Konfessionsbindung als Identitätsmerkmal. Dann schreiben Sie über Identität und was das ist.

Ich meine, Identität ist nicht nur *zugesprochene* Identität. Sie haben recht: Sie entsteht immer im Du. Und sie ist, theologisch gesprochen, ein Geschenk. Aber dieses Geschenk muss angenommen, ausgepackt, angeeignet werden. Also bleibt die Identität kein *extra nos*. Sie bleibt nicht extern, sondern sie wird internalisiert. Wie wir diese Bewegung nachzeichnen, bleibt mir zu offen. Denn Identität entsteht ja auch in der Vergewisserung, woher wir kommen. Und ich finde, da kann man das belastete Wort der *Dienstgemeinschaft* nicht außen vor lassen. Wir kommen ja aus dieser Gemeinschaft, in der der Dienst an den Schwachen „aus der Taufe gekrochen" ist, während wir heute sehen, dass die Taufe für viele umgekehrt auch dazu dient, wenigstens eine Festanstellung zu kriegen.

Ich möchte mich gerne theologisch mit der Identität stiftenden *Imitatio Dei* auseinandersetzen, die ja immer auch ein Sinn des Dienstes war. Dienst war und ist immer auch Zeugnis: Fassbarwerden des Glaubens in der Tat, Verkündigung des Wortes und Bekenntnis in der Tat. Warum das leugnen, warum das zum Mythos erklären, wie die Thesen es an einer Stelle tun? Warum das nicht weiter behaupten in der Welt, in der Liebe und die Tat der Liebe weitgehend ökonomisiert sind? Sie sagen ganz richtig, keine Hierarchien in den Unternehmen zu wollen zwischen denen, die identifiziert sind und denen, die es eben nicht sind. Ich habe vor allem in meiner Zeit als Vorsitzender des Aufsichtsrates der Ev. Diakonissenanstalt zu Flensburg (DIAKO) die Bewegung der Diakonissen bzw. der diakonischen Geschwisterschaften neu schätzen gelernt. Und ich kann mir vorstellen, dass wir in den Unternehmen gerade so etwas brauchen wie eine *praxis pietatis*, die auch sichtbar und greifbar wird und die nicht nur als „Mythos aus der Gründerzeit" in Kapellen und Hinweisen auf verehrte Heilige aus dem Unternehmen oder aus der Gründerzeit behauptet werden. Das wäre mir zu wenig. Ich weiß, dass ich da überziehe, aber ich möchte das mal unterstreichen: Man kann die Vielfalt auch in Unternehmen vertreten, aber in der Bibel ist von *Vielfalt* ja nie ohne den Blick auf die *Einheit* die Rede. Z. B. in Joh 17 im hohepriesterlichen Gebet Jesu oder wenn Paulus vom Leib Christi redet oder in 1Kor 3,11: „Einen anderen Grund kann niemand legen als den, der gelegt ist, welcher ist Jesus Christus." Daran können wir nicht vorbei.

Wenn zur Identität oder Identifizierung der Diakonie die Mythen der Gründerzeit herangezogen werden, dann wird es womöglich gefährlich: Zum Einen erklärt man den Glaubensgrund zum Mythos. Das Evangelium beansprucht aber, mehr zu sein als eine Erzählung, die die Kultur und das Selbstverständnis trägt. Es ist dieser Grund, den niemand legen kann außer dem, der gelegt ist: Christus.

Zum Anderen aber schiebt man den Grund der Identität in die Vergangenheit. Dann wird die Institution zu einem Erinnerungsmal, erkennbar an

Denkmalen wie die Kapellen usw. Das reicht mir eindeutig nicht. Was sich da versammelt, ist die Gemeinschaft der Zeuginnen und Zeugen, die gegenwärtig den Grund kräftig sein lässt. Identität ist nicht nur extern zugesprochen, sondern wird Identität, indem sie internalisiert, angenommen wird. Meine Sorge betrifft eine Tendenz der Selbstsäkularisierung von Kirche und Diakonie, und zwar in diesem Fall ohne Not. Diese Gesellschaft braucht die von einem ganz fremden Geist getragenen Institutionen, damit Hoffnung über diese Welt hinaus überhaupt möglich ist, für die Schwachen und Elenden zuerst. Lasst uns doch selbstbewusst Kirche sein als Diakonie und Unternehmen und nicht nur, indem wir unsere Kapellen pflegen und die Mythen aus Gründerzeiten. Dies ist mein Appell. Und dies sage ich auch, weil ich ja einverstanden bin mit Ihnen, mit dem Modell der Inklusion besonders. Aber gerade deshalb können wir uns dem nicht entziehen, zu fragen: Wie viel Einheit verträgt Vielfalt und wie viel Vielfalt braucht die Einheit? Was ich letztlich damit sagen will ist, dass ich die Frage von Vielfalt und Einheit stärker diskutieren möchte. Weil ich Vielfalt, genau wie es die Thesen sagen, für eine Stärke halte und nicht für eine Schwäche, die man überwinden muss. Im Moment sehe ich sehr viele Beharrungskräfte, die die Vielfalt überwinden wollen. Weil sie sagen, in einer medialen und einer pluralen Gesellschaft müssen wir doch mit einer Stimme reden und erkennbar sein. Und das halte ich für den falschen Weg.

Identität als systemische Gestaltungsaufgabe

Ich weiß wohl, dass Sie Identität auch als Gestaltungsaufgabe im Hier und Jetzt verstehen. Das schreiben Sie ja in den Thesen, vor allem in der fünften, aber genau deshalb habe ich diese Entwicklung durchgemacht vom Widerstand zum Einverständnis. Unsere Sprache verrät uns und da reicht es mir eben nicht mehr aus, statt der ACK-Klausel eine Vereinbarung zu machen, wie: „Du musst unsere Ziele gut finden." – „Jaja, mach ich ..." – Da muss noch mehr geschehen, finde ich.

Sie sagten in unserem Vorgespräch, wir müssen material beschreiben, was uns in der Arbeit und in den Prozessen zur Diakonie macht. Das trifft es genau. Und ich finde, wir müssen nicht Angst haben davor, auch stellvertretend konfessionelle Gemeinschaft zu leben in den Unternehmen. Und deswegen finde ich, dass eben doch viel auf diejenigen ankommt, die das Unternehmen leiten, oder wie bereits gesagt auf Gruppen in den Unternehmen. Ich habe dafür ganz viel übrig. Die DIAKO hat die Diakoniegemeinschaft inzwischen auch für Männer geöffnet. Diese Gemeinschaft lebt ganz bewusst spirituell, aber ohne Anspruch darauf, dass alle das gut finden müssen. Diese Gemeinschaft wirkt so in das Unternehmen hinein, dass sie sichtbar und spürbar ist. Auch unsere Diakonie ist ein wunderbarer spiritueller Raum. Das muss sie nicht erst werden, aber das muss sie leben.

Und deshalb finde ich, die ACK-Klausel muss sich auf die Unternehmen richten und nicht auf die Mitarbeitenden. Also: Ist das Unternehmen konfessionell erkennbar? Und ist das Unternehmen erkennbar als eines, das den Auftrag, den Elenden und Schwachen zu dienen, anders erfüllt, als andere das tun? Und hat das Unternehmen die Kraft, auch möglicherweise angesichts ökonomischer Verlockungen zu sagen: Nein, das machen wir jetzt als Unternehmen nicht, weil das dem Geist widerspricht, dem wir uns verpflichtet fühlen? Da gibt es viele Einrichtungen, die sich fragen, ob sie die wachsende Ökonomisierung noch mitmachen wollen. Da gab es immer wieder die Diskussionen, die ich selber als Propst mit geführt habe, ob es überhaupt noch zu verantworten ist, die Hilfe unter diesen Bedingungen anzubieten. Und: wie führen wir diese Diskussion, in welchem Licht führen wir diese Diskussion, für welches Menschenbild stehen wir?

An einigen Stellen verweisen Sie auf das Gleichnis vom barmherzigen Samariter. Er ist immer wieder heranzuziehen als Zeuge dafür, dass nicht nur konfessionell Gebundene den Willen Gottes tun können. Auch meine Biographie zeigt, dass Gott sich Menschen sucht für den Dienst der Verkündigung, mit denen wir überhaupt nicht rechnen. Und wenn man der Schauspielerin damals verboten hätte, diese Rolle zu spielen, weil sie nicht Kirchenmitglied war, dann wäre ich jetzt nicht an dieser Stelle, da bin ich mir sicher. Aber auch am Ende dieser Geschichte vom barmherzigen Samariter ermahnt Jesus zum *Doppel*-Gebot der Liebe! Wir kommen nicht aus ohne ein Bekenntnis, warum wir tun, was wir tun! Ich glaube, wir werden wieder dazu kommen müssen, zu sagen, dass hier in und an der Diakonie und ihren Unternehmen Kirche sichtbar und erfahrbar wird. Dafür stehen auch diejenigen, die leiten und führen. Sie leben, so ist jedenfalls mein Bild, in der Diakonie als spirituellem Raum in der Welt – fremd und widerständig. Ich möchte diese Einheit von Dienst und Zeugnis ungern aufgeben. Ich will nicht allen Menschen aufzwingen, dass sie das auch so empfinden müssen. Aber dass das ein *movens agens* der Diakonie ist und dass das etwas ist, das sie unterscheidet von der Welt und von anderen Unternehmen, das möchte ich nicht hergeben. Wollen Sie ja auch gar nicht. Wir können auf die Gruppen von sogenannten „Hochidentifizierten" nochmal gucken, aber ich erlebe z. B. die Diakonissen oder andere Gruppen, die ich kenne, als eine Art Sauerteig innerhalb des Unternehmens und auch innerhalb der Kundschaft. Einen Sauerteig, der das Ganze verändert. Der nicht nur sich selbst den Einflüssen aussetzt, sondern der auch selbst Einfluss nimmt. Und ich finde, diese Gruppen zu stärken, kann auch heißen, die Identität der Unternehmen zu stärken. Wir brauchen Formen der Selbstvergewisserung und wir brauchen Formen der Teilhabe an dem Leib – sozusagen Hilfsglieder, die der Leib sich zu Nutze macht. Auch sie sollten Teil des notwendigen Bildungsprogramms sein, da bin ich vollkommen einig mit Ihnen. Es ist nur wichtig, dass wir uns auch praktisch daran machen, herauszuarbeiten, was Bildung, theologische, geistliche Bildung in einem Unternehmen der Diakonie heißt, was aber auch theologische Bildung, geistliche Bildung in der Kirche heißt. Gibt es Schnittmengen? Wo können wir uns gemeinsam auf den Weg machen? Die Diakonie hat auch Raum für viele, die dasselbe tun aus ganz anderen Motiven heraus, die akzeptieren und imitieren. Imitatio Dei ist nicht nur abhängig vom Bekenntnis.

Situative Kontextbedingungen der Diakonie

Zu Ihrer Situationsbeschreibung in der ersten These: Sie ist richtig. Für mich ist das Grundproblem die Verunsicherung der Unternehmen, die sich fragen, wie gebunden sie eigentlich sein dürfen angesichts der von Ihnen richtig beschriebenen Realität. Nach meiner Wahrnehmung haben sich die Veränderungen in dem Moment eingestellt, als die Diakonie, sich selbst professionalisierend, sozusagen aus den Gemeinden auswanderte. Als ich Anfang der 80er Jahre Pastor in Hamburg war, hatte unsere Gemeinde noch Gemeindeschwestern, die jeden Tag in die Häuser gingen. Wenn sie zurückkamen, erzählten sie mir von den Menschen, die zu Hause lagen, und dann wurden Karteikarten handschriftlich vervollständigt und Besuche gemacht. Dann beschloss der Hamburger Senat, ein flächendeckendes Netz von Sozialstationen einzurichten. D. h. die Diakonie wanderte aus der Gemeinde aus und die Gemeindeschwestern gingen auf in Sozialstationen. Übrig blieb so etwas wie eine Trägerschaft. Also: Die Diakonie wird sichtbar in Unternehmen, die nach meinen Erfahrungen nur darin eine Zukunft sahen, dem Markt gleich zu werden. Das ist die Herausforderung: Wollen wir das oder wollen wir das nicht? Oder wie weit wollen wir das? Und können wir uns neutestamentlich als Kirche und als Diakonie bewusst gestalten als das Fremde in der Gesellschaft? Das wäre ja auch eine Haltung, urchristlich zu sagen: Wir sind das Fremde, das *totaliter aliter*. Oder sagen wir, um der Menschen willen machen wir mit und spielen das Spiel mit, dann aber bitte auch unter allen Bedingungen und ohne falschen theologischen Überbau. Dann sind wir zwar der Kirche entsprungen, entfalten aber „draußen" eine Kraft wie andere auch. Und dann ist sozusagen die Spiritualisierung nicht Angelegenheit der Mitarbeitenden, sondern der tragenden Organisation. Des Leibes Christi nämlich. Und damit sind wir wieder bei dem Begriff der Vielfalt, wie ich ihn oben entfaltet habe.

An einer Stelle weisen Sie darauf hin, dass viele Menschen in der heutigen Gesellschaft Kirche nur noch über die Diakonie identifizieren. Aber selbst das ist uns teilweise verloren gegangen, wie uns die Kirchenmitgliedschafts-Untersuchung (KMU) V sagt.[157] Die Ergebnisse sagen, dass es für viele überraschend ist, wenn sie gefragt werden, ob sie wissen, dass Diakonie etwas mit Kirche zu tun hat. Selbst dieses, also der Dienst der Diakonie an

---

[157]   Vgl. EKD (2014), S. 93ff.

der verfassten Kirche, dass der nämlich identifizierend wirkt oder rück-iden-
tifizierend wirkt, ist nicht mehr fraglos in der Gesellschaft. Das ist für mich
eines der erschreckendsten Ergebnisse von KMU V. Dies könnte ein Indiz
dafür sein, dass Kirche sich ihrerseits stärker auf den Weg begeben muss hin
zur Diakonie. Die Diakonie scheint der „bessere" Teil der Konfession zu sein
in der modernen Gesellschaft. Das ist eine völlig neue Herausforderung. Und
deshalb sage ich, ihr seid als Diakonie nicht die Einzigen, die an ihrem
Arbeitsrecht arbeiten müssen. Die verfasste Kirche muss das auch tun.

Aber es greift meiner Meinung nach zu kurz, die geänderten Rahmenbedingungen nur im Hinblick auf die moderne Gesellschaft zu beschreiben.
Ich denke, dass Identitätsdiffusion und eine Art Säkularisierung schon ihren
Anfang genommen hat, als die Naherwartung unerfüllt blieb, also spätestens
bei der zweiten Generation der Christen, als die Dienstgemeinschaft, die ja
am Anfang eine alimentierte Gemeinschaft war, der Welt ausgesetzt war. Ich
glaube, dass mit Einführung der Ämterstruktur in die frühe Gemeinde genau
dieser Prozess begonnen hat. An einigen Stellen machen Sie sich meiner
Meinung nach viel zu viele Gedanken, wenn ich das mal so sagen darf, denn
es ist doch klar: Die Universalität des Glaubens hängt damit zusammen, dass
Jesus selbst und seine Jünger alles andere im Kopf hatten als die Gründung
einer Religion. Sie waren Juden. Und sie gingen davon aus, dass das Reich
Gottes jetzt bald kommt und sie das noch erleben werden. Das ist für mich
der stärkste Grund für den nötigen Paradigmenwechsel in unserem Arbeitsrecht. Diese Diffusionsentwicklung ist schon bald nach der neutestamentlichen Zeit geschehen. Als die Dienstgemeinschaft eben nicht mehr davon
getragen war, dass der Herr bald wieder kommt und alle ein Herz und eine
Seele waren (Apg 5) und miteinander teilten, was sie zum Leben so hatten
als eine alimentierte Gemeinschaft von Dienerinnen und Diener. Da ging das
schon los. Und da müssen m. E. auch alle Gedanken von Inklusion und Vielfalt ansetzen. Ich verstehe den Reiz, bei der Universalität des Christusge-
schehens anzusetzen und die beabsichtigte Öffnung aus dem Kernbestand der
Rechtfertigungslehre heraus zu begründen, zumal Sie da mit Röm 11 u. a.
gute Belegstellen anführen können.

Wir können zwar leicht sagen, die Universalität des Christuszeugnisses
ist eindeutig und hat klare biblische Bezüge. Aber es gibt auch Hinweise auf
die Institutionalisierung. Es gibt den dritten Artikel des Glaubensbekenntnisses: „Ich glaube an die heilige christliche Kirche, die Gemeinschaft der
Heiligen". Wie gehen wir damit um, dass der Glaube nicht nur für sich
bleibt? Dieser Gedanke hat mich als Gemeindepastor beschäftigt, wenn Menschen aus der Kirche ausgetreten waren und trotzdem meine Dienste bean-
spruchten, und meinten, sich entschuldigen zu müssen: „Also meinen Gott
habe ich ja und meinen Glauben habe ich ja und den kann mir niemand
nehmen, aber dafür brauche ich Euch nicht." Dagegen denke ich an den dritten Artikel des Glaubensbekenntnisses. Glauben drängt in die Gemeinschaft

und sucht die Gemeinschaft und das gemeinsame Zeugnis. Ich möchte es den Menschen nicht so einfach machen – und mir selbst auch nicht. Ich will mit dem Verweis auf das Glaubensbekenntnis nicht exkludieren, sondern feststellen: Wir haben uns dieser Tatsache zu stellen, dass das ein „Essential" unseres Glaubens ist. Und den möchte ich leben.

Die Situation der Diakonie in den neuen Bundesländern

Sie erwähnen in Ihrem Einleitungstext die besondere Situation in den neuen Bundesländern und zitieren einen Kollegen aus Greifswald mit seiner Feststellung, er habe bereits genug Schwierigkeiten, keine Rechtsradikalen einzustellen, da könne er auf die Kirchenzugehörigkeit gar nicht mehr achten. Und leider hat er recht mit dem, was er sagt, und ich sehe das ja auch selbst. Ich sehe aber auch Anderes: Gerade in meinen ersten Monaten als Landesbischof habe ich mit Leuten gesprochen, wie z. B. mit einem Landrat, der das Gespräch so begann: „Herr Bischof, ich bin Atheist und mich hat noch nie jemand zum Glauben gebracht." Die eine Botschaft heißt doch: „Versuch bloß nicht, mich hier umzudrehen, das wirst Du nicht schaffen!" Die zweite Botschaft heißt aber: „Ich bin so neugierig auf das, was Euch trägt, erzähl mir vom Glauben." Nach solchen Eröffnungen habe ich Gespräche geführt, die so tief persönlich und emotional und zugleich sachlich waren, wie ich sie als Pastor in Hamburg und als Propst in Schleswig-Holstein selten erlebt habe. Es gibt die Herausforderung derer, die nicht zu uns gehören und die gar nichts von uns wissen: Seid doch bitte authentisch und lebt doch bitte stellvertretend, was ihr glaubt.

Als es um die Trägerschaft eines diakonischen Kindergartens ging, den die Kommune wegnehmen wollte, hat mir eine Mutter gesagt: „Ich bin Atheistin und ich bin nicht getauft und werde mich auch nicht taufen lassen. Ich bin in der DDR groß geworden. Immer, wenn ich meine Tochter aus dem Kindergarten abhole, singt sie auf dem Heimweg Lieder, von denen ich noch nie in meinem Leben gehört habe. Und ich möchte nicht, dass es wieder passiert, dass solche Lieder nicht gesungen werden dürfen." Das ist für sie ein Argument gewesen, ihre Tochter in diesen Evangelischen Kindergarten zu bringen und nirgends anderswo hin. Dies meine ich, wenn ich sage, wir dürfen das nicht aufgeben, ich möchte dies nicht hergeben. Ich weiß, dass Sie das auch nicht wollen, darum bemühen Sie sich ja auch mit diesen Thesen um einen Weg, der die Wesenheit und die Besonderheit diakonischer Einrichtungen trotz oder innerhalb der sich ändernden Rahmenbedingungen erhält. Ich sehe es wie Sie: Es geht darum, die Sprachfähigkeit des Glaubens auf den unterschiedlichen Ebenen eines Unternehmens zu stärken, und das bedeutet, dass wir Leute im Unternehmen brauchen, die selbst sprachfähig sind und den Glauben sprachfähig machen können. Ich stimme Ihnen vollkommen zu, dass christliche Unternehmen natürlich Erzählgemeinschaften sind. Kirche ist nichts anderes als das. Fulbert Steffensky hat einmal gesagt, die Kirche sei das Haus, das die Träume bewahrt. Und ich finde, das muss man uns bei spüren und uns ablesen können. Ich habe meine Aufmerksamkeit verändert, seitdem ich in Mecklenburg-Vorpommern unterwegs bin. Am Ende des erwähnten Gesprächs sagte der Mann: „Herr Bischof, Sie können sicher sein, ich weiß sehr genau, was Kirche und Diakonie für unsere Gesellschaft tun, und ich werde bei meinen politischen Freunden (Die Linke) immer dafür eintreten, dass sie den Raum behalten, den sie haben." Und ein Gewerkschaftssekretär, der mich zum Essen eingeladen hat, fängt das Gespräch an, indem er sagt: „Herr Bischof, ich finde es total verrückt, dass Sie an einen Gott glauben, den Sie mir nicht erklären können." Das hätte ich in Westdeutschland vielleicht nach drei Bier zu hören bekommen, wenn man mich identifiziert hatte als den „Herrn Bischof". Und dann sagte man das mit größter Vorsicht. Oder eben mit Gemeinheit. Aber nicht in dieser Deutlichkeit, dieser herausfordernden Deutlichkeit, die zur Stellungnahme, ja, zum Bekenntnis nötigt. Ich finde, diese andere Seite dürfen wir nicht verschweigen, die es in unserer Gesellschaft gibt. Ich rede nicht von der *Sehnsucht nach der Religion*. Die kann ich nicht beweisen. Aber es gibt diese Neugier nach diesen ganz anderen Denk- und Emotionsmustern, für die wir stehen. Es gibt die Neugier auf die Geschichten, die uns tragen. Und Sie sprechen ja davon, es gibt die identitätsstiftenden Mythen aus der Gründerzeit. Wenn man dies aber nur auf die Gründerzeit bezieht, dann schieben wir unsere Identifizierung und Identität in die Vergangenheit. Und das will ich nicht.

Ich will damit auch gar nicht die Kraft und Wichtigkeit der Mythen und Rituale aus der Gründerzeit bestreiten. Rituale sind nicht nur ein irdenes Gefäß, das wir staunend anschauen können, sondern sie wollen gelebt werden. Denn in Ritualen geschieht ja genau, was wir sonst in dieser Welt nicht haben, dass nämlich die Ambivalenz unseres Lebens, die Spannung zwischen Leben und Tod, von Anfang und Ende, von Ja und Nein gelebt werden kann. Rituale sind Lebensräume. Und das möchte ich gerne, dass unsere Unternehmen zu Lebensräumen dieser Ambivalenzen werden, die gerade bei den Kundinnen und Kunden unserer Unternehmen zutage treten. Und deswegen ist für mich gerade dieser Verweis auf die Rituale auf der einen Seite vollkommen richtig, auf der anderen Seite sind sie aber auch eine Quelle von Bildung nach innen und außen.

Unternehmerische Freiheit und konfessionelle Bindung

Noch ein Letztes zur ersten These: Es klingt ein wenig, als würde die Kirche die unternehmerische Selbstbestimmung beschränken. Aber ist nicht schon die Entscheidung der diakonischen Unternehmen, Diakonie zu sein, eine freiwillige Selbsteinschränkung? Und die bejahe ich auch. Wir müssen definieren, was unternehmerische Freiheit unter den Bedingungen konfessioneller Bindung des Unternehmens bedeutet. Und ich möchte das nicht nur für die diakonischen Unternehmen definieren, sondern ich möchte das auch für Kirche definieren. Was ist denn eigentlich die Freiheit von Kirche in der Gesellschaft? Und was ist die Selbsteinschränkung, die aus dem Glauben wächst? Die mit Jesus sagt: „Eure Rede aber sei: Ja, ja; nein, nein" (Mt 5,37). Was ist das? Wie beschreiben wir Freiheit und wie beschreiben wir die Tatsache, dass die Freiheit immer nur Freiheit sein kann, wenn sie sich bindet? Das finden wir bei Martin Luther, wie er diese Dinge aufeinander bezieht, Freiheit und Bindung. Freiheit, die sich nicht bindet, die sich nicht in die Verantwortung des Liebesdienstes nehmen lässt, die verkehrt sich in ihr Gegenteil. Das haben wir in der Geschichte erlebt. Und das lohnt sich, in Hinblick gerade auf die erste These des BK, im Blick auf die Ausgangslage noch einmal zu entfalten. Verkündigung und Zeugnis sind unteilbar, zwischen Kirche und Diakonie darf kein Blatt passen. Und wenn das stimmt und Diakonie/Caritas und Kirche Teil der Erzählgemeinschaft mit dem Zentrum Heilige Schrift sind, weil sie sagen: das ist unser Zentrum, dann kann man m. E. die Rechte und Pflichten der Mitarbeitenden auch nur gemeinsam definieren. Also: Wenn Diakonie sich selbst als Kirche versteht, dann ist das eine gewollte Einschränkung unternehmerischer Gestaltungsfähigkeit. Ansonsten müssten wir eine eigene diakonische Hermeneutik der Heiligen Schrift entwickeln. Das dürfte uns schwer fallen. Und Inklusion gilt eben nicht nur in der Diakonie, sondern auch in der verfassten Kirche.

Also ich stimme Ihrer Bestandsaufnahme zu: Die Analyse ist völlig richtig und als rein formales Kriterium ist die ACK-Klausel längst überholt. Aber das gilt eben nicht nur für die Unternehmen, sondern das gilt auch für die Kirche.

Wenn wir die ACK-Klausel ausformulieren wollen, dann als Bindungskriterium, dass das Unternehmen zuerst selbst betrifft. Da müssen wir uns noch etwas anderes ausdenken. Ich bin noch nicht zufrieden mit den Loyalitäts-Gedanken, ich weiß nicht, ob das schon ausreicht. Und ich finde, dass Sie in Ihren Thesen in dieser Richtung auch noch keine überzeugenden praktischen Ansätze anbieten.

Mission und Inklusion

Dennoch finde ich vollkommen richtig, was Sie in der fünften These formulieren, die ich insgesamt nur unterstützen kann. Ich finde – und da ist tatsächlich das Unternehmen in der Bringschuld gegenüber den Mitarbeitenden –, sie haben zu formulieren, woraus *sie* leben. Die Mitarbeitenden haben ein Recht darauf, dass ihnen mitgeteilt wird, in was für einem Teil der Welt sie sich wiederfinden. Aber umso wichtiger ist, dass das Unternehmen als Teil von Kirche sich selbst lebt und sich selbst bewegt. Also es ist nicht nur eine Bildungsaufgabe nach außen – außen meine ich jetzt im Blick auf die

Mitarbeitenden, die leider so wenig von uns wissen –, sondern ich glaube, wir brauchen zunächst eine Mission *hinter* der Haustür. Wir sind so schnell *vor* der Haustür. Das ist einfacher, zu behaupten, da draußen sitzen die, die erklärt bekommen müssen, wie das Leben so tickt. Aber das sind auch wir selbst. Also z. B. der Einsatz von Spiritualen oder andere Formen der Unterstützung der Erzählgemeinschaften bei uns hinter der Tür, die, finde ich, sind zu stärken. Oder wie das bei Ihnen in der Evangelischen Stiftung Alsterdorf auch zu beobachten ist: Die Schulen in kirchlicher Trägerschaft sind für mich ein ganz wesentliches Element. Ich wünschte mir jedenfalls die Diakonie viel stärker engagiert in der Trägerschaft von Bildungseinrichtungen, als ich das bisher sehe. In Mecklenburg-Vorpommern hat sich das nach der Wende so entwickelt. Da ist der diakonische Landesverband Mecklenburg-Vorpommern Träger einer ganzen Reihe von Schulen und Horten usw. Das ist ein Modell, das ich mir auch in unserer hier ganz anders säkularisierten Gesellschaft wünsche. Und da greift auch die Rede von der Inklusion. Die Jesus-Botschaft ist ein Inklusionsprogramm. Wenn ich Inklusion heute verstehen will, dann sage ich immer, schaut doch mal hin, was Jesus gesagt und getan hat. Das ist Inklusion. Inklusion bedeutet für mich die unbedingte und bedingungslose Zuwendung zu allen Menschen und die ungefragte und unbegründete und z. T. auch unbegründbare Zuwendung nicht nur zu den Schwachen und Elenden, sondern auch zu den furchtbar Starken. Ich finde, auch unsere Gespräche mit Unternehmensführungen und unser Einmischen in Finanzkrisen und verbrecherisches Gebaren von Bankern gehören zum Inklusionsprogramm. Ich finde, wir müssen weg davon, bei Inklusion immer an Menschen mit Behinderungen und Assistenzbedarf zu denken. Sondern die Gesunden sind es, die den Arzt brauchen, da drehe ich Jesus jetzt mal um. Und wenn wir das systemisch abbilden können, also das institutionalisieren können, haben wir viel gewonnen.

Ich sage als Theologe: Einen anderen Auftrag haben wir nicht als diesen, alle Menschen mit gleicher Würde zu betrachten. Die Würde des Menschen ist unantastbar. Natürlich kann man nicht beanspruchen, dass die Formulierung der Charta der Menschenrechte 1948 nur mit den Christen zu tun gehabt hätte, das wäre ja schrecklich gewesen, denn die haben sich z. T. unglaublich benommen in der Zeit von 1939 bis 1945. Das ist schon richtig. Aber ich sehe, dass ich als Christenmensch meine Grundidentität bekomme von dem, der sagt: „Ich habe Dich bei Deinem Namen gerufen; du bist mein!" (Jes 43,1) Und zwar sagt das der Prophet und bei Jesu Taufe wird das zitiert. Ich beziehe das nicht allein auf die Taufe. Also glaube ich, dass die Christusbotschaft viel weiter und viel größer ist und lande wieder bei meiner „Identifizierung" auf dem Theater, bei der Schauspielerin, die mit großer Ernsthaftigkeit verkündigt hat. Ich habe sie nicht ein einziges Mal bei den Proben oder Aufführungen erlebt, dass sie sich etwa über ihren Text, den sie zu sprechen hatte, lustig gemacht hat. Ich kenne kaum eine ernsthaftere Verkündigerin als diese Atheistin. Und das trägt für mich mein ganzes Leben. Das ist für mich Inklusion. Und wir brauchen Menschen, die dies leben. Und ich bin davon überzeugt, dass Systeme, auch Unternehmens-Systeme von denen leben, die Inklusion einfach leben und die es einfach sind.

Den Inklusionsbegriff auf Assistenzbedarf zu beschränken, ist ein Missbrauch – und zwar auch der Menschen mit Assistenzbedarf. Das hat mit Vielfalt und Einheit überhaupt nichts zu tun. Vielleicht kommt man über die Spur der Inklusion auch noch einmal auf den Begriff der Einheit, an dem mir so liegt. Die Vielfalt ist gewollt, Gott will die Vielfalt und Gott liebt die Unterschiede. Ich bin fest davon überzeugt, dass Gott uns nicht trotz, sondern wegen der Unterschiede lieb hat. Und darin liegt, glaube ich, der Schlüssel von Vielfalt und Einheit: Darin sind wir eins, dass wir uns jeweils als unverwechselbare Originale, als Menschen mit unverwechselbarer Würde verstehen.

Der weitere Prozess

Abschließend möchte ich auf die von Ihnen eingangs angezeigten Schwierigkeiten zu sprechen kommen, Stellungnahmen aus den Leitungsebenen der verfassten Kirchen zu bekommen, die vielleicht damit zu tun haben, was ich am Anfang sagte und was Sie auch in Ihrem Text schreiben: dass die Bemühungen um Exklusivität nicht Zeichen von Stärke, sondern von Schwäche sind. Und wir als leitende Leute haben es dringend nötig, dass man uns mit dieser Schwäche konfrontiert. Ich jedenfalls will das. Sicherlich habe ich, wie eingangs erwähnt, aufgrund meiner Biographie einen eigenen Zugang zur eigenen Institution. Wenn diese Thesen auf den Weg gehen, müssen Sie damit rechnen, dass sie genau diese Ängste hervorrufen.

Ich wünsche mir aber, dass die Diakonie nicht allein bleibt mit der Diskussion dieser Thesen. Ich möchte nicht, dass Sie das nur im diakonischen Zirkel diskutieren. Ich möchte, dass wir uns miteinander auf den Weg begeben.

Ich würde damit beginnen, die Aussage der fünften These ganz an den Anfang zu stellen. Die Bildungs-Herausforderung an Kirche und ihre Diakonie, die muss am Anfang stehen. Und dann kann sich alles andere davon ableiten. Und ich glaube, dass das für viele ein sehr viel offener und freierer Einstieg wäre. Und ich würde vielleicht einige Thesen destillieren, die sich beschäftigen mit der Frage von Freiheit und Bindung und von Vielfalt und Einheit. Das älteste Bekenntnis lautet: Jesus Christus ist der Herr. Das ist Ausweis der Einheit. „Satis est" (CA VII). Und in dieser Einheit entfaltet sich die Vielfalt. Und in dieser Einheit darf sie leben und kann sie leben, ohne dass wir Angst haben müssen, verloren zu gehen. Ich möchte gerne daran weiterarbeiten, was es heißt, die Einheit in der Vielfalt zu leben. Das ist auch eine Form von Inklusionsbeschreibung.

Konfessionsbindung und Dienstgemeinschaft. Die Thesen des Brüsseler Kreises aus rechtlicher Perspektive

Ulrich Hammer

Einleitung: Rechtsgrundlagen

Juristen wird es erstaunen, wenn auf europäischer Ebene über Konfessionsbindung in kirchlichen Unternehmen und Einrichtungen diskutiert wird. In der juristischen Literatur in Deutschland scheint dieses Thema abgehandelt. Die Diskussion dort erfolgt unter der Frage, ob Konfessionsbindung in kirchlichen Einrichtungen verlangt werden kann, ohne dass hierdurch eine Diskriminierung wegen der Religion erfolgt. Diese Frage scheint jedoch zugunsten einer Konfessionsbindung beantwortet.

Nationales und EG-Recht (AGG und RL 2000/78/EG)

Nach § 1 AGG (Allgemeines Gleichbehandlungsgesetz) ist jede Benachteiligung von Beschäftigten aus Gründen der Religion oder Weltanschauung eine Diskriminierung, die verboten ist (§ 7 AGG). Ihre Missachtung kann erhebliche Sanktionen nach sich ziehen, angefangen von der Pflicht, Diskriminierungen im Unternehmen durch geeignete Maßnahmen wie Abmahnung, Umsetzung, Versetzung oder Kündigung entgegenzutreten (§ 12 AGG), bis hin zu Entschädigungszahlungen und Schadensersatz (§ 15 AGG).

Das Allgemeine Gleichbehandlungsgesetz beruht, neben weiteren, hier weniger zentralen[158], auf der EG-Richtlinie (RL 2000/78 – Rahmenrichtli-

---

[158] Vgl. dazu RL 76/207/EWG zur Verwirklichung des Grundsatzes der Gleichbehandlung von Männern und Frauen hinsichtlich des Zugangs zur Beschäftigung, zur Berufsausbildung und zum beruflichen Aufstieg sowie in Bezug auf die Arbeitsbedingungen, RL 2000/43/EG zur Anwendung des Gleichbehandlungsgrundsatzes ohne Unterschied der Rasse und der ethnischen Herkunft, RL 2000/73/EG zur Änderung der Richtlinie 76/207/EWG, RL 2004/113/EG des Rates zur Verwirklichung des Grundsatzes der Gleichbehandlung von Männern und Frauen beim Zugang zu und bei der Versorgung mit Gütern und Dienstleistungen, RL 2006/54/EG des Euro-

nie[159]), die es in nationales, deutsches Recht umsetzt[160]. Man kann dies als doppelte Sanktion bezeichnen: Zum einen findet das Allgemeine Gleichbehandlungsgesetz auf Diskriminierungen wegen der Religion Anwendung, zum anderen sind Vorschriften, insbesondere Sanktionsvorschriften, des Allgemeinen Gleichbehandlungsgesetzes europarechtskonform auszulegen, was im Einzelfall zu weitergehenden Sanktionen führen kann, als dies der Wortlaut des AGG nahelegt.

Allerdings gestattet Art. 4 Abs. 2 der Richtlinie 2000/78/EG Ausnahmen für die unterschiedliche Behandlung wegen der Religion oder Weltanschauung in kirchlichen Einrichtungen, deren komplexe Formulierung zu Auslegungsschwierigkeiten führt und deshalb hier wörtlich wiedergegeben werden soll:

> „Die Mitgliedstaaten können in Bezug auf berufliche Tätigkeiten innerhalb von Kirchen und anderen öffentlichen oder privaten Organisationen, deren Ethos auf religiösen Grundsätzen oder Weltanschauungen beruht, Bestimmungen in ihren zum Zeitpunkt der Annahme dieser Richtlinie geltenden Rechtsvorschriften beibehalten oder in künftigen Rechtsvorschriften Bestimmungen vorsehen, die zum Zeitpunkt der Annahme dieser Richtlinie bestehende einzelstaatliche Gepflogenheiten widerspiegeln und wonach eine Ungleichbehandlung wegen der Religion oder Weltanschauung einer Person keine Diskriminierung darstellt, wenn die Religion oder die Weltanschauung dieser Person nach Art dieser Tätigkeit oder der Umstände ihrer Ausübung eine wesentliche, rechtmäßige und gerechtfertigte berufliche Anforderung angesichts des Ethos der Organisation darstellt. Eine solche Ungleichbehandlung muss die verfassungsrechtlichen Grundsätze der Mitgliedstaaten sowie die allgemeinen Grundsätze des Gemeinschaftsrechts beachten und rechtfertigt keine Diskriminierung aus einem anderen Grund."

Der Gesetzgeber des Allgemeinen Gleichbehandlungsgesetzes hat diese Bestimmung durch die §§ 8 und 9 AGG umgesetzt, indem er allgemein eine unterschiedliche Behandlung wegen beruflicher Anforderungen zulässt (§ 8 AGG), zum anderen die unterschiedliche Behandlung wegen der Religion oder Weltanschauung zur beruflichen Anforderung in kirchlichen Einrichtungen erklärt (§ 9 AGG).

Kann nach § 8 AGG eine unterschiedliche Behandlung wegen aller in § 1 AGG genannten Diskriminierungsgründe (wozu auch die Religion oder Weltanschauung zählt) erfolgen, „wenn dieser Grund wegen der Art der auszuübenden Tätigkeit oder der Bedingungen ihrer Ausübung eine wesent-

---

päischen Parlaments und des Rates zur Verwirklichung des Grundsatzes der Chancengleichheit und der Gleichbehandlung von Männern und Frauen in Arbeits- und Beschäftigungsfragen (Neufassung).

[159]   RL 2000/78/EG zur Festlegung eines allgemeinen Rahmens für die Verwirklichung der Gleichbehandlung in Beschäftigung und Beruf.

[160]   Gesetz zur Umsetzung europäischer Richtlinien zur Verwirklichung des Grundsatzes der Gleichbehandlung v. 18.8.2006 (BGBl. I S. 1897), dessen Art. 1 das AGG enthält.

liche und entscheidende berufliche Anforderung darstellt, sofern der Zweck rechtmäßig und die Anforderung angemessen ist", so stellt § 9 AGG umfänglich klar, dass dies auch und insbesondere für Diskriminierungen wegen der Religion und Weltanschauung in kirchlichen Einrichtungen gilt, die aufgrund dieser Ausnahmen keine Diskriminierung darstellen:

> **„§ 9 Zulässige unterschiedliche Behandlung wegen der Religion oder Weltanschauung**
>
> (1) Ungeachtet des § 8 ist eine unterschiedliche Behandlung wegen der Religion oder der Weltanschauung bei der Beschäftigung durch Religionsgemeinschaften, die ihnen zugeordneten Einrichtungen ohne Rücksicht auf ihre Rechtsform oder durch Vereinigungen, die sich die gemeinschaftliche Pflege einer Religion oder Weltanschauung zur Aufgabe machen, auch zulässig, wenn eine bestimmte Religion oder Weltanschauung unter Beachtung des Selbstverständnisses der jeweiligen Religionsgemeinschaft oder Vereinigung im Hinblick auf ihr Selbstbestimmungsrecht oder nach der Art der Tätigkeit eine gerechtfertigte berufliche Anforderung darstellt.
>
> (2) Das Verbot unterschiedlicher Behandlung wegen der Religion oder der Weltanschauung berührt nicht das Recht der in Abs. 1 genannten Religionsgemeinschaften, der ihnen zugeordneten Einrichtungen ohne Rücksicht auf ihre Rechtsform oder der Vereinigungen, die sich die gemeinschaftliche Pflege einer Religion oder Weltanschauung zur Aufgabe machen, von ihren Beschäftigten ein loyales und auf richtiges Verhalten im Sinne Ihres jeweiligen Selbstverständnisses verlangen zu können."

Auch wenn im Einzelnen streitig ist, inwieweit § 9 AGG Art. 4 Abs. 2 2000/78/EG inhaltsgleich umsetzt, so ist doch unbestritten, dass die deutschen Kirchen und Weltanschauungsgemeinschaften aufgrund ihres Selbstbestimmungsrechts über eigene Angelegenheiten (Art. 140 GG i. V. m. Art. 137 Abs. 3 Weimarer Reichsverfassung – WRV) bei der Einstellung von Beschäftigten erstens nach der Religionszugehörigkeit fragen, zweitens die Religionszugehörigkeit entsprechend der Religion der Einrichtung verlangen können[161].

Insoweit geht § 9 AGG noch über die viel diskutierte ACK-Klausel hinaus, wonach die Beschäftigung und die Ausübung bestimmter Funktionen innerhalb kirchlicher Einrichtungen, z. B. als Vertreter der Mitarbeitenden nach der katholischen Mitarbeitervertretungsordnung (MAVO) oder dem evangelischen Mitarbeitervertretungsgesetz (MVG), von der Zugehörigkeit zu einer der in der Arbeitsgemeinschaft Christlicher Kirchen in Deutschland (ACK) zusammengeschlossenen Kirchen abhängig gemacht werden kann.

§ 9 AGG, soweit er mit Art. 4 Abs. 2 2000/78/EG übereinstimmt, löst mithin den Widerspruch zwischen den allgemeinen Rechten aller Beschäftigten, die den Schutz vor Diskriminierung auch wegen der Religion oder

---

[161] U. Wendeling-Schröder/A. Stein (2008), § 9 AGG, Rn. 25ff.; J.-H. Bauer (2008), § 9 AGG, Rn. 6ff.

Weltanschauung enthalten, und der Diskriminierung wegen der Religion oder Weltanschauung für kirchliche Einrichtungen dahingehend auf, dass in kirchlichen Einrichtungen eine Maßnahme, die im allgemeinen Arbeitsrecht zweifelsfrei als schwere Diskriminierung zu werten ist, im kirchlichen Arbeitsrecht keine darstellt.

Dass diese Lösung höchst umstritten ist und dauerhaft bleiben wird, liegt trotz der juristischen Festlegung allein schon deshalb auf der Hand, weil die Vielzahl kirchlicher Einrichtungen im Gesundheits- und Sozialwesen in Deutschland, die zwangsläufig mit Monopolen in einzelnen Regionen oder für einzelne Berufssparten verbunden ist, nur aufgrund staatlicher Hilfen, angefangen von der Kirchensteuer bis hin zur Kostenübernahme durch staatliche Stellen und Sozialversicherungsträger, existenzfähig ist. Der Staat finanziert damit, teils mittelbar im Wege des Solidarprinzips aller Versicherten durch Umlagen auf alle Beschäftigte, also auch nicht konfessionsgebundene oder konfessionslose, teils durch unmittelbare Zahlung durch staatliche Stellen aus Steuergeldern aller Bürgerinnen und Bürger, in großem Umfang Maßnahmen kirchliche Arbeitgeber, die im allgemeinen Arbeitsleben als Diskriminierung zu werten wären, es in kirchlichen Einrichtungen aber nicht sind.

Bedeutung der Brüsseler Thesen für Deutschland: Sprengwirkung und Tabubruch

Vor diesem Hintergrund entfalten die Thesen des Brüsseler Kreises eine enorme Sprengwirkung.

Zwar stoßen sie auf eine durchaus aufnahmebereite Gemeinschaft interessierter Theologinnen und Theologen sowie kirchlicher Einrichtungsleiterinnen und Einrichtungsleiter. Denn genauso wie unter Juristinnen und Juristen wird das Thema der Konfessionsbindung in kirchlichen Einrichtungen, zumal angesichts eines zunehmenden Fachkräftemangels bei stetigem qualitativen und quantitativen Wachstum des Sozial- und Gesundheitswesens, z. B. für ältere und behinderte Menschen, durchaus kontrovers diskutiert.

Das geht in der Praxis so weit, dass Einrichtungsleitungen nach Wegen suchen, wie sie qualifizierte Fachkräfte im Rahmen kirchengesetzlicher Vorgaben einstellen können, obwohl diese einer anderen Religion, z. B. als Muslime, oder aber gar keiner Konfession angehören. Argumentiert wird hier in der Regel mit dem kirchlichen Missionsauftrag, der auch die religiöse Überzeugung Beschäftigter umfasst, die – zum Beispiel – keine Christen sind. Dabei ist vorausgesetzt, liegt aber auch auf der Hand, dass konfessionslose oder Beschäftigte mit anderer religiöser Bindung das für kirchliche Einrichtungen in Deutschland maßgebliche Unternehmensleitbild einer christlichen Dienstgemeinschaft genauso gut erfüllen können wie konfessionsgebundene Beschäftigte. Um zu verdeutlichen, was damit gemeint ist: Die muslimische Assistentin eines an den Rollstuhl gebundenen, behinderten oder alten Menschen muss diesen, wenn er es wünscht, ungeachtet ihres eigenen Glaubens zur katholischen Messe oder zum evangelischen Gottesdienst begleiten, und ihm dort bei der Ausübung seines Glaubens zur Seite stehen.

Gleichwohl lassen die Thesen bei genauer Lektüre erkennen, dass die Situation kirchlicher Einrichtungen in den verschiedenen europäischen Mitgliedstaaten der EU sehr unterschiedlich und keineswegs – theologisch und rechtlich – in dem Umfang gefestigt ist wie in Deutschland. Denn hiernach wird auf europäischer Ebene offenbar eine so genannte „Säkularisierungsoption" diskutiert, die in allen kirchlichen Einrichtungen EU-Europas explizit an die Stelle einer Konfessionsbindung der Beschäftigten treten soll.

Bezogen auf die rechtliche Situation in Deutschland handelt es sich dabei um einen Tabubruch. Deutlich wird an der europäischen Dimension der Thesen jedoch, dass es in kirchlichen Einrichtungen anderer europäischer Länder weitaus säkularer zugeht als in Deutschland. Mit anderen Worten fehlt dem Tabubruch die europäische Dimension. Europa kann sich hier erneut, wie bereits bei der Durchsetzung der Frauengleichstellung[162], als Motor nationaler Einsichten bewähren. Die Brüsseler Thesen jedenfalls stehen (auch) dafür.

Als Tabubruch lässt sich auch die theologische Begründung dieser „Säkularisierungsoption" qualifizieren. Sie hebt das aus Assistenzkonzepten für behinderte Menschen bekannte Prinzip der Inklusion auf die Ebene christlichen Glaubens, stellt es der Exklusivität christlicher Konfessionsbindung in kirchlichen Einrichtungen gegenüber und verlangt, „dass niemand aufgrund seiner besonderen Eigenschaften (hier des religiösen Bekenntnisses oder Nichtbekenntnisses, d. Verf.) aus der menschlichen Gemeinschaft (kirchlicher Einrichtungen, d. Verf.) ausgeschlossen werden darf", was „den Kern biblischen Zeugnisses" bilde und „der Universalität des Erbarmens Gottes" entspreche, wonach „das Heil gerade auf der Basis des Christusglaubens auch außerhalb des Christusglaubens gedacht werden kann". Zugleich halten sie am christlichen Leitbild kirchlicher Einrichtungen fest, öffnen es jedoch für einen Konfessionspluralismus, der prinzipiell unbegrenzt wirkt, seine Grenze aber dort findet, wo er in einen „ungesteuerten Säkularisierungsprozess" münden würde. Das erfordert eine theologische Selbstvergewisserung jeder einzelnen kirchlichen Einrichtung und beschreibt

---

[162] Vgl. dazu ausführlich: U. Wendeling-Schröder/A. Stein (2008), Einleitung, passim.

einen Prozess, dessen Herausforderung an das Management der corporate identity kirchlicher Einrichtungen sich schlagwortartig zusammenfassen lässt: von der Dogmatik zur Dynamik.

Im Ergebnis folgt aus den Thesen eine Art Zielvereinbarung, in deren Rahmen das christliche Leitbild kirchlicher Einrichtungen unangetastet bleibt, indem sich die Mitarbeitenden ungeachtet aller Pluralität ihrer religiösen und persönlichen Überzeugungen, die ihnen ausdrücklich zugestanden wird, zu ihm bekennen. Die christliche Dienstgemeinschaft als Unternehmensleitbild verändert sich in diesem Kontext, indem sie sich – ähnlich den corporate identity-Prozessen säkularer Einrichtungen nach allgemeinem Arbeitsrecht – von einer subjektiven Glaubensanforderung in eine objektive Verhaltenserwartung wandelt. An der 5. These wird dies explizit deutlich, die deshalb hier auszugsweise zitiert werden soll:

> „Auf der Basis der eigenen konfessionellen Herkunft (der kirchlichen Einrichtung, d. Verf.) wird ein verbindliches Selbstverständnis formuliert, das einerseits fest mit dem jeweiligen kirchlichen Bekenntnis verbunden ist und sich andererseits gerade dadurch für die Unterstützung verschiedenster Menschen öffnen kann. Das Unternehmen formuliert dieses Selbstverständnis gegenüber allen Mitarbeitenden, spricht an sie die klare Erwartung aus, sich mit ihrem eigenen Handeln daran zu orientieren. Es akzeptiert dabei explizit nicht nur die verschiedensten persönlichen Überzeugungen der durch das Unternehmen unterstützten Personen, sondern auch der eigenen Mitarbeitenden. Die Mitarbeitenden erkennen umgekehrt bei aller Pluralität der persönlichen Überzeugungen die konfessionelle Bindung des Unternehmens und die dadurch an sie selbst gerichteten Verhaltenserwartungen ausdrücklich und verbindlich an."

Konfessionspluralismus soll mithin nicht zur Preisgabe der corporate identity kirchlicher Einrichtungen führen, sondern durch Integration des Konfessionspluralismus in das Unternehmensleitbild soll die christliche Dienstgemeinschaft gestärkt werden. Eine Aufgabe, deren Tragweite nicht zu unterschätzen ist, die aber insgesamt nichts anderes ausdrückt als die theologisch fundierte Hinwendung des christlichen Glaubens entsprechend seinen Grundprinzipien zu der realen Welt, in der er wirken und sich bewähren muss.

Die Brüsseler Thesen und das deutsche Recht

Die Spannung zwischen Konfessionsbindung, bezogen auf die jeweilige Konfession der kirchlichen Einrichtung, und die Zugehörigkeit von Beschäftigten zu einer anderen oder gar keinen Konfession stellt sich im deutschen Recht als Spannung zwischen allgemeinem Arbeitsrecht und kirchlichem Arbeitsrecht dar. Was im allgemeinen Arbeitsrecht unzweideutig als religi-

öse Diskriminierung zu werten wäre, erweist sich im kirchlichen Arbeitsrecht als diskriminierungsfrei. Diese Spannung ist umso größer bzw. wird
von Betroffenen als umso größer empfunden, als gerade religiöse Bekenntnisse höchst sensible und sehr persönliche Angelegenheiten darstellen, über
die in kirchlichen Einrichtungen der kirchliche Arbeitgeber – Dienstgeber –
aus eigenem Recht verfügen können soll. Die (arbeits-) rechtliche Verpflichtung, sich zur Vermeidung arbeitsrechtlicher Sanktionen bis hin zur
fristlosen Kündigung bei Kirchenaustritt[163] zur Konfession des Arbeitgebers
zu bekennen, kann diese Spannung bis ins persönlich Unerträgliche steigern
– und ist letztlich nur durch Wandlung der Konfessionsbindung von einer,
ohnehin nicht kontrollierbaren, subjektiven Glaubensanforderung in eine,
konfessionspluralistisch prinzipiell offene, objektive Verhaltenserwartung zu
lösen.

Wie die Brüsseler Thesen zeigen, stellt sich diese Spannung theologisch
etwas anders, nämlich wesentlich „entspannter", dar, weil kirchliche Einrichtungen nach kirchlichem Arbeitsrecht zwar – in gleich noch näher zu
erläuternden Grenzen – auf der Konfessionsbindung ihrer Beschäftigten
bestehen können, es jedoch nicht müssen. Für theologische Erwägungen, wie
die vom Brüsseler Kreis angestellten, besteht deshalb im deutschen Arbeitsrecht, insbesondere im kirchlichen Arbeitsrecht, ein weiter Spielraum, der
vom Verlangen einer strikten Konfessionsbindung bis zu völliger Freigabe
derselben reichen kann.

Es ist deshalb eine Herausforderung zu versuchen, theologische Erwägungen, wie sie der Brüsseler Kreis mit seinen fünf Thesen angestellt und
begründet hat, auf einen gemeinsamen verfassungsrechtlichen und damit
dem Anspruch nach säkularen Nenner zu bringen. Gleichwohl ist das möglich. Dies gilt umso mehr, als die eingangs zitierten Vorschriften des AGG
nicht nur europarechtskonform i. S. d. der RL 2000/78/EG, sondern die RL
2000/78/EG zugleich verfassungskonform i. S. nationalen Verfassungsrechts,
d. h. des Grundgesetzes, auszulegen ist[164].

Vorab sei jedoch eine grundsätzliche Bemerkung zum Verhältnis von
Theologie und Rechtswissenschaft erlaubt:

Theologie und Rechtswissenschaft werden viele Gemeinsamkeiten
nachgesagt. Eine soll darin bestehen, dass die grundlegenden juristischen
Auslegungsregeln bzw. -methoden – vom Wortsinn her (grammatische Auslegung), vom Zusammenhang her, in der die auszulegende Norm mit anderen
Normen steht (systematische Auslegung), vom Sinn und Zweck einer Norm
her (teleologische Auslegung) sowie von ihrer Entstehungsgeschichte her
(historische Auslegung) – den Prinzipien der Bibelexegese und damit der
Theologie entnommen sind. Ohne diesen Ansatz hier weiterverfolgen zu

---

163 Vgl. statt aller zuletzt BAG v. 25.4.2013, 2 AZR 579/12, NZA 2013, 1131.
164 U. Wendeling-Schröder/A. Stein (2008), Einleitung, Rn. 80 m. w. N.

wollen (von einem Nichtthelogen ist das schwerlich zu überprüfen), kann doch gesagt werden, dass sich bei genauer Betrachtung der verfassungs-rechtlichen Grundlagen einer kirchenarbeitsrechtlich postulierten Konfes-sionsbindung von Beschäftigten in kirchlichen Einrichtungen erstaunliche Parallelen zwischen der gebotenen theologischen und juristischen Abwägung ergeben. Dies entspricht der wissenschaftstheoretischen Grunderkenntnis, dass Lösungen der gleichen Probleme aus dem Blickwinkel unterschiedlicher Wissenschaften zwar mit anderen Methoden und Begriffen erarbeitet werden müssen, jedoch im Ergebnis die gleichen Abwägungsprobleme zu bewältigen und die gleichen Überlegungen anzustellen haben, weil die zu bewegenden Inhalte die gleichen sind. Hinzukommt die „Praxistauglichkeit" wissen-schaftlicher Erkenntnisse und Ergebnisse, die als Kontrollinstanz wissen-schaftlichen Arbeitens nicht zu unterschätzen ist. Die stets virulente Möglichkeit eines Widerspruchs zwischen wissenschaftlicher „Wahrheit" und ihrer praktischer Relevanz hat schon manche wissenschaftliche Unter-suchung zu Fall gebracht.

Das zeigt sich auch, wenn die verfassungsrechtlichen Grundlagen der Konfessionsbindung von Beschäftigten kirchlicher Einrichtungen in Deutschland näher betrachtet werden.

Verfassungsrechtliche Grundlagen in Deutschland

Die Bedeutung der Brüsseler Thesen für die Konfessionsbindung in kirch-lichen Einrichtungen ließe sich – jedenfalls in Deutschland – wesentlich „kleiner schreiben", wenn das deutsche Verfassungsrecht in der hier maß-geblichen Auslegung durch das Bundesverfassungsgericht (BVerfG) und die insoweit das Verfassungsrecht konkretisierende Rechtsprechung des Bun-desarbeitsgerichts (BAG), je nach Standpunkt leider oder Gott sei Dank, eine Lösung weisen würden. Diese Lösung könnte z. B. darin bestehen, dass aus verfassungsrechtlichen Gründen oder nach allgemeinem Arbeitsrecht das Verlangen nach Konfessionsbindung in kirchlichen Einrichtungen bei der Einstellung und Beschäftigung kirchlicher Mitarbeitender explizit legitimiert oder aber ausgeschlossen wird, und zwar im Rahmen eines Abwägungspro-zesses zwischen den Grundrechten der Beschäftigten aus Art. 4, 9, 12 GG (Glaubensfreiheit, Beteiligung an der Gestaltung der Arbeitsbedingungen und freie Wahl der Ausbildung und des Berufs) und den Grundrechten der Gläubigen sowie ihrer Kirchen aus Art. 4, 140 GG i. V. m. Art. 137 Abs. 3 WRV (Glaubensfreiheit, kirchliches Selbstbestimmungs- und Selbstord-nungsrecht). Dem ist aber nicht so. Zwar lassen sich gerade im Rahmen die-ses komplexen Abwägungsprozesses, zumal im Zusammenhang mit der neueren Rechtsprechung des europäischen Gerichtshofs für Menschenrechte

(EGMR), auf die noch kurz einzugehen sein wird, deutliche Liberalisierungstendenzen feststellen, die sich durchaus als Säkularisierungsoptionen hinsichtlich der Konfessionsbindung deuten lassen. Demgegenüber sind jedoch gegenläufige Tendenzen eindeutig bestimmend. Im Ergebnis hier vorweggenommen heißt das: Es gibt kein rechtliches Verbot der Konfessionsbindung, sondern allenfalls eine Tendenz, die noch wesentlich weiter fortgeschrieben werden müsste, um als Säkularisierungsoption erkennbar zu werden. Zu erwarten ist dies indessen nicht: Jede Relativierung der Konfessionsbindung durch die Rechtsprechung des BVerfGs, des BAGs oder des EGMRs ist stets mit dem klaren Bekenntnis zu einem Sonderstatus kirchlicher Einrichtungen verbunden, an dem letztlich alle nationalen und europäischen Gerichte explizit festhalten. Eine „justizielle Säkularisierung" durch die Rechtsprechung ist nicht zu befürchten.

Die Rechtsprechung des Bundesverfassungsgerichts[165]

Ganz deutlich wird dies an der Rechtsprechung des Bundesverfassungsgerichts, die zwar widersprüchliche Signale sendet, jedoch einstweilen keine Zweifel am Recht kirchlicher Einrichtungen aufkommen lässt, auf ihrer religiösen Ausrichtung einschließlich einer Konfessionsbindung ihrer Mitarbeitenden zu bestehen.

Zwar hat sich das Bundesverfassungsgericht, insbesondere in seiner Entscheidung vom 4.6.1985[166], für eine, mehr oder weniger einzelfallbezogene, Abwägung zwischen Beschäftigtenrechten und Kirchenrechten ausgesprochen. Diese Abwägung hat es aber wegen des kirchlichen Selbstverwaltungs- und Selbstordnungsrechts, den staatlichen Arbeitsgerichten, z. B. im Rahmen von Abmahnungs- oder Kündigungsschutzprozessen, bei denen es um die Verhaltenspflichten kirchlicher Mitarbeitender im Arbeitsverhältnis geht, faktisch entzogen und im Ergebnis in die alleinige Verantwortung kirchlicher Einrichtungen gestellt. Es lohnt sich, diese Entscheidung etwas genauer zu betrachten, weil sie auch Hinweise auf eine Diskussion innerhalb des Bundesverfassungsgerichts selbst gibt, die noch nicht als abgeschlossen betrachtet werden kann. Denn einerseits bekennt sich das Bundesverfassungsgericht in dieser Entscheidung klar und unzweideutig zur Geltung des staatlichen

---

[165] Vgl. insbesondere BVerfG v. 11.10.1977, BVerfGE 46, 73 (Goch – Selbstbestimmungsrecht auch für alle der Kirche zugeordneten Einrichtungen, Eigenart des kirchlichen Arbeitsrechts); BVerfG v. 17.2.1981, BVerfGE 57, 270 (Volmarstein – kein Zutrittsrecht betriebsfremder Gewerkschaftsbeauftragter in kirchlichen Einrichtungen); BVerfG v. 4.6.1985, BVerfGE 70, 138 (St. Elisabeth – Loyalitätspflichten, Abtreibungs-Befürwortung, Kirchenaustritt).

[166] BVerfGE 70, 138.

Arbeitsrechts auch für Mitarbeitende und Dienstgeber (kirchliche Arbeitgeber) kirchlicher Einrichtungen[167]:

> „Bedienen sich die Kirchen wie jedermann der Privatautonomie zur Begründung von Arbeitsverhältnissen, so findet auf diese das staatliche Arbeitsrecht Anwendung. Das ist die schlichte Folge einer Rechtswahl."

Eine Konfessionsbindung Mitarbeitender in kirchlichen Einrichtungen wäre damit unvereinbar. Indessen heißt es sofort weiter[168]:

> „Die Einbeziehung der kirchlichen Arbeitsverhältnisse in das staatliche Arbeitsrecht hebt indessen deren Zugehörigkeit zu den ‚eigenen Angelegenheiten‘ der Kirche nicht auf."

Damit begründet das Bundesverfassungsgericht einen sogenannten Überschneidungsbereich zwischen staatlichen und kirchlichen Angelegenheiten im Arbeitsrecht, deren Rechtsfolgen, insbesondere für die Konfessionsbindung Mitarbeitender in kirchlichen Einrichtungen, zunächst unklar erscheinen mögen, jedoch im Folgenden klar zu Gunsten der Konfessionsbindung entschieden werden:

> „Sie (die Einbeziehung der kirchlichen Arbeitsverhältnisse in das staatliche Arbeitsrecht, d. Verf.) darf deshalb die verfassungsrechtlich geschützte Eigenart des kirchlichen Dienstes, das spezifisch Kirchliche, das kirchliche Proprium, nicht infrage stellen. Die Verfassungsgarantie des Selbstbestimmungsrechts bleibt für die Gestaltung dieser Arbeitsverhältnisse wesentlich. Auch im Wege des Vertragsschlusses (bei Abschluss des Arbeitsvertrages, d. Verf.) können daher einem kirchlichen Arbeitnehmer besondere Obliegenheiten einer kirchlichen Lebensführung auferlegt werden."

Und weiter[169]:

> „Das schließt ein, dass die Kirchen der Gestaltung des kirchlichen Dienstes auch dann, wenn sie ihn auf der Grundlage von Arbeitsverträgen regeln, das besondere Leitbild einer christlichen Dienstgemeinschaft aller ihrer Mitarbeiter Grunde legen können."

Kirchliche Einrichtungen dürfen nach deutschem Verfassungsrecht ihren Unternehmen und Betrieben die corporate identity einer christlichen Dienstgemeinschaft nicht nur nach allgemeinem Arbeitsrecht, sondern auch aufgrund das allgemeine Arbeitsrecht insoweit verstärkender kirchenverfassungsrechtlicher Vorgaben zu Grunde legen, indem sie ihr Selbstbestimmungsrecht in Anspruch nehmen. Das gilt zweifellos auch für die Konfessionsbindung aller ihrer Mitarbeitenden, die das Bundesverfassungsgericht zudem direkt anspricht[170]:

---

[167] BVerfG a. a. O., S. 165, Rn. 61.
[168] A. a. O.
[169] A. a. O.
[170] BVerfGE 70, 138, 166.

"Dazu (zum Unternehmensleitbild der christlichen Dienstgemeinschaft, d. Verf.) gehört weiter die Befugnis der Kirche, den ihr angehörenden Arbeitnehmern die Beachtung jedenfalls der tragenden Grundsätze der kirchlichen Glaubens- und Sittenlehre aufzuerlegen und zu verlangen, dass sie nicht gegen die fundamentalen Verpflichtungen verstoßen, die sich aus der Zugehörigkeit zur Kirche ergeben und die jedem Kirchenmitglied obliegen."

Die Kirchenmitgliedschaft Mitarbeitender in kirchlichen Einrichtungen wird dadurch zwar nicht rechtlich vorgeschrieben, wohl aber m. o. w. faktisch vorausgesetzt. Allerdings folgt daraus die Konfessionsbindung kirchlicher Mitarbeitender nicht zwingend. Um rechtlich wirksam zu werden, muss sie den Mitarbeitenden durch die Kirche für die ihr zugeordneten Einrichtungen im Rahmen des kirchlichen Selbstbestimmungsrechts arbeitsvertraglich auferlegt werden. Dabei formuliert das Bundesverfassungsgericht durchaus auch Grenzen des kirchlichen (Selbst-) Bestimmungsrechts über die arbeitsvertraglichen Loyalitätspflichten Mitarbeitender, die indessen bei genauer Betrachtung nur zu einer Abwägung im Einzelfall, nicht jedoch zur Aufhebung der Konfessionsbindung führen. Diese Grenzen sind hier zusammengefasst[171]:

– Die Rechtsstellung kirchlicher Mitarbeitender darf hierdurch nicht "klerikalisiert" werden.
– Die Bestimmung kirchlicher Einrichtungen über die Verhaltenspflichten ihrer Mitarbeitenden darf nicht dazu führen, "dass aus dem bürgerlich-rechtlichen Arbeitsverhältnis eine Art kirchliches Statusverhältnis (z. B. als Mensch, Nonne, Diakonisse, d. Verf.) wird, das die Person total ergreift und auch ihre private Lebensführung voll umfasst".
– Insbesondere können "Arbeitsverhältnisse kirchlicher Arbeitnehmer … keine säkulare Ersatzform für kirchliche Ordensgemeinschaften und Gesellschaften des apostolischen Lebens sein, die auf einer besonderen geistlichen Ausrichtung der Person und ihres Lebens beruhen".

Gleichwohl, so das Bundesverfassungsgericht[172]:

"Welche kirchlichen Grundverpflichtungen als Gegenstand des Arbeitsverhältnisses bedeutsam sein können, richtet sich nach den von der verfassten Kirche anerkannten Maßstäben. Dagegen kommt es weder auf die Auffassung der einzelnen betroffenen kirchlichen Einrichtungen, bei denen die Meinungsbildung von verschiedensten Motiven beeinflusst sein kann, noch auf diejenige breiter Kreise unter den Kirchenmitgliedern oder etwa gar einzelner bestimmten Tendenzen verbundener Mitarbeiter an …

---

[171] A. a. O.
[172] A. a. O.

Daraus ergibt sich:

> Im Streitfall haben die Arbeitsgerichte die vorgegebenen kirchlichen Maßstäbe
> für die Bewertung vertraglicher Loyalitätspflichten zu Grunde zu legen, soweit
> die Verfassung das Recht der Kirchen anerkennt, hierüber selbst zu befinden. Es
> bleibt danach grundsätzlich den verfassten Kirchen überlassen, verbindlich zu
> bestimmen, was ‚die Glaubwürdigkeit der Kirche und ihrer Verkündigung erfor-
> dert', was ‚spezifisch kirchliche Aufgaben' sind, was ‚Nähe' zu ihnen bedeutet,
> welches die ‚wesentlichen Grundsätze der Glaubens und Sittenlehre' sind und
> was als – gegebenenfalls schwerer – Verstoß gegen diese anzusehen ist. Auch
> die Entscheidung darüber, ob und wie innerhalb der im kirchlichen Dienst täti-
> gen Mitarbeiter eine ‚Abstufung' der Loyalitätspflichten eingreifen soll, ist
> grundsätzlich eine dem kirchlichen Selbstbestimmungsrecht unterliegende
> Angelegenheit."[173]

Äußerste Grenzen finden diese Rechte der Kirchen allerdings in den
„Grundprinzipien der Rechtsordnung, wie sie im allgemeinen Willkürverbot
(Art. 3 Abs. 1 GG) sowie in dem Begriff der ‚guten Sitten' (§ 138 Abs. 1
BGB) und des ordre public (Art. 30 EGBGB – jetzt: Art. 6 EGBGB[174]) ihren
Niederschlag gefunden haben."[175] Im Ergebnis läuft dies auf eine Abwägung
der Konfessionsbindung kirchlicher Mitarbeitender dahingehend hinaus, dass
sie *von den Kirchen* entsprechend der unternehmerischen bzw. betrieblichen
Funktion abgestuft werden *kann*, denen eine solche Abstufung auch obliegt,
jedoch im Rahmen ihrer Abwägung *nicht* aufgehoben werden *muss*. Das
belässt den Kirchen und ihren Einrichtungen viel Freiheit, auch wenn diese
wie alle Freiheit nicht grenzenlos ist, und deshalb weiterhin unter dem
Damoklesschwert staatlicher Überprüfung steht, wenn auch innerhalb sehr
weit gezogener Grenzen.

Zwischenergebnis

Die Entscheidung des Bundesverfassungsgerichts vom 4.6.1985 ordnet sich
ein in eine Reihe verfassungsgerichtlicher Entscheidungen[176], die insgesamt

---

[173] BVerfGE 70, 138, 168.
[174] Hierzu gehören nach Art. 6 S. 2 EGBGB (Rechtsnormen sind „insbesondere nicht
anzuwenden, wenn die Anwendung mit den Grundrechten unvereinbar ist") allerdings auch die Grundrechte kirchlicher Mitarbeitender.
[175] BVerfGE a. a. O.
[176] Vgl. etwa BVerfG v. 26.3.1957, E 6, 309 (Reichskonkordat), v. 8.11.1960, E 12,1
(Unsittliche Glaubenswerbung), v. 16.10.1968, E 24,236 (Sammlung für religiöse
Zwecke als Religionsausübung), v. 21.9.1976, E 42, 312 (Beurlaubung von Pfarrern
als Teil des Selbstbestimmungsrechts), v. 11.10.1977, E 46, 73 (Goch – Selbstbestimmung auch für zugeordnete Einrichtungen ungeachtet ihrer Rechtsform), v.
16.10.1979, E 52, 223 (Schulgebet), v. 25.3.1980, E 53, 366 (Selbstbestimmungsrecht für kirchl. Krankenhäuser), v. 17.2.1981, E 57, 220 (Volmarstein/Bethel

darauf hinauslaufen, das Selbstbestimmungs- und Selbstordnungsrecht der Kirchen sowie der ihnen in bestimmter Weise zugeordneten Einrichtungen – kirchlichen Einrichtungen – zu stärken. Eine Tendenzumkehr dieser Rechtsprechung ist derzeit weder zu erwarten noch zu befürchten. Mit anderen Worten, den Kirchen und ihren Einrichtungen wird das Recht zugestanden, für ihre Mitarbeitenden eine Bindung an die eigene Religion – Konfessionsbindung – zu verlangen. Zwar ist dieses Recht durch die Kirchen und ihre Einrichtungen im Rahmen einer Abwägung bzw. Abstufung entsprechend der Aufgabenwahrnehmung der Mitarbeitenden auszuüben, wofür wiederum äußerste Grenzen („Grundprinzipien der Rechtsordnung, wie sie im allgemeinen Willkürverbot (Art. 3 Abs. 1 GG) sowie in dem Begriff der ‚guten Sitten' (§ 138 Abs. 1 BGB) und des ordre public (Art. 30 EGBGB – jetzt: Art. 6 EGBGB ihren Niederschlag gefunden haben") gezogen werden, jenseits derer staatlichen Gerichten eine Kontrollbefugnis zugeschrieben wird. Abwägung bzw. Abstufung nach der Funktion von Mitarbeitenden werden damit jedoch mindestens faktisch in das Selbstbestimmungsrecht der Kirchen und ihrer Einrichtungen gestellt. D. h. die Kirchen und ihre Einrichtungen entscheiden autonom darüber, wie die Abwägung widerstreitender Interessen ausgeübt wird und ob eine Abstufung erfolgt.

Hinzuzufügen ist, dass die Kirchen und ihre Einrichtungen nach staatlichem Recht nicht verpflichtet sind, von ihren Mitarbeitenden eine Konfessionsbindung zu verlangen. Die Pflicht zur Konfessionsbindung für Mitarbeitende ergibt sich vielmehr allein aus kirchenrechtlichen Vorschriften.[177]

– Zutrittsrecht betriebsfremder Gewerkschaftsbeauftragter zu kirchlichen Einrichtungen), v. 5.2.1991, E 83, 341 (Bahá'i – Modifizierung des Vereinsrechts für Religionsgemeinschaften), v. 16.5.1995, E 93, 1 (Kruzifix in öffentlichen Schulen), v. 19.12.2000, E 102, 370 (Verleihung des Rechtsstatus einer Körperschaft des öffentlichen Rechts), v. 24.9.2003, E 108, 282 (Kopftuch bei Beamtinnen) v. 1.12.2009, E 125, 39 (Sonn- u. Feiertagsschutz für Ladenöffnungszeiten).

[177] Vgl. etwa für Niedersachsen: Satzung des Diakonischen Werkes in Niedersachsen e. V. i. d. F. v. 25.10.2013 (KABl. 2014, S. 28), wo § 9 Abs. 2 Buchst. b., 3. Spiegelstrich alle kirchlichen Einrichtungen, die Mitglieder des DW sind oder werden wollen, verpflichtet, „die unmittelbar geltenden oder die vom Aufsichtsrat oder der Mitgliederversammlung für das DWiN übernommenen Rechtsvorschriften anzuerkennen und zu beachten, insbesondere … die Richtlinie des Rates der Evangelischen Kirche in Deutschland über die Anforderungen der privatrechtlichen beruflichen Mitarbeit in der Evangelischen Kirche in Deutschland und des Diakonischen Werkes (Loyalitätsrichtlinie), deren § 3 (Berufliche Anforderung bei der Begründung des Arbeitsverhältnisses) in Abs. 2 bestimmt: „Die berufliche Mitarbeit in der evangelischen Kirche und ihrer Diakonie setzt grundsätzlich die Zugehörigkeit zu einer Gliedkirche der Evangelischen Kirche in Deutschland oder einer Kirche voraus, mit der die Evangelische Kirche in Deutschland in Kirchengemeinschaft verbunden ist." Diese Festlegung wird nach § 1 der Loyalitätsrichtlinie allen DW'n aller Gliedkirchen der EKD sowie allen kirchlichen Einrichtungen zur Anwendung empfohlen, die ihre Übernahme größtenteils beschlossen haben.

Für eine mittelbare „Pflicht", die aber allenfalls als Hinweis des Bundesverfassungsgerichts auf die Möglichkeit einer kirchenpolitischen Entscheidung ohne rechtliche Bindungswirkung aufzufassen ist, mag zwar die Feststellung des Bundesverfassungsgerichts[178] gehalten werden, zum Unternehmensleitbild kirchlicher Einrichtungen gehöre die Befugnis der Kirche, „den ihr angehörenden Arbeitnehmern die Beachtung jedenfalls der tragenden Grundsätze der kirchlichen Glaubens- und Sittenlehre aufzuerlegen und zu verlangen, dass sie nicht gegen die fundamentalen Verpflichtungen verstoßen, die sich aus der Zugehörigkeit zur Kirche ergeben und die jedem Kirchenmitglied obliegen". Denn hiernach ist mehr oder weniger vorausgesetzt, dass Mitarbeitende kirchlicher Einrichtungen Kirchenmitglieder sind.

Dies ist indessen der einzige Grund, warum die Kirchen und ihre Einrichtungen zwecks Stärkung ihres Selbstbestimmungsrechts über die Inhalte ihres Unternehmensleitbilds „christliche Dienstgemeinschaft" ihre Mitglieder kirchenrechtlich zur Konfessionsbindung „grundsätzlich" verpflichten können – nicht müssen. Nach staatlichem Recht, einschließlich des kirchlichen Arbeitsrechts, besteht hierfür keine Notwendigkeit. Im Gegenteil: Würde die Konfessionsbindung aufgehoben, wozu die Kirchen und ihre Einrichtungen das Recht haben, bliebe der kirchliche Charakter ihrer Einrichtungen, einschließlich ihres Unternehmensleitbilds „christliche Dienstgemeinschaft" völlig unberührt, weil dieser Charakter von der Zuordnung der Einrichtungen zur Kirche, nicht aber von damit verbundenen Inhalten abhängig ist, die allein kirchlicher Selbstbestimmung unterliegen und ihre „Kirchlichkeit" allein hieraus beziehen.

Die Rechtsprechung des Europäischen Gerichtshofs für Menschenrechte und des Bundesarbeitsgerichts

Dies gibt den Kirchen und ihren Einrichtungen großen Spielraum für eine theologische Diskussion über – bezogen auf die Konfessionsbindung – Inklusion, Monoreligiosität, Vielfalt, Mitarbeiterrekrutierung, diversity und Exklusion, wie sie die Brüsseler Thesen einfordern.

Es ist hier nicht der Platz, zumal dem Verfasser hierfür die wissenschaftliche Kompetenz fehlen würde, sich an dieser – theologischen – Diskussion zu beteiligen. Aus rechtlicher, zumal rechtspolitischer, Sicht ist allein festzuhalten, dass die Kirchen und ihre Einrichtungen zu ermutigen sind, sich dieser Diskussion zu stellen und sie intensiv zu führen. Denn Säkularisierungstendenzen auch im Recht, zumal dem europäischen und internationalen, bestehen zweifellos. Diese Tendenzen werden indessen, dies lässt sich mit einiger Sicherheit prognostizieren, auf das nationale Recht,

---

[178] BVerfGE 70, 138, 166.

einschließlich des Verfassungsrechts in Deutschland, nicht ohne Auswirkungen bleiben.

Dabei geht es in concreto um die neuere Rechtsprechung des EGMR zur Kündigung kirchlicher Mitarbeitender wegen Verletzung von Loyalitätspflichten[179] sowie die Rechtsprechung des BAG zum Streikrecht in kirchlichen Einrichtungen[180].

Hier sind weniger der Inhalt und das Ergebnis dieser Entscheidungen ausschlaggebend. Sie fallen durchaus gemischt aus und können, im Großen und Ganzen, als „kirchenfreundlich" bezeichnet werden.[181] Es geht vielmehr um das in den neueren Entscheidungen des EGMR und des BAG klar ausgesprochene Bekenntnis zur Notwendigkeit einer einzelfallbezogenen Güterabwägung zwischen konkurrierenden Verfassungsrechten und Verfassungspositionen, und zwar zwischen kirchlichen, im Rahmen des kirchlichen Selbstbestimmungsrechts festgelegten Loyalitätsanforderungen an kirchliche Mitarbeitende einerseits, sowie den Grundrechten der Mitarbeitenden, unter anderem auch aus ihrer Religionsfreiheit (Art. 4 GG) andererseits.

Hier bekennen sich – entgegen der Bundesverfassungsgerichtsentscheidung vom 4.6.1985 – sowohl der EGMR, als auch, insoweit dem EGMR folgend, das BAG zu einer offenen, d. h. unter Einbeziehung aller relevanten, konkurrierenden Grund- und Menschenrechtspositionen vorzunehmenden, Güterabwägung durch die staatlichen Gerichte. Damit wird aber die vom Bundesverfassungsgericht durch seine Entscheidung vom 4.6.1985 im Ergebnis allein in das Selbstbestimmungsrecht der Kirchen und ihrer Einrichtungen verlagerte Befugnis, über kirchliche Loyalitätsanforderungen, einschließlich der Konfessionsbindung, zu befinden, nicht nur einzelfallbezogen und insoweit ergebnisoffen gelockert, sondern explizit aus der allei-

---

[179] EGMR v. 23.09.2010, Beschwerde-Nr. 1620/03, Rechtssache S. ./. Deutschland, abgedruckt in: AuR 2011, 307; ders. v. 23.09.2010, Beschwerde-Nr. 425/03, Rechtssache O. ./. Deutschland, abgedruckt in: AuR 2010, 447; EGMR v. 03.02.2011, Beschwerde-Nr. 18136/02, Rechtssache S. ./. Deutschland, zit. nach juris; vgl. dazu auch EGMR (Hg.), Pressemitteilung des Kanzlers Nr. 091 vom 3.2.2011: „Kündigung einer bei der evangelischen Kirche angestellten Kindergärtnerin wegen Mitgliedschaft in anderer Religionsgemeinschaft gerechtfertigt"; vgl. dazu BVerfG v. 07.03.2002, 1 BvR 1962/92, 2. Kammer, Nichtannahmebeschluss, zit. nach: juris.
[180] BAG v. 20.11.2012, E 143, 354; E 144, 1.
[181] Die Gewerkschaft ver.di hat aus diesem Grund, obwohl sie formal obsiegt hat (vgl. dazu U. Hammer, Nicht ohne die Gewerkschaften, Legal Tribune Online (LTO), abrufbar unter www.lto.de/recht/hintergruende/h/bag-urteil-1-azr-17911-streik-kirche-gewerkschaft (13.10.2014), gegen beide BAG-Entscheidungen vom 20.11.2012 Verfassungsbeschwerde eingelegt (vgl. ver.di (Hg.), ver.di zieht fürs Streikrecht vor das Bundesverfassungsgericht, Presseinformation v. 15.4.2013, abrufbar unter www.verdi.de/themen/nachrichten/++co++d13d4de2-a5af-11e2-8644-52540059119e (13.10.2014).

nigen Kompetenz der Kirchen entfernt und in vollem Umfang der Kontrollbefugnis staatlicher Gerichte unterstellt.

Auch wenn diese Entscheidungen im Ergebnis noch eher „kirchenfreundlich" ausfallen, dürfte hierfür in Zukunft keinerlei Garantie bestehen.
Anzeichen für eine Änderung der Rechtsprechung des Bundesverfassungsgerichts gibt es insoweit auch schon durch 2 Kammerentscheidungen, die
ebenfalls für eine, staatlichen Gerichten zugeschriebene Güterabwägung
wenn nicht streiten, so doch ohne weiteres voraussetzen.[182] Denn die Gerichte werden durch die ihnen zugesprochene Abwägung in die Lage ver-
setzt, dem Zeitgeist Rechnung zu tragen, dessen Säkularisierungstendenzen
sie nach kaum mehr kontrollierbaren Kriterien folgen oder verwerfen können.[183] Wollen die Kirchen und ihre Einrichtungen ihr Selbstbestimmungsrecht über das Unternehmensleitbild „christliche Dienstgemeinschaft" bewahren, steht es Ihnen deshalb gut an, gerade die Konfessionsbindung als
Loyalitätsanforderung für Mitarbeitende zu überdenken, die, wie die hier
diskutierten Thesen des Brüsseler Kreises und ihre Begründung zeigen, unter
verschiedensten, insbesondere theologischen Gesichtspunkten diskussionswürdig sind.

Was könnte, diese Frage sei erlaubt, staatliche Gerichte im Rahmen der
ihnen anvertrauten Güterabwägung zwischen kirchlichen Rechten und
Rechten der Mitarbeitenden daran hindern, auf den nicht erst seit heute ge-
führten und durch die Brüsseler Thesen nunmehr auf den Punkt gebrachten
theologischen Diskurs über die Konfessionsbindung innerhalb der Kirchen
selbst Bezug zu nehmen und sich im Rahmen dieses Disputs auf juristischer
Ebene, d. h. mit rechtlicher Verbindlichkeit, auf die eine oder andere Seite zu
schlagen? Abschließend sei aber auch die Gegenfrage erlaubt: Was kann die
Kirchen und ihre Einrichtungen daran hindern, sich im Rahmen ihres Selbstbestimmungsrechts in Abwägung aller theologischen Argumente, wie sie
insbesondere der Brüsseler Kreis durch seine Thesen aufwirft, zu einer Aufhebung der Konfessionsbindung auf der Grundlage des Unternehmensleitbilds „Christliche Dienstgemeinschaft" bei entsprechenden Verhaltenspflichten aller Mitarbeitenden zu bekennen?

---

[182] BVerfG v. 31.01.2001, 1 BvR 619/92, 1. Kammer, Nichtannahmebeschluss, zit.
        nach: juris; BVerfG v. 07.03.2002, 1 BvR 1962/01, 2. Kammer, Nichtannahme-
        beschluss, zit. nach: juris; letztere Entscheidung bestätigt durch den EGMR.
[183] Zum Ganzen vgl. auch: U. Hammer (2011), S. 281 ff.

Ergebnis in Thesen

1) Die theologische Diskussion über die Konfessionsbindung in kirchlichen Einrichtungen, wie sie von den Thesen des Brüsseler Kreises „Konfessionsgebundener Überzeugungspluralismus" aufgeworfen wird, wird in Deutschland vor einem rechtlichen Hintergrund geführt, der vom Allgemeinen Gleichbehandlungsgesetz (AGG) in europarechtskonformer Auslegung geprägt ist und wonach die Bestimmung über die Konfessionsbindung im Wesentlichen den Kirchen und ihren Einrichtungen obliegt, für die das AGG insoweit explizit Ausnahmen vom Diskriminierungsverbot wegen der Religion oder Weltanschauung formuliert.

2) Die Thesen besitzen in Bezug auf die juristische Diskussion in Deutschland Sprengwirkung und stellen zugleich einen Tabubruch dar, einerseits weil hierdurch der Rahmen, den die Rechtslage für kirchliche Entscheidungen bietet, theologisch genutzt wird, andererseits weil hierdurch „Säkularisierungsoptionen" aufgegriffen und explizit auf die Grundlage des Unternehmensleitbilds „Christliche Dienstgemeinschaft" – sozusagen, aus kirchlicher Sicht, vom Kopf auf die Füße – gestellt werden. Die Thesen leisten damit ihren Beitrag zu Säkularisierungsoptionen, die im europäischen Raum spürbar sind und sich über kurz oder lang auch auf Deutschland einschließlich der Rechtslage auswirken können.

3) Die Spannung zwischen Konfessionsbindung kirchlicher Einrichtungen und Konfessionspluralismus in der Gesellschaft und am Arbeitsmarkt, insbesondere für Fachkräfte im Gesundheits- und Sozialwesen, beruht auf dem theologisch begründeten Unternehmensleitbild „Christliche Dienstgemeinschaft", das von einer subjektiven Glaubensanforderung in eine objektive Verhaltenserwartung transformiert werden muss, damit einerseits diese Spannung glaubhaft gelöst wird und Mitarbeitende nicht – subjektiv – überfordert werden, andererseits damit sie dauerhaft Bestand hat. Die darin liegende Herausforderung an das Management kirchlicher Einrichtungen lässt sich schlagwortartig als Weg „von der Dogmatik zur Dynamik" beschreiben.

4) Das AGG ist – auch in europarechtskonformer Auslegung – verfassungskonform, entsprechend dem Grundgesetz, auszulegen. Das gilt auch für die Ausnahme vom allgemeinen Diskriminierungsverbot wegen der Religion oder Weltanschauung hinsichtlich der Konfessionsbindung in kirchlichen Einrichtungen. Dabei werden Theologie und Rechtswissenschaft in spezifischer Form zusammenwirken müssen.

5) Nach der Rechtsprechung des Bundesverfassungsgerichts obliegt die Bestimmung über eine Konfessionsbindung in kirchlichen Einrichtungen allein den Kirchen im Rahmen ihres Selbstbestimmungs- und Selbstordnungsrecht aus Art. 140 GG i. V. m. Art. 137 Abs. 3 WRV. Zwar ist diese Freiheit nicht grenzenlos, sie ist auch im Rahmen einer einzelfallbezogenen Abwägung zwischen kirchlichen Rechten und Beschäftigtenrechten vorzunehmen. Gleichwohl besteht sie jedoch innerhalb äußerster verfassungsrechtlicher Grenzen, deren faktische Auswirkungen gering sind. Festzuhalten bleibt indessen, dass die Kirchen und ihre Einrichtungen verfassungsrechtlich nicht verpflichtet sind, von ihren Mitarbeitenden eine Konfessionsbindung zu verlangen. Diesbezügliche Verpflichtungen ergeben sich derzeit allein aus kirchlichem Recht, dessen theologische Grundlagen, wie die Brüsseler Thesen zeigen, diskussionswürdig sind.

6) Die hiernach – rechtlich – ohne weiteres zulässige, wenn nicht gebotene theologische Diskussion über die Konfessionsbindung erhält durch die neuere Rechtsprechung des Europäischen Gerichtshofs für Menschenrechte, des Bundesarbeitsgerichts sowie nicht zuletzt des Bundesverfassungsgerichts Auftrieb, die die im Rahmen der Bestimmung über die Konfessionsbindung zu treffende Einzelfallabwägung zwischen widerstreitenden Rechten der Kirchen und ihrer Mitarbeitenden zunehmend aus der alleinigen Kompetenz der Kirchen löst und – insoweit entgegen früherer Rechtsprechung des Bundesverfassungsgerichts – zwar vorsichtig, aber vermehrt und verstärkt den staatlichen Gerichten überantwortet. Dieser Prozess eines Rechtsprechungswandels vollzieht sich jedoch gleichzeitig von dem Hintergrund einer Bekräftigung des Sonderstatus der Kirchen und ihrer Einrichtungen.

7) Die theologische Diskussion über eine Konfessionsbindung kirchlicher Einrichtungen, wie sie der Brüsseler Kreis mit seinen 5 Thesen anstößt, erweist sich dadurch als ausschlaggebend sowohl für die Lösung innerkirchlicher Spannungen zwischen Konfessionsbindung und Konfessionspluralismus als auch für die weitere rechtliche Entwicklung des kirchlichen Sonderstatus in Deutschland und Europa. Es ist nicht falsch, in diesem Zusammenhang von einem „Umbruch" zu sprechen, der durch die theologische Diskussion aktiv (mit) gestaltet werden kann, die hierdurch in besonderer Weise gefordert ist.

Vielfalt gestalten, Begegnung wagen!
Werbung für interreligiöse Praxis
in christlichen Sozialunternehmen

Alexander-Kenneth Nagel

Vor drei Jahren haben wir für ein Projekt zu Religionskontakt in der Ausländerarbeit von Diakonie und Caritas Mitarbeiter/innen zu ihren Erfahrungen befragt. Dabei gab eine junge Sozialpädagogin folgende Prognose ab:

„[I]ch sehe keine Zukunft in den Wohlfahrtsorganisationen, überhaupt nicht, ich glaube, die gibt es in 30 Jahren nicht mehr. Ich glaube, Zukunft werden die kleinen Unternehmen haben, […] es sei denn, die Wohlfahrtsverbände schaffen es irgendwie, sich umzustricken. Und darin gründet, glaube ich, auch die Frage: warum gucken die eigentlich nicht darauf in so einem Vorstellungsgespräch? Weil die selber nämlich nicht nach diesen moralischen Vorstellungen arbeiten. Meiner Meinung nach. Vordergründig schon, wir sind immer nett und lieb zueinander, aber das ist jawohl nicht das, was den katholischen Glauben ausmacht, finde ich.“

Die düstere Zukunftsvision berührt zumindest drei Herausforderungen, die auch im Positionspapier des Brüsseler Kreises angezeigt sind: a) Die Marktsituation, in der konfessionelle Wohlfahrtsverbände stehen, insbesondere die Herausforderung durch kleine, flexible gGmbHs, b) die Engführung von Christlichkeit auf formale Kriterien von Kirchenmitgliedschaft und c) die Klage über das Fehlen einer religiösen Unternehmenskultur, die in den täglichen Vollzügen erkennbar wird.

Wenige Monate nach dem Interview trat die Mitarbeiterin eine neue Stelle bei einem kleinen, nicht-konfessionellen Sozialunternehmen an. Das Bemerkenswerte an diesem Beispiel sind nicht die allfälligen Klagen an der Basis, sondern die Tatsache, dass eine explizit religiöse Person (qua Mitgliedschaft und Überzeugung) einem christlichen Träger den Rücken kehrt, und das nicht zuletzt aus religiöser Enttäuschung.

Ausgehend von dieser Problemanzeige und auf der Grundlage empirischer Eindrücke und Befunde möchte ich im Folgenden eine religionswissenschaftliche Kommentierung der Thesen des Brüsseler Kreises wagen. Im Vordergrund werden dabei Anfragen stehen, die sich aus den gegenwärtigen Transformationsprozessen des religiösen Feldes und insbesondere aus der religiösen Pluralisierung für christliche Wohlfahrtsverbände ergeben. Dabei werde ich das Thesenpapier nicht einfach der Reihe nach abarbeiten, sondern meine Kommentierung entlang verschiedener thematischer Aspekte entwickeln, die sich teilweise stark mit einzelnen Thesen überschneiden und in anderen Fällen eher Querschnittsdimensionen darstellen:

Ich beginne mit einigen kritischen Beobachtungen zur Wahrnehmung von Säkularisierung und votiere für einen differenzierteren Blick auf aktuelle religiöse Transformationsprozesse. Im zweiten Abschnitt diskutiere ich das Verständnis religiöser Pluralisierung sowie die Imaginationen des religiösen Anderen, die dem Positionspapier zugrunde liegen und ergänze einige Hintergründe und Erscheinungsformen religiöser Vielfalt in Europa. In meiner Schlussbetrachtung setze ich mich mit dem konfessionsgebundenen Überzeugungspluralismus auseinander und erörtere die prekäre Balance des vorgeschlagenen Inklusionsgedankens zwischen Standortgebundenheit und Öffnung sowie zwischen den religionstheologischen Optionen Inklusivismus und Pluralismus. Jeder Abschnitt beginnt mit einer textimmanenten Kommentierung, an die dann weiterführende Überlegungen und Beobachtungen anschließen.

(Selbst-)Säkularisierung und religiöse Transformation

In den Thesen und in den daran anschließenden Erläuterungen ist an mehreren Stellen von Säkularisierung oder „Selbstsäkularisierung" die Rede. In der ersten These werden die „vielfältigen Säkularisierungstendenzen unserer Gesellschaft" herangezogen, um die Kirchenzugehörigkeit als formales Merkmal der Konfessionsbindung auszuschließen. In der vierten These wird vor der fatalistischen „Einwilligung in einen ungesteuerten Säkularisierungsprozess" gewarnt.

Die zweite Dimension wird in der Kommentierung als „Selbstsäkularisation" prominent aufgenommen. Entworfen wird das Bild einer großräumigen, ungebrochenen und irreversiblen „gesellschaftlichen Entwicklungstendenz", in die man sich „ergeben" oder der man sich entgegenstellen kann. Als Merkmale dieses Prozesses werden die Erosion christlicher Kernmilieus, religiöse Individualisierung und Amalgamierung, die abnehmende „Übereinstimmung mit bestimmten Dogmen" sowie nicht zuletzt sinkende Mitgliederzahlen ausgemacht.

Als akademischer Bürge wird der Religionssoziologie Peter L. Berger ausgemacht. In der Tat hatte Berger in den 60er-Jahren auf den zunehmenden Plausibilitätsverlust hingewiesen, der sich aus der pluralen Situation und der damit verbundenen „Marktlage" ergebe: Wenn verschiedene exklusive religiöse Geltungsansprüche konkurrieren, so Berger, siegen am Ende religiöse

Indifferenz und Ich-Bezogenheit.[184] Allerdings ist das nur die eine Seite der Medaille: Wo der frühe Berger ganz im Geiste seiner Zeit von einer umfassenden Säkularisierungsbewegung ausgegangen war, vollzog er später eine überaus bemerkenswerte Volte und prägte pünktlich zur Jahrtausendwende den Begriff der Desäkularisierung.[185] Der Witz daran: Galten die USA in den klassischen Modernisierungstheorien als Ausnahmefall, weil religiöse Partizipation und Einstellungen ungebrochen stark waren, so ist nun eher Europa die säkulare Ausnahme von der religiösen Regel.[186]

Das führt zu Diagnosen des religiösen Wiedererwachens, die in den Erläuterungen zum Positionspapier zwar kurz benannt, aber nicht weiter verfolgt werden. Dieser einseitige Blick auf religiöse Transformationsprozesse wird für den Brüsseler Kreis dann zu einem Problem, wenn er zu einem verzerrten Bild der Situation und der Handlungsspielräume christlicher Sozialunternehmen führt. Es macht einen Unterschied, ob man sich einem Säkularisierungstrend entgegenstellt oder ob man sich in einen Prozess der Desäkularisierung einklinkt und ihn mitgestaltet. Dabei ist die Skepsis der Autoren mit Blick auf die thematische Konjunktur einer „Rückkehr der Religion"[187] bzw. „Wiederkehr der Götter"[188] durchaus angebracht. Die Geschichte vom Untergang und der fulminanten Wiederauferstehung der Religion in modernen Gesellschaften klingt, flapsig gesprochen, selbst zu religiös, um wahr zu sein.[189] Dieses berechtigte Verdachtsmoment, das die binäre Rhetorik des Paradigmenwechsels mit sich bringt, darf aber nicht dazu führen, jene konkreten Entwicklungen einfach auszublenden, auf denen die Kulturbedeutsamkeit dieser Diagnosen letztlich beruht.

Ich möchte daher, abseits der großen Bilder von Verschwinden und Wiederkehr, noch einmal auf drei Aspekte religiöser Transformation und ihre mögliche Bedeutung für christliche Sozialunternehmen hinweisen:

Entkirchlichung, Individualisierung und Spiritualisierung

Schon früh hat sich eine Reihe sogenannter Religionsökonomen an Bergers Säkularisierungsthese abgearbeitet.[190] Ähnlich wie Berger gingen auch sie davon aus, dass religiöse Pluralisierung zu einer Marktsituation führt, in der

---

184 Vgl. P. L. Berger (1973).
185 Vgl. P. L. Berger (1999).
186 Vgl. L. R. Iannaccone/R. Stark (1994).
187 M. Riesebrodt (2000).
188 F. W. Graf (2004).
189 Zum Ethnozentrismus dieser Perspektive vgl. K. Gabriel (2013).
190 Vgl. R. Stark/R. Finke (2000).

sich religiöse Anbieter behaupten müssen. Anders als Berger hoben sie allerdings nicht auf religiöse Trivialisierung unter dem Primat des Verbraucherwillens ab, sondern auf die aktivierende und vitalisierende Wirkung des religiösen Wettbewerbs. Religiöse Konkurrenz, so die Annahme, führt zu Produktinnovationen und letzthin zu einem gesamtgesellschaftlichen Bedeutungsgewinn von Religion. Diese Sichtweise dürfte mit Erfahrungen korrespondieren, die christliche Sozialunternehmen als Akteure auf dem Wohlfahrtsmarkt machen. Zugleich ist damit die Anfrage verbunden, inwieweit diese Unternehmen neben sozialen Dienstleistungen auch „Heilsgüter"[191] herstellen und anbieten.

Die Erläuterungen zum Positionspapier gehen davon aus, dass „tradierte Konfessionsbindung im Sinne einer hohen Übereinstimmung mit bestimmten Dogmen" abnimmt und dass „sich Menschen jenseits institutioneller Angebote einen eigenen Sinnmix wählen". Darin stecken zwei Herausforderungen, die es sich zu unterscheiden lohnt: Zum einen steht zu vermuten, dass der Bedeutungsverlust religiöser Institutionen auch die Wohlfahrtsverbände und Sozialunternehmen betrifft. Zum anderen erscheint es schwierig, die Bandbreite individueller Sinn-Portfolios unter dem Dach einer christlichen Unternehmenskultur zu beheimaten.

Dies ist nicht der Ort, um statistische Befunde und Debatten über Entkirchlichung zu diskutieren, bemerkenswert ist aber doch, dass nur ein knappes Drittel der Befragten im Religionsmonitor der Aussage zustimmt, „Ich greife für mich selbst auf Lehren verschiedener religiöser Traditionen zurück". Dabei kommen Detlev Pollack und Olaf Müller zu dem Schluss, dass es v. a. die „jüngeren, weiblichen, hochgebildeten und sich bezüglich ihrer sozialen Position in der Gesellschaft höher einschätzenden Befragten" sind, die eine „synkretistische" Neigung haben.[192] Für christliche Sozialunternehmen bedeutet das, dass sie mit religiöser Individualisierung tendenziell eher auf der Ebene der Mitarbeiter als der Kunden rechnen müssen. Gerade die Unternehmen von Diakonie und Caritas wären gut beraten, den Mitgliederschwund der Kirchen (und anderer gesellschaftlicher Verbände) nicht als Zeichen sozialer Auflösung und Anomie zu verstehen, sondern als Suche nach Zugehörigkeit jenseits von Mitgliedschaft. Einen Anknüpfungspunkt dafür bieten Beobachtungen zu neuen Formen religiöser Vergemeinschaftung.

---

[191]   F. Stolz (2000).
[192]   Vgl. D. Pollack/O. Müller (2013), S. 20.

Neue Formen religiöser Vergemeinschaftung

Religionsgemeinschaften verschwinden nicht, sie verändern nur ihre Gestalt, so der Kultursoziologe Winfried Gebhardt. In einem neueren Aufsatz arbeitet sich Gebhardt an der verbreiteten Diagnose des „believing without belonging" ab und merkt zu Recht an, dass mit der Privatisierung und Individualisierung der Religion nicht das Bedürfnis nach Zugehörigkeits- und Gemeinschaftserfahrung verschwinde.[193] Als problematischen Referenzpunkt zahlreicher Säkularisierungsdiagnosen macht Gebhardt ein „Trugbild von der Normalreligion" aus, das Christentum im Wesentlichen mit der verfassten Kirche gleichsetzt.[194] Dem stellt er drei Ansätze posttraditionaler Vergemeinschaftung gegenüber, namentlich Szenen, Events und Lifestyles: „Szenen sind Gruppen von Menschen, die für eine gewisse Zeit ein gemeinsames Interesse teilen und deswegen zu bestimmten Orten und an bestimmten Zeiten zusammenkommen"[195]. Sie basieren ihrerseits auf Events, also „Veranstaltungsformen, die […] unterschiedlichste Erlebnisinhalte und Erlebnisformen zu einem nach primär ästhetischen Kriterien konstruierten Ganzen zusammenbinden"[196]. Ein drittes Muster neuer religiöser Vergemeinschaftung sind konvergierende religiöse Lifestyles. Gemeint sind relativ homogene „Individualitätscluster", die sich in religiösen Inszenierungen und Events und durch eine eigene Ästhetik formieren.[197] Die Unterscheidung mag nicht restlos trennscharf sein, aber sie verdeutlicht das Spektrum neuer religiöser Gemeinschaftsformen.

Wie posttraditionale Vergemeinschaftung im Wohlfahrtssektor aussehen kann, macht die amerikanische „Servolution"-Plattform vor, eine evangelikale Bewegung, die kein geringeres Ziel hat, als die soziale Arbeit von Kirchengemeinden zu revolutionieren: „Servolution is not just an event; it is a revolution formed through serving. […] A beautiful perspective is found when we take the time to actually see the world through God's eyes". Der Dienst am Nächsten in seinen unterschiedlichen Formen wird hier selbst zum transzendenten Ereignis, das eine besondere Nähe zu Gott und dadurch eine Erweiterung des eigenen Lebens herstellt: „we find ourselves being transformed by the idea of living beyond ourselves". Das Verhältnis zu den Kirchen ist dabei durchaus subversiv. Es gelte, den Geist der Bewegung in die „DNA" der Gemeinden einzupflanzen („infusing"), um dadurch das Heer („revolutionary army") der Helfer weiter zu vergrößern.[198] Auch wenn sich

---

[193]   Vgl. W. Gebhardt (2013), S. 299.
[194]   Vgl. ebd.
[195]   A. a. O.. S. 304.
[196]   A. a. O. S. 306.
[197]   Vgl. a. a. O. S. 308.
[198]   Vgl. www.servolution.org/about.php (30.10.2014).

im Angesicht von soviel evangelikalem Triumphalismus manchem Alteuro-
päer die Nackenhaare hochstellen, stecken darin womöglich doch auch
Chancen für die Erneuerung der christlichen Sozialunternehmen: Das Selbst-
bild als religiöse, ja prophetische Bewegung jenseits amtskirchlicher Formen, das Verständnis der Hilfeleistung selbst als gottesdienstliche Handlung,
die Vorstellung einer Hilfsgemeinschaft und nicht zuletzt die pointierte
theologische und ästhetische Sprache sind Aspekte, von denen man sich
inspirieren lassen könnte.[199]

Deprivatisierung: Die neue Öffentlichkeit der Religion in der sogenannten postsäkularen Gesellschaft

Wo posttraditionale Formen religiöser Vergemeinschaftung auf den individuellen Erlebnischarakter und Heilsgewinn setzen, könnte man sie durchaus
als Ausdruck einer umfassenderen Individualisierung und Privatisierung von
Religion betrachten. Allerdings mehren sich in den letzten 20 Jahren auch
Studien, die auf die anhaltende oder wachsende Rolle von Religionsgemeinschaften im öffentlichen Raum verweisen. Als paradigmatisch kann die län-
dervergleichende Untersuchung von José Casanova mit dem Titel „Public
religions in the modern world" gelten. Casanova spricht von einer „Krise der
Säkularität" und konstatiert einen Trend „religiöser Deprivatisierung".[200]
Religion, so die Annahme, erobert sich die Öffentlichkeit zurück, die sie
infolge von Säkularisation und nationaler Expansion verloren hat. Diese
Entwicklung beruht auf einer genuin „öffentlichen Identität" religiöser Gemeinschaften, die sie nach einer „öffentlichen Rolle" streben lässt.[201]
Entsprechend kehrt Religion nicht im Abstrakten zurück, sondern in Gestalt
konkreter politischer Mobilisierung, sei es zur Verteidigung der traditionel-
len religiösen Lebenswelt oder zur öffentlichen Verankerung religiöser
Werte und Normen in der sittlichen Verfassung des Gemeinwesens.[202]
    Für Casanova ist die neue Öffentlichkeit der Religion eine emanzipatori-
sche, gegen die Eigenlogiken von Staat und Markt erkämpfte. Religionsgemeinschaften werden auf diese Weise zum lebensweltlichen Biotop und

---

[199] Wohlgemerkt: Diese Inspiration sollte sich auf den Modus der Vergemeinschaftung,
       nicht unbedingt auf theologische Inhalte beziehen. Die schlichte Reziprozität des
       Prosperity Gospel und die paternalistischen Züge der Hilfsbeziehung sowie die
       Moralisierung von Bedürftigkeit, die sich daraus ergeben, würden für Diakonie und
       Caritas m. E. einen Rückschritt bedeuten.
[200] J. Casanova (1994).
[201] A. a. O., S. 224f.
[202] Vgl. a. a. O., S. 228f.

Agenten gegen die Kolonisierung durch Bürokratie und Effizienzerwägungen. Bei soviel befreiungstheologischem Überschwang gerät leicht aus dem Blick, dass religiöse Gemeinschaften, gerade im Wohlfahrtsbereich, nicht als Gegner, sondern als langjährige und verlässliche Partner moderner Wohlfahrtsstaaten in Erscheinung getreten sind. Solche öffentlich-privaten Partnerschaften bestehen in unterschiedlichen Arrangements und durchaus unabhängig von bestimmten Wohlfahrtsregimen oder religionspolitischen Konstellationen. Sie gewinnen an Bedeutung, je mehr klassische Nationalstaaten zerfasern[203] und Organisationsverantwortung für öffentliche Güter an gesellschaftliche Akteure abgeben[204]. Für christliche Wohlfahrtsverbände ist damit die Anfrage verbunden, sich zugleich als religiöse Bewegung mit prophetisch-kritischem Charakter (s. o.) und als „staatstragend" zu verstehen. In der Folge sind konfessionelle Sozialunternehmen nicht nur soziale Dienstleister, sondern auch Knotenpunkte und Gestalter lokaler Öffentlichkeit.

Diese öffentliche Rolle geht nicht in paternalistischen oder deprivationsorientierten Vorstellungen von „Sozialanwaltschaft" als Einsatz für die Schwachen auf, sondern ist ihrem Grundsatz nach gemeinwohlorientiert. Daraus folgt auch, dass sich die Beschäftigung mit religiöser Vielfalt nicht auf eine verbands- oder kircheninterne Profilbildungsdiskussion beschränken kann. Vielmehr ist zu fragen, welche Verantwortung konfessionelle Sozialunternehmen als Sachwalter von Religion in modernen Gesellschaften schlechthin übernehmen können. Eine naheliegende Möglichkeit bieten interreligiöse Aktivitäten innerhalb und außerhalb des Unternehmens von der interreligiösen Teambesprechung über Netzwerkarbeit im Stadtteil bis hin zum interreligiösen Community Organizing. Im besten Fall kann genau diese traditionsübergreifende Perspektive auf religiöse Pluralisierung zum Markenzeichen christlicher Sozialunternehmen werden. Mit diesen Überlegungen ist zugleich der Bogen geschlagen von allgemeinen religiösen Entwicklungstrends in modernen Gesellschaften zum Verständnis von und Umgang mit religiöser Vielfalt.

Wie hältst du's mit Diversity?
Ein Votum für (noch) mehr Mut

„Wer fertig ist, dem ist nichts recht zu machen; Ein Werdender wird immer dankbar sein", mit diesen Worten versucht die Lustige Person im Faust-

---

[203] Vgl. P. Genschel/B. Zangl (2008).
[204] Vgl. A.-K. Nagel (2010).

Prolog, den Dichter zur poetischen Beteiligung zu bewegen. Ich möchte daran anknüpfen und die christlichen Sozialunternehmen des Brüsseler Kreises ermuntern, religiöse Identität weniger als ein Strukturmerkmal als einen Prozessbegriff zu verstehen. Dazu gehe ich zunächst auf unterschiedliche Verständnisse von religiöser Diversität im Positionspapier ein und ergänze sie um einige Hintergrundinformationen zu religiöser Pluralisierung in Europa, um mich im Anschluss daran kritisch mit dem Konzept des konfessionsgebundenen Überzeugungspluralismus auseinanderzusetzen.

Der religiöse Andere, das unbekannte Wesen?

Zunächst ein paar Leseeindrücke, wie religiöse Vielfalt und der religiöse Andere im Positionspapier und der Kommentierung verhandelt werden. Der religiöse Andere begegnet uns zunächst als Kunde oder Mitarbeiter, später dann auch als biblisches Vorbild.

Als *Kunde* kommt er in den Genuss des „universellen Hilfeethos" und profitiert insoweit von der „Grundüberzeugung, dass niemand aufgrund seiner besonderen Eigenschaften aus der menschlichen Gemeinschaft ausgeschlossen sein darf". Die Kommentatoren operationalisieren diesen Universalismus nachvollziehbar über die Allgemeine Erklärung der Menschenrechte und einen erweiterten Begriff der Inklusion. Religiöse Pluralisierung wird dabei deutlich als Herausforderung verstanden: „Man muss sich einmal plastisch vorstellen, welche Schwierigkeiten es gemacht haben muss, wenn naturreligiös gebundene Afrikaner, christliche Südamerikaner, kommunistische Sowjets, Juden und konfuzianische Chinesen, Moslems aus dem Nahen Osten und abgrundtief durch den Krieg zerstrittene Europäer und Nordamerikaner sich an einen Tisch gesetzt und gemeinsam versucht haben, einen Wertekonsens zu formulieren, der für alle möglichst verbindlich sein soll". Hier wird ein drastisches Sprachbild gezeichnet, das (bin hin zum enthnoreligiösen Zuschnitt der Parteien) bewusst oder unbewusst Anleihen an Samuel Huntingtons These vom „Kampf der Kulturen" nimmt. Am Verhandlungstisch wird Vielfalt zu einem Politikum, man weiß um sich und die anderen Stakeholder, bewirtschaftet Gemeinsamkeiten und Unterschiede und ringt um Kompromisse. Dabei betonen die Autoren die o. g. „Schwierigkeiten" eher aus apologetischen Gründen, nämlich um dem Einwand zu begegnen, die Menschenrechte seien eine christliche Erfindung. Die dadurch argumentativ gewonnene Neutralität ist allerdings teuer erkauft um den Preis eines essentialistischen und in der Tendenz zänkischen Modells religiöser Vielfalt.

Als *Mitarbeiter* ist der religiöse Andere gleichermaßen Ressource und Herausforderung. Auf der *Ressourcenseite* können nichtchristliche Mitar-

beiter ein kulturspezifisches Humankapital einbringen, das die universelle
Öffnung der Angebote oft erst ermöglicht: „Im Sinne einer kultursensiblen
Unterstützung von Menschen aus nichtchristlichen Religionen und Kulturkreisen ist es auf dieser Basis an vielen Stellen sogar gerade geboten, in Diakonie und Caritas auch Mitarbeitende zu beschäftigen, die die besonderen
Bedarfe der Klienten kennen, welche sich aus ihrem Glauben oder ihrer
Weltanschauung ergeben". Diese Außenwahrnehmung korrespondiert auch
mit der Innensicht einer Mitarbeiterin der Diakonie aus unserer eingangs
erwähnten Befragung. Sie vermerkt: „Die Zeiten haben sich geändert, es
kommen fast keine Aussiedler mehr aus Russland und es kommen auch
keine Migranten, deren Sprache ich spreche […]. Aber die Erfahrung, selbst
Migrantin zu sein, [zu wissen,] was der Mensch so braucht, wenn er nach
Deutschland kommt und sich nicht auskennt, […] also dieses eben ist bei den
früheren Spätaussiedlern genauso wichtig wie bei jedem anderen Migranten,
egal aus welchem Land er kommt".

Zugleich merken die Kommentatoren schon zu Beginn kritisch an, dass
religiöse Vielfalt auf der Ebene der Mitarbeitenden in der Praxis nicht als
Bereicherung (im Sinne eines klassischen Diversity Management), sondern
eher als *Herausforderung* für das christliche Profil konfessioneller Sozialunternehmen betrachtet werde. Ein systematischer Grund dafür liegt im
organisationsökonomischen Dreiklang von Personal, Aufbaustruktur und
Unternehmensidentität: „Nichts prägt ein Unternehmen so stark wie die
Menschen, die in ihm arbeiten. Sie bringen sich ein mit ihren Überzeugungen, ihren Wertvorstellungen, ihren Erfahrungen". Die Frage ist folglich, wie
eine gute Resonanz zwischen den Vorstellungen und Motivationen der
Mitarbeitenden und der Identität des Unternehmens erreicht werden kann.
Die Autoren stellen sich angesichts der kirchensoziologischen Realitäten zu
Recht gegen die formale Zugehörigkeit als alleiniges Kriterium und machen
eine Reihe interessanter Vorschläge von „der formal erklärten Zustimmung
zum jeweiligen Leitbild", bis hin zu „Diskurskulturen […], in denen ein
gemeinsame Sicht erstritten und eine gemeinsame Handlungsfähigkeit erreicht wird". Jenseits von der Personalrekrutierung gelte es, das christliche
Profil grundlegend in den Basisvollzügen des Unternehmens zu verankern.
Dazu verweisen die Autoren auf die Unternehmenskultur und ihre materiel-
len (Kirchengebäude), ideellen (biblische Erzählungen) und rituellen Aus-
drucksformen (Festkalender).

Hier möchte ich mit Blick auf die nichtchristlichen und konfessionslosen
Mitarbeiter ein paar Anfragen stellen: Zum einen könnte man grundsätzlich
argumentieren, dass eine Profilbildung über Räume und Festlichkeiten nicht
weniger äußerlich ist als über formale Mitgliedschaft. Im schlimmsten Fall
werden die religiösen Feste so zur bloßen Scharade und die Sakralräume zur
bloßen Kulisse. Zweitens und wichtiger wäre zu fragen, welche Rolle nichtchristliche Mitarbeiter (aber auch Partner aus religiösen Migrantenorganisa-

tionen) in diesem Rahmen spielen. Nehmen sie daran teil wie alle anderen
auch, sind sie Zuschauer oder gleichsam das „institutionalisierte Andere"?
Die Autoren sprechen vom „Rekreationsbedarf" der Mitarbeiter und von
„spirituellen Erfahrungsräumen im Arbeitsalltag" und lösen so religiöse
Vielfalt tendenziell in individuelle religiöse Bedürfnislagen auf. Was man
vermisst, sind die o. g. streitbaren Diskurskulturen, in denen Christlichkeit
(und Nicht-Christlichkeit?) kollektiv und explizit ausgehandelt werden. Lässt
sich auch dafür ein Raum schaffen, etwa in Gestalt einer strukturierten interreligiösen Verständigung innerhalb des Unternehmens? Das müssen keine
interreligiösen Dialoge sein, sondern z. B. ein prägnanter Austausch zu ganz
konkreten Erfahrungsanlässen, vielleicht gar eine interreligiöse Fallbespre-
chung?

Theologische und praktische Ansatzpunkte dafür erörtert der Pasto-
raltheologe Ottmar Fuchs in seinem Beitrag „Caritaseinrichtungen als Orte
interreligiöser Praxis"[205]. Er betont, „dass es vielleicht doch im Bereich von
Glaubensmotivation und Spiritualität nicht zu verordnende Schnittmengen
gibt, die es ermöglichen, [...] Gemeinsames zu entdecken und zu feiern
(etwa in interreligiösen Gottesdiensten).[206] Diese prinzipielle Offenheit
macht religiöse Feste und Rituale selbst zu ‚Lernorten', in denen sich auch
das Verständnis individueller und kollektiver religiöser Identitäten formieren
kann. Der religiöse Andere wird so im Idealfall vom Claqueur zum Experten.
Eine solche Stärkung der interreligiösen Praxis leistet nicht nur einen Beitrag
zur religiösen und christlichen Profilbildung innerhalb christlicher Wohl-
fahrtunternehmen, sondern bietet auch wertvolle Anstöße und Erdung für die
bestehende interreligiöse Praxis: „Insgesamt gilt umgekehrt für den interreligiösen Dialog, dass er in der elitären oder massenmedial sehr vergesslichen
Luft hängt, wenn er keinen konkreten Lebens- bzw. Arbeitsbezug hat"[207].

In aller Kürze sei noch ein weiteres Verständnis des religiösen Anderen
angesprochen, das im Kommentar aufscheint, nämlich der *biblische Rückbezug* auf den sprichwörtlichen barmherzigen Samariter: „Im Gleichnis vom
barmherzigen Samaritaner [...] wird deutlich, dass gerade Mitglieder der
anderen Konfession [...] durchaus den Geboten Gottes entsprechend handeln
können und man selbst die Nächstenliebe nicht zuletzt dadurch versäumen
kann, dass man die eigene Religion in zu selbstbezogener Weise zu pflegen
sucht – wie Priester und Levit". Der religiöse Andere tritt hier nicht Herausforderung oder (nach Maßgaben von Diversity Management bewirtschaftete)
Bereicherung auf den Plan, sondern geradezu als sozialmoralisches Vorbild.
Leider übersteht das multireligiös produktive Motiv den Transfer von der
biblischen Beispielerzählung in die personalwirtschaftliche Realität zeitge-

---

[205]   Vgl. O. Fuchs (2010).
[206]   A. a. O. S. 16.
[207]   A. a. O. S. 20.

nössischer Sozialunternehmen nicht: Für nichtchristliche Mitarbeitende stelle sich vielmehr „die entscheidende Frage, ob sie sich auf die Deutungshoheit des christlichen Hilfehandelns im oben skizzierten Sinne einlassen können".

In der Folge oszilliert der Kommentar zwischen zwei Perspektiven auf nichtchristliche Mitarbeiter, die man als *gesinnungsorientiert* bzw. *pragmatisch* bezeichnen könnte. Die erste Position geht davon aus, dass nichtchristliches Personal sehr wohl Teil der Dienstgemeinschaft konfessioneller Sozialunternehmen sein kann, insoweit sie die Vorgaben zu guter Praxis und Qualitätssicherung, aber auch zum „Verständnis, in dem dieses Handeln geschieht", einhalten. Die zweite Position lässt dagegen die „innere Tatseite" gewissermaßen außen vor. Sie repräsentiert ein „Verständnis, welches die konfessionelle und theologische Profilierung nicht an der persönlichen Gesinnung, sondern an dem Akt der Kommunikation oder Handlung selbst festmacht". Als Beispiel dient eine Analogie zur Kirchenmusik: Ebenso wie die Aufführung einer Bach-Kantate ungeachtet der religiösen Herkunft der Musikanten der Verkündigung dienen könne, mag auch die soziale Arbeit zum Ausweis des „christlichen Liebesgebotes" werden, unabhängig davon, wer sie aus welchem Antrieb heraus erbringt. Textimmanent steht dieses pragmatische Verständnis in einer gewissen Spannung zu früheren Ausführungen zur Unternehmensidentität. Dort heißt es: „Wesentlich ist für die gelebte Identität eines Unternehmens nicht nur, was Menschen in ihm tun sondern gleichwohl auch, warum sie es tun. Ob ein Mitarbeitender seine Dienstleistung z. B. aus einem unbearbeiteten Helfersyndrom erbringt oder aus einer abgeklärten humanistischen Grundhaltung heraus, macht einen wesentlichen Unterschied". Diese Warnung vor Werkgerechtigkeit und Psychohygiene als falscher Motivation liest sich sehr protestantisch. Die theologische Strategie zum pragmatischen Umgang mit der Gesinnungs-blackbox klingt dann beinahe eschatologisch: „Im helfenden Tun für unsere Mitmenschen sind wir manchmal unseren eigenen Überzeugungen voraus". Das Zitat von Annette Kurschus steht exemplarisch für die *inklusivistische Religionstheologie*, die im Kommentar wiederholt aufscheint.[208] Im Herzen sind wir alle Christen, aber einige wissen es noch nicht. Der (nicht-)religiöse Andere mag dies als Einladung verstehen, aber auch als paternalistische Bevormundung. Für eine nachhaltige interreligiöse und interkulturelle Öffnung könnte man an dieser Stelle noch mehr Mut zu einem echten religionstheologischen Pluralismus wagen, der das Gegenüber nicht erst zum Proto-Christen machen muss, um mit ihm als Partner umzugehen. Quelle der Ermutigung könnten z. B. die folgenden kursorischen Überlegungen zu den Erscheinungsformen und Hintergründen religiöser Pluralisierung sein.

---

[208] Vgl. P. Schmidt-Leukel (2005).

Religiöse Pluralisierung:
Erscheinungsformen und Hintergründe[209]

Historisch gesehen ist Religiöse Vielfalt in Europa nicht die Ausnahme, sondern die Regel: So war die städtische Kultur der Spätantike und der hellenistischen Zeit geprägt durch das weitgehend friedliche Miteinander unterschiedlichster Religionsgemeinschaften. Anders als die gebräuchliche Bezeichnung „Mysterienkulte" suggeriert, war das religiöse Leben dieser Gruppen nicht (nur) geheim, sondern oft genug sichtbar und öffentlich und ihre Kulthäuser befanden sich teilweise in unmittelbarer Nähe zueinander.[210] Zudem veranstalteten einzelne Gemeinden regelmäßige Kultmahle, in denen das Fleisch geopferter Tiere gemeinsam verzehrt wurde, und zwar nicht nur von den jeweiligen Anhängern, sondern von allen Bewohnern des Viertels. Religiöse Vielfalt und interreligiöses Zusammenleben waren also ein präsenter und relevanter Teil der frühen europäischen Stadtgesellschaft – mit allen Konsequenzen: Wer beispielsweise an besagten Opfermählern nicht teilnahm, machte sich als „Integrationsverweigerer" verdächtig. In diese Kategorie fielen auch die jungen christlichen Gemeinden, in den Augen ihrer Zeitgenossen eine durchaus dubiose neureligiöse Bewegung, die in ihrer spätantiken Umwelt allenthalben aneckte.

Viele der Gefährdungsdiskurse, die uns heute im Zusammenhang mit dem Islam in Europa begegnen, wurden so oder so ähnlich auch gegen das Christentum gemünzt: Nicht nur wurden die frühen Christen wegen ihrer eigenartigen Begräbnisriten kritisch beäugt, sie standen auch mit ihren sozialreformerischen Ideen nicht immer auf dem Boden der spätantiken Verfassung: „Hier ist kein Jude noch Grieche, hier ist kein Knecht noch Freier, hier ist kein Mann noch Weib; denn ihr seid allzumal einer in Christo Jesu".[211] Mehr noch: Sie verweigerten die Teilnahme an den o. g. Opfermählern und zogen so den Zorn der Mehrheitsgesellschaft auf sich. Beachtlich, und aus heutiger Sicht oft eigenartig, ist dabei die weitreichende Akkommodationsleistung der christlichen Gemeinden: Theologische Entrepreneure wie Paulus hatten einen klaren Blick für die Realitäten der stadtgesellschaftlichen Lebenswirklichkeit und waren bestrebt, religiöse und bürgerliche Pflichten pragmatisch in Einklang zu bringen. Dabei war es schon damals das caritative Engagement der christlichen Gemeinden, die ihnen in den Augen ihrer Mitbürger Anerkennung verschafften und in der Folge zu einem Markenzeichen wurden. So zitiert Adolf von Harnack Eusebius von Caesarea mit den Worten: „Sie zeigten sich damals allen Heiden im hellsten Lichte; die

---

[209]   Zum Folgenden vgl. auch A.-K. Nagel (2013).
[210]   Vgl. J. Rüpke (2007).
[211]   Gal 3,28.

Christen waren die einzigen, welche inmitten so vieler und so großer Drang-
sale ihr Mitgefühl und ihre Menschenliebe durch die Tat selbst bewiesen.
Die einen beschäftigten sich Tag für Tag mit der Pflege und Bestattung der
Leichen (es gab unzählige, um die sich sonst niemand kümmerte); die ande-
ren versammelten die in der ganzen Stadt von Hunger gequälten an einem
Ort und teilten unter alle Brot aus. Als dies bekannt wurde, pries man den
Gott der Christen und bekannte, daß sie allein die wahrhaft Frommen und
Gottesfürchtigen seien, weil sie es durch die Tat selbst bewiesen", um direkt
im Anschluss lakonisch zu notieren: „Man darf gewiss annehmen, daß solche
Fälle […] auf die Nichtchristen einen tiefen Eindruck machten und die Pro-
paganda mächtig beförderten".[212]

Der kurze Blick zurück macht dabei deutlich, dass die europäische Religionsgeschichte traditionell durch religiöse Vielfalt und interreligiösen Austausch geprägt war. Das gilt im Übrigen nicht nur für die kosmopolitischen
Stadtgemeinden der Antike, sondern auch für das vermeintlich religionsho-
mogene Mittelalter.[213] Waren es früher in erster Linie reisende Händler,[214]
Missionare oder Gelehrte, die zur Verbreitung von Religion beitrugen, ist
religiöse Pluralisierung seit der Nachkriegszeit v. a. eine Folge von globaler
Arbeits- und Fluchtmigration. Im Folgenden stehen daher Migrationsbewegungen nach Europa im Vordergrund, genauer das religiöse Wanderungsprofil der Europäischen Union:

Religiöse Zusammensetzung der Migration in der Europäischen Union[215]

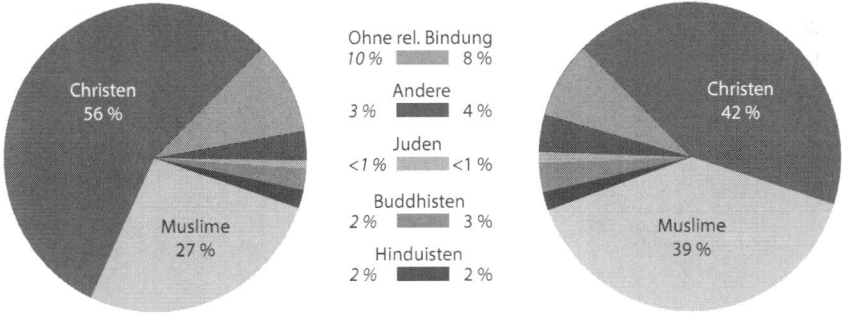

– *Anteil **aller** Migranten in der EU
nach ihrer Religionszugehörigkeit*

– *Anteil der Migranten in der EU von
außerhalb der EU nach Ihrer
Religionszugehörigkeit*

212   A. von Harnack (1902), S. 179.
213   Vgl. C. Auffarth (2007).
214   Vgl. ders. (2012).
215   Nach einer Darstellung unter www.pewforum.org/2012/03/08/religious-migration-de
stination-spotlights/#europe (27.10.2014).

Das linke Kreisdiagramm stellt das religiöse Profil aller Migrationsbewegungen in die EU dar und umfasst die EU-Binnenmigration ebenso wie die Zuwanderung aus anderen Erdteilen. Hier fällt auf, dass der überwiegende Teil der Zuwandernden einer christlichen Kirche angehört, während nur jeder Vierte einer muslimischen Gemeinschaft zugerechnet werden kann. Diese Beobachtung steht in bemerkenswertem Kontrast zu einer gewissen Tendenz der Medienberichterstattung, die Migrationsthematik zu „islamisieren". Der drittgrößte Anteil der Zuwandernden ist konfessionell nicht angebunden und nur jeder Zwanzigste bezeichnet sich als Buddhist oder Hindu. Im Unterschied dazu bildet das rechte Diagramm das religiöse Wanderungsprofil unter Ausschluss der europäischen Binnenmigration ab. Es mag überraschen, dass auch hier die christliche Zuwanderung überwiegt, auch wenn der Anteil muslimischer Migranten erwartungsgemäß zunimmt. Darüber hinaus lassen sich deutliche Unterschiede in den religiösen Zuwanderungsprofilen einzelner Länder erkennen, wie die folgende Darstellung zeigt:

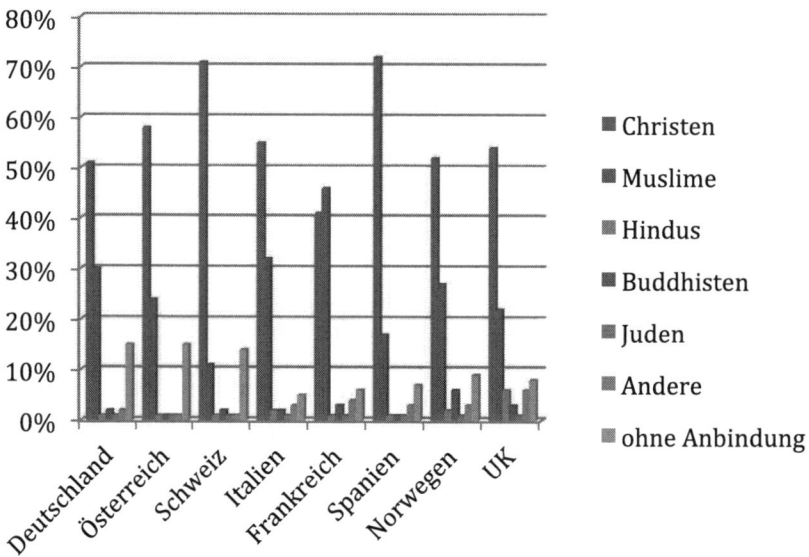

Quelle: Eigene Darstellung auf Basis der Pew Global Religion and Migration Database 2010.

Das Säulendiagramm verdeutlicht schon auf den ersten Blick, dass zwar das angesprochene Muster einer christlichen Mehrheit in Verbindung mit einer substantiellen muslimischen Minderheit der Zugewanderten in (fast) allen aufgeführten Ländern auftritt, dabei allerdings unterschiedliche Ausprägungen aufweist. So fällt auf, dass Spanien und die Schweiz den mit Abstand höchsten Anteil christlicher Immigranten haben. In beiden Ländern gehören drei von vier Zuwanderern einer christlichen Kirche an und der Anteil der zugewanderten Christen ist ca. fünfmal so groß wie der Anteil der zugewanderten Muslime. In der Schweiz lässt sich der hohe Anteil christlicher Zuwanderer auf ihre überwiegend europäische Herkunft zurückführen. Der mit Abstand größte Teil davon sind Arbeitsmigranten aus Deutschland. In Spanien ist das religiöse Wanderungsprofil hingegen ein Ausdruck der kolonialen Vergangenheit des Landes, ein Großteil der christlichen Zuwanderer stammt hier aus Süd- und Lateinamerika. Das einzige Land mit mehr muslimischen als christlichen Einwanderern ist Frankreich. Auch hier stammt ein großer Teil der Migranten aus den ehemaligen französischen Kolonien in Nordafrika. Großbritannien und Norwegen schließlich sind die einzigen Länder mit einem leicht erhöhten Anteil zugewanderter Hindus und Buddhisten. Für Großbritannien lässt sich dies als Erbe des Commonwealth erklären, die überwiegend vietnamesischen und singhalesischen Buddhisten in Norwegen kamen als Flüchtlinge oder Arbeitsmigranten.

Die religiösen Wanderungsprofile in Europa bilden einen *Status quo* des religiösen Feldes in Europa ab und beruhen auf der Aggregation vergangener Entwicklungen. Zugleich verweisen sie auf einen allgemeineren Trend religiöser Pluralisierung, der sich vermutlich in den kommenden Jahrzehnten fortsetzen wird. Dennoch ist bei Prognosen eine gewisse Vorsicht geboten, etwa mit Blick auf waghalsige demographische Projektionen, die aus den höheren Fertilitätsraten muslimischer Zuwanderer auf einen dauerhaften überproportionalen Bedeutungszuwachs des Islam in Europa schließen. Hier schwappen allzu leicht gesellschaftspolitische Gefährdungsdiskurse über „Islamisierung" in die wissenschaftliche Debatte hinein. Neuere demographische Studien haben dagegen auf den Rückgang der Geburtenraten zwischen der ersten und zweiten Migrantengeneration und eine Angleichung an die Mehrheitsgesellschaft verwiesen.[215]

Was bedeuten diese Beobachtungen für konfessionelle Sozialunternehmen? Meiner Meinung nach geben sowohl der historische Rückblick als auch die nüchterne Betrachtung der Zuwanderungsprofile in Fragen der Profilbildung Anlass zur Gelassenheit. In der Rückschau wird deutlich, dass das sozialethische Profil des Christentums a) sich in enger Auseinandersetzung mit seiner multireligiösen Umwelt entwickelt hat und b) der ethische Universalismus seit der Frühzeit einen tragfähigen „Markenkern" darstellt. Die Herausbildung ähnlicher Solidarethiken im Islam sowie in neuerer Zeit in buddhistischen und hinduistischen Reformbewegungen kann in diesem Zusammenhang als Affirmation und sportliche Herausforderung begriffen werden. War in der Antike die universelle Hilfeleistung das „Alleinstellungsmerkmal", so könnte es heute die Entgrenzung der Mitarbeiterschaft

---

[215] Vgl. N. Milewski (2010).

und die traditionsüberschreitende Themenanwaltschaft für Religion in modernen Gesellschaften sein.

Schlussbetrachtung: Wie pluralistisch ist der konfessionsgebundene Überzeugungspluralismus?

Im Positionspapier wird der konfessionsgebundene Überzeugungspluralismus als ein Programm religiöser Öffnung formuliert, das vom äußerlichen Kriterium formaler Mitgliedschaft abrückt und stattdessen auf „Orientierungs- und Spiritualitätsangebote auf der Basis der christlichen Tradition" setzt. Die Kommentatoren unterscheiden in der Folge zwischen der (klassischen) „Exklusivitätsoption", die streng an der Konfessionsbindung festhält, und einer „Option der Selbstsäkularisation", verstanden als fatalistische „Selbstergebung in einen gesellschaftlichen Säkularisierungstrend". Irgendwo in diesem Kontinuum zwischen Schließung und Selbstaufgabe positioniert sich der konfessionsgebundene Überzeugungspluralismus. Die Konfessionsbindung wird allgemein als „metaethischer kritischer Maßstab" beschrieben, ihre „vornormative Qualität" betont und programmatisch über die Leitunterscheidung zwischen Inklusion und Exklusion bestimmt. Dabei changiert das Papier meines Erachtens zwischen verschiedenen Ausprägungen von Konfessionsbindung. Zum einen heißt es: „[D]ie Fixierung der Mitarbeiterschaft auf die Christlichkeit bewirkt, dass die interkulturellen und interreligiösen Aspekte unterbelichtet bleiben, die gerade in der diakonischen Arbeit so wichtig sind". Und weiter: „Wie aber kann man z. B. christliche Rituale in einer Einrichtung durchführen, ohne diejenigen dort Unterstützten auszugrenzen, die eine andere Religion haben?" Zum anderen ist zu lesen: „das Unternehmen hat eine Orientierungsleistung anzubieten und Angebote zu machen, die die spezifische christliche Erfahrungsbasis zu erschließen ermöglicht".

Spezifisch christliche Orientierung, Multi- und Interreligiosität sowie Spiritualität, das ist das Spannungsfeld religiöser Traditionsorientierung, das mit dem konfessionsgebundenen Überzeugungspluralismus benannt werden soll. Dabei ist die Wortschöpfung selbst in der Komposition von Pluralismus und Überzeugung nicht ganz eindeutig: Handelt es sich um einen Pluralismus aus bzw. als Überzeugung oder um einen Pluralismus der Überzeugungen? Im ersten Fall wäre der Begriff tautologisch, denn in der Diversitätsforschung bezeichnet „Pluralismus" bereits eine Werthaltung oder Überzeugung, während der Ausdruck „Pluralität" das Phänomen der Vielfalt beschreibt. Im zweiten Fall bleibt unklar, um welche Art von Überzeugungen es sich handelt bzw. nicht handelt. Ist das Gegenstück, wie an einer Stelle des Kommentars angesprochen, allein die „Überzeugungslosigkeit" oder gibt es, wie an anderer Stelle anklingt, eine Reihe von Überzeugungen, die für die Sozialunternehmen des Brüsseler Kreises nicht pluralismustauglich sind?

Diese terminologischen Überlegungen mögen begriffsklauberisch anmuten, aber immerhin geht es hier um das positive ideologische Leitkonzept des Positionspapiers. So ist denn auch zu fragen, wie das Attribut „konfessionsgebunden" zum Pluralismus steht. Im Positionspapier und im Kommentar ist an verschiedenen Stellen zu lesen, das sozialunternehmerische Handeln müsse „auf der Basis [...] des Christusglaubens, [...] der christlichen Tradition, [...] der eigenen konfessionellen Herkunft, [...] der biblischen Texte, [...] des biblischen Liebesgebotes (oder) [...] des eigenen christlichen Überzeugungssystems" beruhen. Konfessionsbindung bedeutet also, dass religiöse Öffnung nur auf der Grundlage eines gefestigten konfessionellen oder doch zumindest gesamtchristlichen Bewusstseins stattfinden kann. Dahinter steht ein bestimmtes Verständnis von religiöser Identität, das die EKD in ihrer Denkschrift „Identität und Verständigung" mit Blick auf den Religionsunterricht formuliert hat: „Die Menschen in unserer enger werdenden ,Einen Welt' brauchen das fruchtbare Wechselspiel von gewachsener Identität und anzustrebender Verständigungsfähigkeit. [...] Wer nicht um seine Identität zu fürchten braucht, kann sich für andere öffnen und Verantwortung übernehmen"[216][217].

Eine religiöse Identität, die so konsolidiert ist, dass man darum nicht fürchten muss, gilt hier als Voraussetzung für Verständigung. Dahinter steht, ähnlich wie in den o. g. Ausführungen zu den Menschenrechten, ein diplomatisches Verständnis vom Umgang mit religiöser Vielfalt: Interreligiöse Verständigung ist ein Aushandlungsprozess zwischen Repräsentanten klar umgrenzter religiöser Traditionen, die sich ihrer Herkunft und Agenda in hohem Maße bewusst sind. Es ist diese Haltung, die der Religionssoziologe Levent Tezcan als „Paradoxon" des interreligiösen Dialogs bezeichnet hat.[218] Im Unterschied dazu geht Tezcan davon aus, dass eine emphatische Verständigung nur zwischen „unvollendete(n), prekäre(n) ,Identitäten'" möglich sei. Ein gelungener Dialog erfordere die prinzipielle Bereitschaft, die Grenzen der eigenen Identität „aufs Spiel zu setzen"[219]. Religionsphilosophisch ist diese Position prominent und prägnant von Martin Buber formuliert worden: „Der Mensch wird am Du zum Ich".

---

[216] EKD (1994).
[217] Die Debatte um den konfessionellen Religionsunterricht unter Bedingungen religiöser und kultureller Pluralisierung ähnelt in vielen Punkten der Profildiskussion in den christlichen Wohlfahrtsverbänden. Eine systematische Suche nach Anschlussstellen liegt m. W. bislang nicht vor, wäre aber u. U. weiterführend.
[218] Vgl. L. Tezcan (2006), S. 32.
[219] Ebd.

Für den Kommentar und für konfessionelle Sozialunternehmen ergeben sich daraus Anfragen theoretisch-konzeptioneller, theologischer und praktischer Art. Auf der theoretischen Ebene ist zu fragen, ob das zugrunde gelegte Identitätsmodell die dynamische und relationale Qualität religiöser Identität angemessen abbildet. Die Lokalisierung von Identität in der Aufbaustruktur und Kultur eines Unternehmens mag aus Sicht der drängenden Personaldebatten naheliegen, bringt aber auch ein hohes Maß an essentialistischer Schwere und Statik mit sich. Auf der theologischen Ebene wäre die religionstheologische Positionierung zwischen einer eher inklusivistischen und einer eher pluralistischen Lesart zu klären. Derzeit überwiegen m. E. die inklusivistischen Töne mit der Perspektive, religiöse Vielfalt in konfessionellen Unternehmen unter einem klaren christlichen Primat auszugestalten. Das äußert sich auf der Ebene der Festkultur genauso wie in der stillschweigenden Behandlung nichtchristlicher Mitarbeiter als Proto-Christen (s. o.). Um es klar sagen: Diese Position ist aus der spezifischen Verfassung der Unternehmen (gespanntes Verhältnis zu den Kirchen, Ringen um den Dritten Weg) heraus durchaus nachvollziehbar, sie ist nur streng genommen nicht pluralistisch. Das zeigt sich nicht zuletzt auf der praktischen Ebene, wo – mit guten Argumenten – die Stärkung der christlichen Unternehmenskultur durch Feste, Räumlichkeiten und biblische Erzählungen angemahnt wird, um die konfessionelle Identität von der formalen Zugehörigkeit des Personals zu lösen. Dem steht allerdings eine gewisse Planlosigkeit gegenüber, welche Rolle nichtchristliche Klienten und Mitarbeiter in diesem Geschehen spielen sollen. Genau an dieser Stelle wäre es aus meiner Sicht angebracht, mehr Pluralismus zu wagen, etwa in Form interreligiöser Feiern, Gesprächskreise, Fallbesprechungen und dergleichen mehr.

Anstelle einer summarischen Zusammenfassung möchte ich die vorangegangen Überlegungen abschließend zu drei Thesen verdichten.

1) *Säkularisierungsangst ist ein schlechter Ratgeber*: Die konfessionellen Sozialunternehmen sollten sich nicht vorschnell den Säkularisierungsdiskurs der Amtskirchen zu eigen machen. Die Zeitdiagnose von der umfassenden und unumkehrbaren Säkularisierung und die Kritik an der „Selbstsäkularisation" berufen sich auf religionssoziologische Debatten, die in wesentlichen Teilen als überholt gelten können. Statt auf diffuse Megatrends sollten wir das Augenmerk auf konkrete Entwicklungen richten, namentlich auf sinkende Mitgliederzahlen und Teilnahmequoten. Für christliche Sozialunternehmen bietet die aktuelle religiöse Transformation nicht nur Herausforderungen (etwa bei der Rekrutierung), sondern auch die Chance, sich als „posttraditionale" Form religiöser Vergemeinschaftung neu zu erfinden. Dabei mag (bei aller theologischen Differenz) die amerikanische „Servolution"-Bewegung eine Inspiration sein, in der der Dienst am Nächsten als gottesdienstliche

Handlung und genuin religiöses Erlebnis verstanden wird. Eine weitere Möglichkeit besteht darin, die öffentliche, gesellschaftsgestaltende Dimension diakonischen und caritativen Handelns zu stärken. Dazu braucht es keine großen Kampagnen oder prophetische Anmaßungen, sondern lokale Plattformen und Netzwerkarbeit im Sinne des Community Organizing.

2) *Mehr Multi- und Interreligiosität wagen:* Es ist gut und nachvollziehbar, unter Bedingungen religiöser Pluralisierung nach dem eigenen konfessionellen Profil zu fragen. Allerdings ist diese Profilbildung nur in begrenztem Maße regier- oder steuerbar. Leitbilder, Festkultur und Spiritualitätsangebote können nützliche Instrumente sein, wenn sie in eine streitbare „Diskurskultur" (s. o.) über die Unternehmensidentität eingebunden sind. Eine solche Diskurskultur kann sich nicht im Wohlfühlmodus entgrenzter Spiritualität erschöpfen, sondern muss sich an den Grenz- und Bruchlinien zwischen verschiedenen religiösen Traditionen sowie Religion und Nichtreligion abarbeiten. Eine Voraussetzung dafür ist m. E. die gezielte Einbeziehung des nichtreligiösen Anderen, und zwar nicht als Proto- oder Pseudochrist, sondern als legitimer Anderer, sprich: eine pluralistische Ausweitung der bislang eher inklusivistischen Religionstheologie. Eine Möglichkeit dafür liegt in der Stärkung interreligiöser Kommunikation innerhalb konfessioneller Sozialunternehmen und ihrer konkreten Vollzüge. Dabei geht es gerade nicht um die Verdopplung eines verkopften und nicht selten elitären Dialoggeschehens, sondern darum, interreligiöse Verständigung an zutiefst menschliche Grunderfahrungen rückzukoppeln.

3) *Themenanwaltschaft für Religion und religiöse Vielfalt:* Neben dem produktiven Umgang mit religiöser und weltanschaulicher Vielfalt im Inneren wären christliche Wohlfahrtsverbände meiner Ansicht nach gut beraten, sich auch nach außen hin zu Anwälten für Religion und religiöse Vielfalt zu machen. Dabei geht es weniger um klassische Formen von Sozialanwaltschaft als Einsatz für die Schwachen als um eine breiter verstandene Themenanwaltschaft, wie sie zunehmend von einigen Stiftungen reklamiert wird. Gemeint ist die planvolle und strategische Auseinandersetzung mit religiösem Wandel in modernen Gesellschaften unter dem Gesichtspunkt, wie die zivilgesellschaftlichen Potentiale verschiedener Religionsgemeinschaften für die Allgemeinheit nutzbar gemacht werden können. Konfessionelle Sozialunternehmen sind dafür prädestiniert, weil sie durch die universelle Orientierung ihrer Hilfeleistung einen Legitimationsvorsprung gegenüber der verfassten Kirche haben. Eine wesentliche Voraussetzung dafür ist natürlich der souveräne Umgang mit religiöser Vielfalt im eigenen Haus. Wo dies gelingt, können christliche Wohlfahrtverbände und Sozialunternehmen zur Avantgarde einer neuen, postsäkularen pluralistischen Religionspolitik werden

und gerade dadurch ihren religiösen „Markenkern" stärken. Wie vor zweitausend Jahren.

Konfession als Schlüsselreferenz des normativen Sinnhorizonts

Interview mit Johannes Rüegg-Stürm[220]

Die Thesen des Brüsseler Kreises laufen darauf hinaus, die formale Kirchenzugehörigkeit als grundsätzliche Einstellungsvoraussetzung abzuschaffen und zugleich die Konfessionsbindung als Identitätsmerkmal christlicher Unternehmen zu gestalten. Wie beurteilen Sie dieses Grundanliegen?

Ich kann dieses Anliegen sehr gut nachvollziehen und finde das auch sehr sinnvoll. Die These wirft allerdings wichtige Fragen auf, die erst noch zu klären sind: Was heißt denn *formale Kirchenzugehörigkeit* auf der einen Seite, und was bedeutet *Konfessionsbindung als Identitätsmerkmal* auf der anderen Seite? Das erste beschreibt ein Verhältnis zwischen einer Person und einer Organisation, das bestimmte formale Kriterien aufweisen muss. Das zweite – Konfessionsbindung als Identitätsmerkmal – scheint zu bedeuten, dass die *Organisation,* nicht die Person, einer Konfession *zugehörig ist.* Das finde ich einen sehr interessanten Gedanken. Er führt mich zu der Frage: Wofür steht denn heute überhaupt „Konfession"? Aus meiner Perspektive wäre dabei das Verständnis maßgeblich, dass „Konfession" nicht eine gegebene Entität, sondern immer eine bestimmte, historisch gewachsene *Interpretation* einer *Tradition* verkörpert – und damit meine ich natürlich auch alles, was textlich überliefert ist. Konkret bedeutet Konfession, „sich zugehörig fühlen, sich bekennen" zu einer bestimmten *Form der Spiritualität,* und damit auch einer bestimmten *Form der Praxis,* präziser: der Glaubens- und Lebenspraxis.

So verstanden, kann auch eine Organisation versuchen, ihre Wertschöpfung und ihre eigene Arbeitspraxis an einer Konfession, verstanden als interpretierte Tradition, auszurichten und ganz spezifisch zu gestalten. Aus einem solchen Blickwinkel könnte eine Organisation folgende Frage an die Mitarbeitenden stellen, die mit dieser Organisation in ein mitgliedschaftliches Arbeitsverhältnis treten möchten: Kannst du diese Form, wie wir uns als Organisation verstehen, wie wir funktionieren, wie wir den Alltag bewältigen und wie wir mit allen Anspruchsgruppen, mit der Gesellschaft, mit der Natur, mit allem, was uns sozusagen anvertraut ist, umgehen, mittragen und im Sinne und Geiste unserer Konfession mitgestalten?

---

[220] Geführt von Hanns-Stephan Haas am 6.12.2013.

Das Stellen dieser Frage setzt allerdings eines voraus: dass die Konfession nicht eine Black Box bleibt, sondern sprachfähig gemacht wird in einem doppelten Sinne: Auf der einen Seite geht es darum – z.B. mit Bezug auf die Frohe Botschaft – zu zeigen, was im Hinblick auf organisationale Entscheidungsprozesse als besonders wichtig und verbindlich betrachtet wird. Auf der anderen Seite muss dies anhand der Beschreibung konkreter Entscheidungs- und Entwicklungsprozesse so konkret als möglich illustriert werden können. Mit anderen Worten setzt auch eine Orientierung an Konfession im Sinne von Peter Ulrich[222] je neu einen normativen Orientierungs- und Klärungsprozess voraus. Auf diese Weise kann Konfession als interpretierte Heilstradition im Sinne des St. Galler Management-Modells zu einer *Schlüsselreferenz des normativen Sinnhorizonts* werden.[223]

Dieses Anliegen zum Kern zu machen, finde ich somit äußerst sinnvoll. Und ich finde diese Frage viel anspruchsvoller, als nur auf die formale Kirchenzugehörigkeit abzustellen. Sonst kann ich leicht sagen: „Ja, ich bin evangelisch" oder „ich bin katholisch", und damit ist das Thema erledigt. Das kann ich einfach belegen und dann ist die Sache abgewickelt. Aber mit den Thesen des BK wird eine ganz andere Perspektive eingenommen. Da ist der Anspruch an eine Organisation und ihre Management-Praxis natürlich viel höher. Anstatt einfach zu prüfen ob alle Mitarbeitenden evangelisch oder katholisch oder was auch immer sind, wird hier postuliert: Wir selber fühlen uns einer bestimmten Religionsgemeinschaft zugehörig und versuchen, die damit verbundenen Heilszusagen (Reich Gottes) auch ein Stück weit in unserer Praxis zu realisieren, d.h. in einer spezifischen Art und Weise erfahrbar und beschreibbar zu machen. Dies wird dann zu einem Selektionskriterium bei Personalentscheidungen: Wollen wir uns auf die Zusammenarbeit mit einer bestimmten Person einlassen, oder nicht? Demjenigen oder derjenigen signalisieren wir damit: Wir haben hier eine nicht-beliebige Vorstellung einer verantwortbaren Wertschöpfung und einer guten Kooperationspraxis in unserer Organisation, denn in Organisationen geht es immer um eine arbeitsteilige, verteilte Wertschöpfungspraxis. Deshalb ist es sinnvoll zu schauen, ob diese Person zu dieser Praxis passt und ob sie die Voraussetzungen mitbringt, oder eben nicht. Dies ernsthaft zu prüfen – selbstverständlich auch umgekehrt aus Sicht der sich bewerbenden Person –, ist eine äußerst anspruchsvolle Herausforderung.

Solche Prüfprozesse sind allerdings nicht außergewöhnlich, sondern sie finden in jeder Unternehmung statt, wenn die Frage gestellt, ob eine Person zur gewachsenen Unternehmenskultur passt. Unter Unternehmenskultur verstehe ich genau das: Eine bestimmte, selbstverständlich praktizierte Form der Zusammenarbeit und Entscheidungsfindung. Allerdings bedarf auch die

---

[222]   P. Ulrich (2009).
[223]   Vgl. J. Rüegg-Stürm/S. Grand (2014).

Kultur, die selbstverständliche Alltagspraxis je neu einer kritischen Reflexion. Genau dies ist eine Managementaufgabe – Management verstanden als
„reflexive Gestaltungspraxis"[224]. Wenn die Konfessionsbindung als zentrales
Identitätsmerkmal betrachtet wird, akzentuiert sich dieser Reflexionsan-
spruch: Was macht unsere Konfession, die Zugehörigkeit zu einer bestimmten Konfession genau aus, und wie muss sich dies in der Alltagspraxis, und
ganz besonders in der Entscheidungspraxis, zeigen? Ich postuliere hier ein
hohes Maß an Aufmerksamkeit auf historisch gewachsene Formen einer
organisationalen Entscheidungspraxis. Denn Entscheidungen sind erstens oft
mit Zumutungen verbunden – mit dem Asymmetrisieren von Lebensmög-
lichkeiten, weil Kosten und Nutzen von Entscheidungen oft ungleich verteilt
sind. Und zweitens sind organisationale Entscheidungen etwas Prozesshaftes,
eine gemeinschaftliche kommunikative Errungenschaft. Hier den Fokus auf
das *Wie* und nicht nur auf das *Was* zu richten, ist fundamental. Denn in der
Form, wie Entscheidungen getroffen werden, werden die praktisch wirksamen Werte spezifiziert. Dies erinnert mich an einen Aula-Vortrag des Basler
Philosophen Hans Saner an der Universität St. Gallen zum Thema „Religiöser Fundamentalismus", an dem Saner die markante These vertreten hat, dass
es viel weniger darauf ankommt, *was* die Leute glauben, sondern *wie* sie
glauben. Das kann ich sowohl als Wissenschaftler als auch als Praktiker
zweihundertprozentig unterschreiben.

   Es gilt also je neu zu überlegen: Wie müsste unsere Unternehmenskultur
im Idealfall gestaltet sein, damit sie dem eigenen Anspruch oder den eigenen
Vorstellungen in Bezug auf die Konfessionsbindung überhaupt gerecht
werden kann? Allerdings bin ich mir nicht so sicher, inwieweit sich grundlegende Unterschiede kirchlicher oder kirchennaher Organisationen unter-
einander in der Alltagspraxis anhand des Kriteriums der Konfession festmachen lassen – im Sinne einer eher formalen Betrachtungsweise. Oder ob man
diese Organisationen faktisch nicht viel stärker anhand unterschiedlich
gewachsener und gelebter Spiritualitäten unterscheiden kann. Diesbezüglich
bin ich einfach ein wenig skeptisch, ob Konfession (als institutionelles
Merkmal) ein hilfreiches Identifikationsmerkmal ist. Mit anderen Worten:
Wenn die Unterschiede zwischen evangelisch und katholisch in der realen
Alltagspraxis der heutigen Menschen unscharf werden, dann wird es natürlich extrem problematisch, Konfession als differenzierendes Identifikationsmerkmal zu verwenden.

Im Hintergrund der Thesen steht die systemische Unterscheidung von Person
und Organisation, im Übrigen auch eine theologische zwischen Person und

---

[224] Ebd.

Werk. Danach ist ein Unternehmen mehr als die Summe seiner Mitarbeiten-
den und die Unternehmensidentität mehr als die Summe der Überzeugungen
der Individuen. Ist diese Unterscheidung aus Managementperspektive ein-
sichtig? Und welche Relevanz hat diese Unterscheidung für die Unterneh-
menssteuerung?

Aus einer systemischen Perspektive auf Management und Organisation, wie
wir es im St. Galler Management-Modell vertreten, ist diese Unterscheidung
von grundlegender Bedeutung.[225] Aus einer systemischen Perspektive sind
die Mitarbeitenden als Individuen nicht Elemente einer Unternehmung, sie
gehören nicht zur Unternehmung. Als Elemente einer Organisation werden
vielmehr Kommunikationen, Handlungen und Entscheidungen betrachtet.
Diese sind in einer nicht-beliebigen Weise miteinander verknüpft, was sich
an sogenannten organisationalen Routinen zeigt. Was Organisationen zeit-
übergreifend – Mitarbeitende kommen und gehen – kennzeichnet, ist ein
Repertoire von organisationalen Routinen. Individuen (psychische Systeme)
und Organisationen (soziale Systeme) bilden füreinander wechselseitig relevante Umwelten. Beide operieren als autonome Systeme: Weder kann eine
Organisation das Denken ihrer Mitarbeitenden bestimmen, noch kann ein
Individuum (auch nicht der Chief Executive Officer, CEO) die Funktions-
weise einer Organisation determinieren. Beide Systeme stehen in einem
losen Verhältnis zueinander, Individuen und Organisationen sind lose gekop-
pelt. Dies stellt natürlich heroische Gestaltungsansprüche, wie sie vor allem
die angelsächsische Leadership-Literatur dominieren, vollkommen in Frage
– und auch die entsprechenden Entlohnungspraktiken.

Oftmals begegnet einer systemischen Perspektive der Vorwurf, dass sie
die Person eliminiert und nicht mehr im Blick hat. Das Gegenteil ist aber der
Fall: Die systemische Perspektive nimmt die Autonomie der Person, ihre
Eigenständigkeit und ihre autobiografische Geschichte, erst wirklich ernst.
Ein Individuum ist nicht Teil einer Organisation – wir stellen einer Organisation nicht unsere Existenz, höchstens unsere Arbeitskraft zur Verfügung. In
der Forschung nennt man das „partielle Inklusion". Systemisch betrachtet
verkörpert allerdings auch eine Organisation einen eigenständigen Hand-
lungszusammenhang, der gerade nicht von einzelnen Personen gesteuert
werden kann. In Anlehnung an Friedrich August von Hayek lässt sich auch
für eine Organisation formulieren: Sie ist zwar ein Produkt menschlichen
Handelns, aber nicht das Produkt individuellen menschlichen Entwurfs.[226]
Aus systemischer Sicht verstehen wir unter einer Organisation einen Prozess
des Organisierens, ein fortlaufendes Geschehen des gemeinschaftlichen
„Sensemaking", an dem viele beteiligt sind und teilhaben, an unterschied-

---

[225] Vgl. Ebd.
[226] Vgl. F. A. Hayek (2003), S. 178.

lichen Orten und in unterschiedlichen Beziehungsformen. Daraus entsteht durch eine Vielzahl von Interaktionen ein System aus Regeln, im Sinne von wechselseitig unterstellten Verhaltenserwartungen, die über die Zeit entstehen und fortlaufend reproduziert werden. Diese Regeln werden aber nicht identisch reproduziert, sondern fortlaufend ins Alltagsgeschehen „eingepasst", situativ modifiziert und weiterentwickelt. Diese ständige Verfertigung von Regeln und Routinen läuft in einer Organisation größtenteils unausgesprochen und unhinterfragt sozusagen hinter dem Rücken der Beteiligten ab. Eine Organisation ist also nichts Statisches, sondern befindet sich fortlaufend in Bewegung. In diesem Sinne sind Umwelt, Organisation und Management als etwas Prozesshaftes zu verstehen, das im Werden immer schon am Vergehen ist – so wie unser Leben letztlich ein unaufhaltsamer Sterbeprozess ist.

Dieses Verständnis des Verhältnisses zwischen Individuen und Organisation lässt sich auch auf das Verhältnis von Familienmitgliedern und Familie anwenden. Eine Familie besteht nicht aus den Familienmitgliedern, aus den aggregierten Persönlichkeiten einer Familie. Die Familie ist ein soziales System, ein eigenständiger Lebenszusammenhang. Pathologien entstehen in diesem Sinne meist dann, wenn dieser Lebenszusammenhang totalitäre Formen annimmt oder wenn einzelne Familienmitglieder totalitäre Ansprüche zu stellen und durchzusetzen beginnen. Das eigene Kind, gerade als kleines Kind, muss ja als eigenständige Persönlichkeit heranwachsen können. Und spätestens dann, wenn die Kinder in die Pubertät kommen, wird die Kopplung zwischen Person und Familiensystem zur Disposition gestellt.

Das alles bedeutet aber auch, dass man auch die Verantwortung von Individuum und Organisation differenzieren, d.h. radikal unterschiedlich denken muss – etwas, was übrigens das Rechtssystem im Zusammenhang mit Haftungsfragen früh erkannt hat, wenn es Organisationen (im Falle von AGs, GmbHs, Stiftungen) als eigenständige juristische Personen betrachtet.

Selbstverständlich bin ich für meinen persönlichen Glauben und für meine Form des In-der-Welt-Stehens verantwortlich. Aber bei einer Organisation ist das etwas anderes, denn dort handelt es sich um eine Form der vergemeinschafteten oder kollektiven Verantwortung. Mit anderen Worten geht es um die Verantwortung für die Regeln und Routinen, die bei uns in unserer organisationalen Wertschöpfung und Kooperation miteinander Anwendung finden sollen.

Die Unterscheidung zwischen Person und Organisation – oder theologisch gesprochen zwischen Person und Werk – ist aus systemischer Sicht auch deshalb wichtig, weil all das, was sich ereignet, was als Handlung, Kommunikation oder Entscheidung mit Impact sichtbar wird, immer viel mehr darstellt als das, was die daran beteiligten Personen ausmacht. Das heißt konkret: Die Handlungsbedingungen, die Kontextualität, das Eingebettet-Sein von einem Geschehen – ich würde weniger von Handlungen, als von Geschehen sprechen – sind unendlich viel *voraussetzungsreicher,* als dass man einfach sagen könnte, eine Person habe jetzt richtig oder falsch gehandelt. Natürlich kann und soll die Verantwortung des Einzelnen nie eliminiert werden. Aber wir sollten mit dem Erbe der Aufklärung, der wir die Entdeckung des autonomen Subjekts, der Menschenwürde und der Menschenrechte verdanken, etwas sorgfältiger umgehen. Denn die damit verbundene extreme Personenzentrierung verdunkelt das Eingebettet-Sein der heutigen Menschen, die Bedeutung der Kultur, die Herausforderung, dass uns diese Kultur, die wir selber mitformen, auch extrem prägt. Verantwortung in Organisationen ist immer etwas Gemeinschaftliches, weil die einzelnen Individuen in einem lose gekoppelten Verhältnis zu einer Organisation stehen. Mit anderen Worten besteht unsere Verantwortung vor allem darin, Bedingungen für gelingende Kommunikation, für echten Dialog zu schaffen. Organisationen können nicht wie Menschen reflektieren – Reflexion in Organisationen ist vielmehr etwas Kommunikatives und Beziehungsgestütztes, für das wir alle gemeinsam Verantwortung tragen. Von daher betrachtet ist es eine hoch problematische Vereinfachung, wollte man alles, was in einer Organisation passiert, Erfolg und Misserfolg, einfach auf die Intentionen, auf die Kognition und auf irgendetwas, was der Einzelne wie auch immer mit sich bringt, zurückführen. So lese ich das berühmte Wort Jesu: „Wer von euch ohne Sünde ist, der werfe den ersten Stein" (Joh 8,7), in dieser Art und Weise, die unsere Aufmerksamkeit auf die *Bedingungen* organisationaler und gesellschaftlicher Praxis lenkt. In diesem Sinne gehe ich davon aus, dass Jesus – theologisch gesehen – die Komplexität der damaligen Verhältnisse und Handlungsbedingungen genau im Blick hatte und mit seinem Diktum die Beteiligten auffordern wollte, gemeinschaftlich über die Entstehungsbedingungen ungewünschter Ereignisse und Entwicklungen nachzudenken – was natürlich unendlich anspruchsvoller ist, als einen Sündenbock in die Wüste zu schicken und sich dabei kollektiv zu exkulpieren.

Wenn der vereinfachte Weg über eine sozusagen unsystemisch verstandene Praxis eines Einzelnen und auch der Weg über dahinterstehende individuelle Überzeugungen nicht funktioniert, wie kann dann für ein Unternehmen mit einer spezifischen Prägung – einer konfessionellen in diesem Fall – eine Steuerung des Systems positiv beschrieben aussehen? Ist das dann einfach ein Aushandlungsprozess, eine Kommunikationsfrage?

Systemisch betrachtet, muss man zunächst einen Zugang zur eigenen Identität bekommen. Diesen Zugang bekommt man nur über eine bestimmte Form der Selbstbeobachtung: Was heißt überhaupt bei uns „gute" oder „gerechte" Praxis? Die Herausforderung besteht darin, den Blick darauf zu richten, wie die eigene Organisation als System funktioniert. Wenn ich von Funktionieren spreche, dann meine ich immer das kooperative, soziale Zusammenleben, das eben mehr als die Summe irgendwelcher Individuen ausmacht. Den Blick frei bekommen für die Bedingungen, für die Regeln, die gewachsenen Routinen, die Denkvorstellungen und die Referenzen, auf die im Organisationsalltag fortlaufend Bezug genommen wird. Es geht dabei um so etwas, wie eine Organisationsgrammatik, die einer Organisation eine Prägung verleiht. All das durch Selbstbeobachtung in den Blick zu bekommen, ist eine große Herausforderung, denn es gilt solche Beobachtungen gemeinschaftlich überhaupt erst einmal sprachfähig zu machen und zur Darstellung zu bringen. Das muss man sehr achtsam und sorgfältig machen. Damit ist ein riesiger Aufwand verbunden, denn man kann dies nicht abseits der gelebten Praxis, theoretisch erarbeiten, sondern muss es an relevanten Themenstellungen, kontroversen „Issues" und an konkreten Entscheidungen im eigenen Unternehmen durchspielen. Verstehe ich Organisation im Anschluss an Niklas Luhmann als „Entscheidungssystem"[225], dann muss ich mir genau anschauen, wie fragile Entscheidungen in der Praxis konkret getroffen werden. Die Selbstbeobachtung der eigenen Entscheidungspraxis ist dann eine Schlüsselfrage und zwar unter einem prozessualer Aspekt: Wie werden bestimmte Entscheidungsnotwendigkeiten *typischerweise* bearbeitet, wie läuft das auf der Zeitachse ab? Wer ist wo, wie, wann und in welcher Form an diesem Entscheidungsprozess typischerweise kommunikativ mitbeteiligt? Dazu kommt eine weitere wichtige Frage – ebenfalls in Luhmannscher Semantik: Welche Entscheidungsprämissen sind hier im Hintergrund wirksam, und wie wird darauf durch wen in welcher Form konkret Bezug genommen? Unter Entscheidungsprämissen können wir beispielsweise Werte, Normen und Erfolgsvorstellungen verstehen.

Bezogen auf das Identitätsmerkmal stellt sich die Frage: Sind wir uns unserer eigenen Identität und der Ausgestaltung, der faktischen Wirkung unserer eigenen Identität bewusst? Das bedeutet nichts anderes, als die Forderung einer normativen Reflexion: Ich muss Anstrengungen unternehmen, um diese eigene Identität immer wieder sichtbar und beobachtbar werden zu lassen. Ich muss im Grunde genommen die Kontingenz der eigenen Identität rekonstruieren. Und damit ist die Feststellung verbunden, dass unsere Identität, unsere Art und Weise, wie wir leben, wie wir funktionieren, wie wir zusammenarbeiten, wie wir Wertschöpfung erbringen, auch ganz anders sein könnte. Also muss ich die eigene kontingente Identität kritikfähig machen. Und dort beginnt aus meiner Sicht so etwas wie theologische Kernarbeit: Entspricht die Identität, die wir leben, eigentlich der Art und Weise, wie wir unsere Tradition interpretieren? Was für Bindungsmomente gibt es in unserer Tradition? Was entnehmen wir? Dort beginnt so etwas wie der Versuch, die organisationale Alltagspraxis oder auch die Art und Weise, wie sich die

---

[225] N. Luhmann (2011).

Organisation weiterentwickelt, ein Stück weit an der Aussagenwelt unserer konfessionellen Tradition zu spiegeln.

Management als reflexive Gestaltungspraxis kommt die Aufgabe zu, all das, was ich soeben beschrieben habe, kommunikativ zu arrangieren. Das ist die Schlüsselaufgabe von Management. Das ist keine kognitive Aufgabe des Vorsitzenden, sondern eine kollektive Aufgabe, die strukturieren muss, wann welche Themen und Aspekte unserer Organisationspraxis in welcher Form reflektiert werden sollen. In welcher Form, wie viele Leute, wann und wie in diese Kommunikation und diesen Dialogprozess einzubeziehen sind, das ist dann eine konkrete, empirische Gestaltungsaufgabe dessen, was Management im Kern ausmacht.

Ein Bild, das Sie auch in Ihren Büchern beschreiben, ist das der Organisationsgrammatik: Wenn wir – auf das Sprachliche bezogen – kommunizieren, steht die Grammatik im Regelfall völlig im Hintergrund, ist nicht bewusst, aber irgendwo in Prozessen gelernt. Es macht aber Sinn, an bestimmten Punkten diese Grammatik auch explizit zu machen und an ihr zu arbeiten. Wenn ich dieses Bild aufnehme, könnte man meinen, dass zwei wesentliche Aufgaben der Steuerung von Organisationen darin bestehen, diese Grammatik ein Stück explizit zu machen und sie in einen verantworteten Kommunikations- und auch Gestaltungsprozess umzusetzen?

Ja, genau. Ich würde es aber einfach umdrehen: Die Aufgabe besteht darin, mit Hilfe eines achtsam gestalteten Kommunikationsprozess gemeinsam Elemente, d.h. Regeln, Routinen und Hintergrundüberzeugungen dieser Organisationsgrammatik zu rekonstruieren. Das kann man aber nicht theoretisch abgehoben machen, sondern man kann das nur machen, indem man den einen oder anderen Entscheidungsprozess miteinander ein Stück weit beleuchtet. Oder in einem Entscheidungsprozess bewusst auch Reflexionsinseln schafft, in denen man fragt, wie man im Moment miteinander unterwegs ist, was jetzt abläuft, was da sichtbar wird, wie die Beteiligten das sehen, auch dann, wenn sie das kritisch reflektieren. Immer im Sinne von Kontingenz, dass dieser Prozess immer auch anders möglich wäre. Und da ist eben auch Kritik wichtig. Nicht Kritik um der Kritik Willen, sondern im Hinblick auf die theologisch relevante Frage: Wie weit können wir dem, was wir als Anspruch aus der christlichen Botschaft anerkennen, überhaupt gerecht werden? Oder eben nicht? Was müsste dann anders und besser werden? Und wo müssen wir uns ehrlich eingestehen, dass es Dilemmata oder möglicherweise Paradoxien gibt? Und dann folgt immer die Frage: Wie kann gemeinsam ein verantwortungsvoller Umgang mit diesen Dingen erreicht werden? Und das ist dann sehr konkret: Wie werden Prozesse gestaltet, Personalgewinnungsprozesse, Beförderungsprozesse, Prozesse des Neuaufbaus neuer Geschäftsfelder, des Schließens gewachsener Geschäftsfelder oder die ganze Frage der Wertschöpfungsbreite, -tiefe usw.? Diesbezüglich können wir uns gut an den analytischen Gestaltungsfeldern der Managementlehre orientieren und hinterfragen, was wir tun, wie wir es tun und wie die ganze Prozessqualität im Alltag tatsächlich aussieht. Ebenso können wir nach dem ganzen Spektrum von Aktivitäten und Prioritäten fragen, die man innerhalb einer Organisation verfolgt.

Inwieweit würden Sie sagen, dass diese Konfessionsgrammatik, die im Hintergrund steht, auch explizit werden muss? Muss sie von einer gewissen Gruppe als Explizite geteilt werden – beispielsweise so, dass mindestens 50 % oder die Führungsebenen eins und zwei in einem Unternehmen einer bestimmten Werteorientierung zustimmen sollten? Wäre das für Sie vor dem Hintergrund Ihrer Aussage, man könne es im Grunde genommen an jedem einzelnen Prozess deutlich machen, eine Verkürzung?

Ich bin einfach wahnsinnig vorsichtig mit Stichworten wie Werte-Orientierung. Werte sind ja keine Entitäten, die da draussen als Gegebenheiten anzutreffen sind. Das was wir als Werte bezeichnen, sind Shortcuts, Begriffe, die Verschiedenes beinhalten können. Was heißt denn schon Nachhaltigkeit oder Vertrauen? Was soll da alles hineingehören und was nicht? Werte sind zunächst einmal extrem verkürzende „Black Boxes". Die Schlüsselaufgabe ist immer wieder, Werte an ganz konkreten Entscheidungsprozessen, die vielleicht sogar Symbolwirkung haben, die fragil sind, die vielleicht bedeutungsvoll sind für eine Organisation, sichtbar zu machen und zu benennen. Für mich ist in diesem Sinne eine mitlaufende Reflexion sehr entscheidend. In Bezug auf die Konfessionsbindung, um die es hier geht, besteht diese mitlaufende Reflexion darin, dass ja die Konfession selber eine bestimmte Lesart der Tradition zur Verfügung stellt. Diese Lesart der Tradition ist sicherlich in der protestantischen Kirche ein bisschen anders als in der katholischen Kirche. Und das kann ich dann entsprechend spiegeln.

Im Zusammenhang mit der Konfessionsbindung scheint mir, wie ich vorhin bereits angedeutet habe, ein ganz großes Probleme vorzuliegen: Wenn es um den konkreten Alltag und um die alltagspraktische Bewältigung geht, ist es doch wahnsinnig schwierig zu sagen, ein Unternehmen funktioniert ganz anders, wenn es katholisch oder evangelisch ist. Da hätte ich zumindest – auch nach Gesprächen mit Leitern diakonischer und caritativer Unternehmen – die größten Zweifel. Ich glaube schon, dass es Unterschiede gibt zwi-

schen einer christlichen Tradition und Verbundenheit und anderen großen
Religionsgemeinschaften. Das kann ich mir durchaus vorstellen. Aber so,
wie ich das heutzutage wahrnehmen kann, sehe ich keine entscheidenden
Unterschiede zwischen einer katholischen und evangelischen Unternehmenspraxis. Ich sehe da eher, wie extrem offen die Grenzen geworden sind und
ich sehe Unterschiede eher in unterschiedlichen Spiritualitäten begründet. Es
ist immer eine Schlüsselfrage, wie weit gibt es wirklich konkrete Momente,
in denen diese Spiritualität ein Stück weit erfahrbar wird?

Ein privates Beispiel: Unsere Kinder sind in der „Fladä", d. h. in der
katholischen Kantonssekundarschule in St. Gallen zur Schule gegangen.
Diese öffentliche Schule ist konfessionell sehr offen. Dort gehen auch
Muslime und Kinder aus anderen Religions- und Konfessionsgemeinschaften
zur Schule. Aber im Alltag dieser Schule gibt es Momente und Anlässe der
Spiritualität, der Auseinandersetzung mit den grundlegenden Fragen des
Lebens aus dem Blickwinkel der Frohen Botschaft. Das ist in keiner Weise
Gesinnungsterror, sondern eine Form gemeinsamer Praxis, bei der alle
Schülerinnen und Schüler eingeladen sind, mitzumachen. Ja, man muss
daran teilnehmen, sich einmal darauf einlassen. Aber niemand muss hier
irgend etwas unterschreiben oder etwas machen, sondern es ist eine Art
„offene Erfahrungsplattform". Und das finde ich interessant. Dadurch, dass
es um eine religionspädagogisch gestaltete offene Reflexion von Sinn- und
Existenzfragen und nicht um eine dogmatisch-axiomatische Oktroyierung
von irgendwelchen Vorstellungen geht, wirkt es sehr einladend. So verstehe
ich auch das Stichwort „Inklusion" und lese dies so in diesen Thesen: einladend! Man kann mitmachen, diese Praxis ausprobieren, man kann sie nachher kritisch reflektieren, man kann mit den Lehrern auch darüber reden, ob
und was man gut und schlecht findet, an irgendeinem Gottesdienst o. ä. Aber
es besteht die Pflicht, sich einmal offen darauf einzulassen, dies ist das
normativ verbindliche Moment dieser Praxis. Wer nicht dazu bereit ist, so
die Philosophie der Schule, soll eine andere Schule wählen. Im übertragenen
Sinne wäre es für mich eine Vision, dass Organisationen, die sich der Frohen
Botschaft verpflichtet sehen, Plattformen entwickeln und pflegen, die eine
einladende und erfahrbare Spiritualität ermöglichen.

*Die konfessionelle Bindung wird in den Thesen des BK durch die Stichworte
Universalität und Inklusion ausgelegt. – Ist diese Interpretation für Sie nachvollziehbar und sinnvoll?*

Zunächst muss ich noch einmal den Begriff der Konfession für mich und in
diesem Zusammenhang klären: Es gibt eine christliche Tradition, und diese

manifestiert sich in unterschiedlichen Lesarten, in unterschiedlichen Akzen-
tuierungen, in unterschiedlichen Formen der Lebensgestaltung und Lebenspraxis – und in unterschiedlichen Spiritualitäten. So würde ich als Laie die
Konfessionen bezeichnen, wie ich sie bei uns im Quartier erlebe.

Und ich finde die Tatsache völlig unproblematisch und eine Bereicherung, dass es unterschiedliche Traditionen gibt. Diese sollen eigenständig
bleiben, gleichzeitig kann man vieles zusammen machen. Universalität und
Inklusion ist da für mich genau einer der ganz großen gemeinsamen Nenner.
Der hat natürlich auch gesellschaftspolitische Sprengkraft, das muss man
klar sehen. Das wird in Deutschland wahrscheinlich nicht viel anders sein.
Hier in der Schweiz wird im Moment im Zusammenhang mit der Migrationsthematik die Exklusionsgeschichte politisch sehr heiß diskutiert. Und da
ein Gegengewicht zu bilden und zu sagen, nein, wir verstehen uns als universelle Gemeinschaft, wir verstehen uns als offene, als inkludierende Gesellschaft, finde ich entscheidend. Genau an der Stelle zeigt sich noch einmal,
wie problematisch die Sicht ist, zu sagen, wir sind entweder eine evangelische Organisation oder eine katholisch und müssen darin unterscheidbar
sein. Für mich ist entscheidend, dass diese Organisationen ein Profil
gewinnen, das zugeschnitten und glaubwürdig ist auf eine bestimmte Lesart
der christlichen Tradition. Das muss nachvollziehbar sein für Dritte. Dazu
muss erstens überhaupt eine Auseinandersetzung stattfinden. Es muss gewissermaßen das, was man als christliche Tradition versteht, übersetzt sein in
die eigenen Prozesse und die eigene Praxis, und zwar nicht in eine Wertebeschreibung, sondern in eine konkrete Form der Praxis. Und das muss zweitens sprachfähig und somit für Dritte erfahrbar, spürbar, wahrnehmbar sein.
Das wäre meine Idee des Ganzen.

Meiner Meinung nach ist es absolut wichtig, die unterschiedlichen
Perspektiven auf höchster Ebene mit in Entscheidungsprozesse hinein zu
nehmen und den konstruktiven Umgang mit Unterschieden konsequent ein-
zuüben, im Sinne der angesprochenen Universalität und Inklusion in der
eigenen Unternehmenspraxis.

Wir befinden uns in einem Prozess der Ausdifferenzierung der modernen
Lebenswelt. Je weiter diese Ausdifferenzierung fortschreitet, desto wichtiger
ist das integrative und verbindende Element in unserer Gesellschaft. Dabei
ist die Schlüsselfrage, wie wir Integration verstehen: Wird einfach der
kleinste gemeinsame Nenner gesucht, oder versuchen wir, die Unterschiede
in ihrer Herkunft, ihrer Bedeutung, ihrer Wirkung und damit ihrer vollen
Wertigkeit zu verstehen und nachzuvollziehen, um sie dann auch ganz
bewusst konstruktiv einzusetzen?

Dies ist letztlich das Anliegen der organisationalen Selbstreflexion, die
notwendig wird, um den Kern der eigenen Identität als Unternehmen zu
bestimmen. Und ich glaube: Nur wer diese organisationale Selbstreflexion zu
leisten imstande ist, wer sozusagen eine geklärte Identität hat – nicht eine in

Stein gehauene Identität, aber doch eine geklärte Identität, die durchaus natürlich starke axiomatische Elemente aufweisen kann – erfüllt die Voraussetzung für Offenheit. Das ist immer ein wenig paradox, aber Geschlossenheit ist wieder Voraussetzung für Offenheit.

Vor dem Hintergrund der Feststellung, dass es in der Praxis häufig, von wenigen Traditionselementen abgesehen, eine Ununterscheidbarkeit zwischen einem evangelischen, einem katholischen, einem von der Stadt oder einer Aktiengesellschaft betriebenen Krankenhaus gibt: Wie kann diese von Ihnen angesprochene Reflexion im Unternehmen auf den spezifischen Sinnhorizont und auf den Deutungsrahmen stattfinden und wo findet das ganz konkret statt? Wie können also Unternehmen in Caritas und Diakonie an diesem Punkt wirklich wieder als profiliert wahrgenommen werden?

Es geht hierbei um normative Reflexion und dies ist primär eine Selbstbeobachtung: Wie funktionieren wir als Unternehmen? Das wird dann in Bezug gesetzt zur eigenen Lesart und Interpretation der christlichen Tradition, was natürlich auch immer wieder neu geleistet werden muss. Diese Bezüge auch beschreibbar zu machen und zur Darstellung zu bringen und damit auch die Art und Weise, wie Entscheidungen getroffen werden, das finde ich wichtig. Reflektieren und darstellen, wie Entscheidungen getroffen werden. Denn Entscheidungen sind ja Asymmetrisierungen: Man macht das Eine und nicht etwas anderes. Wie es so schön heißt: Entscheiden hat immer mit Scheiden zu tun. Das ist an sich nichts Lustiges, denn es ist immer mit Zumutungen verbunden. Und Entscheidungen sind deshalb überhaupt notwendig, weil wir in einer von Knappheiten begrenzten Welt leben. Wenn alles unbegrenzt verfügbar wäre, müssten wir nichts entscheiden. Darin ist auch die Ökonomie begründet. Es geht immer um die Allokation knapper Ressourcen. Das hat nichts mehr mit „bösen Zahlenfritzen" zu tun, sondern das hängt mit der Begrenztheit der Welt zusammen. Und mit dem Entscheiden ist natürlich letztlich auch eine Art Asymmetrisierung einer Beziehung verbunden: Jemand entscheidet für jemand anderen. Und ich meine, um Universalität und Inklusion mehr in den Unternehmen zu verankern, ist es besonders wichtig, Bedingungen zu schaffen, die es erlauben, gemeinsam zu entscheiden.

Normative Reflexion heißt also, genau in den Blick zu bekommen, wie die Entscheidungen getroffen werden, wie Zumutungen alloziert werden, wie hier Beteiligte in diesen Entscheidungen involviert werden, in welcher kommunikativen Form, in welcher Beziehungsqualität dann diese kommunikativen Prozesse tatsächlich ablaufen. Wie sich eine Organisation profiliert, wird nicht sichtbar an einer Wertebeschreibung, die man einer Drittperson per Hochglanzprospekt in die Hand geben kann und in dem steht, was man alles macht und was das Leitbild sagt usw., sondern an der Art und Weise, wie fragile Entscheidungen mit fragilen Zumutungen tatsächlich gefällt werden. Da ein Stück weit Beziehungsqualität erlebbar zu machen und zu zeigen, dass es nicht eiskaltes Management ist, nach dem Motto: „wir nehmen jetzt unsere Cashflowanalysen hervor und dann wird durchanalysiert und dann schließen wir A, B, C und D, und in E und F, da investieren wir Geld, und das ist es. Und jetzt kommunizieren wir das und dann macht mal, Leute". An der Art und Weise, wie solche Prozesse ablaufen, wird die Qualität und nicht zuletzt auch der Respekt der Organisation sichtbar. Wie weit geht man in solchen Prozessen auf die Leute zu? Und wenn schwierige Entscheidungen getroffen werden, lesen das dann diejenigen, die negativ betroffen sind, in der Lokalzeitung, oder werden diese Entscheidungen und ihre Entstehungsprozesse gut kommuniziert? Das sind Mikromomente, die letztlich das normative Ethos in zentraler Weise ausmachen.

Also ist das im Idealfall ein Prozess, der nicht mehr hierarchisch laufen kann, mit einer Person mit einem besonderen „Entscheidungscharisma" an der Spitze, sondern er muss heute in der Organisation so tief wie möglich verankert sein?

Ich glaube, dass man Hierarchie auf der einen Seite braucht als Ultima Ratio: Was passiert, wenn wir besten Wissens und Gewissens nicht klarkommen? Dann muss einer entscheiden. Entscheiden heißt ja auch, Unsicherheit oder Ungewissheit in Gewissheit, in risikobehaftete Gewissheit zu führen. Und letztlich darf diese Ungewissheit nicht einfach unbegrenzt im Raum stehen. Deshalb ist das, was wir als Hierarchie bezeichnen, für mich wie eine „Notkrücke", um letztlich die Arbeits- und Entscheidungsfähigkeit des Systems aufrechtzuerhalten. Das ist aber nicht der Normalmodus. Der Normalmodus ist, dass man grundsätzlich Kommunikation auf gleicher Augenhöhe hat. Und das hängt damit zusammen, dass wir heute in einer Expertengesellschaft leben. Die Hierarchie basiert ursprünglich auf der Fundamentalprämisse, dass der Vorgesetzte mehr weiß als der Mitarbeiter. Das ist seine Legitimation, dass er von seinen Untergebenen asymmetrisch etwas abfordern darf. Der Geselle steht über dem Lehrling, hat seine Lehrjahre bereits hinter sich und weiß also mehr. Der Meister wiederum weiß natürlich mehr als der Geselle usw. Aber das ist nicht der Zustand, den man heute in Organisationen hat. Der IT-Leiter muss heute Bedingungen schaffen, dass die IT als großer Bereich arbeits- und entscheidungsfähig ist. Aber da gibt es iPhone-Spezialisten und da gibt es SAP-Spezialisten, da gibt es Netzwerk- oder

Office-Spezialisten u. v. m. in diesem System. Das heißt, die Vorstellung, dass der Vorgesetzte immer mehr weiß als der Mitarbeiter, ist heutzutage völlig illusorisch. Wir leben heute ohnehin in einer Gesellschaft, die stark durch *wechselseitige Angewiesenheit* geprägt ist. Es gibt dann viele Praktiken und Mechanismen, die das ausblenden und so tun, als ob sich da von oben her irgendwelche großen Direktiven durchgeben lassen. Fakt ist aber, dass wir heute in unserer Gesellschaft längst in einem unglaublichen Ausmaß aufeinander angewiesen sind. Und Management heißt dann, Bedingungen zu schaffen, wo wir unter diesen prekären Voraussetzungen überhaupt noch entscheidungsfähig sind. Und jetzt kann man das noch normativ reflektieren und fragen, wie sich das gegenüber der Lebenspraxis spiegeln lässt, wie sie im Neuen Testament aufscheint?

In Anbetracht dieses Reflexionsbedarfs wird nicht selten die Frage gestellt: Brauchen wir so etwas wie einen „Chief-Strategist" oder jemanden, der haupt- und vielleicht auch alleinverantwortlich für die Strategie zuständig ist? Wir wissen heute, dass das Nonsens ist. Man kann jemanden als Qualitätsverantwortlichen bestimmen, aber dann ist die Schlüsselfrage, was der genau macht. Und das ist hochambivalent, weil das Signal an die Organisation einerseits ist: Wir nehmen das Thema ernst, wir stellen einen Qualitätsverantwortlichen an. Die andere Aussage aber ist: Wunderbar, jetzt haben wir einen, der sich darum kümmert, jetzt brauchen wir uns ansonsten gar nicht mehr damit zu beschäftigen.

Man kann das immer inhaltlich oder prozessual verstehen. Also kann man das auch anders interpretieren und sagen: Der Verantwortliche für Qualität, der ist nicht für die Qualität selbst, sondern er ist für die Reflexion von Qualitätsfragen verantwortlich. Und dann sieht es plötzlich ganz anders aus. Dann ist das derjenige, der kommunikative Settings bauen muss, die es erlauben – wieder im Sinne der kollektiven Selbstbeobachtung –, Qualitätsaspekte der Organisation in den Blick zu bekommen. Und in den Blick zu bekommen heißt immer auch: in die Kommunikation zu bringen. Was Leute denken in einer Organisation, ist vollkommen irrelevant. Es zählt nur das, was sie aussprechen können, was sie miteinander teilen, in die Kommunikation bringen können. Und um hierfür die Bedingungen zu schaffen, kann es sinnvoll sein, so etwas wie einen Qualitätsmanager, eine Art Unternehmensentwickler oder Strategen zu haben. Aber eben nicht im Sinne von „der macht die Strategie für die Organisation", sondern der ist nur verantwortlich für den Bau von kommunikativen Settings. Ich würde mir wünschen, dass in einer Organisation beim Durchlaufen eines Strategieprozesses auch die normative Dimension mitreflektiert wird und an einer bestimmten Stelle nicht nur gefragt wird, „was bringt uns das jetzt in Form von Wettbewerbsvorteilen?" – das wäre eine typisch strategische Frage –, sondern auch: „Wie verhält sich das jetzt eigentlich im Hinblick auf unsere Verantwortung bezogen auf Punkt a, b, c?" Das sind Reflexionsdimensionen. Und da stellt sich natürlich die Frage, ob irgendeine einzelne Person quasi zum Gewissen gemacht werden soll, vergleichbar mit dem Controller etwa: Der Controller muss die Firma finanziell nicht führen, jeder Budgetverantwortliche, jeder Vorgesetzte, jeder, der einen Bereich oder eine Aufgabe verantwortet, muss selber finanziell führen. Aber der Controller ist der, der die finanzielle Sprache überhaupt reinbringt. Der das zum Thema macht, der das adressiert. Also ist der Controller letztlich genauso ein Kommunikationsarchitekt wie derjenige, der für Strategie zuständig ist, der strategische Plattformen bauen muss, auf denen man die eigene Geschäftätigkeit auf die Zukunftssicherung hin ausleuchten kann. Und jetzt wäre die normative Dimension im Hinblick auf die gesellschaftliche Verantwortung die Frage, ob diese Sache unserem Bild, wie wir das Evangelium verstehen und wie wir die Praxis, wie sie im Evangelium dargestellt ist, wahrnehmen, gerecht wird oder nicht?

Gerade im Bezug auf diakonische und karitative Organisationen finde ich, dass das Thema Strategie, die Ausgestaltung des strategischen Sinnhorizonts, aber auch die Ausgestaltung des normativen Sinnhorizonts ganz klar Chefsache ist. Dabei handelt es sich um prozessuale Aufgaben, nicht um einmalige inhaltliche Festlegungen. Es geht also darum, Bedingungen zu schaffen, dass diese Horizonte je neu sorgfältig reflektiert und geklärt werden können. Dies zu arrangieren, ist Aufgabe eines CEO, der ist das Gewissen für diese Sachen. Und der Controller ist für das finanzielle Gewissen da, der muss nachher die ökonomischen Implikationen beschreibbar machen.

Sie sagen zu Recht, dass wir heute in einer Expertenorganisation arbeiten, die andere Kommunikationsregeln braucht. Bezogen auf die spezifischen normativen Prägungen, die vom Christentum ausgehen, ist dies aber in Caritas- oder Diakonieunternehmen gerade nicht mehr der Fall. Da haben wir diesen „Expertenstatus", der früher viel weiter verbreitet war, nicht mehr oder nur noch vermindert in der Organisation präsent. Folgt daraus, dass wir im Grunde genommen christliche Traditionshintergründe als Expertise auch wieder ins Unternehmen reinnehmen müssen, ähnlich wie wir dies in der Stiftung Alsterdorf tun, indem wir z. B so etwas wie eine Abteilung für Diakonische Profilentwicklung haben?

Das ist in der Tat ein interessanter Ansatz. Ich stelle mir vor, das wären z. B. die Theologen und Diakone, die fragen, wie bringe ich das Wort Gottes in die Sprache, wie bringe ich die Botschaft von Gott überhaupt in eine Sprache? Also Leute, die sich mit dem gewachsenen theologischen Erbe beschäftigen und die überhaupt Prozesse ermöglichen, dass diese Deutungsarbeit, diese Auseinandersetzung mit der christlichen Tradition und mit der Frohen Botschaft immer wieder stattfinden und gelingen kann. Und dass dann all dies auch noch im Sinne von Seelsorge ein Stück weit in die Lebenswirklichkeit der anvertrauten Menschen übersetzt wird. Leute, die eine spirituelle Tradition kennen und in der Lage sind, diese glaubhaft zu praktizieren. Theologen müssen heute Übersetzungsexperten sein – bezogen auf verschiedene spirituelle und exegetische Arbeitsfelder – ich weiß nicht, welche Kompetenzen hier alles eine Rolle spielen. In diesem Sinne kann ich mir einen neuen Expertenstatus gut vorstellen. Diese Expertinnen und Experten müssen es möglich machen, dass das Leben und damit auch das Arbeitsleben sozusagen in einen spirituellen Kontext hineingenommen werden kann. Dass wir uns um qualifizierte Menschen bemühen, die sich genau um diese Herausforderung kümmern, finde ich wahnsinnig spannend.

Liegt Ihnen noch etwas am Herzen, das bislang keine Erwähnung fand, oder möchten Sie zum Abschluss aus unserem Gespräch noch etwas besonders hervorheben?

Mir persönlich ist eine ausgesprochen *prozessuale Herangehensweise* besonders wichtig. Obwohl mir sprachliche Präzision außerordentlich am Herzen liegt, ist es aus meiner Sicht nicht die Semantik, es sind nicht die Festlegungen, die letztlich zählen, sondern es ist immer die *Form,* wie wir miteinander unterwegs sind, wie wir konkret miteinander Entscheidungen treffen, wie wir miteinander Leben gestalten. Und das ist natürlich die große Schwierigkeit: Wie kann ich etwas hochgradig Prozessuales überhaupt sprachfähig machen?

Ich beziehe mich dabei auf einen Kerngedanken von Karl Weick, der 1979 in seinem berühmten Buch „The Social Psychology of Organizing" gefordert hat, dass sich die Management-Praxis an der Maxime „stamp out the nouns"[226] orientieren sollte – mit anderen Worten: Wir sollten in unserer Sprache auf Substantive verzichten und nur mit Verben operieren. Er greift damit auch einen Gedanken des französischen Soziologen Bruno Latour auf, der davor warnt, dass mit jeder Begriffsbildung ein „Blackboxing" einher geht. Damit können wir zwar vordergründig stabile Ankerpunkte schaffen, aber wir drohen dabei die Fähigkeit zu verlieren, danach zu fragen, wie sich die *Prozesse entfalten,* die zu diesen Black Boxes, d.h. außer Streit gestellten Selbstverständlichkeiten führen, was diese erhellen, was sie verdunkeln. Mit anderen Worten tendieren Begriffsbildungen dazu, den Voraussetzungsreichtum einer bestimmten Praxis, das, was zusammenspielt, dass in einer

---

[226] "In the interest of better organizational understanding we should urge people to stamp out nouns". K. E. Weick (1979), S. 44.

Organisation bestimmte Sachen so und nicht anders laufen, zu vernachlässigen. Genau dafür aber, eine Sensibilität zu entwickeln – Karl Weick würde sagen, *Achtsamkeit* aufzubauen – finde ich ganz fundamental. Das thematisiere ich immer dann, wenn ich mit Studierenden zusammen herauszufinden versuche, was überhaupt Verantwortung, gesellschaftliche Verantwortung, bedeuten könnte. Eines der ersten, der ganz wichtigen, ganz zentralen Dinge ist dabei der Respekt vor der Komplexität. Das heißt nichts anderes, als Respekt für den Voraussetzungsreichtum, für das unüberblickbare Vernetzt-Sein, für das Eingebettet-Sein in Traditionen, Situationen usw. Und so lese ich auch das Evangelium: Keiner von uns kann beeinflussen, wann er wie wohin geboren wird. Wir sind alle in eine hochkomplexe, nur höchst ansatzweise mitbeeinflussbare Welt hineingeboren. Wenn wir das einmal akzeptiert haben, müssen wir gerade im Zusammenhang mit folgenreichen Entscheidungen versuchen, den gewachsenen Voraussetzungsreichtum zuerst einmal sprachfähig zu machen, um ihn reflektieren zu können – lange bevor wir zu klären versuchen, was jetzt gut und richtig ist. Das Sprachfähig-Machen ist Vorbedingung, dass wir überhaupt die Kontingenz eines gewachsenen Voraussetzungsreichtums erkennen und kritikfähig machen können, indem wir darüber nachdenken: Was läuft eigentlich gut, was läuft weniger gut? Und was sind überhaupt die versteckten Gütekriterien und Erfolgsvorstellungen, die wir, wenn wir solche Sachen diskutieren, im Hintergrund in den Einsatz bringen?

Die konkrete kommunikative Form, wie dies geschieht, ist absolut zentral. Denn kritische Diskussionen normativer Gesichtspunkte tragen ein besonders hohes Kränkungspotential in sich, weil sie oft Existentielles tangieren. Deshalb setzt eine solche Reflexion ein Minimum an tragfähigen Beziehungen voraus. Dies scheint mir gerade in theologischen Kontexten weitgehend zu fehlen. Was also gefragt ist, könnte man mit „belastbarer Kollegialität" umschreiben, einer ganz wichtigen Qualität menschlichen Zusammenlebens. Es geht um Zugewandtheit, die aber belastbar sein muss, sonst ist sie nicht ehrlich.

Belastbarkeit ist unerlässlich, weil man gerade in unternehmerisch verantwortlichen Positionen immer wieder gezwungen ist, *Unentscheidbares* zu entscheiden. Und wenn man das macht, sind in fast allen Fällen Folgen damit verbunden, die man *anderen zumuten* muss – im positiven wie im negativen Sinne. Eine solche Situation gleichermaßen konsequent und respektvoll durchzuhalten, setzt für einen selber einen geklärten normativen Standpunkt voraus, um den wir je neu ringen müssen. Und ich glaube, das ist auch der Grund, warum die Themen Frieden und Versöhnung im Neuen Testament eine derartige Bedeutung haben. Daran zu erinnern, ist nicht nur nett und schön an sich, sondern es ist letztlich die einzig vernünftige Antwort auf die Begrenztheit unserer Welt. Wir sind permanent daran, verletzt zu werden und andere zu verletzen – wenn wir beispielsweise entscheiden müssen, welches

Projekt Priorität hat, wer Geld kriegt und welches Projekt abzubrechen ist. Solche Entscheidungen geschehen permanent, und sie weisen – solange daran Menschen mit klaren Vorstellungen des persönlichen Lebensentwurfs beteiligt sind – immer ein mikropolitisches Moment auf. Mit mikropolitischen Prozessen achtsam umzugehen und dabei ein Bewusstsein, eine Praxis einer gleichermaßen konsequenten und respektvollen Entscheidungspraxis zu entwickeln, wäre für mich etwas, was Organisationen der Diakonie und Caritas wirklich eine spezifische Qualität geben könnte.

Positionalität und Dialogoffenheit

Interview mit Wolfram Weiße[227]

Wie schätzen Sie das Verhältnis von Selbstabgrenzung und universaler Öffnung im Christentum und in anderen Religionen ein?

Ich denke, das hängt mit unterschiedlichen Vorstellungen zusammen, wie man religiöse Identität gewinnen kann und wo sie auch infrage gestellt ist. Lange Zeit herrschte die Vorstellung vor, man müsse die eigene Identität wahren, müsse sie schützen, dürfe nicht zu früh andere Standpunkte kennenlernen, weil sich sonst etwas vermischt. Und es gibt eine ganze Reihe von empirischen Studien, aber auch grundsätzliche Überlegungen, die ein solches Modell von Identitätswahrung durch Abschottung infrage stellen. Vielleicht nenne ich nur zwei, die im Überschneidungsgebiet zwischen Philosophie und Religion liegen: Zunächst ist für mich der Ansatz von Emmanuel Lévinas ganz überzeugend, für den die Ethik darin begründet liegt, dass der Mensch auf den Anderen verwiesen ist, dass die Subjektwerdung des Menschen nur über andere Menschen laufen kann. Dies ist also eine Vorstellung von Subjektwerdung, die gar nicht ohne andere denkbar ist und ein Grundgedanke dafür ist, dass der Mensch auf andere verwiesen ist. Lévinas nutzt im Französischen dafür eine Formulierung, die sowohl säkular als auch religiös verstanden werden kann: „l'autrui" – der Nachbar, der Nächste. Ich denke, das ist sehr schön, denn es geht hier nicht nur um ein Thema, das Religion angeht, sondern überhaupt Menschwerdung. Und dies ist die eine Anleihe, auf die ich mich gerne beziehe.

Eine andere ist der französische Philosoph Paul Ricœur. Der hat gesagt, es gehe um die wechselseitige Anerkennung, also dass ich andere anerkenne, aber mich von anderen auch anerkannt sehe. Diesen Prozess der *mutualité*, der Wechselseitigkeit, sieht Ricœur auch angesichts von Unterschieden in menschlichen Beziehungen und Gesellschaften als einen programmatischen Punkt an, der Beziehung „auf Augenhöhe" ermöglichen soll. Auch hier ist die Voraussetzung, dass die Beziehung zu anderen Menschen die eigene Entwicklung überhaupt erst ermöglicht. Und von daher gesehen halte ich dies für einen Hintergrund, der generell nahelegt, dass eine Abgrenzung von anderen Religionen schwierig, vielleicht sogar unmöglich ist, wenn man sich als Mensch entwickeln möchte.

---

[227] Geführt von Hanns-Stephan Haas am 19.12.2013.

Dieser Hintergrund gilt für die Religion in ganz spezifischer Weise. Das kann man am Beispiel verschiedener religiöser Traditionen nachverfolgen, wie etwa in der christlichen und der jüdischen Tradition am Beispiel des Doppelgebots der Menschen- und Gottesliebe. Ohne dieses Doppelgebot überstrapazieren zu wollen, ist es doch so, dass die erwartete Nächstenliebe und die Akzeptanz anderer Menschen als Spiegel einer Beziehung – in welcher Form auch immer – mit Gott gedacht und erhofft werden kann. Dies wiederum setzt geradezu voraus, dass man anderen Menschen gegenüber eine Offenheit zeigt. Und soweit ich das Neue und das Alte Testament – oder die Hebräische Bibel – richtig gelesen habe, ist gerade nicht davon die Rede, dass diese anderen Menschen dann eben der eigenen Gemeinschaft, sei es ethnisch oder religiös, angehören müssen, sondern wir sehen ja auch z. B. im Gleichnis vom barmherzigen Samariter, dass es über die Religionsgrenze hinausgeht und dass die Zuwendung zum Nächsten auch praktische Formen annehmen muss und nicht nur ein Denkgebäude darstellt. Hier haben die Religionen ein großes Reservoir an Geschichten, an verarbeiteten Erlebnissen, an Beziehungen zwischen Menschen, an denen doch sehr deutlich wird, dass die Anderen nicht nur ein Anhaltspunkt sind, gegen die man sich durchsetzen muss, also nicht nur eine negative Herausforderung, sondern auch ein Spiegel und eine Aufforderung, sie in das Eigene mit einzubeziehen. Dasselbe könnte man vom Buddhismus sagen: Achtsamkeit im Buddhismus ist ja eine Vorstellung, die als Vokabel zumindest auch in unserer Gesellschaft eine große Bedeutung gewonnen hat, die auch, wenn man christliche Tradition oder jüdische oder muslimische Tradition danach befragt, Übersetzung ermöglicht. In den Religionen nur die Ähnlichkeiten, nicht aber die Unterschiede zu sehen, ist zwar eine Tendenz, die ich nicht nachvollziehen kann, dennoch kann man aber sagen, dass es eine Gemeinsamkeit ist, dass Nächstenliebe oder entsprechende andere Formen von Achtung, Achtsamkeit und Respekt für andere Menschen eine ganz zentrale religiöse Bedeutung haben für das, was an Zusagen von Menschen wahrgenommen wird.

Sie haben es bereits historisch angedeutet, dass die Universalisierung oder die „Öffnung" tatsächlich über das Hilfe-Ethos geschehen ist, also stark über die pragmatische Seite. Spannend finde ich, dass wir jetzt nochmal in ganz anderer Weise gezwungen sind, diese Öffnung im Hinblick auf Identitätswerdung zu durchdenken oder eben auch im Blick auf Überzeugungspluralität. Finden Sie die Thesen in dieser Hinsicht konsequent und überzeugend, sich nicht nur über den Hilfe-Ethos zu öffnen, wo das ja unbestritten ist, sondern zu sagen: Nein, wir sehen den Spannungspol von konfessioneller

Bindung auf der einen Seite und einer bereichernden Vielfalt von Überzeu-
gungen auf der anderen Seite auch bei den Mitarbeitenden?

Ich möchte gerne zunächst noch zu dem Stichwort Universalität und Partikularismus etwas sagen und das dann sozusagen als Brücke zu Ihrer Frage
nehmen:

Universalität und Partikularismus beschreiben ja ein Spannungsverhältnis, dass spätestens seit dem Mittelalter bei uns immer wieder für neue Diskussionen gesorgt hat, die zum Teil damit verbunden waren, dass einzelne
Religionen ihre Universalität beansprucht und somit versucht haben, für eine
zentrale Menschheitsentwicklung zu stehen. So hat z. B. John Mott am Ende
des 19. Jahrhunderts als Ziel die „Missionierung der Welt in einer Generation" genannt. Das ist ein ganz berühmter Spruch, der sicherlich von viel
gutem Willen getragen ist, aber doch mit einem ungebrochenen Universali-
sierungsanspruch einhergeht. Ich denke, dass man in der Zwischenzeit doch
erheblich an Reflexionspotenzial dazugelernt hat – gerade auch in der Frage,
mit der sich Mott befasst hat, nämlich jener des weltweiten Christentums. Ich
nehme ein Beispiel aus der evangelischen Theologie: Hans Jochen Margull
hat sehr stark in diesem Gebiet gearbeitet und gesagt, es gebe eine Universalität, aber auch einen Anspruch auf die Absolutheit der eigenen Religionen.
Dieser Anspruch gilt aber nicht auf der Ebene der Objektivierbarkeit, d. h. er
erlaubt nicht, die Wahrheitsansprüche der anderen Religionen abzustreiten.
Einen solchen Anspruch loszulassen, ist für Angehörige einer Religion ein
schmerzlicher Prozess, der aber unumgänglich ist, denn wenn verschiedene
Religionen einen solchen Anspruch vertreten, müssen ja die meisten von
ihnen Unrecht haben. Deshalb hält Margull es für wichtig, auch innerhalb der
Entwicklung von Theologien und von Religion einen wechselseitigen Kontakt und Einfluss wahrzunehmen, besonders in der modernen Welt, in der
sich Menschen ganz unterschiedlicher Tradition begegnen. Dennoch müsse
eine feste religiöse Bindung und ein ungebrochener Anspruch auf der persönlichen Ebene schon möglich sein, denn dies erlaube es erst, ohne Ambivalenzen zu beten, ein religiöses Leben zu führen, zu glauben und nicht stets
den Zweifel mit hineinzunehmen, sozusagen als ein infrage stellendes Argument. Diese klare Unterscheidung zwischen einem individuellen und einem
universalen Anspruch empfinde ich als eine Möglichkeit, mit dieser Spannung umzugehen. Der universale Anspruch führt immer auch zu einem exklusiven Anspruch, der für die Frage des Zusammenlebens unterschiedlicher
religiöser Strömungen eher einen Stolperstein bildet und der auch theologisch nicht angemessen ist, zumal er oft mit einem Denken zusammenfällt,
wonach die religiösen Institutionen dominant sind und der einzelne Mensch
eher marginal ist. So hat z. B. Hans Jochen Margull gesagt, der Heilswille
Gottes richte sich zuvorderst auf die Menschen und erst über diese auch auf
die Institutionen – somit werde der Heilswille nicht über religiöse Institutio-

nen kanalisiert mit der Vorstellung, nur durch sie könnten die Menschen von
Gott angesprochen werden.

Das halte ich für eine sehr wichtige Denkfigur, auch im Zusammenhang
mit dem, was in den Brüsseler Thesen geschrieben steht. Die sehe ich insgesamt als sehr impulsreich an, und zwar auch deswegen, weil sie ehrlich sind.
Ich finde die auf drei Ebenen erfolgte Begründung vernünftig, besonders
weil der marktpolitische Teil als Hintergrund eines der drei Elemente darin
nicht verschwiegen wird. Es wird also nicht behauptet, es gehe nur um das
Ideal, sondern es wird auch der Fachkräftemangel anerkannt, der dann –
verbunden mit der Voraussetzung formalisierter Konfessionszugehörigkeit –
dazu führt, dass Einrichtungen wie die Evangelische Stiftung Alsterdorf
eigentlich nicht mehr die Menschen in ihre Institution hineinbekommen, die
sie brauchen. Das empfinde ich als wohltuenden Realismus, denn es gibt
andere Erklärungen, in denen so ein Schritt schnell mal übersprungen wird,
wobei die Leser aber merken, dass es den Verfassern doch eigentlich darum
geht. Dann ist es besser, das auch zu sagen.

Darüber hinaus stellen die Brüsseler Thesen aber auch fest, dass eine
Institution in einer bestimmten Geschichte steht: So hat die Rückbindung an
eine Konfession – und an bestimmte Ansätze innerhalb dieser Konfession –
überhaupt erst die Dynamik ermöglicht, sich anderen zuzuwenden und etwas
aufzubauen, das die Glaubwürdigkeit dieser Botschaft nochmal dokumentiert. Dass Ihre Stiftung das nicht aufgeben kann, finde ich völlig verständlich. Und deshalb versuchen sie beides zu verbinden und sagen, die Institution soll sich ihrer eigenen Geschichte, ihrer Wurzeln, ihrer Grundmotive
bewusst sein und soll das auch institutionell zum Ausdruck bringen. Das
muss aber nicht gleichbedeutend damit sein, dass die Eintrittspforte für die
Mitarbeitenden zur Institution eine Konfessions- oder Religionszugehörigkeit ist. Diesen Ansatz halte ich auch deswegen für klug, weil viele
Menschen in unserer Gesellschaft über den hier auch zentralen Terminus der
Ansprechbarkeit für religiöse Themen in Form von Spiritualität keinen
Gegensatz bilden, sondern lediglich eine andere Form, die man respektieren
muss oder zumindest sollte. Diese Menschen machen sich ihre Gedanken
über die grundlegenden Fragen des Lebens und auch der Transzendenz, ohne
gegen das zu opponieren, was an religiösen Traditionen vorhanden ist. Sie
lassen sich sozusagen nicht innerhalb des konfessionellen Rahmens einor-
dnen, tun aber sehr wohl im Geiste dessen, was die Institution verkörpert,
ihren Dienst. Ich halte es für wichtig, dass auch im Bereich von sozialer
Arbeit, die von religiösen Institutionen getragen ist, diese Menschen mit
ihren unterschiedlichen Motivationsströmen und eigenen Erklärungsver-
suchen akzeptiert werden und dass ihnen damit auch gesagt wird, dass sie
willkommen sind. Dann werden Menschen auch nicht indirekt gezwungen,
ein Beitrittsschreiben zu unterschreiben, zu dem sie nicht stehen. Die Institution hat dann trotzdem Menschen, die nach außen hin zeigen, dass sich das,

was an grundlegender Arbeit in dieser Institution erledigt wird, auf Grund-
gedanken in der Religion zurückführen lässt. Aber das hat nichts mit dem
Anspruch zu tun, dass diese Religion nun auch möglichst viel Mitgliederwer-
bung machen möchte. Ich denke, dass Menschen einer Position eher offen
gegenüberstehen, wenn sie sich nicht dazu gezwungen fühlen, etwa um einen
Arbeitsplatz zu bekommen.

Etwas Schwierigkeiten habe ich dagegen damit, dass mehrfach der Terminus
„konfessionsgebunden" gebraucht wird. Der ist zwar in dieser Form gängig,
aber ich empfinde ihn in einer Richtung als problematisch, weil es ja doch
um die Freiheit des Evangeliums geht. Und „konfessionsgebunden" scheint
mir eine Denkkonstruktion zu sein. In ein konfessionelles Paket werden
Leute eingepackt und sie werden darin gebunden. Man weiß ganz genau, was
diese Konfession bedeutet und deswegen kann man auch diese Bindekraft
erwarten. Ich würde mir eher einen Ausdruck wünschen, der das Bild einer
Konfessionsorientierung, konfessioneller Wurzeln oder konfessioneller
Inspiration nutzt. Denn gerade dann, wenn man sich intensiver damit befasst,
weiß man doch, dass die Konfessionen einen Schatz an Antworten haben, die
man nicht schematisieren kann, die man nicht in klare Formen packen kann,
sondern die in den ganz lebendigen und unauflösbaren Geschenken – also
besonders der Gnade – vorgegeben sind. Die erlauben dann aber auch umgekehrt keinen leichten Zugriff, keinen Besitzanspruch, keine klaren Abgrenzung dessen, was die Konfessionalität bedeutet. Sie sind eher eine Art Sog
für das eigene Denken in Freiheit, also das Bewusstsein, dass ich nicht aus
mir selber heraus leben kann, sondern dass ich in allen wichtigen Punkten
auf die Gnade angewiesen bin – säkular ausgedrückt: auf das Glück, auch
wenn ich denke, dass Gnade noch sehr viel tiefer geht; aber so kann man die
Sachen vielleicht übersetzen. Und deswegen würde ich eher von konfessioneller Orientierung, Wurzel oder Inspiration sprechen, weiß aber gleichzeitig auch, dass der Begriff der Konfessionsgebundenheit sehr viel deutlicher
die institutionelle Beheimatung darstellt. Ich würde aber die Offerte an andere, diese Konfession auch für sich als eine Möglichkeit zu nehmen, die das
Leben stärkt, die das Leben strukturiert, die sozusagen das „spirituelle
Schwarzbrot" – wie es Fulbert Steffensky sagen würde –, in genügender
Form darbietet, als Freiwilligkeitsakt begreifen. Und dafür, d. h. für die persönliche Handlungsfreiheit und für die zentrale Botschaft der Freiheit, ist die
Konfessionsgebundenheit dann vielleicht doch ein Ausdruck, der nicht nur
befriedigt.

Wir leben speziell in Hamburg in einer Stadt, in der das Miteinander, manchmal auch nur das Nebeneinander oder schlimmer noch das Gegeneinander von Religion auch zur prägenden Erfahrung gehört. Wie beurteilen Sie diese Vielfalt von Religionen in Metropolen, aber nicht nur dort?

Da hat sich in den letzten 30 bis 40 Jahren dann doch ein erheblicher Wandel vollzogen – und zwar sowohl in der Zusammensetzung der Bevölkerung und in der Vermehrung der Sprachen und der Religionen als auch in der Bewertung dieser zunehmenden Pluralisierung. Zunächst zum Deskriptiven: Wir haben mittlerweile über 100 Religionen und über 600 verschiedene Religionsgemeinschaften allein hier in Hamburg. Die Zahl der Sprachen ist ähnlich hoch. Deswegen ist es wichtig zu sehen, dass sich unsere gesellschaftliche Realität so massiv in Richtung einer Pluralisierung geändert hat, dass auch die Stimmen, die zur Vorsicht mahnen, an den gesellschaftlichen Gegebenheiten nichts mehr ändern können. Das war noch vor 20 Jahren anders; damals gab es noch die warnenden Stimmen: „Lasst die Ausländer nicht rein! Die Muslime werden uns über den Tisch ziehen! Die ökonomische Situation wird für uns eingeschränkt!" Ich denke, die Realität hat dafür gesorgt, dass diese Stimmen, die nicht nur warnend waren, sondern auch Panik verbreiten wollten, sehr stark zurückgegangen sind, weil man gesehen hat, dass gerade komplexe Wirtschaftsunternehmen besser mit einer internationalen Belegschaft geführt werden können, dass da unterschiedliche Talente vorhanden sind und dass weniger die Schwierigkeiten – die es sicherlich auch gibt – als vielmehr die Vorteile einer Zusammensetzung mit Menschen unterschiedlicher Religion, Sprache, Kultur überwiegen. Man sieht auch im politischen Leben, dass aus den Minderheiten, die man zuvor leicht übersehen konnte, doch beachtliche Bevölkerungsteile geworden sind. Ich will hier ein kleines Beispiel aus Hamburg nennen: Vor zehn oder zwölf Jahren haben die Muslime hier mit ihrem Iftar-Empfang begonnen. Die Zahl der Gäste dieses abendlichen Fastenbrechens wuchs von zunächst 50–60 innerhalb weniger Jahre auf 200 an. Nach und nach wurden immer mehr Repräsentanten aus Politik und Gesellschaft und auch aus der Universität als Gäste und Gastredner eingeladen. Mittlerweile haben diese ursprünglich kleinen, von den zuständigen Religionsgemeinschaften getragenen Empfänge eine Größe und einen Stellenwert erlangt, dass Menschen in unserem Stadtstaat schon davon ausgehen, zur Zeit des Ramadans zu solchen Empfängen eingeladen werden. Die Muslime sind ein fester Bestandteil des Zusammenlebens geworden – was sich an diesen Festen dann nochmal besonders zeigt. Diese sind vergleichbar mit dem Empfang der Bischöfe bei christlichen Feiertagen, die ja eben auch Einladungen an andere Menschen sind. Deswegen würde ich sagen, dass sich durch die Realität eine Entwicklung gestärkt hat, dank derer heute in der Vielfalt der Religionen nicht mehr vornehmlich ein Bedrohungsszenario gesehen wird, sondern die Möglichkeit, dass sich die

Gesellschaft dadurch bunter, interessanter zeigt, und dass darin eine Chance liegt. Aber: Das darf nicht dazu führen und das führt auch nicht dazu, dass man sagt, es funktioniere ja alles. Wir sehen schon in wissenschaftlichen Befragungen, dass es auch Menschen und Gruppen gibt, die selber Angst davor haben, andere könnten sie infrage stellen. Wir sehen auch diese typischen Phänomene, dass gerade solche Menschen, die eine eindeutige Erklärung brauchen und die – vielleicht aufgrund persönlicher Sorgen z. B. auf ökonomischem Gebiet – nicht unbedingt alle Komplexität von gesellschaftlichen Mechanismen auch noch mittragen können, dann eine besondere Bereitschaft zeigen, die „einfachen" Rezepte und Angebote anzunehmen: Wenn Du zu uns kommst, dann bist Du auf der richtigen Seite, und die anderen sind auf der falschen Seite. Wir wissen, dass Religionen auch in unser eigenen Geschichte – in der Weltgeschichte – mit diesem Janusgesicht ausgestattet sind: Sie machen sich einerseits zu Anwälten der Menschen – für das friedliche Zusammenleben, für die Möglichkeit, Probleme zu überwinden, bieten Hoffnung gegen Hoffnungslosigkeit –, aber sie können auch als Instrumentalisierung dienen, um die eigene Auserwähltheit auf Kosten anderer und gegen diese auszuspielen. Und deswegen haben wir die Aufgabe, uns mit der Fragestellung der Funktion religiöser Gemeinschaften in der Gesellschaft – in ihren verschiedenen Institutionen, sozialen Organisationen und Stiftungen – auseinanderzusetzen und auch im Schulbereich die Frage aufzugreifen, wie mit religiöser Pluralisierung umgegangen werden kann. Wir müssen lernen zu sehen, dass religiöse Pluralität nicht nur die Pluralisierung von Organisationen ist, sondern auch die Vielfalt der Gesichter bedeutet, die zu religiösen Organisationen gehören und die sich nochmal nach Männern und Frauen, nach Altersgruppen und nach ihren eigenen Überzeugungen erheblich unterscheiden, die nicht in einen Topf geworfen werden wollen, auch wenn sich die einen als Christen, die anderen als Muslime bezeichnen. Sie wollen und sollen auch in modernen Gesellschaften ihre eigenen Identitäten leben, ermutigt werden, sich selbst Gedanken zu machen und als Staatsbürger ernst genommen werden – was in Hamburg zum Glück durch die Staatsverträge auch noch einmal besonders unterstrichen worden ist.

Vielleicht ganz praktisch dann nochmal nachgefragt: Sie haben ja eingangs gesagt, es geht zu keinem Zeitpunkt darum, die Beheimatung von Menschen, ihre persönlichen kulturellen, religiösen Überzeugungen in irgendeiner Weise zu bedrohen, abzubauen oder zurückzufahren. Und gleichzeitig erweist sich aber, dass dieser pluralistische Öffnungsprozess eine aus verschiedenen Gründen notwendige Entwicklung ist. Gibt es da aus Ihrer Dialog-Erfahrung auch Empfehlungen, die Sie uns für diesen Prozess mitgeben

würden? Denn es ist für uns ja auch Alltagspraxis: Wir haben Menschen, die
tief in ihren religiösen Überzeugungen, in ihren kirchlichen Bindungen
beheimatet sind und die z. T. diesen Prozess der Aufgabe einer formalen
Kirchenzugehörigkeit nicht nur positiv sehen. Die wollen wir natürlich gerne
auch bei uns behalten. Wir wollen Menschen, die aus ihrem Glauben heraus
motiviert hier Arbeit tun und wir wollen denen nicht das Gefühl der Heimat-
losigkeit durch diesen Öffnungsprozess geben. Hätten Sie da Tipps?

Vielleicht nicht Tipps, aber es gibt ja ganz grundlegende Ansätze, wie man
die Entwicklung unserer Gesellschaft versteht. Bis vor zehn Jahren war es so,
dass sowohl an der Universität als auch in der Öffentlichkeit und teilweise
sogar auch im Selbstverständnis von Menschen in religiösen Institutionen der
Trend zur Säkularisierung als unabwendbar angesehen worden ist. Man ging
davon aus, dass immer mehr Menschen die Kirchen verlassen, dass immer
weniger Menschen mit religiösen Fragen zu tun haben wollten und dass es
nur eine Frage der Zeit sein würde, bis diese Entwicklungen dann zu einer
weitgehenden Entkirchlichung beitragen würden – und in diesem Zusammenhang ist Religion ja zum Teil ein Tabu-Thema geworden. Nun können
wir sagen, dass seit mindestens zehn Jahren sehr sichtbar – davor auch schon
weniger sichtbar, aber wirkungsvoll – eine Pluralisierung eingesetzt hat, die
neue Konzepte darüber mit sich bringt, ob und wie man über Religion
spricht. Das haben wir sehr genau untersucht im Bereich von Schulklassen,
in denen sich ja in einem relativ geordneten beobachtbaren Rahmen, in dem
sich alle Menschen in einem bestimmten Alter befinden müssen. Diese
Schulklassen sind in Hamburg ja auch während des Religionsunterrichts
„bunt" zusammengesetzt – ohne Trennung nach Konfession und Weltanschauung, wie es in anderen Bundesländern üblich ist. Wir haben festgestellt,
dass im Hamburger „Religionsunterricht für alle" – gerade in Bezug auf
Menschen mit muslimischem Hintergrund – Glaubensfragen anders thematisiert werden und dass es auch selbstverständlich an- und ausgesprochen wird,
wenn man eine starke religiöse Bindung hat. Da wird also Religion nicht als
Tabu, sondern als selbstverständlicher Teil des Lebens wahrgenommen, über
den man sprechen kann. Diese Untersuchungen zeigen also, dass – entgegen
der gesellschaftlichen Meinung, das Interesse an Religionsunterricht würde
immer geringer – durch eine Zusammensetzung mit Menschen unterschiedlicher Religion mehr Interesse an Religion entstanden ist. Dieselbe Tendenz
haben wir übrigens auch anhand der unterschiedlichen Dialog-Kreise gesehen, an denen wir in der Stadt beteiligt sind, nämlich dass das Interesse an
Religion und zwar auch an der eigenen Religion gewachsen ist, wenn man
sich mit Menschen anderer Religion in Foren unterhält oder zusammen etwas
tut oder gemeinsam nachdenkt. Von daher denke ich, dass wir davon ausgehen können, dass die Säkularisierung immer noch einen starken Strom in
unserer Gesellschaft ausmacht, aber nicht mehr den dominante Zustrom, der

zu einer Verminderung religiösen Interesses und Engagements und zu Mitgliederschwund führt. Im Gegenteil: im Rahmen der Pluralisierung von Religion gibt es bei uns ein zunehmendes Interesse an religiösen Fragestellungen.
Die Leute fühlen sich ermutigt, über ihren eigenen Horizont nachzudenken
und mit Menschen anderer Auffassung ins Gespräch zu kommen, ohne sich
gleich bedroht zu sehen. Meine Beobachtungen und unsere Untersuchungen
zu Fragen des Dialoges führen nicht in die Richtung, hinterher gar nicht
mehr zu wissen, was man denken soll, sondern dahin, mehr über die eigenen
Hintergründe nachdenken. Wenn z. B. eine nur formal der christlichen
Kirche angehörige Person zu ihrer Religion befragt wird, dann kann dies ein
Impuls sein, nachzudenken, vielleicht auch mit Lektüre nachzuforschen, auf
dem Gebiet, das bisher für selbstverständlich, wenn auch nicht relevant
gehalten wurde. Vielleicht erkennt man dann, wo die eigenen Vorstellungen
noch einmal zugeschärft werden können, und beginnt, Fragen von Religion
dann auch als Fragen, die elementar zum Leben gehören, mit zu beachten.
Das Spannungsfeld von Säkularisierung auf der einen und religiöser
Pluralisierung auf der anderen Seite bietet einen Raum, in dem Menschen
sowohl ihre Zweifel an Religion äußern als auch noch einmal freier ihre
eigene Bindung ins Gespräch bringen können: ihre eigene Verwurzelung,
ihre eigenen Sehnsüchte, ihre eigene Verzweiflung. Religion ist ja auch ein
Gefäß, um zu seinen Zweifeln zu stehen, weil diese nicht das letzte Wort
haben. Auch das eigene Scheitern ist eher im Wissen zu tragen, dass dieses
nicht ungebremst ins Mark dringt, sondern Hoffnung auf Überwindung besteht und die Zuversicht, dass damit kein letztgültiger Maßstab für das eigene
Leben und die von Gott zugesprochene Würde vorgegeben ist. Dies nach
außen tragen zu können, ist von großem Wert, denn reine Verinnerlichung
kann auch zu einer Verkümmerung führen. Deswegen ist es gut, wenn in
unserer Gesellschaft in unterschiedlichen Ebenen auch darüber gesprochen
werden kann, wenn also Raum hierfür vorhanden ist in der Schule, in gesellschaftlichen Gruppen, aber auch in sozialen Einrichtungen.

In diesem Zusammenhang sehe ich das Gleichgewicht, das ich in den
Vorschlägen des Brüsseler Kreises in Bezug auf die Konfessionsbezogenheit
empfinde, als gewinnbringend an: Die Konfessionsbezogenheit wird für die
Institution als Ressource betont, die über Jahrhunderte angereichert worden
ist, die ihre spezifische Zuspitzung z. B. bei Wichern und bei anderen sozial
denkenden Christen gefunden hat. Und diese historische Vorprägung, die
Möglichkeit, in der eigenen Geschichte auf Personen verweisen zu können,
die Beeindruckendes geleistet haben, bedeutet zum einen große Anforderungen an die Nachfolgenden, die zu Kopfschmerzen führen können, die überwunden werden müssen, stellen aber zum anderen auch ein Hoffnungspoten-
zial dar: Wenn die im 19. Jh. mit den Problemen fertig geworden sind, dann
werden wir in der modernen Zeit mit den Mitteln, die wir haben, doch auch
Entsprechung suchen können und unsere Aktivitäten nicht nur pragmatisch,

sondern eben auch mit einem starken Antriebsmotor und einer Zuversicht durchführen können – selbst dann, wenn vieles schief geht – und zwar mit einer Kontinuität, die den Mitarbeitenden und denen, für die gearbeitet wird, zugute kommt. Aber bei aller Betonung der Konfessionsgebundenheit als Ressource für die Institution muss nach den Thesen des Brüsseler Kreises die Mitarbeiterschaft nicht durch die formale Mitgliedschaft zeigen, von welchem Geist sie getrieben sind, sondern durch ihr Engagement. Dies meine ich mit dem Gleichgewicht. Es sind Menschen zu akzeptieren, die eine formale Mitgliedschaft nicht unterschreiben wollen oder die aus anderen Traditionen kommen, aber den Geist der Institution – auch wenn oder gerade weil dieser eine bestimmte Rückbindung hat – auch als Chance ansehen, sich motiviert zu engagieren, ohne selber formal dazuzugehören. Ich finde es gut, wenn eine Institution, die sich ihrer Wurzeln bewusst ist und die weiß, in welchem Geist sie lebt, nicht versucht, Menschen in ihrem Betrieb durch rechtliche und formale Vorbedingungen zu bewegen, sondern dadurch, dass lebendig auf diese Tradition zugegangen wird. Die Möglichkeit zu geben, so zu arbeiten, dass es dem Geist entspricht, und das eigene Bewusstsein zu formen, ohne damit andere überformen zu wollen – dies entspricht auch meinem Verständnis, das ich von christlicher Religion habe. Und das ist auch überzeugender für Menschen, die den Eintritt in solche Institutionen suchen.

Glauben Sie, dass auch Spiritualität ähnlich und vergleichbar der von Ihnen gerade angesprochenen existentiellen Kommunikation solch ein positives Ergebnis eines Öffnungsprozesses sein könnte, dass das noch einmal in anderer Weise und vielleicht auch anderer Farbigkeit als Ressource eines sozialen Unternehmens in konfessioneller Orientierung zu entdecken wäre oder wären Sie da eher skeptisch?

Der Terminus Spiritualität ist sehr unterschiedlich und sehr vielfältig genutzt worden, teilweise auch etwas abgenutzt mit der Zeit. Trotzdem ist es schon richtig: Der Begriff ist breit genug, um auch unterschiedliche Formen eines Lebens zu betreffen, das sich bewusst darüber ist, dass die eigenen Verfügungsmöglichkeiten nicht allein das ganze Leben ausmachen; dass es also mehr gibt, als ich fassen kann; dass ich persönlich nicht alles bin, sondern mir ganz wichtige Dinge nicht verfügbar sind, auf die ich aber angewiesen bin; dass es auch Räume gibt, in denen ich das erfahren kann, und dass es Möglichkeiten gibt, mir solche Räume zu eröffnen. In Kirchenräume z. B. setzen sich sehr viele Menschen auch ohne Religionszugehörigkeit, die eine Sensibilität dafür entwickeln, dass dies ein Raum der Andacht ist, wie man christlich sagen würde; säkular würde man sagen: der Stille. Dinge, die bei mir sonst vielleicht eher überdeckt werden, die sonst nicht zum Tragen kommen, weil es zu laut, weil es zu hastig ist, weil ich zu sehr unter Druck bin, können hier reflektiert und im Herzen bewegt werden. Dies ist ein Raum, der dafür, dass sich so etwas entwickeln kann, auch erprobt ist. Früher wurde so etwas eher belächelt, denn was sollte der Einzelne da schon erfahren können? Aber heute zeigt sich, dass auch Menschen, die keine religiöse Bindung haben, einen Bedarf und ein Bedürfnis danach haben. Dies überhaupt denken und in Ansätzen erleben zu können, ist doch ein ganz starkes Argument dafür, dass es zum Menschen gehört, dass er sich nicht als die einzige und in sich begrenzte Form begreift und sich in seinem Leben gegen andere durchsetzen muss; dass er nicht nur in sich selbst und als eine nach außen geschützte Entität überleben kann, sondern dass er gerade dann auch auf etwas angewiesen ist, was nicht fassbar ist.

Da sind die Einschätzungen unterschiedlich. Es gibt den Ausdruck Spiritualität ja eben auch für den evangelischen oder für den katholischen Bereich. Manche sind der Ansicht, dass gerade für den Protestantismus vielleicht doch die Zuwendung zum Wort und zum Intellekt – also zur argumentativen Auseinandersetzung, zum Durchdringen dessen, was die Botschaft sagt – zu stark geworden ist und die Anbetung, die Liturgie, das Aufnehmen und das Sich-entwickeln-lassen von Gedanken zu wenig berücksichtigt wird. Deswegen spielt Spiritualität sicherlich auch in diesem Bereich eine neue wichtige Rolle. Spiritualität ist ein sehr weites Feld. Ich denke, was Fulbert Steffensky unter diesem Terminus entwickelt hat, hat eine konturierte Form und kann so auch in Lebensbezügen von Menschen eine Rolle spielen. Er beschreibt, was er selber sozusagen als Angehöriger zweier Traditionen, des Katholizismus und des Protestantismus, erlebt hat und was einen Haltepunkt bieten kann. Er geht auch auf das Sehnsuchtspotenzial von Menschen ein, die nicht nur ein rational nachvollziehbares, auf Tradition fußendes, auf Exegese und religiösen Geschichten basierendes Selbstverständnis haben, sondern darüber hinaus auch Interesse für das Mystische, das nicht Fassbare zeigen. Und die Mystik hat in allen Religionen einen zentralen Punkt. Man begegnet mystischen Denkern im Islam z. B. mit Rumi, der bei uns vor allem durch viele Gedichte seinen Platz gewonnen hat. Aber auch im Bereich christlicher Mystik gibt es eine lange Tradition, auch mit modernen Adaptionen und Gedankengängen wie z. B. bei Dorothee Sölles *Mystik und Widerstand*. Darin zeigt sie Mystik nicht nur als das, was sich an Gerüchen, Farben, Lichtspielen und wunderbaren Gefühlen äußert, sondern auch als eine Ausdrucksform, die als Kehrseite durchaus Aktionspotenzial hat. Hier wird in der Mystik das Potenzial von Widerstand deutlich, der sich mit heftiger Aktion gegen Bestehendes richtet und sich nicht damit begnügt, was im Mainstream religiös gedacht ist oder als geboten angesehen wird, sondern der auf Veränderung, auf Umbruch, auf Unterbrechung zielt. Es gilt, auf die Urgedanken, auf die Kerntexte, auf die

Geschichten der Religionen zurückzugreifen, z. B. auf die Gleichnisse oder
die Bergpredigt im Neuen Testament, die auch für das Denken und für die
Vorstellung eines erfüllten und verantwortlichen Lebens in der Gegenwart
eine große Impulskraft haben, die es uns nicht immer einfach machen, sondern auch denjenigen, die konfessionell verortet sind, neben einer Sicherheit
auch eine produktive Verunsicherung vermitteln. Diese Geschichten stellen
auch Anforderungen, die nicht nur der damaligen Zeit und den damaligen
Menschen galten, sondern die auch heute für uns noch gelten, und die nochmal ein neues Nachdenken bewirken – gerade auch im Blick auf die Auswirkungen für unser tägliches Leben und Handeln, im Blick auf das, was geglaubt wird, und was sich daraus als Handlung, als Tat erweisen muss, damit
das, was geglaubt wird, auch eine Entsprechung in der Realität hat. Und da
müssen wir wohl alle zugeben, dass das Tägliche eine echte Aufgabe ist und
nicht etwas, was uns in den Schoß gefallen ist und was uns dann zu einer
„schläfrigen Konfessionalität" führen kann – in dem Sinne, dass die Zugehörigkeit eigentlich automatisiert ist. Vielmehr ist es dann eine an das Geschenk der Glaubensbotschaft gekoppelte Herausforderung, die wir nicht
leicht erfüllen können. Das ist vielleicht auch ein Spannungsverhältnis, das
dem Leben viel mehr entspricht, nämlich dass die Zusage der Gottesebenbildlichkeit, die Zusage der Würde an alle Menschen, die Zusage an die Ausgestoßenen und an die Fremdlinge, an die Gesetzesbrecher und die moralisch
Verwerflichen, die bei Jesus ja in vielen Geschichten zum Ausdruck kommt,
auch mit Anforderungen, mit teils schwierigen und kaum zu meisternden
Anforderungen und Vorstellungen verbunden ist. Ich denke, dieses Spannungsfeld stärkt, aber es bewirkt auch, dass man nicht müde wird und ein-
schläft. Und das ist für das Leben ein großer Schatz.

Zedakah und konfessioneller Pluralismus

Micha Brumlik

1.   Vorbemerkung

Das kürzlich vom Bundesarbeitsgericht in Erfurt erlassene Urteil im Rechts-
streit zwischen Nilgün Türk und der christlichen Bochumer Augusta-Klinik,
welches das von der Klinik ausgeprochene Verbot des Tragens eines Kopf-
tuchs der nach länger Elternzeit wieder in die Klinik zurückgekehrten Mitarbeiterin für rechtens erklärte, bekräftigt die brennende Aktualität der Thesen
des BK. In der zweiten These heißt es daher:

> „Die Orientierung an dem formalen Kriterium der Kirchenmitgliedschaft unserer
> Mitarbeitenden ist nicht in erster Linie eine Herausforderung für das Personal-
> management, sondern vor allem ein theologisches Problem."

Die „Entfaltung der Thesen" bewegt sich dann zwischen einer durchaus auch
normative Elemente enthaltenden sozialwissenschaftlichen sowie einer mit
noch stärkeren normativen Ansprüchen aufgeladenen theologischen Perspektive.

Es ist diese theologische Perspektive und ihre biblische Begründung, die
mich im Folgenden interessiert.

Dabei sei eine Schwierigkeit vorweg festzuhalten: Da der Autor dieser
Zeilen kein Mitglied einer christlichen Kirche, sondern Mitglied der jüdischen Religionsgemeinschaft ist, stellt sich der Boden der Gemeinsamkeit
womöglich – aber das ist zu überprüfen – als schmaler dar als erwartet und
notwendig. Immerhin sei vorausgeschickt, dass die Schriften des Neuen
Testaments, zumal der paulinischen Briefe für mich – historisch betrachtet –
im Gefolge der Arbeiten von Leo Baeck und – Jahrzehnte später – von Alan
Segal und Daniel Boyarin,[228] keine christlichen Schriften, sondern Schriften
des hellenistischen Judentums darstellen. Ob und wieweit sich von Schriften
des hellenistischen Judentums sinnvolle Bezüge zu den normativen Grundlagen des rabbinischen Judentums herstellen lassen, muss sich im Vollzug
erweisen.

---

[228]   D. Boyarin (1994); A. F. Segal (1990).

2.   Augsburger Bekenntnis als Grundlage?

Auffällig ist zunächst, dass die Thesen – die ja eine gemeinsame Basis für katholische und evangelische Unternehmen artikulieren sollen, mit einem Bekenntnis zum „Augsburger Bekenntnis" beginnen. Für auch heutiges professionelles Handeln im Rahmen der Diakonie ist dann zumal der Artikel 20 des Augsburger Bekenntnisses ausschlaggebend:

> „Ferner wird gelehrt, daß gute Werke geschehen sollen und müssen, aber nicht, daß man darauf vertraut, durch sie Gnade zu verdienen, sondern um Gottes willen und zu Gottes Lob. Der Glaube ergreift immer nur die Gnade und die Vergebung der Sünde; und weil durch den Glauben der Heilige Geist gegeben wird, darum wird auch das Herz befähigt, gute Werke zu tun. Denn zuvor, weil es ohne den Heiligen Geist ist, ist es zu schwach; dazu befindet es sich in der Gewalt des Teufels, der die arme menschliche Natur zu vielen Sünden antreibt, wie wir's an den Philosophen sehen, die versucht haben, ehrlich und unsträflich zu leben sie haben es aber dennoch nicht erreicht, sondern sind in viele große, offenkundige Sünden gefallen … ."

Bezüglich der Inklusion nichtchristlichen Personals gilt es auf dieser Basis, mit dem Umstand zurecht zu kommen, dass Atheisten, Agnostiker, Muslime, Juden, andere dem – sofern sie in ihren eigenen Überzeugungen aufrichtig sind – nicht folgen können. Da es den „Brüsseler Thesen" aber gerade um die Inklusion nichtchristlichen Personals geht, kann nur gelten, dass nicht mehr der einzelne Mensch Bezugspunkt der Normen des Augsburger Bekenntnisses ist, sondern das kirchliche Unternehmen im Ganzen. Ist es also sinnvoll denkbar und möglich, dass einzelne Mitarbeitertende zwar weder im Geiste des Augsburger Bekenntnisses noch des christlichen Glaubens ihren Dienst verrichten? Wird dieses relative Manko dadurch kompensiert, dass die Institution, das Unternehmen als Ganze dem Augsburger Bekenntnis verpflichtet ist? Die Besinnung auf die biblischen Bindungen soll das ermöglichen: Diakonisches Handeln soll als Erscheinungsform guter Taten des Glaubens verstanden werden, der in gewisser Weise allen Menschen, gleich welcher konfessionellen Bindung offen ist. Die Last der Begründung dieser Annahme liegt dann auf einer bibeltheologischen Entfaltung und Begründung des Inklusionsgedankens, der schließlich – der Logik der vorgelegten Argumentation gemäß – normativ in den Menschenrechten kodifiziert ist.

3.   Menschenrechte – ja, aber woher und: wie begründet?

Freilich fragt sich, ob und wie sich aus einer Grundlage wie der des Augsburger Bekenntnisses ein weiteres Bekenntnis, nämlich zu den Menschenrechten ableiten lässt. Die Autoren Haas und Starnitzke, die zunächst die
Arbeit der Diakonie auf der Basis des lutherischen Augsburger Bekenntnisses, das ja explizit Bemühungen um eine philosophische, nicht auf christlichem Glauben beruhende Lebensführung zurückweist, begründen wollten,
greifen dazu auf den Römerbrief (Röm 7,7–25; Röm 11,32) zurück:
    „Die wahre Inklusion bedeutet also im vollen theologischen Sinne, dass
Gott alle Menschen, die zunächst nicht anders können, als gegen sich und
Gott zu sündigen, in sein universales Erbarmen einschließt und dass dies im
tiefsten Sinne den Zusammenhang der ganzen Menschheit begründet. Der
zitierte Text aus Röm 11 stellt insofern eine Spitzenaussage dar, als Paulus
damit zugesteht, dass auch alle Juden, die nicht an Christus glauben, in dieser
Weise gerettet werden (vgl. Röm 11,26 und 31)"[229]
    Die zitierte Passage begründet das, was später als säkulares, universalis-
tisches Inklusionsprinzip aufgerufen wird, nämlich die Menschenrechte
durch Gottes Erbarmen gegenüber den Ungläubigen, und zeichnet sich vor
allem dadurch aus, dass davon auch und gerade die Christusgläubigen nicht
ausgenommen sind und sie sich ihrer Offenbarung nicht rühmen dürfen.
Angemerkt sei gleichwohl, dass – liest man den Text genau – von einer
Sünde der Menschen gegen sich selbst keine Rede ist und – theologisch
gesehen – auch nicht sein kann. Womöglich ist es an dieser Stelle – wo es
doch nun auch um Juden und das Judentum geht – sinnvoll, sich die jüdischen, d. h. die zwei Jahrhunderte später entstandenen Prinzipien des rabbinischen Judentums zu Inklusion und sozialer Hilfe, hebräisch „Gemillut Chassadim" sowie „Zedakah" zu betrachten.

4.   Zedakah

Kontrastiv soll daher gezeigt werden, wie sich das Pendant zur christlichen
Liebestätigkeit, nämlich das Prinzip der Zedakah im rabbinischen Judentum
entfaltet hat – eine Religion, die vergleichsweise früh, wenn auch nur narra-

---

[229]   In diesem Band S. 50.

tiv gefasst, ein Prinzip der Heiligkeit der Individualität und damit eines jeden
Individuums postuliert und damit das, was später als „Menschenrechte" arti-
kuliert wurde, schon früh vorweggenommen hat. Diese Lehren haben sich in
einer Reihe moralischer Imperative niedergeschlagen – so war es zu Beginn
des zweiten Jahrhunderts Rabbi Akiba, der die wesentlichen Stichworte lieferte: „Der Mensch ist geliebt, denn er war in Gottes Antlitz geschaffen"[230]
sowie, darauf folgend: „Jeder, der (menschliches) Blut vergießt, zerstört das
Ebenbild Gottes"[231]. Eine Aussage, die sein Schüler Ben Azzai in einer Tos-
sefta noch verschärfte:

> „Jeder, der sich nicht für den Schutz der menschlichen Gattung einsetzt, wird
> von der Schrift angeklagt, die Gottesebenbildichkeit zu verkleinern."[232]

Dieser Gedanke wurde von einer ganzen Reihe vor allem narrativ argumen-
tierender Rabbinen anekdotisch so verdeutlicht, dass die Dienstengel vor
dem von Gott geschaffenen, präexistenten Adam niederfielen und von höheren Engeln darauf aufmerksam gemacht werden mussten, dass sie einem
Irrtum unterlagen: es handelte sich nicht um Gott, sondern um den ersten
Menschen.[233]

In weiterer Debatte, wie sie vor allem im talmudischen Traktat Sanhedrin dokumentiert sind, wird deutlich, dass die Rabbanim die universalis-
tischen, prophetischen Bücher ausgezeichnet kannten, wenn sie sich etwa auf
Jesaja 43 beziehen, wonach Gott alles, auch den einzelnen Mensch zu seinem
Ruhm geschaffen hat. Damit gehört der von Gott geschaffene Mensch nicht
nur der Schöpfung an, sondern wird geradezu aus ihr herausgehoben.

Aus diesen Annahmen postulierte das rabbinische Judentum schließlich
Grundsätze ausgleichender sozialer Gerechtigkeit innerhalb der vielfältigen
Gemeinden der jüdischen Diaspora: Im Traktat „Pirkej Aboth", also den
„Sprüchen der Väter", einem zentralen Teil der im zweiten Jahrhundert
christlicher Zeitrechnung kodifizierten „Mischna", der sogenannten „mündli-
chen Lehre", finden wir etwa folgende, von einzelnen Rabbinen aufgestellte
Prinzipien:

> „Rabban Simon, Sohn des Gamaliel, sagt: „Auf drei Dingen besteht die Welt:
> auf Wahrheit, auf Recht und auf Frieden." (Aboth 1,17)

Sodann:

> „Rabbi Josua sagte: Es sei dir das Vermögen deines Genossen so wertvoll wie
> das deinige (Aboth 2,16)

---

[230] E. E. Urbach (1979), S. 253.
[231] A. a. O., S. 227.
[232] Ebd.
[233] A. a. O., S. 229.

Aber auch Prinzipien gerechter Besteuerung wurden aufgestellt:

> „Sieben Arten von Strafen treffen die Welt wegen sieben Hauptsünden: Ver-
> zehntet ein Teil und ein Teil verzehntet nicht, so kommt die Hungersnot durch
> Dürre; ein Teil hungert und ein Teil ist satt." (Aboth 5,12)

Bei alledem unterscheidet das rabbinische Judentum noch einmal zwischen
„Gerechtigkeit" und dem, was noch am ehesten, der Sache nach dem christlichen Begriff der „Caritas" entspricht, nämlich dem, was hebräisch „Gemilut
Chassadim" genannt wird und auf deutsch etwa mit „Liebende Zuwendung"
zu übersetzen wäre. Zum Verhältnis beider Formen der mitmenschbezogenen
Liebestätigkeit hat Klaus Müller bereits 1999 eine umfassende Studie vorge-
legt.[234] So steht es schon am Anfang des Traktats „Pirkej Awoth". Dort sagt
Simon der Gerechte: „Auf drei Dingen beruht die Welt: auf der Torah, auf
dem Gottesdienst und auf „Gemillut Chassadim". Die Mischna behandelt
diese Thematik im Traktat „Peah" – zu deutsch „Ackerecke" – und bezieht
sich damit auf eine Weisung der Tora, Leviticus 19,9, gemäß derer die Ecken
der Äcker nicht abgeerntet, sondern den Armen überlassen werden sollen. So
heißt es denn im ersten Paragraphen des Mischnatraktats „Peah":

> „Dies sind die Dinge, für die es kein Maß gibt: Die Ackerecke, die Erstlinge, das
> Erscheinen im Tempel, die Liebewerke – Gemillut Chassadim und das Studium
> der Tora."

Dies wird so erläutert, dass das Geben von Almosen deutlich unter tätigem,
mitmenschlichem Liebesdienst steht. (Sukka 49b)

> „Was fordert Gott von Dir außer Gerechtigkeit (Tzedaka) tun, sich der Liebe zu
> befleißigen, das ist die Wohltätigkeit (Gemillut Chassadim), bescheiden zu wan-
> deln vor deinem Gott, einem Verstorbenem das Geleit geben und eine Braut un-
> ter den Baldachin führen. Ferner sagte Rabbi Eleazar: Liebeswerke sind bedeu-
> tender als Almosen, denn es heißt: Almosen und Gerechtigkeit sind dem Herrn
> lieber als Opfer. Ferner sagte Rabbi Eleazar: Liebeswerke sind bedeutender als
> Almosen, denn es heißt: Almosen sei eure Aussaat, und erntet nach Liebe."

Schließlich lehrten die Rabbinen:

> „Durch dreierlei ist die Wohltätigkeit bedeutender als das Almosen. Das Almo-
> sen erfolgt mit seinem Gelde, die Wohltätigkeit mit seinem Gelde als auch mit
> seinem Körper: Almosen nur an Arme, die Wohltätigkeit sowohl an Arme als
> auch an Reiche; Almosen nur an Lebende, die Wohltätigkeit sowohl an Lebende
> als auch an Tote."

Damit erweist sich der rabbinische Begriff der Liebestätigkeit deutlich als
umfassender als ein Begriff mildernder, ausgleichender oder gar verteilender
Gerechtigkeit. „Gemillut Chassadim" verbindet ausgleichende und austei-
lende Gerchtigkeit mit dem, was wir heute als „Solidarität" bezeichnen, oder
anders: „Gemillut Chassadim" beschränkt sich beim Thema der ausglei-

---

[234] Vgl. K. Müller (1999).

chenden oder austeilenden nicht nur auf das abstrakte Medium des Geldes, sondern auch auf unmittelbare körperliche Präsenz und mitfühlendes, begleitendes Handeln. Die weitere Tradition hat das Ausüben von Gemillut Chassadim gar zu einem der drei Eckpfeiler des Judentums gemacht: eine spätantike rabbinische Schrift, ein Kommentar zum Buch „Kohelet" (Prediger Salomonis) behauptet gar, dass wer dieses Prinzip ablehnt, auch das Fundament des Judentums ablehne. Im talmudischen Traktat „Yevamot" (79a) heißt es, dass nur, wer zu dieser Liebestätigkeit bereit sei, ein Mitglied des jüdischen Volkes sein könne, während es im Traktat „Ketubbot" heißt, dass Juden diese Liebestätigkeit nicht nur vollziehen, sondern sogar die Abkömmlinge jener seien, die diese Tätigkeit vollziehen.

5.   Fazit

So bleibt – im Zuge der Erörterung des Inklusionsgedankens sowie der Berufung auf die Menschenrechte – zunächst festzustellen, dass das rabbinische Judentum bereits im dritten Jahrhundert eine schöpfungstheologisch begründete Annahme von der Würde des Menschen aus seiner Gottesebenbildlichkeit entwickelt hat und zwar – das ist in diesem Zusammenhang besonders zu unterstreichen – „des Menschen" und keineswegs nur der Angehörigen jenes Volkes, das Gott sich erwählt hat.

Erwachsen aber daraus ebenfalls gerechtigkeitsgeleitete Verpflichtungen gegen jenen Menschen, die in Not, aber keine Juden sind?

Klaus Müller hat in seiner bereits oben erwähnten Arbeit darauf hingewiesen, dass es dabei zunächst um die zwischen den Rabbinen heftig umstrittene Frage nach dem Anteil auch von Nichtjuden an der kommenden Welt geht, also um die Frage des eschatologischen Universalismus. Am Ende wurde von dem mittelalterlichen Philosophen Maimonides kodifiziert, dass die Gerechten unter den Völkern, ihre Frommen Anteil an der kommenden Welt haben werden. Tatsächlich unterscheidet sich dieser Universalismus der – wenn man so will – guten Werke vom paulinischen Universalismus des Erbarmens aus Gnade. Aus dieser Perspektive heraus wäre ein religionsplurales Inklusionskonzept jedenfalls für die Mitarbeitenden konfessionell gebundener Sozial- und Gesundheitsinstitutionen widerspruchslos zu begründen – offen bleibt, ob sich daraus auch ein Prinzip der Hilfe gegenüber allen Notleidenden und Hilfesuchenden, gleichgültig welchen Glaubens und welcher Herkunft, ableiten lässt.

Es ist wiederum eine eschatologische Perspektive, die Verantwortlichkeit und Hilfe auch gegenüber Nichtjuden ausweist: im talmudischen Traktat

Sanhedrin 98a wird vom Gespräch eines Rabbi Jehoschua mit dem Propheten Elia zur Frage, wann der Messias kommen werde, berichtet. Auf diese Frage ergeht die Antwort, dass der Messias unter den Toren Roms – also unter Nichtjuden – weile und dort zwischen den Armen und Kranken sitze. Es war schließlich die jüdische Mystik, die Kabbala, die mit ihrem Gedanken vom „Tikkun Olam" von der Heilung, der Reparatur der Welt durch gute Taten, ja mit dem Gedanken auch einer Erlösung Gottes durch menschliches Handeln eine weitere Begründung für einen ethischen Universalismus lieferte.

Sinn dieser Ausführungen war es, darauf hinzuweisen bzw. zu fragen, ob die angestrebte Öffnung entsprechender christlicher Hilfeinstitutionen nicht nur auf Basis einer paulinisch-lutherischen Theologie in Bezug auf Mitarbeiter und Klienten begründet werden kann. Womöglich entspricht man dem Gedanken der religionspluralen Öffnung noch stärker, wenn auch die Begründung dieser Öffnung selbst – gleichsam selbstreflexiv – im Geiste der Hinwendung zu anderen religiös begründeten Ethiken vollzogen wird.

Das Konzept des „Konfessionsgebundenen Überzeugungspluralismus" in den Thesen des Brüsseler Kreises. Ein Kommentar aus islamisch-theologischer Perspektive[235]

Yasar Sarikaya

Einleitung

Die Religionen sehen sich stets vor der Aufgabe, ihre Schriften und Traditionen angesichts sich wandelnder gesellschaftlicher Verhältnisse zu aktualisieren und zu vergegenwärtigen, um einerseits den Kern der eigenen Religion in verschiedenen Kontexten bewahren und sie andererseits vor einer „Erstarrung" schützen zu können. Das vorliegende Positionspapier des BK ist ein beredtes Zeugnis einer solchen gegenwartsbezogenen Aktualisierung der Religion im Spannungsfeld zwischen Tradition, in diesem Fall der historisch gewachsenen konfessionellen Bindung diakonischer und caritativer Einrichtungen, und der gesellschaftlichen Realität der Globalisierung, Pluralisierung und Säkularisierung. Religiöse Heterogenität selbst ist ein vielschichtiges Phänomen der modernen Gesellschaften Europas. Sie bezieht sich nicht nur auf die Verschiedenheit der Glaubensüberzeugungen der in Deutschland lebenden Menschen nichtchristlichen Glaubens, sondern darüber hinaus auf plurale Formen von Auffassungen und Handlungen innerhalb derselben Religionsgemeinschaft. Wie die Autoren exemplarisch am Beispiel von Hamburg dokumentieren, leben in vielen Großstädten Deutschlands nicht weniger als 30 % Menschen mit Migrationshintergrund. Die meisten von ihnen gehören der islamischen Religion an.

Vor diesem Hintergrund gehen die Autoren des Positionspapiers zunächst von der Feststellung aus, dass die Voraussetzung der Konfessionsbindung bzw. der Kirchenmitgliedschaft bei der Personalrekrutierung – insbesondere im Hinblick auf Mangelberufe (z. B. Ärzte) – sich schon längst als problematisch bzw. nicht praxisfähig erwiesen und bereits Ausnahmerege-

---

[235] Für die wertvollen Anregungen bei der Entstehung dieses Beitrags danke ich Elif Gömleksiz, M. A. (Justus-Liebig-Universität Gießen).

lungen zur Folge hat.[236] Hinzu kommt, dass die Notwendigkeit der Bedingung der Kirchenmitgliedschaft auch unter christlichen Mitarbeitenden verstärkt hinterfragt wird und sie als eine „inhaltslose", formale Zugehörigkeit ausgewiesen wird.[237]

Wichtig und begrüßenswert aus muslimischer Sicht ist, dass der Ansatz des BK nicht dem reinen Pragmatismus verpflichtet ist, d. h. nicht aus arbeitsmarktpolitischen und personalstrategischen Gründen heraus motiviert ist. Diese sind lediglich Ausgangspunkt für eine Auseinandersetzung mit der Fragestellung, ob und wie eine religionspluralistische Öffnung in der Diakonie und Caritas sowohl im Hinblick auf das Personal als auch auf die Klientinnen und Klienten theologisch reflektiert und aus den eigenen religiösen Quellen heraus begründet werden kann. Anders formuliert: Nichtchristliche Mitarbeitende werden nicht als gezwungenermaßen akzeptierte Abweichungen von der Norm angesehen, sondern als eine christlich-theologisch vertretbare Möglichkeit unter dem Dach „des tief im Christentum verwurzelten diakonischen und karitativen Handelns". Damit geben die Autoren den Anstoß für einen wichtigen Diskurs, der meines Erachtens auch auf der Ebene des wissenschaftlichen Dialogs zwischen christlichen und muslimischen Theologen weitergeführt werden kann, berührt sie doch auch das zentrale Thema der Verhältnisbestimmung zwischen Christentum und Islam und der Möglichkeit gemeinsamer ethischer Handlungsfelder. Diese und weitere zentrale Aspekte der entfalteten Thesen des BK sollen im Folgenden aufgegriffen und aus islamisch-theologischer Sicht reflektiert werden.

Menschenwürde und universelles Hilfsethos

Sowohl im Christentum als auch im Islam kann man von einer anthropologischen Grundlegung der ethischen Verantwortung sprechen. Dem Menschen kommt eine Sonderstellung unter den Geschöpfen zu, die er nicht durch eine besondere Leistung erworben hat, sondern die ihm von Gott zugeteilt worden ist. Während die christliche Auslegungstradition diese besondere Stellung und Verantwortlichkeit des Menschen in der Schöpfung mit dem Topos der Gottesebenbildlichkeit begründet, ist der Mensch laut Koran vor allen anderen Geschöpfen „als Stellvertreter Gottes auf Erden" (arab. ḫalīfa) ausgezeichnet worden. Als solcher besitzt er einen freien Willen sowie Vernunft und trägt damit Verantwortung für sich und seine Umwelt sowie gegenüber Gott, seinem Schöpfer. Diese besondere Stellung und Natur des Menschen kommen

---

[236] Vgl. in diesem Band S. 14f.
[237] Vgl. a. a. O., S. 16.

im koranischen Konzept der „*fiṭra*" (natürliche Gottesausgerichteteit) zum Ausdruck. *Fiṭra* bezeichnet die natürliche Veranlagung des Menschen, die ihn dazu befähigt, zwischen Gut und Böse, Recht und Unrecht, Wahr und Falsch zu unterscheiden sowie seine Geschöpflichkeit und die Existenz und Einheit Gottes (arab. *tawḥīd*) zu erkennen.[238]

Die Solidarität mit und die Fürsorge für die Hilfsbedürftigen und an Not leidenden Menschen können vor diesem Hintergrund als ein Teil des islamischen und christlichen Ethos bezeichnet werden. Der Koran enthält eine Reihe von ethischen Verpflichtungen gegenüber den schwächeren Gliedern (z. B. den Waisen oder den Armen) der Gesellschaft.[239] Auch in der islamischen Tradition werden zahlreiche Berichte vom Propheten Muhammad überliefert, in denen Gläubige stets dazu aufgefordert werden, Schwächere und Bedürftige in der Gesellschaft materiell und immateriell zu unterstützen. Der Islam hat diese soziale Verantwortung sogar in sein System der religiösen Rituale integriert und institutionalisiert. So wird die soziale Abgabe an Bedürftige (*zakat*) zugleich zum Gottesdienst gezählt.

Im Christentum ist diese Fürsorgepflicht fest im Gebot der Nächstenliebe verankert. Wie in der zweiten These des BK ausdrücklich betont wird, ist diese Verpflichtung zum Dienst am Nächsten nicht exklusivistisch, sondern universell zu verstehen; sie richtet sich – so auch im Koran – an alle Menschen, unabhängig von Religion, Geschlecht, Alter, ethnischer Zugehörigkeit oder anderen Differenzmerkmalen wie z. B. einer Behinderung.[240] Dieser Grundgedanke der Inklusion bzw. der Gleichheit aller Menschen wird in den Thesen des BK mit der Gleichheit aller Menschen in ihrer Sündigkeit nach der Rechtfertigungslehre des Paulus theologisch begründet.[241] Aus islamischer Sicht ist dieser christliche Ansatz, der mit der „Erbsünde" im Zusammenhang steht, mit dem Menschenbild des Korans nicht in Einklang zu bringen. Allerdings finden sich in der islamischen Tradition andere Ansätze zur Begründung der Menschenwürde. So wird beispielsweise auf die bereits erwähnte „Statthalterschaft" des Menschen rekurriert, mit der Gott die Menschen betraut hat. Mit anderen Worten: Sie ist allen Menschen angeboren und kann nicht verloren gehen („Würde ohne Würdigkeit")".[242]

---

[238] A. Falaturi (2002), S. 41 ff; S. A. Düzgün (2006), S. 215–235.
[239] Siehe z. B. Koran 2:177: „Wahre Frömmigkeit besteht nicht darin, dass ihr eure Gesichter nach Osten oder Westen wendet – sondern wahrhaft fromm ist, wer an Gott glaubt und den Letzten Tag und die Engel und Offenbarung, und die Propheten; und sein Vermögen ausgibt – wie sehr er selbst es auch wertschätzen mag – für seine nahen Verwandten und die Waisen und die Bedürftigen und den Reisenden und die Bettler und für das Befreien von Menschen aus Knechtschaft (…)."
[240] Vgl.. in diesem Band S. 52f.
[241] Vgl. a. a. O., S. 50f.
[242] R. Wielandt (1993), S. 187f., 191.

Der BK geht in seinem Positionspapier über die theologische Begründung der Menschenwürde und des universellen Hilfeethos hinaus und konstatiert, dass er sich in der Verantwortung sieht, die Realisierung der Menschenrechte auf Grundlage der unveräußerlichen Menschenwürde, wie sie in der „Allgemeinen Erklärung der Menschenrechte" durch die Vereinten Nationen deklariert worden ist, durch die Diakonie mitzutragen und aktiv mitzugestalten.[243] Diese Zielsetzung lässt folgende Fragestellung aufkommen: Wie kann gewährleistet werden, dass z. B. Muslimen, die in Not die Einrichtungen der Diakonie oder Caritas aufsuchen, dem Prinzip der Menschenwürde und der Menschenrechte – zu denen auch die Religionsfreiheit gehört – entsprechend Hilfe bzw. Betreuung geleistet wird?

In Anbetracht dessen, dass auch Menschen mit Migrationshintergrund in Deutschland von der Überalterung betroffen sind[244], ist zu erwarten, dass beispielsweise immer mehr Muslime soziale Einrichtungen, die den verfassten Kirchen angehören, wie z. B. Hospize und Altenpflegeheime, aufsuchen werden; insbesondere in bestimmten Ballungsorten mit hohen Anteilen von Migrantinnen und Migranten wird dies der Fall sein. Das Personal wird hier vor die Aufgabe gestellt, auf die religiösen Bedürfnisse, rituellen und kulturellen Besonderheiten angemessen einzugehen. Gerade mit Blick auf eine kultur- und religionssensible Betreuung erscheint die Einstellung nichtchristlicher Mitarbeitender als eine Notwendigkeit. Zwar kann hier auch eine Fortbildung der christlichen Beschäftigten zur Erweiterung ihrer interkulturellen und interreligiösen Kompetenzen Abhilfe tun. Allerdings können mit Blick auf sprachliche Barrieren dem auch Grenzen gesetzt sein. Ein Patient oder Klient, der seine seelischen oder religiösen Bedürfnisse in seiner Muttersprache kommunizieren kann, wird dem Pflegepersonal gegenüber ein stärkeres Vertrauen entwickeln können und sich „verstanden" wissen.

Hülya Eroglu dokumentiert in ihrem jüngst erschienen Aufsatz „Muslimische Pflegekräfte in deutschen Krankenhäusern" auf Grundlage ihrer persönlichen Erfahrungen als Krankenschwester den dringlichen Bedarf an muslimischen Pflegekräften und Seelsorgern in deutschen Krankenhäusern. Verschiedene Konfliktbereiche in der Praxis, die aus dem Fehlen einer kultur- und religionssensiblen Pflege resultieren, werden darin exemplarisch vorgestellt.[245] Als zentrale Problematik werden die sprachlichen Barrieren ausgewiesen, die eine Kommunikation zwischen Ärztinnen und Ärzten bzw. Pflegekräften und der Patientin/dem Patienten sowie ihren/seinen Angehörigen erschweren sowie zu Missverständnissen und einem gestörten Verhältnis führen.[246] Besondere religiöse Bedürfnisse oder kulturelle Gepflogenheiten

---

[243] Vgl. in diesem Band S. 46.
[244] I. Ilkilic (2014), S. 111f.
[245] H. Eroglu (2014), S. 5–22.
[246] A. a. O., S. 11 ff.

können so nicht kommuniziert werden, sodass es teilweise zu erheblichen Konfliktsituationen mit den Pflegekräften kommt. Vor diesem Hintergrund hebt die Autorin muslimische Wertvorstellungen wie das Schamgefühl oder die Intimsphäre hervor, die bei fehlender Sensibilität und einem Informationsdefizit auf Seiten der Pflegekräfte Konflikte hervorrufen und in ohnehin schwierigen seelischen Situationen wie die der Krankheit eine negative Auswirkung auf die Psyche und den Genesungsprozess der Patientin/des Patienten haben können.[247] Um die Qualität der Betreuung, zu der eine unproblematische Kommunikationsbasis und die Entwicklung eines Vertrauensverhältnisses gehört, zu gewährleisten, ist die Einstellung von muslimischen Pflegekräften eine dringliche Notwendigkeit. Wie die persönliche Erfahrung der Autorin zeigt, gibt es hier allerdings noch grundlegende, strukturelle Hürden zu überwinden: Als Krankenschwester mit überdurchschnittlich gutem Abschluss hat Eroglu z. B. keine Anstellung in einem Krankenhaus gefunden.[248]

Der BK ist sich der oben dargestellten Problematik bewusst und stellt in diesem Zusammenhang fest, dass die interkulturellen und interreligiösen Aspekte in der Diakonie und Caritas bisher vernachlässigt wurden. Dabei erkennt der BK an, dass die Stärkung der interkulturellen Kompetenzen nicht hinreichend ist für eine kultur- und religionssensible Betreuung:

> „Im Sinne einer kultursensiblen Unterstützung der Menschen aus nichtchristlichen Religionen und Kulturkreisen ist es auf dieser Basis an vielen Stellen sogar gerade geboten, in Diakonie und Caritas auch Mitarbeitende zu beschäftigen, die die besonderen Bedarfe der Klienten kennen, welche sich aus ihrem Glauben oder ihrer Weltanschauung ergeben, und die darauf eingehen können."[249]

Angesichts der religiösen Heterogenität der Gesellschaft ist es nur zu begrüßen, dass der BK die Notwendigkeit einer religionssensiblen Pflege und Betreuung thematisiert.

Die religionspluralistische Öffnung der diakonischen und caritativen Unternehmen: Möglichkeiten und Grenzen

Die oben dargelegte Notwendigkeit der religionspluralistischen Öffnung in den christlichen Wohlfahrtsverbänden insbesondere im Hinblick auf die Mitarbeiterschaft steht nach der Feststellung des BK im Gegensatz zur derzeiti-

---

[247] A. a. O., S. 12–16.
[248] A. a. O., S. 10.
[249] In diesem Band S. 54.

gen Personalrekrutierungspraxis in der Diakonie bzw. Caritas, die weiterhin von einer traditionell-exklusivistischen Haltung dominiert wird. Während beispielsweise die Vielfalt der sexuellen Orientierung bereits als Bereicherung angesehen wird, tut man sich in Bezug auf den Religions- oder Weltanschauungspluralismus wesentlich schwerer.[250] Grund hierfür scheint die Sorge um den Verlust oder die Bedrohung der christlichen Identität des diakonischen Unternehmens zu sein, wird diakonisches Handeln doch nach dem christlichen Selbstverständnis als eine Veräußerlichung des christlichen Glaubens auf Basis des Evangeliums verstanden und ist damit dem Bereich der Religionsausübung oder dem Gottesdienst zuzuordnen.[251]

Indem der BK die exklusivistische Praxis, die auf der Voraussetzung der formalen Kirchenmitgliedschaft basiert, kritisiert, stellt er sich der Herausforderung, neue Lösungswege zu suchen, die auf der einen Seite das christliche Profil der Diakonie (und der Caritas) nicht gefährden und auf der anderen Seite diese Mission für nichtchristliche Mitarbeitende als Ort des gemeinsamen ethischen Handelns öffnen.

Zur christlich-theologischen Begründung eines Verständnisses, das die Vielfalt der Religionen als eine Bereicherung und als erstrebenswerten Zustand ansieht, die es auch in der Diakonie abzubilden gilt, wird im vorliegenden Positionspapier auf die Frage nach der Heilsmöglichkeit von Nichtchristen eingegangen. Mit Rückgriff auf zentrale Bibelstellen wird dargelegt, dass nach biblischem Verständnis das Erbarmen Gottes alle Menschen umfasst und das Heil auch außerhalb des Christusglaubens möglich ist.[252] Dieser „inklusivistische" Ansatz hat das Potenzial, als Grundlage für eine Kultur der „Anerkennung des Anderen in seinem Anderssein" sowie für die interreligiöse und interkulturelle Öffnung des diakonischen Unternehmens zu dienen – jenseits von einer Konkurrenzhaltung und Vereinnahmung der jeweils anderen Religion unter dem Zeichen des eigenen Absolutheitsanspruchs, wie sie lange Zeit die kennzeichnenden Merkmale des christlich-muslimischen Verhältnisses waren.

Auch die islamische Theologietradition kennt derartige inklusivistische Ansätze. Der im Koran verankerte universale Charakter der göttlichen Barmherzigkeit kann beispielsweise eine interreligiöse Zusammenarbeit von Angehörigen verschiedener Religionen im Bereich der Diakonie und Caritas aus islamischer Perspektive begründen: „Gott, der sich selbst zur Barmherzigkeit verpflichtet hat, schuf die Welt und den Menschen sowie die Natur für den Menschen aus seiner Barmherzigkeit heraus und steht somit dem Menschen als gütiger Begleiter, Beschützer und Freund zur Seite."[253] Dabei umfasst

---

[250] Vgl. a. a. O., S. 19.
[251] Vgl. a. a. O., S. 19f., 42.
[252] Vgl. a. a. O., S. 50f.
[253] Y. Sarikaya (2014a), S. 18.

seine Barmherzigkeit alle Menschen, ungeachtet ihrer Herkunft, ethnischen Abstammung und Religion.[254] Die Sendung der Propheten und die Offenbarungsschriften, die eine Selbstmitteilung Gottes an die Menschen darstellen, werden folglich als Ausdruck dieser Liebe und Barmherzigkeit Gottes verstanden.[255] In diesem Sinne sind alle Propheten sowie alle Offenbarungsschriften Erscheinungen bzw. Manifestationen göttlicher Barmherzigkeit. So wird auch Jesus im Koran als eine Barmherzigkeit Gottes präsentiert.[256]

Im Koran kommt den früheren Offenbarungsschriften freilich eine beachtliche Würdigung und Anerkennung zu. So werden die Thora und das Evangelium im Koran als „Licht" und „Rechtleitung"[257] und der Koran als „Bestätigung" dieser Schriften bezeichnet.[258] Damit wird der göttliche Ursprung der anderen Heiligen Schriften anerkannt. Der Koran geht sogar noch weiter, indem er die Juden und Christen dazu auffordert, sich an die Bestimmungen ihrer eigenen Schriften zu halten.[259]

Die Grundlage dieser inklusivistischen Sichtweise des Koran ist der Topos der essentiellen Einheit der Offenbarungsschriften. Demnach stellt der Monotheismus den Kern oder die Essenz aller Offenbarungsschriften bzw. Offenbarungsreligionen dar.[260] Nichts tiefgreifend Neues wird durch den Koran verkündet, sondern die vorangegangenen göttlichen Offenbarungen und Schriften werden bestätigt[261], gemäß dem neuen historischen Kontext und den gesellschaftlichen Entwicklungen aktualisiert und einem neuen Empfängerkreis kommuniziert. Der Koran erkennt alle Propheten in diesem Sinne als Träger der im Kern gleichen Offenbarungswahrheit an und stellt Muhammad in die Linie und Tradition dieser Propheten.[262]

Vor diesem Hintergrund erkennt der Koran Christen und Juden eine grundsätzliche Heilsmöglichkeit zu. Juden und Christen, die an den einen Gott glauben und gute Werke tun, werden explizit gelobt und ihnen wird Glückseligkeit im Jenseits verheißen: „Diejenigen, die glauben, und diejenigen, die Juden sind, und die Christen und die Sābier, all die, die an Gott und den Jüngsten Tag glauben und Gutes tun, erhalten ihren Lohn bei ihrem Herrn, sie haben nichts zu befürchten, und sie werden nicht traurig sein."[263]

---

254 Siehe Koran 6:12, 7:156.
255 F. Rahman (2009), S. 9.
256 Siehe Koran 19:21.
257 Koran 5:44, 46
258 Koran 3:3–4.
259 Koran 5:66, 68. Für eine detaillierte Darstellung siehe A. Takim (2007), S. 189ff.
260 Koran 2:135–136.
261 Koran 2:41.
262 Y. Sarikaya (2014b), S. 183–186.
263 Koran 2:62. Der katholische Theologe Adel Theodor Khoury kommt in seinem Artikel „Kommen Muslime in den Himmel? Gelangen Christen ins Paradies?" zu dem Schluss: „Wenn dem so ist, dann haben wir, Christen und Muslime, jeder aus seiner

Die oben dargelegte offenbarungsgeschichtliche Einordnung im Hinblick
auf den gemeinsamen, göttlichen Ursprung und das Konzept der geistigen
Einheit der Religionen ermöglicht eine Verhältnisbestimmung zwischen
Christentum und Islam, die nicht auf Abgrenzung, sondern auf Begegnung,
Dialog und Anerkennung setzt und partnerschaftliches, soziales Handeln in
der Verantwortung vor dem einen Gott möglich macht. Dabei gilt es aus
islamischer Sicht, im Geiste dieser Kultur der „Pluralität" und „Toleranz" die
Konfessionsgebundenheit und christliche Identität der Diakonie bzw. die
spezifisch-christliche Interpretation diakonischen Handelns anzuerkennen,
ohne letztere zur eigenen Überzeugungsgrundlage machen zu müssen.

Fragen an das Konzept des „Konfessionsgebundenen Überzeugungspluralismus"

Auch der BK plädiert mit seinem Konzept des „Konfessionsgebundenen
Überzeugungspluralismus" dafür, dass verschiedene religiöse Überzeugungen und verschiedene Begründungen von Werten und Zielen, wie Inklusion
unter den Mitarbeitenden der Diakonie und der Caritas, nebeneinander existieren können. Nicht das individuelle christliche Bekenntnis ist nach diesem
Konzept entscheidendes Kriterium für das christliche Profil des Unternehmens, sondern ein christliches Leitbild oder Selbstverständnis, dem auch
nichtchristliche Mitarbeitende zustimmen müssen. Die Möglichkeit, beispielsweise muslimische Mitarbeitende einzustellen, wird an diese Bedingung geknüpft. So heißt es:

> „Dabei wird der Kern diakonischer Arbeit auch in Zukunft darin bestehen, dass
> es sich hier um eine Äußerung des christlichen Glaubens auf der Basis der bibli-
> schen Tradition handelt. Wenn die kirchlich-diakonischen Institutionen dies klar
> als ihr Selbstverständnis formulieren und kommunizieren, z. B. auch als Erwar-
> tung an Mitarbeitende, dann halten wir es im Grundsatz für möglich, auch Men-
> schen aus anderen Kulturen und Religionen als Mitarbeitende in diese Arbeit zu
> integrieren, damit sie die verschiedenen in Diakonie und Caritas unterstützten
> Menschen mit Sensibilität für ihre eigene Kultur, Religion und Sprache ange-
> messen begleiten können."[264]

Gerade an dieser Stelle kommen aus muslimischer Perspektive wichtige
Fragen auf: Zum einen wird die Erwartung an die nichtchristlichen Mitarbeitenden im Hinblick auf das christliche Selbstverständnis nicht klar defi-

---

Sicht, die Hoffnung, uns dereinst im Frieden Gottes zusammenzufinden. Vielleicht
mag es auch gelingen, bereits hier auf Erden damit zu beginnen." A. T. Khoury (1991).
[264] In diesem Band S. 42.

niert. Wird ein muslimischer Mitarbeitender etwa dazu verpflichtet, dieses christliche Selbstverständnis diakonischen Handelns nicht nur zu respektieren, sondern auch als eigene Überzeugung für sich zu entdecken und dieses in seiner Tätigkeit zu kommunizieren? Dies erscheint angesichts des Vorschlags des Überzeugungspluralismus paradox. Dass die obige Frage ihre Berechtigung hat, wird an der folgenden Formulierung des Positionspapiers explizit deutlich: „In Bezug auf die eigenen Mitarbeitenden ist dann die entscheidende Frage, ob sie sich auf die Deutungshoheit des christlichen Hilfehandelns im oben skizzierten Sinne einlassen können."[265] Bezeichnend ist, dass der BK den Begriff „Deutungshoheit" gewählt hat, was impliziert, dass man hier nicht von einer gleichberechtigten, dialogischen Partnerschaft zwischen Christen und Nichtchristen auf Augenhöhe sprechen kann, sondern dass eine Partei „Herr im Hause" ist. Zu klären ist z. B. die Frage, ob und inwieweit der Vorschlag, nichtchristlichen Mitarbeitenden anzubieten, „den besonderen christlichen Deutungshorizont als Chance für sich zu entdecken", oder etwa durch Orientierungsangebote die Erschließung der „spezifische[n] christliche[n] Erfahrungsbasis"[266] zu ermöglichen, einem offenen und dialogischen Verständnis von Inklusion gerecht wird. Anders formuliert: Widerspricht eine so verstandene Erwartungshaltung nicht der Idee des Pluralismus und der „Anerkennung des Anderen in seinem Anderssein"? Wenn der BK den Anspruch erhebt, Vielfalt als Reichtum anzusehen und diese auch in der Diakonie und Caritas zu realisieren,[267] dann stellt sich die Frage, ob die religionspluralistische Öffnung nicht stärker dialogisch und interreligiös zu gestalten ist. Ein solcher Lösungsweg erscheint auch im Hinblick auf seine Umsetzbarkeit und Praxisfähigkeit geeigneter.

Eine Interreligiösität im Kontext der Diakonie und Caritas würde bedeuten, dass muslimische Mitarbeitende sich zwar zu Grundwerten und Leitideen des diakonischen Handelns wie der Nächstenliebe verpflichten, diese allerdings aus ihrer eigenen Glaubensüberzeugung heraus und auf Grundlage der eigenen religiösen Quellen begründen – bei gleichzeitiger Anerkennung und Würdigung der christlichen Interpretation. Erst, wenn nichtchristlichen Mitarbeitenden dieser Raum für die Entwicklung der eigenen spirituellen Erfahrung (ungestörte Verrichtung des Gebets in einem entsprechend eingerichteten Gebetsraum, Begehung von religiösen Festen etc.) u. a. auch im Dialog mit der Ausübung der Glaubenspraxis anderer Religionen (z. B. durch interreligiöse Gespräche oder Gebete) gewährt wird, kann man von einer gelebten Anerkennung der religiösen, kulturellen und ethnischen Vielfalt und einer konkreten Öffnung in der Diakonie sprechen. Die Handlungsfelder der diakonischen Unternehmen würden sich damit für alle

---

[265] A. a. O., S. 53.
[266] A. a. O., S. 59.
[267] Vgl. a. a. O., S. 18.

interessierten und engagierten Personen dieser Gesellschaft öffnen. Bei einer derart gestalteten überzeugungspluralistischen Unternehmensstrategie der Diakonie, bei der Andersgläubige sich auf Augenhöhe begegnen, können sich auch muslimische Mitarbeitende, Klientinnen und Klienten beheimatet fühlen.

Es bleibt schließlich zu fragen, inwiefern eine solche Entwicklung oder Leistung der diakonischen Einrichtungen das christliche Profil und das Alleinstellungsmerkmal gefährden würde: Inwiefern stellt es eine Gefährdung dar, wenn eine muslimische Pflegerin im Sinne des Gebots der Nächstenliebe mit ganzem Herzen und menschlicher Zuwendung eine Klientin oder einen Klienten betreut und damit ein wichtiges Kriterium des diakonischen Handelns vollzieht, unabhängig davon, auf welcher religiösen Überzeugungsgrundlage dies geschieht?

Wenn man vom diakonisch-caritativen Handeln als einem Ort der „Entgrenzung" sprechen kann[268], die jegliche religiöse Barrieren und Klassifizierungen der Menschen unter dem Primat der universellen Nächstenliebe aufhebt, so kann die Diakonie ein Feld des kooperativen Hilfehandelns auf Grundlage eines gemeinsamen Ethos der Religionen werden.

Fazit

Der Versuch des BK, die diakonischen und caritativen Handlungsfelder entsprechend des gesellschaftlichen und demographischen Wandels (Migration, Pluralität, Heterogenität, Individualisierung etc.) und dem veränderten Personalmarkt in Deutschland überzeugungspluralistisch neu zu strukturieren, ist aus islamischer Sicht begrüßenswert. Vor allem die Anerkennung anderer Heilswege kann den diakonischen und caritativen Unternehmen als theoretische Grundlage dafür dienen, qualifizierte nichtchristliche Mitarbeitende in den kirchlichen Einrichtungen zu rekrutieren. Das in diesem Konzeptpapier anvisierte Ziel des „Konfessionsgebundenen Überzeugungspluralismus" kann erreicht werden, wenn die religiöse und kulturelle Identität und das „Anderssein" der nichtchristlichen Mitarbeitenden, Klientinnen und Klienten voll und ganz anerkannt werden.

---

[268] A. Renz (2007), S. 260.

Inklusion statt Exklusion.
Anmerkungen aus buddhistischer Sicht

Carola Roloff

Zunächst möchte ich diesen Anmerkungen vorausschicken, dass es für mich als Außenstehende schwierig ist, die Fragestellung aus externer Position überhaupt angemessen zu verstehen. Manchmal ist es aber auch so, dass sich gerade aus solch einer Außenperspektive heraus neue interessante Fragen und Gedanken ergeben. So hoffe ich, mit meinem kleinen Beitrag einen Impuls in diese Richtung geben zu können: bestehende Denkmuster in Frage zu stellen, das eigene Thema neu zu denken. Bei der Gelegenheit möchte ich mich bei den Herausgebern, insbesondere Herrn Starnitzke sowohl für die Möglichkeit bedanken, hier auch eine buddhistische Sicht einbringen zu dürfen, also auch für unser persönliches Gespräch in Hamburg, in dem wir entdeckt haben, dass wir mit Blick auf Diskriminierung und Menschenrechte – er aus der Perspektive des Umgangs mit Behinderung und ich aus der Genderperspektive – teils zu verblüffend ähnlichen Ergebnissen kommen.

Zur Einleitung

Ich verstehe Ihre Ausführungen so: Die Grundfrage, die Sie beschäftigt, ist, ob weiterhin vorwiegend christliche Überzeugungen Ihre Unternehmen prägen können/sollen, und wenn ja, wie diese religiösen Überzeugungen, die das Leitbild Ihrer Unternehmen seit langem prägen, auf einem veränderten Personalmarkt weiterhin aufrecht erhalten werden können, ohne einer zunehmenden a-religiösen Säkularisierung zum Opfer zu fallen. Dazu haben Sie im März 2013 ein aus fünf Thesen bestehendes Positionspapier entwickelt und diese Thesen auf weiteren Seiten entfaltet. Ich werde vorwiegend auf die Thesen eingehen und nur hier und da exemplarisch auf den Kommentar eingehen.

Wenn ich versuche, es vereinfacht auszudrücken, scheinen Sie vor einer nicht nur personalstrategischen, sondern vielmehr vor einer grundlegenden Herausforderung zu stehen: Insbesondere in den Städten, wo Ihre Unternehmen besonders groß sind, ist vom Trend her ein Rückgang der Zahl bekennender Christen zu beobachten. Gleichzeitig wachsen die Unternehmen der Caritas und der Diakonie. Hier entsteht also eine Schere zwischen Konfessionsbindung und zunehmender Pluralisierung in allen Lebensbereichen. Dadurch, dass in Ihren Unternehmen für Mitarbeitende die Pflicht der Kirchenzugehörigkeit besteht, entsteht naturgemäß ein zunehmender Mangel an Fachkräften sowie an ehrenamtlichen Kräften, was langfristig das Weiterbestehen der Unternehmen in ihrer konfessionsgebundenen Identität gefährdet, wenn nicht ein Umdenken stattfindet. Vom Trend her gehen Ihre Spitzenverbände der Freien Wohlfahrtspflege pragmatisch vor, d. h. es werden Sonderregelungen geschaffen, so dass im Bedarfsfall auch Menschen eingestellt werden können, die nicht die „richtige" Konfession haben. Gleichzeitig entstehen dadurch immer komplexere Rechtsituationen, die die Verwaltung unnötig belasten und verkomplizieren und vermutlich auch unter den Mitarbeitenden zunehmend schwierig zu kommunizieren sind. Es ergeben sich Widersprüche, die schwer zu erklären sind.

Hinzu kommt, dass Mitarbeitende teilweise nur vorgeben, bekennende Christen zu sein. Tatsächlich sind diese es nicht selten nur auf dem Papier und nicht aus Überzeugung. Andererseits gibt es Menschen, die viele Ihrer Überzeugungen teilen, aber nicht mitarbeiten können, weil ihnen die erforderliche konfessionelle Bindung und/oder Kirchenzugehörigkeit fehlt. Dies führt mitunter auch dazu, dass Menschen sich „gezwungen" fühlen, unaufrichtig zu sein, was Ihren religiösen Grundsätzen widerspricht, aber nötig erscheinen mag, damit Arbeit finden oder ein bereits bestehendes Arbeitsverhältnis nicht verlieren. Aufrichtigkeit ist jedoch wichtig, um authentisch und damit in jeder Hinsicht zuverlässig zu bleiben und sollte somit auch im ureigenen Interesse eines jeden Arbeitgebers liegen. Ich erinnere mich an eine bundesweite Diskussion im Rahmen des Dachverbandes Deutsche Buddhistische Union Mitte der 1980er Jahre. Im Rahmen des Strebens nach Anerkennung des Buddhismus als Körperschaft des Öffentlichen Rechts wurde um Einzelmitgliedschaften geworben. Doch nicht wenige Buddhistinnen und Buddhisten zögerten, weil sie um ihren Arbeitsplatz fürchteten. So hörte man z. B. das Argument: „Ich würde mich ja gern offiziell zum Buddhismus bekennen, selbst wenn mir das persönlich in der Gesellschaft Nachteile bringt. Aber ich kann das nicht tun, denn ich muss an meine Familie denken. Kann man nicht auch beides sein? Buddhist und Christ? Letztlich ist es doch so, dass sich viele der buddhistischen Werte auch im Christentum finden, und wenn ich mich mit so manchen sogenannten bekennenden Kolleginnen und Kollegen in unserer Klinik vergleiche, habe ich manchmal den Eindruck, dass ich als Buddhistin ihre christlichen Werte stärker lebe als sie selbst." Oder: „Du machst dir keine Vorstellung, wie es hier auf dem Dorf ist. Alle sind katholisch. Wir schicken unsere Kinder deshalb lieber in den katholischen Religionsunterricht. Es schadet ja nicht, wenn sie auch andere Religionen kennenlernen. Es war nicht ganz einfach, ihnen zu erklären, warum sie besser nicht erzählen, dass wir Buddhisten sind, besonders als sie noch so klein waren. Aber wir hatten Angst, dass sie sonst ausgeschlossen und benachteiligt werden." Sind es wirklich solche Haltungen, die man, egal durch welche Religion, fördern will? Heißt es nicht sowohl im Buddhismus also auch im Christentum: „Ich übe mich darin, nicht unwahr oder unheilsam zu reden" bzw. „Du sollst nicht falsch Zeugnis reden"?

Diese Problematik wird in der Einleitung zwar nicht expliziert, schließe ich jedoch aus Zitaten wie „Auf Kirchenbindung kann ich schon lange nicht mehr achten ..." oder „Für einen Moment sei geträumt, dass diejenigen, die im diakonischen oder caritativen Unternehmen arbeiten, entweder die Konfessionsbindung als fröhliche Überzeugung in den Arbeitsalltag einbringen oder als sinnvolle Bindung für sich entdecken. (...) Der Regelfall ist es aber nicht. Für viele ist die Kirchenmitgliedschaft eine rein formale Bedingung der Festanstellung." Bestätigt finde ich meine Einschätzung teilweise in Kapitel 2, „Inklusion/Exklusion in Diakonie bzw. Caritas", wo sie das sehr spannungsgeladene Verhältnis von verfassten Kirchen und konfessionsgebundenen Unternehmen skizzieren.[269]

In diesem Kontext war für mich als Außenstehende auch der folgende Satz schwer zu verstehen: „Rechtlich steht zu befürchten oder zu erhoffen, dass der Sonderstatus eines an die Kirchenmitgliedschaft gebundenen Trägers zunehmend angezählt wird."[270] Zum einen bin ich als buddhistische Nonne nicht mit dieser Metapher aus dem Boxkampf vertraut und verstand deshalb zunächst nicht, was Sie mit „angezählt" meinen. Zum anderen ist mir nicht klar, was genau der angesprochene „Sonderstatus" beinhaltet. Ich verstehe es so, dass, wenn Sie auf die Konfessionsbindung als Einstellungsvoraussetzung verzichten würden, sie die besondere verfassungsrechtliche Position der Diakonie und damit verbundene Privilegien verlieren würden und somit nicht mehr ihren kirchlichen Auftrag hinreichend erfüllen könnten, der eben auch ihre *soziale* Arbeit erfordert.

Hilfreich finde ich in diesem Kontext den Hinweis von Axel Freiherr von Campenhausen, dass es in Deutschland Chancengleichheit für alle Religionsgemeinschaften geben muss und deshalb auch die „neu" hinzugekommenen Religionsgemeinschaften berücksichtigt werden müssen.[271] Der Buddhismus gehört immerhin schon seit mehr als hundert Jahren zu Deutschland. Von Campenhausen weist meines Erachtens zu Recht darauf hin, dass „der Wille, die pluralistische Vielfalt ernst zu nehmen, Ausdruck religiös weltanschaulicher Neutralität des Staates" ist.[272]

---

[269] Vgl. in diesem Band S. 46ff.
[270] A. a. O., S. 17.
[271] Vgl. A. v. Campenhausen (2008), S. 124.
[272] A. a. O., S. 127.

Die Frage der Konfessionsbindung als Einstellungsvoraussetzung erinnert mich an den „Religionsunterricht für Alle" in Hamburg. Ich frage mich,
ob es nicht besser wäre, die Unternehmen für Menschen aller Religionen zu
öffnen, vorausgesetzt, dass sie sich zu bestimmten Überzeugungen/Grund-
sätzen oder einem neuen pluralistischen Leitbild Ihrer Unternehmen bekennen. Kann man nicht ähnlich den Grundlagenverträgen, die Hamburger Religionsgemeinschaften mit dem Hamburger Senat zwecks Mitverantwortung
für den Religionsunterricht schließen, Verträge schließen, in denen man sich
auf grundlegende gemeinsame Wertegrundlagen für die Arbeit in Wohlfahrtsverbänden einigt? Dann könnten Anhänger derjenigen Religionsgemeinschaften, die einen solchen Vertrag unterzeichnen, also auch Buddhisten, sich mit um bedürftige Menschen kümmern, unabhängig davon, ob sie
einer bestimmten Religion angehören oder nicht. Zur Ausbildung und Fortbildung des Personals müssten dann natürlich Grundlagen des interreligiösen
und interkulturellen Dialogs gehören, im Sinne eines Forums dialogischer
Theologie, wo die verschiedenen Haltungen offen diskutiert werden können.[273]

Für zum Buddhismus konvertierte Menschen würde dies in der Praxis
bedeuten, dass sie sich offen zu ihrer Religion bekennen können und sich
nicht länger hinter einer Schein-Kirchenzugehörigkeit verstecken „müssen".
Andere werden sich durch diese dann echte Wahlmöglichkeit vielleicht aber
auch bewusst entscheiden, dass sie im Grunde Christen bleiben und sich
vielleicht nur in bestimmten Punkten darüber hinaus auch vom Buddhismus
inspirieren lassen möchten. Denn eine Konversion zu einer anderen Religion,
die früher noch nicht zu unserem Kulturkreis gehörte, ist nicht selten mit
vielschichtigen Problemen behaftet. Nehmen wir zum Vergleich das Beispiel
Österreich. Dort ist der Buddhismus bereits seit 1983, also nun schon seit
mehr als 30 Jahren als Körperschaft des Öffentlichen Rechts anerkannt. Zwar
kann man dort auch weiterhin eine bi-religiöse Identität haben, das ist Privatsache, jedoch muss sich jeder Staatsbürger eindeutig positionieren, welcher
Religion er oder sie hauptsächlich und somit offiziell angehören möchte. Es
kann nur eine sein. Der Großteil gehört weiter zur katholischen Kirche.[274]

Generell finde ich es besser, wenn man sich als Religionsgemeinschaft
unabhängig von der persönlichen religiösen Überzeugung für alle Menschen
gleichermaßen einsetzt. Ebenso wie Patienten in Krankenhäusern den verschiedensten Religionen und Nicht-Religionen angehören, sollte sich diese

---

[273] Zur Frage, welche Konsequenzen praktischer Natur ein solcher Ansatz innerhalb der
       Diakonie haben könnte, siehe unten zu These 1.
[274] In Österreich (Stand 2012) gibt es ca. 22.500 Buddhisten. Der Buddhismus ist damit
       die sechstgrößte Religionsgemeinschaft in Österreich, prozentual sind es jedoch gege-
       nüber 63 % Katholiken nur 0,27 % der Gesamtbevölkerung. Vgl. http://de.stat
       ista.com/statistik/daten/studie/304874/umfrage/mitglieder-in-religionsgemeinschaften-
       in-oesterreich (7.10.2014).

Vielfalt („diversity") auch auf der Ebene der Mitarbeitenden und auf der Führungsebene widerspiegeln. Unterschiede sollten positiv wahrgenommen und offen angesprochen werden. Solch eine dialogische Herangehensweise, um gemeinsame Herausforderungen zu bewältigen, könnte frischen Wind in die Unternehmen bringen und sie zu einem verstärkt interessanten Arbeitsplatz machen. Ich würde also tendenziell die Inklusion der Exklusion vorziehen. Wenn es um das Wohl aller Menschen geht, sollte man auch mit einer entsprechend auf das Wohl aller Menschen gerichteten Motivation an die Arbeit gehen. Der Dalai Lama spricht von unser aller Verantwortung für die gesamte Menschheitsfamilie:

> „Weiterhin wird, wie schon angemerkt, mehr und mehr akzeptiert, daß die Menschenrechte weltweite Gültigkeit haben müssen und daß Unterschiedlichkeit in Bereichen von allgemeiner Tragweite hingenommen werden muß, etwa bei religiösen Fragen. Hier spiegelt sich meiner Meinung nach die Einsicht wider, daß wir aufgrund der Unterschiede, die innerhalb der Menschheitsfamilie vorhanden sind, unseren Blickwinkel erweitern müssen. Obwohl im Namen von Ideologien und Religionen, im Namen des Fortschritts und wirtschaftlicher Entwicklungen Einzelnen und ganzen Völkern weiterhin viel Leid angetan wird, zeigt sich den Armen und Schwachen hierdurch doch ein neuer Hoffnungsschimmer. Zweifellos wird es schwierig sein, wirklichen Frieden und wirklichen Einklang herzustellen, doch es ist sicher machbar. Das Potential dafür ist vorhanden. Und die Grundlage dafür besteht im Verantwortungsbewußtsein eines jeden Einzelnen gegenüber allen anderen."[275]

In meiner eigenen buddhistischen Religionsgemeinschaft hat es rückblickend besonders in den letzten fünfzehn Jahren immer wieder Ideen gegeben, einen „buddhistischen Kindergarten" oder ein „buddhistisches Hospiz" zu eröffnen. Doch mit Blick auf die Entwicklung im Schulbereich, weg von den konfessionellen hin zu staatlichen Schulen, halten die meisten Mitglieder solche Projekte nicht mehr für zeitgemäß. Lieber würden sie in interreligiösen Einrichtungen mitarbeiten und vom Knowhow bestehender Verbände wie der Diakonie lernen. Anderseits könnte man auch von bereits bestehenden buddhistischen Wohlfahrtsverbänden lernen, wie z. B. der Tzu chi Foundation, die 1966 in Taiwan von einer buddhistischen Nonne gegründet wurde und inzwischen auch in Deutschland aktiv wird.[276]

Jeder Mensch hat viele verschiedene Identitäten oder verschiedene Merkmale einer Identität, die religiöse ist nur eine davon, Gender und/oder sexuelle Orientierung, verschiedene Nationalitäten, verschiedenes Aussehen, sind Beispiele für weitere Identitäten oder Identitätsmerkmale. Ich bin z. B. Deutsche, buddhistische Nonne, Tibetologin, Buddhologin bzw. buddhistische „Theologin", Frau, ehemalige Protestantin usw. Jeder von uns bringt

---

[275] Dalai Lama XIV. (2000), S. 198.
[276] Vgl. http://tw.tzuchi.org/en/ (6.10.2014); vgl. https://de-de.facebook.com/pages/Tzu-Chi-Deutschland/175909265858218?sk=info (6.10.2014).

eine Reihe solcher Identitäten oder Identitätsmerkmale mit, die berücksichtigt werden sollten. Buddhist ist nicht gleich Buddhist. Es gibt solche und
solche Buddhisten. Menschen nur kategorisch, stereotypisch zu betrachten,
wird ihnen nicht gerecht. Wo bleibt da die Menschlichkeit? Aus buddhistischer Sicht existiert alles nur in gegenseitiger Abhängigkeit und nicht inhärent, nicht aus sich selbst heraus. Letztlich geben die Anderen mir meine
Identität. Meine eigene Identität ist völlig von der Identität der Anderen
abhängig. Und die Identität der Anderen ist auch von meiner Identität mit
ihren verschiedenen Merkmalen abhängig. Veränderung der Gesellschaft
führt zwangsläufig auch zur Veränderung des Individuums und umgekehrt,
die Gesellschaft ändert sich, wenn der einzelne Mensch sich ändert. Einem
Wandel kann sich also niemand entziehen. Er hat mit der Globalisierung und
der zunehmenden Pluralisierung unserer Gesellschaften schon längst begonnen und ist nicht mehr aufzuhalten. Unsere Wahrnehmung ist abhängig von
Begriffen (sprachlich oder gedanklich) und diese existieren wiederum nur in
Relation zueinander. Nicht nur die moderne Gesellschaft, sondern auch ihre
einzelnen Mitglieder sind komplexe und vielfältige Wesen. Jeder von uns ist
anders, individuell. Jedem Menschen das Gefühl zu geben, dass er wichtig
ist, ist eine Form des Respekts. Dem sollte man in den verschiedenen Unternehmungen Rechnung tragen. Religionszugehörigkeit kann nicht durch Verträge erzwungen werden, sondern sollte vom Herzen, von innen kommen.

Zu den Thesen des Brüsseler Kreises
und ihrer Entfaltung

Kapitel 2: Die Entfaltung der Thesen

Wichtig scheint mir vor dem Hintergrund des bereits oben Gesagten die Feststellung auf S. 9 (Konfessionsbindung als Identitätsmerkmal), dass das Selbst
oder die Identität eines Menschen sich am Gegenüber bildet. Gerade deshalb
scheint mir ein scheinbar starres Festhalten an einer einzigen religiösen
Identität, untermauert mit dem Argument, moderne Unternehmen bräuchten
eine klare Corporate Identity, nicht länger im Einklang mit der alltäglichen
Lebenswelt zu stehen. Unbeachtet oder unausgesprochen bleibt die Anerkennung des Phänomens, dass heutzutage viele Menschen zwei oder mehrere
religiöse Identitäten, also religiöse Bi- oder Multi-Identität besitzen.[277] Dies

---

[277]   Zur religiösen Bi-Identität vgl. C. Roloff (2011), S. 79–122.

scheint mir ein Schlüsselgedanke für die Möglichkeit, in einer christlichen Organisation mit anderem Glauben zu arbeiten. Wie viele Menschen leben in unserer Gesellschaft zwischen den Kulturen oder zwischen den Religionen? Wenn das innerhalb einer Familie täglich praktiziert wird, warum sollte es dann nicht auch oder gerade auch am Arbeitsplatz funktionieren? Solch eine Lebenssituation als persönlicher Lebenshintergrund könnte in einer Bewerbung offen erwähnt und sich im Einstellungsgespräch als besonders positives Merkmal herausstellen. Denn solche Menschen bringen mitunter ein hohes Integrationspotenzial mit sich. Sie haben bereits gelernt, mit Unterschieden und Vielfalt positiv umzugehen.

Die Präambel der Brüsseler Thesen

Die Präambel der Thesen des BK lässt eingangs eher vermuten, dass es lediglich darum geht, sich im Gespräch mit den jeweiligen (christlichen) Kirchen der Beibehaltung konfessioneller Bindung zu vergewissern. Es entsteht der Eindruck, dass man daran grundsätzlich nichts ändern möchte.

Entfaltung der These 1

Auch hier wird die konfessionelle Bindung als unverzichtbar herausgestellt. Gleichzeitig ist man sich aber offenbar bewusst, dass die soziale Realität eine andere ist. Aus buddhistischer Perspektive fällt besonders auf, dass nur die Säkularisierung einerseits und die (christliche) Konfessionsbindung andererseits Erwähnung finden. Doch was ist mit dem, was dazwischen liegt, mit dem religiös Anderen? Dieses kommt nicht zur Sprache. Gute Werke zu tun, ist kein Alleinstellungsmerkmal christlicher Religion. Beispielsweise hat auch der Buddha Liebe und Mitgefühl gelehrt. Sie werden als grundlegende Motivation für jedwedes heilsame Handeln mit Körper, Seele und Geist verstanden. Ausschlaggebend für gute Taten ist nach buddhistischer Lehre die gute Motivation. Um diese zu schulen, bietet die Lehre des Buddha vielfältige Meditationswege an, die sich inzwischen auch aus medizinischer Sicht als äußerst hilfreich für von Stress und Burnout geplagte Menschen erwiesen haben. Solche Methoden haben längst Einzug gefunden in viele Kliniken, insbesondere im Bereich der Psychotherapie.[278]

Vor diesem Hintergrund ist die angestrebte Öffnung diakonischer Arbeit „für Menschen anderer Religionen und Kulturen", auch unter den Mitarbeitenden, sehr zu begrüßen, vorausgesetzt, eine solche Begegnung geschieht

---

[278] Vgl. U. Anderssen-Reuster (2013). Zur Bedeutung von Mitgefühl und Achtsamkeit im säkularen Bereich siehe auch: M. Zimmermann (2012).

auf Augenhöhe. Doch fällt auf, dass in den Thesen und deren Entfaltung Buddhisten und Hinduisten gänzlich unerwähnt bleiben.[279] Das Kriterium sollte hier nicht sein, ob man an Gott glaubt oder nicht. Nicht jeder, der nicht an einen Schöpfergott glaubt ist a-religiös. Es gibt auch nicht-theistische Religionen wie Buddhismus, Jainismus und Daoismus. Und nicht selten sind Menschen, die als nicht-religiös gelten, solche, die trotzdem großen Wert auf menschliche Werte allgemein legen. Hier würde ich mir deshalb eine konsequentere Umsetzung des Inklusions-Gedankens im Sinne der selbstverständlichen Einbeziehung aller Menschen aller Religionen, aber auch solcher, die keine Religion haben, wünschen.

In einem Gespräch mit dem französischen Diplomaten Stéphane Hessel (1917–2013), einem Beobachter des Editionsprozesses der Allgemeinen Menschenrechtserklärung, sagt der Dalai Lama:

> „Jede Religion hat ihre eigene Schönheit und verdient unseren Respekt. Doch wenn wir uns universell verständigen wollen, brauchen wir eine andere Gesprächsgrundlage, nämlich die einer säkularen Ethik. Säkular bedeutet keine Missachtung der Religion. Die säkulare Ethik achtet sämtliche Religionen, ebenso wie sie die Nichtgläubigen achtet, die weiterhin das Recht haben, nicht zu glauben. Individuell gesehen, gilt die Devise ‚eine Religion, eine Wahrheit‘, wenn wir aber die ganze Gemeinschaft der Menschen in Betracht ziehen, müssen wir stets die Auffassung von ‚mehrere Religionen, mehrere Wahrheiten‘ vertreten. In der Allgemeinen Erklärung der Menschenrechte wird nicht zwischen dieser und jener Nation unterschieden. Sie spricht die gesamte Menschheit an."[280]

In einer pluralistischen Gesellschaft sollte man akzeptieren, dass die eigene Wahrheit, auch wenn sie für einen selbst vielleicht die beste ist, für andere Menschen anders sein kann. Eine pluralistische Einstellung zu haben, bedeutet, den anderen auf Augenhöhe zu begegnen. Die eigene höchste Wahrheit wird nicht *dadurch* weniger oder gar falsch, dass es für andere eine andere höchste Wahrheit gibt. Eine exklusivistische Haltung einzunehmen, also zu meinen, dass nur die eigene Religion wahr sei, hat sich über Jahrtausende als unrealistisch erwiesen. Es wird wie in der Vergangenheit auch in Zukunft immer verschiedene Religionen geben. Und auch eine inklusivistische Einstellung im Sinne von: die anderen haben auch ein Stückchen Wahrheit, aber nur meine ist wirklich vollständig, zeugt von wenig Respekt und Wertschätzung für religiös Andere. Wenn ich mich in diesem Beitrag also für Inklusivismus statt Exklusivismus ausspreche, so meine ich das nicht im Sinne dieser tripolaren Typologie basierend auf John Hick und

---

[279] Vgl. insbesondere den Bezug auf den Entstehungsprozess der Allgemeinen Erklärung der Menschenrechte im Zuge der Entfaltung von These 2: in diesem Band S. 43ff.

[280] S. Hessel/Dalai Lama XIV. (2012), S. 46.

anderen,[281] und auch nicht relativistisch i. S. v. „Beliebigkeit", sondern wirklich in dem Sinn, wie es der Dalai Lama beschreibt. Ich verstehe ihn so, dass man versuchen sollte, den eigenen Standpunkt mit Respekt und in Wertschätzung der Unterschiede zu Anderen zu relativieren anstatt ihn zu generalisieren oder zu verabsolutieren. Es geht darum, alle mit einzubeziehen, für alle da zu sein, selbst dann, wenn das für die eigene Person oder Institution vielleicht auch den einen oder anderen Nachteil mit sich bringt. Wenn es um das Gemeinwohl geht, sollten wir bereit sein, persönliche Nachteile in Kauf zu nehmen, ganz im Sinne des barmherzigen Samariters. Das ist wahre religiöse Einstellung. Sie kann langfristig und religiös gedacht nur von Vorteil sein, sowohl für uns selbst als auch für Andere. Im Mahāyāna-Buddhismus sprechen wir vom Austausch von Selbst und Anderen. Der indische Meister Śāntideva (7./8. Jh.) drückt das in seinem Text „Eintritt in das Leben zur Erleuchtung" so aus:

> „Um das eigene Leid zu stillen und um der anderen Leid zu stillen, gebe ich mein Selbst den anderen hin und nehme die anderen an als mein Selbst.
>
> ‚Mit anderen verbunden', das mache zur Überzeugung, mein Geist! Nun denke an nichts anderes als an den Nutzen aller Wesen."[282]

Entfaltung der These 2

Besonders gut und überzeugend finde ich die Entfaltung der These 2, wo selbstkritisch anerkannt wird, dass Exklusivität im Gegensatz „zu einem universellen Hilfsethos im Klientenbezug" und „vor allem zum Kern theologischer Überzeugungen" steht. Das entspricht im Prinzip dem Gedanken, den ich oben, wenn auch in anderen Worten, bereits formuliert habe. Hier scheint sich Raum für das Denken im Plural aufzutun, Raum für die Theologien verschiedener Religionen bzw. für eine dialogische Theologie, auch wenn nicht expliziert wird, ob denn nun „außerhalb des Christusglaubens" nicht-theistische[283] Religionen wie der Buddhismus usw. oder auch der Hinduismus mit einbezogen werden sollen. Praktische Fragen des interkulturellen und interreligiösen Zusammenlebens, wie sie am Beispiel christlicher

---

[281] O. Freiberger (2013), S. 48, basierend auf J. Hick (1983). Für eine ausführlichere Darstellung siehe P. Schmidt-Leukel (2005).

[282] Śāntideva (1960), S. 171f; BCA VIII, S. 136f.

[283] Den Begriff der nicht-theistischen Religion hatte ich oben bereits am Beispiel einiger Religionen kurz erläutert. Gemeint sind Religionen, die keinen Schöpfergott postulieren, trotzdem aber alle wesentlichen Merkmale von Religion aufweisen und deswegen nicht als atheistisch bezeichnet werden können.

Rituale anklingen,[284] stellen sich heutzutage tagtäglich ganz konkret in fast jedem Klassenzimmer, z. B. wenn eine Mitschülerin oder ein Mitschüler gestorben ist, und ebenso in jeder Firma sowie in vielen Familien, wo heutzutage nur noch selten alle Familienmitglieder ein und derselben Religion angehören. Es wäre daher sehr zu begrüßen, wenn die Diakonie hier projektbezogen mit anderen Religionen in den Dialog ginge und mit ihnen gemeinsam Handbücher für interreligiöse Seelsorge/Rituale für Mitarbeitende und Klienten aller Altersgruppen entwickeln und herausgeben würde.

Entfaltung der These 3

Hier fühle ich mich in meiner Annahme bestätigt, dass die Religionen in der Moderne nicht hinter den grundlegenden Werten der Allgemeinen Erklärung der Menschenrechte zurückbleiben dürfen, auch wenn diese wesentlich jünger ist als die kanonischen Werke der Weltreligionen. Es gilt, das Verhältnis von Religion und Menschenrechten zu klären. Menschenrechte sind ein wichtiger Bestandteil der Moderne und deshalb sind Religionen gefordert, dazu Stellung zu nehmen. Dabei ist zu bedenken, dass Grund- und Menschenrechte in Deutschland heute fester Bestandteil der Werteerziehung sind. Religionen sollten hier mit gutem Vorbild vorangehen und nicht hinterher hinken. In ihrer Entfaltung der Thesen kommen Sie darauf bereits im Kontext von These 2 zur Sprache, so auch ich in meinem Kommentar dazu. Etwas befremdlich empfand ich zunächst die Redewendung, dass „auch in den Angehörigen anderer Religionen wie in den Religionslosen" ein „Geringster" verborgen sein könnte, insbesondere, wenn gleichzeitig davon die Rede ist, andere Glaubensüberzeugungen sollten nicht vereinnahmt werden, also mit anderen Worten respektiert werden. Ich gebe zu bedenken, dass es viele Menschen gibt, die sich zu keiner Religion bekennen, aber mitunter religiöse Werte konsequenter praktizieren als manche konfessionsgebundene Person. Ich bin nicht mit der Auslegung von Mt 25 vertraut. Gemeint ist, wenn ich es recht verstanden habe, dass der Geringste jeder Hilfsbedürftige ist, in dem Christus gegenwärtig ist. Wichtig finde ich aber trotzdem, sich immer wieder achtsam und selbstkritisch zu fragen, wenn ich einem Hilfsbedürftigen gegenüberstehe, ob eine inklusivistische Haltung im Sinne der oben erwähnten tripolaren Typologie mitschwingt, indem ich meine, dass nur ein Christ vollkommen ist und alle anderen geringer sind. Wenn man glaubt, dass alle Menschen von Gott geschaffen und somit Ebenbild Gottes sind, muss dann nicht jeder in seiner Art ebenso vollkommen sein wie man selbst?

---

[284] „Wie aber kann man z. B. christliche Rituale in einer Einrichtung durchführen, ohne diejenigen dort Unterstützten auszugrenzen, die eine andere Religion haben?" In diesem Band S. 49.

Im Mahāyāna-Buddhismus geht man davon aus, dass alle Lebewesen die Buddhanatur haben, also das Potenzial, ein vollkommener Buddha zu werden, oder einen solchen „Kern" bereits in sich tragen, den es von Trübungen und Verschleierungen, die nicht zu seiner Natur gehören, freizulegen gilt. Zugegeben, würde solch eine Frage nach der Gleichwertigkeit eines jeden von uns auch aus buddhistischer Perspektive nicht unproblematisch zu beantworten sein, enthält sie doch auch die Frage, ob jeder Mensch, egal was er tut, gleichviel wert ist. Wie also verhält sich unsere Religion und wie verhalten sich unsere konfessionsgebundenen Mitarbeitenden mit Blick auf die Gleichwertigkeit aller Menschen, wie sie in den Grund- und Menschenrechten zum Ausdruck kommt?

Entfaltung der These 4

Gut nachvollziehen kann ich die klare Positionierung in These 4, dass Konfessionsbindung keinen „ungesteuerten Säkularisierungsprozess" als Orientierungsoption/Leitbild unterstützen kann. Allerdings kommt es hier darauf an, was man wie bereits oben unter der Entfaltung von These 1 angesprochen, unter säkular versteht. Der Dalai Lama meint, beeinflusst von der indischen Verfassung, säkular bedeute keine Missachtung der Religion. Vielmehr achte säkulare Ethik sämtliche Religionen ebenso wie die Nichtgläubigen. Sein Verständnis von Säkularität schließt also ausdrücklich alle Religionen ein. Wichtig finde ich in diesem Zusammenhang auch den Hinweis von von Campenhausen, dass in Deutschland „die Trennung von Staat und Kirche mit der Reichsverfassung 1919 als Element der Freiheit aufgenommen" wurde und „nicht als Kampfbegriff zur Verdrängung der Religion aus dem Öffentlichen"[285]. Gleichzeitig betont er: „Es gibt keinen staatsrechtlichen Gesichtspunkt, der es geboten sein läßt, kostenträchtige Doppelarbeit zu veranstalten, nur weil ein bestimmter sozialer Dienst konfessionell vorgehalten wird, sofern nicht ein staatsbürgerlicher Bedarf nach einem konfessionell anderen Angebot besteht."[286]

Der Ansatz des BK, „eine Strategie der erzwungenen Exklusivität der Mitarbeiterschaft" abzulehnen, scheint sich mit meinen oben geäußerten Gedanken zu decken. Ich bin mir jedoch nicht sicher, ob ich den Begriff „konfessionsgebundener Überzeugungspluralismus" richtig verstehe. An einer Stelle wird erläutert, „dass Überzeugungspluralismus nicht in die Beliebigkeit von Überzeugungen führt, sondern in die Verschiedenartigkeit der Begründungen von Inklusion"[287]. Das klingt mir nach einem guten An-

---

[285] A. v. Campenhausen (2008), S. 125.
[286] A. a. O., S. 127.
[287] In diesem Band S. 58.

satz, wenn es so gemeint ist, dass die Überzeugung, die man für wichtig hält, im Resultat zwar ähnlich oder gleich ist, jedoch theologisch bzw. philosophisch unterschiedlich hergeleitet werden kann. Also vereinfacht ausgedrückt: Wenn z. B. Liebe und Mitgefühl die zu generierende Einstellung bei der Arbeit ist und man möchte, dass die Mitarbeitenden mit eben solch einer Haltung an ihre Arbeit gehen, ist das ausreichend. Warum und wie man zu dieser Einstellung gelangt, ist dabei zweitrangig. Was zählt, ist das Resultat. Der Weg dorthin wird in den verschiedenen Religionen und Weltanschauungen unterschiedlich beschrieben und begründet. Wenn Sie dann allerdings ausführen, dass hier Überzeugungslosigkeit oder andere inhaltliche Orientierungen ausgeschlossen bleiben sollen, frage ich mich, ob dann noch Raum für Weltanschauungen wie die Anthroposophie bleibt. Ich denke, dass gerade wenn Menschen in Not sind, z. B. aufgrund von Krankheit, es doch wichtig ist, dass sie sich geborgen fühlen. Dazu gehört wiederum die Berücksichtigung ihrer Religion/Weltanschauung und Kultur. Von daher denke ich, dass es wichtig ist, eine offene dialogische Atmosphäre auf allen Ebenen anzustreben, also sowohl auf der Führungsebene als auch auf den Ebenen der Mitarbeitenden oder Klienten. Das könnte sich sehr unterstützend für alle auswirken.

Entfaltung der These 5

Wenn es in der fünften These heißt, konfessionsgebundener Überzeugungspluralismus setze „nicht bei der persönlichen Glaubensüberzeugung der einzelnen Mitarbeitenden an, sondern beim Selbstverständnis des Unternehmens, das sich fest im christlichen Überzeugungssystem verankert weiß", frage ich mich, wo hier der Pluralismus bleibt. Wie soll ich mich als Nicht-Christ an einem christlichen Selbstverständnis orientieren? Wie Sie meines Erachtens ganz richtig sagen, wäre es falsch, „konfessionsgebundenen Pluralismus als Beliebigkeit zu verstehen". Doch warum nicht mit gutem Vorbild vorangehen und den Dialog des Christentums mit anderen religiösen und nicht-religiösen Überzeugungen zu einem wesentlichen Merkmal christlichen Selbstverständnisses machen? Wäre das nicht viel überzeugender? Dabei denke ich, dass der Prozess dialogisch ablaufen muss. Es kann nicht sein, dass man versucht sich in Positionierungsworkshops einseitig in seinem Selbstverständnis zu erklären, nur seine eigenen Werte zu vermitteln. Vielmehr sollte man schauen, ob man nicht auch von anderen Religionen und auch von der säkularen Welt lernen kann. Dialogisch lernt man oft auch die eigene Religion anders, besser und neu verstehen. Das könnte eine sehr spannende Erfahrung werden – für alle Beteiligten.

Acht Schätze.
Unzeitgemäße Gedanken über Diakonie und Caritas aus konfuzianischer Perspektive

Hans-Walter Schmuhl

Die Thesen des Brüsseler Kreises zu „Konfessionsbindung und Überzeugungspluralismus" reagieren auf eine neue gesellschaftliche Herausforderung: Wie sollen sich Unternehmen der Caritas und der Diakonie in einer zunehmend „säkularen" Gesellschaft positionieren? Dass „Säkularisierung" einer der Basisprozesse der Moderne ist, dürfte unstrittig sein, wobei die neuere Forschung einhellig zu dem Schluss gekommen ist, dass „Säkularisierung" keineswegs gleichbedeutend mit dem „Verschwinden der Religion" ist, sondern eher einen Transformationsprozess des Religiösen bezeichnet: die Pluralisierung und Individualisierung von Lebensentwürfen, damit verbunden eine „Privatisierung" auch des Religiösen, die Entwicklung ganz individueller, oft synkretistischer religiöser Vorstellungen und eine fortschreitende „Entkirchlichung". Hinzu kommt, dass sich mit den Migrationsprozessen in der globalisierten Welt andere Religionen, vor allem der Islam, im „christlichen Europa" etablieren. Ist angesichts dieser Entwicklungen die konfessionelle Bindung diakonischer und caritativer Unternehmen noch zeitgemäß? Einer der Brennpunkte, in denen diese Frage akut wird, ist die Gewinnung der Mitarbeiterschaft. Ist es noch sinnvoll (oder überhaupt noch möglich), von den Mitarbeitenden diakonischer und caritativer Unternehmen eine Konfessionsbindung im Sinne einer formalen Kirchenzugehörigkeit zu verlangen? Diese Frage soll im Folgenden aus einer auf den ersten Blick überraschenden Perspektive – der des Konfuzianismus – betrachtet werden.

Warum um alles in der Welt – so die nahe liegende Frage – sollte man einen Denker bemühen, der vor zweieinhalbtausend Jahren im alten China lebte und lehrte, um Betrachtungen über die Herausforderungen des beginnenden 21. Jahrhunderts anzustellen? Der Gedanke ist indes nicht gar so abwegig, wie man im ersten Augenblick denken sollte. Denn das Wirken des *Kŏng Fūzĭ* (Meister Kong, wahrscheinlich 551–479 v. Chr.) – von den Jesuiten als *Konfuzius* latinisiert – fiel in eine Zeit, die aus den Fugen geraten war. Der chinesische Staat, Ende des dritten vorchristlichen Jahrtausends entstanden, zerfiel nach dem Ende der Dynastien Xia, Shang und Zhou in seine Provinzen – die „Zeit der Streitenden Reiche" begann. Die alten Ordnungen, Regeln und Werte gaben keinen Halt mehr, die Menschen sahen sich auf sich selbst zurückgeworfen, mussten sich in einer existentiell unsicher gewordenen Welt neu verorten, sich in gewisser Weise neu erfinden – eine Konstellation, die merkwürdig „postmodern" anmutet. Verschiedene Denkschulen versuchten damals, Antworten auf diese Herausforderung zu geben: Die *Legalisten* setzten ganz auf ein kodifiziertes Recht, um eine neue stabile Ordnung zu errichten, die *Daoisten* riefen zum Rückzug aus der Welt auf, von anderer Seite wurde ein ungehemmter Egoismus als Ideal gepredigt. Konfuzius, der als Politiker immer wieder scheiterte, aber als Pädagoge und Schöpfer des ersten *Think Tank* der Weltgeschichte bleibende Bedeutung erlangte, hatte eine andere Antwort auf die Sinnkrise: schöpferische Aneignung der Vergangenheit, allgemeine Bildung als Grundlage der Sittlichkeit, Kultivierung der eigenen Persönlichkeit, Erfüllung in der Pflicht für das Gemeinwesen. Das Konzept rief schon den Widerspruch mancher Zeitgenossen hervor – allzu sehr der Tradition und Konvention verhaftet, allzu sittenstreng und freudlos, allzu weltfremd und idealistisch wirkte es. Auch der Westen – und insbesondere die abendländische Philosophie – tat sich schwer mit der Rezeption des Konfuzianismus. Unerträgliches Geplapper, befand *Immanuel Kant*,[288] und viele folgten diesem Urteil, erinnern doch die von Konfuzius überlieferten Sentenzen beim flüchtigen Lesen an Kalenderblattweisheiten – bis man sich genauer darin vertieft. Wer weiß: Vielleicht kann man in der Gegenwart, da die wohl geordnete, vernünftig aufgeräumte Welt der Aufklärung aus den Fugen geraten ist, aus den unzeitgemäßen Gedanken des Konfuzius wieder etwas lernen? Auf jeden Fall wirken sie in ihrer scheinbaren Naivität und ihrem ostentativen Konservativismus noch immer provozierend.

Eine notwenige Bemerkung vorweg: Ich bin weder Sinologe noch Religionswissenschaftler; alles, was ich im Folgenden über Konfuzius und den Konfuzianismus schreibe, habe ich aus den Büchern der Spezialisten gelernt – insbesondere möchte ich hier die vorzüglichen Arbeiten von Volker Zotz hervorheben.[289] Ich bin auch weder Theologe noch Diakoniker, wenn ich mich auch als Historiker eingehend mit der Geschichte der Diakonie befasst habe. Kurz: Dies ist kein wissenschaftlicher Text. Ich schreibe an dieser Stelle in der Rolle des Dilettanten, der mit wachsender Begeisterung in den „Gesprächen" (*Lúnyŭ*) liest – dem Werk, in dem viele Aussprüche des Konfuzius und seiner Schüler niedergelegt sind – und der über dieser Lektüre paradoxerweise seinem evangelischen Glauben und, vielleicht noch überraschender, seiner Kirche wieder näher gekommen ist. Im Folgenden werden, in erklärtermaßen provokativer Absicht und mit einem kleinen Augenzwinkern, „acht Schätze" serviert: acht Sentenzen des Konfuzius, die

---

[288] H. v. Glasenapp (1954), S. 103f.
[289] Vor allem: V. Zotz (2007). Dazu auch X. Gu (2008). Zur Biographie: H. Roetz (1995); V. Zotz (2000); P. Gregor (2001).

– wie es der Konfuzianer *Mengzi* (*Menzius*, 371–289 v. Chr.) ausgedrückt hat – „gar gelesen" (*shoudu*) werden müssen, bis man sie verdauen kann.[290] Ich wünsche guten Appetit.

Die Kunst des Leitens

> Der Meister sprach: „Wer selbst recht ist, braucht nicht zu befehlen: und es geht.
> Wer selbst nicht recht ist, der mag befehlen: doch wird nicht gehorcht."[291]

In den Lehren des Konfuzius nimmt die Frage nach der richtigen Regierung eines Staatswesens breiten Raum ein, und wenn man die Aussagen des Meisters zu diesem Thema nicht allzu eng auf die Sphäre des Politischen bezieht, so kann man daraus Anhaltspunkte auch für die Leitung von Unternehmen gewinnen, insbesondere auch von caritativen und diakonischen Unternehmen, die ihrem Selbstverständnis nach einer besonderen Werteordnung verpflichtet sind. Im Hinblick auf unsere Ausgangsfrage ist zunächst in aller Deutlichkeit klarzustellen, dass die Frage, ob man auf der formalen Zugehörigkeit der Mitarbeitenden zur Kirche bestehen müsse, um eine im Grundsatz positive Einstellung des Personals zur Konfessionsbindung des Unternehmens sicherzustellen, eine entsprechende Unternehmenskultur zu pflegen und ein besonderes christliches Profil zu schärfen, aus der Sicht des Konfuzianismus schon vom Ansatz her falsch gestellt ist. Man kann einem Gemeinwesen – dies gehört zu den Kerngedanken des Meisters – nicht durch Gebote und Verbote, seien sie auch noch so weise eingerichtet, gleichsam von oben „Menschlichsein" (*ren*) verordnen.[292] Ob die in einem Gemeinwesen lebenden Menschen nach den Grundsätzen des „Menschlichseins" handeln, hängt letzten Endes entscheidend vom guten Beispiel derer ab, die an der Spitze des Gemeinwesens stehen. Leben die

---

[290] H. Jäger (2010), S. 8.
[291] Gespräche (Lun Yü), Buch XIII, 6. Die folgenden Zitate – wenn nicht anders angegeben – nach der bedeutenden Übersetzung des deutschen Missionars Richard Wilhelm aus dem Jahr 1910: Konfuzius (2007).
[292] Dieser Begriff (*ren*) lässt sich nur schwer aus dem Chinesischen übersetzen. Manche Übersetzer verwenden dafür die deutschen Begriffe „Sittlichkeit", „Güte", „Liebe", „Wohlwollen", „Menschlichkeit" u. a. – alles Aspekte, die in dem chinesischen Begriff mitschwingen. Dieser ist aber umfassender. Wie das Schriftzeichen für „Mensch" spricht man den Begriff als *ren* aus, doch wird das Zeichen aus jenem für „Mensch" und „Zwei" gebildet – der Begriff drückt stets auch „die wesenhafte Bezogenheit des menschen auf andere menschen" (H. Jäger (2010), S. 281) aus und ist dementsprechend mit einem weiteren Schlüsselbegriff des Konfuzianismus – „Gegenseitigkeit" (*shu*) – zusammen zu denken. Vgl. auch V. Zotz (2007), S. 167.

Leitenden „Menschlichsein" vor, leben es die Geleiteten aus natürlichem Schamgefühl nach – Konfuzius verwendet dafür an einer Stelle das Bild des Windes, der über das Gras streicht und es beugt.[293] Wären die Regierenden vollkommen, bräuchte man gar keine Gesetze und Strafen, so der fast schon anarchische Grundgedanke zur Regierungskunst, den Konfuzius verschiedentlich formuliert hat. Aus heutiger Sicht – die geprägt ist von der Vorstellung der Begründung von Gemeinwesen durch *Kontrakt*verhältnisse – erscheint dieser Gedanke im ersten Augenblick abwegig, weil allzu naiv idealistisch. Auch der starke hierarchisch-paternalistische Grundzug scheint so gar nicht in unsere Zeit zu passen.

Und doch enthält der Gedanke einen Kern, der in allen Zeiten und Kulturen von grundlegender Bedeutung ist und den man auf die Formel bringen kann: Leitung *ohne Legitimität* ist zum Scheitern verurteilt. Wenn Menschen in einer sozialen Struktur Leitung nicht als „sinnhaft", „gerecht" und „gut" erleben, so befolgen sie die von der Leitung vorgegebenen Regeln allenfalls notgedrungen, weil sie Sanktionen befürchten, sie werden aber jede sich bietende Gelegenheit nutzen, die Regeln zu unterlaufen, sobald sie meinen, dies gefahrlos tun zu können.

Auf den konkreten Fall bezogen: Die Mitarbeitenden eines caritativen oder diakonischen Unternehmens werden, unabhängig davon, ob sie kirchlich gebunden sind oder nicht, im Berufsalltag die Werte der Caritas und Diakonie nicht umsetzen, wenn sie den Eindruck gewinnen, dass die Unternehmensleitung selbst nicht nach diesen Werten handelt. Sie werden in diesem Fall in die „innere Emigration" gehen und „Dienst nach Vorschrift" leisten, selbst dann, wenn sie ihren Beruf ursprünglich aus einer christlichen Berufung heraus gewählt haben – das christliche Leitbild eines Unternehmens bliebe in diesem Fall toter Buchstabe, weil es von den Menschen, an die es sich wendet, nicht als legitim anerkannt würde. Eine christliche Unternehmenskultur baut sich nicht von selbst von unten nach oben auf, wenn nur die Mitarbeitenden die richtige Gesinnung mitbringen. So wenig sich eine Unternehmenskultur von oben „verordnen" lässt: Ohne Impulse von oben nach unten geht es nicht. Sind die Mitarbeitenden von vornherein im Sinne einer christlichen Unternehmenskultur motiviert und engagiert – umso besser: Sie werden in diesem Fall von der Leitung ermutigt, bestärkt und gefördert, ihre Motivation in die Arbeit einzubringen, ihr Engagement wird positiv verstärkt.

Die Botschaft des Konfuzianismus lautet indessen: Es kann auch funktionieren, wenn diese günstigen Voraussetzungen nicht gegeben sind. Es ist also unter bestimmten Umständen möglich, Mitarbeitende, die nicht kirchlich gebunden sind, die vielleicht bei ihrer Einstellung der besonderen konfessionellen Positionierung des Unternehmens durchaus fern stehen, sie

---

[293] Lun Yü, Buch XII, 19.

vielleicht sogar kritisch sehen, dazu zu bewegen, ihre Arbeit aus freien Stücken im Sinne dieser Unternehmenskultur zu tun. Aus der Perspektive des Konfuzianismus stellt sich nicht die Frage, ob ein caritatives oder diakonisches Unternehmen bei der Rekrutierung seines Personals eine bestimmte religiös fundierte ethische Grundhaltung voraussetzen soll, die Frage lautet vielmehr, wie ein solches Unternehmen geleitet werden kann, um seine Mitarbeitenden zu einem ethisch verantwortungsvollen Handeln im Sinne des christlichen Leitbildes anzuleiten. Die fünfte These des Brüsseler Kreises, dass „der konfessionsgebundene Überzeugungspluralismus […] nicht bei der persönlichen Glaubensüberzeugung der einzelnen Mitarbeitenden an[setzt], sondern beim Selbstverständnis des Unternehmens, das sich fest im christlichen Überzeugungssystem verankert weiß", ist daher aus konfuzianischer Perspektive nachdrücklich zu unterstützen.

Die Klärung der Begriffe

> Dsï Lu sprach: „Der Fürst von We wartet auf den Meister, um die Regierung auszuüben. Was würde der Meister zuerst in Angriff nehmen?" Der Meister sprach: „Sicherlich die Richtigstellung der Begriffe." Dsï Lu sprach: „Darum sollte es sich handeln? Da hat der Meister weit gefehlt! Warum denn deren Richtigstellung?" Der Meister sprach: „Wie roh du bist, Yu! Der Edle lässt das, was er nicht versteht, sozusagen beiseite. Wenn die Begriffe nicht richtig sind, so stimmen die Worte nicht; stimmen die Worte nicht, so kommen die Werke nicht zustande; kommen die Werke nicht zustande, so gedeiht Moral und Kunst nicht; gedeihen Moral und Kunst nicht, so treffen die Strafen nicht; treffen die Strafen nicht, so weiß das Volk nicht, wohin Hand und Fuß setzen. Darum sorge der Edle, dass er seine Begriffe unter allen Umständen zu Worte bringen kann und seine Worte unter allen Umständen zu Taten machen kann. Der Edle duldet nicht, dass in seinen Worten irgend etwas in Unordnung ist. Das ist es, worauf alles ankommt."[294]

Am Anfang allen Leitens steht für Konfuzius – selbst für seine Anhänger überraschend – das „Berichtigen der Namen" (*zheng ming*), die Klarstellung der Begriffe. Regieren beginnt mit dem Durchforsten der Sprache, dem Aufspüren von Worten, deren Bedeutung unklar und verworren ist und die deshalb zu Irrtümern führen oder die einen Sachverhalt verschleiern, beschönigen, verharmlosen, verdrehen, ins Gegenteil verkehren und damit Lüge und Heuchelei Vorschub leisten – inhaltsleere Worthülsen, Euphemismen, polarisierende Kampfbegriffe oder pejorativ konnotierte, stigmatisierende Benennungen. Eine „unsaubere" Sprache stiftet Verwirrung, schafft Unordnung

---

[294] Lun Yü, Buch XIII, 3.

und gefährdet das Miteinander der Menschen. Eine „saubere" Sprache allein macht noch kein geordnetes Gemeinwesen aus – aber die Dinge beim Namen zu nennen, ist der Anfang von allem. In der Sprache unserer Zeit könnte man die Lehre vom „Berichtigungen der Namen" als Aufruf zur kritischen Analyse des „herrschenden Diskurses" auffassen, der darüber entscheidet, worüber in einer Gesellschaft in welcher Form gesprochen werden kann und darf – und worüber geschwiegen werden muss.

Dieser Aufruf zur Diskursanalyse scheint auch im Zusammenhang mit unserem Thema durchaus aktuell: Was bedeuten „Diakonie" und „Caritas"? In der Geschichte konfessioneller Einrichtungen sind diese Begriffe oft genug zu einer vagen Chiffre geworden, die nur notdürftig verschleiern konnte, dass durchaus Unklarheit über das Proprium, den Wesenskern der Arbeit bestand – mit oftmals fatalen Folgen. Wenn nicht klar ist, was mit der Rede vom „Diakonischen" oder „Caritativen", das die Arbeit leiten soll, gemeint ist – wenn also der Begründungszusammenhang der Arbeit nicht klar zum Ausdruck gebracht werden kann –, dann können sich diese Begriffe nicht in praktisches Handeln umsetzen. Es besteht dann die Gefahr, dass die Worte zur Camouflage für eine Praxis werden, die ganz anderen Regeln und Gesetzmäßigkeiten gehorcht, als „eigentlich" beabsichtigt war.

Tun als ob

> Der Meister sprach: „Ist denn die Sittlichkeit gar so fern? Sobald ich die Sittlichkeit wünsche, so ist diese Sittlichkeit da."[295]

Zum Verständnis des Konfuzianismus ist es von grundlegender Bedeutung, sich zu vergegenwärtigen, dass ihm die im Abendland so geläufige Unterscheidung zwischen der *äußeren Erscheinung* und dem *eigentlichen Wesen* der Dinge fremd ist. Form und Wesen sind für ihn untrennbar miteinander verbunden. Ein Schüler des Konfuzius, Dsï Gung, brachte diesen Gedanken in einer schönen Metapher zum Ausdruck: „Die Form ist Wesen, das Wesen ist Form. Das von Haaren entblößte Fell eines Tigers oder Leoparden ist wie das von Haaren entblößte Fell eines Hundes oder Schafs."[296]

Bezogen auf das Gebiet menschlichen Handelns bedeutet dieses Prinzip, dass man nicht *eigentlich* „menschlich" *sein* kann, wenn man nicht „menschlich" *handelt*. Entscheidend ist nicht die Kultivierung einer „menschlichen" *Einstellung* – aus der dann wie von selbst „menschliches" Handeln erwächst –, sondern die lernende Einübung „menschlichen" *Verhaltens*. Ein solches

---

[295] Lun Yü, Buch VII, 29.
[296] Lun Yü, Buch XII, 8.

Handeln, auch wenn es (zunächst) womöglich nicht aus lauteren Motiven geschieht, konstituiert „Menschlichsein". Indem man aber an den *Formen* seines Handelns arbeitet, arbeitet man an seinem *Wesen*. Tun als ob – das ist der Schlüssel zur Selbstbildung. Wer „menschlich" handelt, mehrt die „Menschlichkeit" in der Welt und erzieht sich selbst – fast möchte man sagen: beiläufig – zu einem Wesen, das sich dem Ideal des „Menschlichseins" annähert. In diesem Sinn soll jeder Mensch an sich selber arbeiten – was wiederum Auswirkungen auf alle anderen Menschen hat, mit denen er in Beziehung steht. Die Arbeit an sich selbst fällt umso leichter, je besser das Gemeinwesen geordnet ist, in das Menschen eingebunden sind.

Angewandt auf den vorliegenden Fall, könnte man mit Konfuzius sagen, dass eine diakonische oder caritative Einrichtung, die sich im Zuge des „Berichtigens der Namen" über ihr Proprium klar geworden ist (und – so ist gleich hinzuzufügen – diesen Reflexionsprozess immer wieder aufs Neue durchläuft) und dieses Proprium in der Leitung konsequent umsetzt, die Bedingungen der Möglichkeit geschaffen hat, dass die Mitarbeitenden in ihrem Arbeitsalltag an den Klientinnen und Klienten „menschlich" handeln und dadurch das „Menschlichsein" in der Gesellschaft insgesamt gemehrt wird. Aus konfuzianischer Sicht muss man nicht besorgt sein, dass diesem „menschlich Handeln" nicht die richtige Motivation zugrunde liegen könnte – eine der Folgerungen aus der Lehre des Konfuzius besteht darin, dass es unmöglich ist „menschlich" zu *handeln*, ohne „menschlich" zu *werden*.

Die Macht der Geschichte

> Der Meister sprach: „Lernen ohne Denken ist zwecklos. Denken ohne Lernen ist gefährlich."[297]

Der Konfuzianismus schätzt die Vergangenheit – und mit ihr alles, was fest in der Vergangenheit wurzelt. Er hält auf Traditionen, ist aber keineswegs grundsätzlich gegen jeden Wandel, doch soll dieser stets behutsam in die

---

[297] Lun Yü, Buch II, 15. Hier in der Neuübersetzung von Hans O. H. Stange: Kong, Qui (1964). Richard Wilhelm übersetzte hier: „Lernen und nicht denken ist nichtig. Denken und nicht lernen ist ermüdend." Er verwies dabei auf Immanuel Kant: „Erfahrung ohne Begriffe ist blind, Begriffe ohne Erfahrung sind leer." Im Kontext mit anderen Sentenzen des Konfuzius wird indes deutlich, dass er abstraktes Denken ohne die Bindung an die Empirie nicht nur für ein nutzloses Glasperlenspiel hielt, sondern es – im Wortsinn – als gefährlich betrachtete, weil es zum Umsturz des Bestehenden tendiere. In der Übersetzung aus dem Chinesischen gibt es große Interpretationsspielräume, so dass es sich lohnt, verschiedene Übersetzungen zu vergleichen.

Wege geleitet werden. Utopien, Entwürfe einer Zukunft, die bewusst mit dem brechen, was geschichtlich gewachsen und geworden ist, sind dem Konfuzianer unheilvolle Kopfgeburten, die zu Unordnung, Aufruhr und Gewalt führen. Denken ohne den festen Halt der Vergangenheit erscheint dem Konfuzianer als gefährliches Abenteuer. Lernen (*xue*) meint im Konfuzianismus stets den Erwerb von Wissen *und* sittliche Besserung. Lernen – im konfuzianischen Denken untrennbar mit dem übenden Anwenden (*xi*) verbunden – bedeutet konkret das Studieren der Riten und Sitten (*li*), die von den Vorfahren auf die heute lebende Generation gekommen sind. Nicht jedoch im Sinne stupiden Einpaukens – es geht nicht darum, die Riten und Sitten der Vergangenheit buchstabengetreu zu reproduzieren. In diesem Sinne ist die Sentenz: „Lernen ohne Denken ist zwecklos" zu verstehen. Stattdessen wird für eine schöpferische Aneignung der Riten plädiert, ganz im Sinne Goethes: „Was Du ererbt von Deinen Vätern, erwirb es, um es zu besitzen." Ohne Not soll der Mensch nichts an den Riten ändern, wo es aber im Sinne des „Menschlichseins" geboten erscheint, soll er sie behutsam, immer auf das rechte Maß bedacht, weiterentwickeln.

Vor diesem Hintergrund fiele wohl der Rat des Konfuzius an alle Europäer, die sich auf ihrer verzweifelten Sinnsuche an die asiatischen Weisheitslehren wenden, auf den ersten Blick verblüffend aus: Besinnung auf die *eigenen* Riten, und das hieße wohl konkret: auf die *christlichen* Riten. Gut konfuzianisch wäre es etwa, das Kirchenjahr bewusst zu gestalten, die kirchlichen Feste feierlich zu begehen, den Sonntag zu heiligen, Gottesdienste, Andachten oder Gebete regelmäßig abzuhalten und dabei sorgsam auf die Liturgie zu achten, die geistliche Musik zu pflegen, Bibel, Katechismus und Gesangbuch wertzuschätzen (und vor jeder bilderstürmerischen „sprachlichen Säuberung" zu schützen), die Perikopen sorgfältig auszuwählen, sakrale Räume mit den tradierten christlichen Symbolen zu gestalten usw. Aus dieser Perspektive stellte es sich als Irrweg dar, wenn Diakonie und Caritas religiöse Traditionen, die nicht mehr zeitgemäß erscheinen, einfach über Bord werfen würden.

Auf den nahe liegenden Einwand, dass viele christliche Riten den heutigen Menschen nichts mehr sagen, weil ihnen die Inhalte, die in diesen Formen vermittelt werden sollen, fremd geworden sind (oder gar Anstoß erregen), entgegnet der Konfuzianismus, dass es darauf überhaupt nicht ankommt: Indem man die Riten gewissenhaft ausführt, entfaltet sich ihre versittlichende Kraft von allein, selbst wenn ihre Bedeutung nur mehr halb erkannt wird.

Man könnte daraus die Lehre ziehen, dass diakonische und caritative Einrichtungen überkommene religiöse Traditionen und Rituale – etwa im Bereich der Festkultur, des Gottesdienstes, der Andacht, des Stundengebets oder des Wochenschlusses – als einen in der Vergangenheit angesammelten Schatz ganz bewusst pflegen (und in aller Behutsamkeit fortentwickeln)

sollten, auch wenn die Mitarbeitenden mehrheitlich nicht mehr religiös eingestellt oder kirchlich gebunden sind. Eine Teilnahme an den Ritualen kann
und soll nicht erzwungen werden – der Konfuzianismus misstraut allen
formalen Vorschriften. Die Rituale sollen vielmehr im Sinne eines Angebo-
tes, einer freundlichen Einladung an alle ausgeführt werden – im Vertrauen
auf ihre moralische Kraft. Übrigens: Der Glaube sollte es aushalten können,
wenn die Andacht, die reihum von Mitarbeitenden gestaltet wird, mal von
einem Protestanten, mal von einer Katholikin, einem Muslim, einer Esoteri-
kerin oder einen Atheisten gehalten wird – es wäre der Beginn eines Aus-
tauschs über die letzten Dinge, der, wenn er von Respekt und Toleranz getragen und durch das Ritual, dessen moralische Macht über die Menschen der
Konfuzianismus uns lehrt, zusammengehalten wird, eine segensreiche Wirkung entfalten kann, ganz im Sinne der zweiten These des Brüsseler Kreises:
„Der Universalität des Erbarmens Gottes entspricht, dass das Heil gerade auf
der Basis des Christusglaubens auch außerhalb des Christusglaubens gedacht
werden konnte".

Selbstkritik als Prinzip

> „Fehlen, ohne sich zu bessern, das erst heißt Fehlen."[298]

Der Konfuzianer strebt danach, ein „Edler" (*junzi*) zu werden. Ein solcher
„Edler" ist keineswegs perfekt – ganz im Gegenteil: Auch er begeht Fehler,
und der Meister selbst räumte freimütig ein, dass es ihm auch im hohen Alter
noch nicht gelungen sei, auch nur die gröbsten Fehler abzulegen. Was den
„Edlen" vom „niedrigen Menschen" (*xiaoren*) unterscheidet, ist, dass er sich
im Prozess des „Kultivierens des Subjekts" (*xiu ji*) einer regelmäßigen
„Selbstprüfung" (*xing shen*) unterwirft. Der „Edle" verschweigt oder beschö-
nigt seine Fehler nicht, sondern stellt sie offen heraus, bekennt sich zu ihnen
und denkt darüber nach, wie er sie in Zukunft vermeiden kann. Nicht der
Fehler ist aus konfuzianischer Perspektive das Problem, sondern die fehlende
Bereitschaft, aus Fehlern zu lernen. Übertreiben sollte man es aber auch
nicht. Als er von einem Weisen hörte, der sich alles dreimal überlegte, ehe er
sich zum Handeln entschloss, meinte Konfuzius: „Wenn er auch nur zweimal
sich die Sachen überlegt, so ist es schon gut."[299]

   Von dieser von Konfuzianismus gepflegten Kultur der Selbstprüfung
können Gesellschaften zu allen Zeiten und in allen Kulturen lernen. Für
diakonische und caritative Unternehmen heißt das: einen permanenten Refle-

---

[298]   Lun Yü, Buch XV, 29. In der Übersetzung von O. H. Stange.
[299]   Lun Yü, Buch V, 19.

xionsprozess über die Praxis in Gang zu bringen und zu halten, um Fehlentwicklungen möglichst schon im Ansatz zu erkennen und zu vermeiden oder
aber, wenn sie bereits eingetreten sind, bewusst gegenzusteuern. Und dieser
Prozess sollte – wie in der Schule des Konfuzius – *diskursiv* angelegt sein,
möglichst alle Mitarbeitenden einschließen. Wenn sich alle Mitarbeitenden –
vom leitenden Arzt bis zur Hauswirtschaftshilfe – in einem institutionell
gestalteten Diskussionszusammenhang darüber austauschen können, was
ihnen im Alltag Gewissensnöte bereitet – etwa die ausufernde Dokumenta-
tionspflicht, die kaum noch eine geduldige Zuwendung zu den Bewohnerinnen und Bewohnern zulässt, die zunehmende Arbeitsverdichtung, die einer
lieblosen Behandlungen der Bewohnerinnen und Bewohner Vorschub leistet,
der stillschweigende Einsatz fixierender Maßnahmen, um mit der Arbeit
„durchzukommen" usw. –, dann entsteht ein *lernendes* System, in dem einer
auf den anderen Acht gibt, in dem man sich gegenseitig stützt und stärkt.

Leben in Gemeinschaft

„[…] Zu Vögeln und Tieren kann ich mich nicht gesellen, wem soll ich mich
dann noch zugesellen, wenn nicht diesen Menschen?"[300]

Dieser Satz, den Konfuzius der Überlieferung nach mit einem tiefen Seufzer
aussprach, richtete sich gegen das Ansinnen, sich angesichts der zerrütteten
politischen Verhältnisse seiner Zeit aus der Welt zurückzuziehen. Das ist der
Weg des Daoismus, dem der Konfuzianismus – trotz mancher Berührungs-
punkte in der Zeitdiagnose – energisch widersprach. Konfuzius konnte den
Menschen nicht anders denken denn als Gemeinschaftswesen. Sein pädago-
gisches Programm trug diesem Umstand insofern Rechnung, als es auf eine
umfassende Bildung der Persönlichkeit setzte. Seine Schüler widmeten sich
in der Grundausbildung nicht nur dem Studium der alten Schriften und deren
schöpferischer Aneignung im Dialog mit dem Meister, sondern auch dem
Wagenlenken, dem Bogenschießen, dem Rechnen, der Kalligraphie sowie
der Musik und Poesie.

Wagenlenken und Bogenschießen waren dabei keine sportlichen Wett-
kämpfe in unserem Sinne, sondern gemeinsam ausgeübte meditative Rituale
ohne jedes Konkurrenzdenken. Beim rituellen Bogenschießen kam es auf die
richtige Einstellung, eine würdevolle Haltung, die Konzentration beim Zielen, den harmonischen Bewegungsablauf an, nicht auf Treffsicherheit,
Schnelligkeit oder Kraft. Die Schützen sollten nicht im Wettstreit zueinander
stehen, sondern sich mit Respekt begegnen und auch in der Niederlage ihre

---

[300]   Lun Yü, Buch XVIII, 6. In der Übersetzung von O.H. Stange.

Würde wahren. Die gemeinsame körperliche Betätigung stärkt die Gemeinschaft – ein Umstand, den sich mittlerweile viele Wirtschaftsunternehmen in aller Welt zunutze machen, um den Zusammenhalt ihrer Belegschaft zu festigen. Das können auch Unternehmen aus dem Bereich der Diakonie und Caritas tun. Nun reicht der Platz selbst auf dem ausgedehnten Gelände einer Komplexeinrichtung wohl kaum aus, um den Mitarbeitenden Gelegenheit zu geben, das Lenken eines Pferdegespanns zu üben – Platz für einen Bogenschießstand mag es immerhin geben. Und natürlich sind viele andere Angebote denkbar – vom Tai Chi bis zur Kletterwand. Manch hässliches Flachdach auf einem Waschbetongebäude der 1970er Jahre bietet ungenutzten Raum für ein kollektives *urban-gardening*-Projekt, und nichts stärkt das Gemeinschaftsgefühl derart wie die die Anlage einer gemeinsam (von Leitenden, Mitarbeitenden und Betreuten) betriebenen Bienenzucht. Der Phantasie sind hier keine Grenzen gesetzt, und ein Blick in die Geschichte der Diakonie zeigt, dass dazu schon im 19. Jahrhundert durchaus originelle Ideen entwickelt worden sind.

Von der Schule des Konfuzius kann man auch die Wertschätzung der Musik lernen. Eine diakonische oder caritative Einrichtung ohne einen Chor oder ein Orchester verschenkt eine große Chance. Auch das hat in Diakonie und Caritas eine lange Tradition, an die man anknüpfen kann. Befremdlich erscheint uns hingegen die hohe Wertschätzung der Poesie im Konfuzianismus – dass hohe chinesische Beamte über Jahrhunderte hinweg vor allem literarisch gebildet sein mussten, stellt sich uns als ein Kuriosum dar. Und doch können wir, wenn wir ehrlich sind, nicht umhin, dem amerikanischen Dichter und Arzt *William Carlos Williams* (1883–1963) zuzustimmen:

„It is difficult to get the news from poems.
Yet men die miserably every day
For lack of what is found there."[301]

Kirche, Diakonie und Caritas verfügen über eine mächtige Quelle des Poetischen: die Bibel. Aus konfuzianischer Perspektive ist es zu bedauern, dass das biblische Wort (vor allem in der kraftvollen Übersetzung Martin Luthers) aus dem Erscheinungsbild diakonischer und caritativer Einrichtungen weitgehend verschwunden ist. Die alten Wandsprüche, die früher dem, was innerhalb dieser Wände getan wurde, eine Deutung gaben, es mit Sinn hinterlegten, sind im Laufe der Zeit abgehängt worden, weil man der Meinung war, sie seien nicht mehr zeitgemäß und könnten in einer pluralisierten Gesellschaft Anstoß erregen. Ob das eine kluge Entscheidung war?

---

[301] W. C. Williams (1962).

Wo bleibt die Religion?

> Worüber der Meister selten sprach, war: der Lohn, der Wille Gottes, die Sittlich-
> keit.[302]

Vom „Himmel" (*tian*) – oft als „Gott" übersetzt – ist in den „Gesprächen"
nur sehr selten die Rede. Tatsächlich hatte Konfuzius eine gewisse Scheu,
mit seinen Schülern offen über religiöse Dinge zu sprechen: Das war etwas
für die Fortgeschrittensten unter ihnen. Gleichwohl lässt Konfuzius keinen
Zweifel daran, dass Religion gleichsam das Medium ist, in dem sich seine
Ethik entfaltet, „eine grundsätzliche Haltung der Existenz gegenüber",[303]
ohne den ein Mensch den Weg zur Selbstbildung nicht gehen kann.

Dabei stellt sich aus konfuzianischer Perspektive die Frage, ob es Gott
tatsächlich gibt, nicht – indem ein Mensch gemäß dem Grundsatz des „Tuns
als ob" im Sinne des göttlichen Gebots lebt, ist Gott existent. Einrichtungen
der tätigen christlichen Nächstenliebe handeln so, als ob Gott existiere – und
Gott existiert. Die „Reichgottesarbeit", welche die Innere Mission im 19.
Jahrhundert leisten wollte, erscheint unter diesem Gesichtspunkt in einer
säkularen Welt in neuem Licht – sie könnte auf Menschen ganz unterschiedlicher Überzeugung anziehend wirken und völlig neue Gemeinschaften stif-
ten. In einem Gedicht von *Rainer Maria Rilke* findet sich das angedeutet:

> „Werkleute sind wir: Knappen, Jünger, Meister,
> und bauen dich, du hohes Mittelschiff.
> Und manchmal kommt ein ernster Hergereister,
> geht wie ein Glanz durch unsre hundert Geister
> und zeigt uns zitternd einen neuen Griff."[304]

Trost aus einem Korb Erde schöpfen

Die großen Begriffe, mit denen der Konfuzianismus umgeht, können leicht
einschüchternd wirken. Ist es denn überhaupt möglich, dass ein Mensch –
oder eine menschliche Gemeinschaft – durch Lernen und Selbstprüfung,
Bildung und Sittlichkeit einen Zustand der Vollendung erreicht? Die Antwort, die der Meister gibt, lautet schlicht und einfach: Nein. Es mag wohl
sein, so lehrte Konfuzius, dass es vor Zeiten „heiter Erkennende" gegeben
habe, die intuitiv alles Wesentliche erfassten und ihr Leben mit spielerischer

---

[302] Lun Yü, Buch IX, 1.
[303] V. Zotz (2007), S. 307.
[304] Rainer Maria Rilke, Werkleute sind wir, in: Ders. (1905).

Leichtigkeit vervollkommneten. Zu *seiner* Zeit, davon war Konfuzius überzeugt, gab es nur noch „Lernende", die auf dem Weg (*dao*) waren – und er
schloss sich selbst nicht davon aus. Mit seinen Lehren wollte er diesem Weg
die Richtung weisen, er ließ aber keinen Zweifel daran, dass dieser Weg nie
ans Ziel gelangen kann. Darauf kommt es jedoch gar nicht an: Wichtig ist es,
einen Schritt nach dem anderen zu tun und auf dem Weg so weit voranzu-
schreiten, wie die eigenen Kräfte reichen. Dabei ist jeder Schritt, der getan
wird, egal auf welchem Abschnitt des Weges, ein Stück gelingenden Lebens
und eine Ermutigung zum Weitermachen:

> Der Meister sprach: „Nehmt zum Vergleich einen Hügel, der fertig ist bis auf
> einen Korb Erde; bleibt es dabei, so bedeutet es für mich einen Stillstand. Nehmt
> zum Vergleich den ebenen Grund, es mag erst ein Korb Erde aufgeworfen sein;
> geht es weiter, so bedeutet es für mich einen Fortschritt."[305]

---

[305] Lun Yü, Buch IX, 18.

Ergebnissicherung und Ausblick

Hanns-Stephan Haas/Dierk Starnitzke

Am Ende ein neuer Anfang

Jeder Dialog baut auf der menschlichen Fähigkeit auf, sich auf die Positionen anderer einzulassen. Wo der Dialog gelingt, ändern sich dabei eigene Positionen. Es werden Klarheiten geschaffen und bestenfalls eröffnen sich Möglichkeiten, den veränderten Positionen auch veränderte Handlungsweisen folgen zu lassen.

Die Thesen des Brüsseler Kreises verstehen sich als Einladung zu einem solchen Dialog. Dem apodiktischen Sprachspiel von Thesen mit ihrer Anmutung einer abgeschlossenen Positionierung zum Trotz wollten sie im Dialog notwendige Denkräume eröffnen. In diesem Geiste wurde auch die Erläuterung der Thesen durch die Herausgeber unternommen.

Allererst haben wir dafür zu danken, dass so viele aus den unterschiedlichsten Perspektiven die Einladung zum Dialog angenommen haben. Alle Beiträge sind geprägt von der Grundbereitschaft, sich auf diese Thesen einzulassen und ihren Wegweisungsgehalt zu prüfen. Wir schätzen dies sehr, zumal es bei den Kommentierungsanfragen auch schlichte Abweisungen gegeben hat, die mit harschen Verwerfungen verbunden waren. Dass die, die kommentiert haben, nicht mit Kritik gespart haben, belegt, dass es uns nicht um eine multiperspektivische Verstärkung unserer Position ging, sondern um die kritische Weiterentwicklung.

Entsprechend ist es nicht überraschend, dass sich als Ergebnis, genauer gesagt als Zwischenergebnis, nicht ein einheitliches Bild ergeben hat. Allen Beiträgen gemeinsam ist nur dies: Der Dialog, den der Brüsseler Kreis anregen wollte, wird als dringend notwendig angesehen. Er ist aktuell und er ist relevant. Durchweg bestätigen die Beiträge, dass man sich mit einem untertheoretisierten Pragmatismus, der ein Grundproblem in einer Ausnahmeregelung zu lösen versucht, nicht länger begnügen darf, dass mit den unterschiedlichen Interessenpartnern die offene Auseinandersetzung um Identität christlicher Unternehmen und deren Regulierungen des Arbeitsplatzzuganges geführt werden muss. Dass auch anderenorts ähnliche Dialoge geführt werden, unterstreicht diese Gemeinsamkeit.

Zu großen Teilen explizit, ansonsten aber unwidersprochen, wird der Dialoganstoß darin positiv gewürdigt, dass er im Kern nicht um die Fragen personalpolitischer Rekrutierungsprobleme geführt wird, sondern um die inhaltlichen Fragen, wofür Unternehmen in Caritas und Diakonie stehen, was dies für die Träger an Verpflichtungen bedeutet und wie sich dies in den inhaltlichen und formalen Einstellungen der Mitarbeitenden niederschlägt. In Konturen wird dabei erkennbar, welche Dimensionen die angenommene Herausforderung enthält.

Diskussionslinien in den vorliegenden Beiträgen

Es liegt uns fern, mit diesem abschließenden Kapitel die vorangehenden Beiträge zusammenzufassen, ihren Ertrag zu perspektivieren oder erst recht zu beurteilen. Es lassen sich aber gleichwohl einige Argumentationsstränge benennen, die für die weitere Diskussion zu diesem Thema leitend sein können. Hans-Walter Schmuhl hat in Anknüpfung an Konfuzius die Wichtigkeit begrifflicher Klärungen hervorgehoben. Als einer der Zentralbegriffe hat sich in diesem Sinne in diesem Band das Wort Inklusion herausgestellt. Beate Hofmann hat diesbezüglich zu Recht die Frage gestellt, ob es sich dabei aufgrund der sehr hoch angesetzten Bedeutung dieses Begriffes um eine Art „Mitte der Schrift" handeln kann, also um einen zentralen Leitgedanken der biblischen Tradition, von dem aus die verschiedenen Bibelstellen sich erschließen und interpretieren lassen. Zwar findet sich das Wort explizit nur an sehr wenigen Stellen in der biblischen Überlieferung (z. B. an der exponierten Stelle des Paulus in Röm 11,32, in lateinischer Übersetzung: *concludit*), es wird aber deutlich, dass der Gedanke der Inklusion implizit in der christlichen Tradition eine enorme Rolle spielt. Das wird in dem Beitrag von Andreas Lob-Hüdepohl ausdrücklich betont. Diese spezielle Konturierung in christlichen Unternehmen kann dabei „durchaus an das menschenrechtlich basierte Verständnis von Inklusion anschließen, setzt dabei aber eine qualitativ andere Priorität: es nimmt Maß an der biblisch inspirierten inklusiven Praxis, die das ‚Heil von Gott für alle in allem' unterstützungsbedürftigen Menschen erfahrbar machen (...) will.".

Michael Brumlik stell darüber hinausgehend fest, dass sich dieser Gedanke nicht nur in der christlichen Tradition finden lässt – wobei er Paulus dem hellenistischen Judentum zuordnet –, sondern auch in den rabbinischen jüdischen Traditionen und dass er hier wie dort mit der Frage des „Heilsuniversalismus" verbunden ist, der im Prinzip allen Menschen gelten kann. Ähnlich kennt nach Yasar Sarikaya auch der Islam „derartige inklusivistische Ansätze", die den universalen Charakter der göttlichen Barmherzigkeit betonen. Brumlik plädiert an dieser Stelle deshalb sogar dafür, die Begründung des Inklusionsbegriffes nicht nur innerhalb des christlichen Überzeugungssystems, sondern auch mit Hilfe anderer religiöser Traditionen vorzunehmen. „Womöglich entspricht man dem Gedanken der religionspluralen Öffnung noch stärker, wenn auch die Begründung dieser Öffnung selbst (…) vollzogen wird." Auf dieser Linie argumentiert am Ende ihres Beitrages aus buddhistischer Sicht auch Carola Roloff: „Es kann nicht sein, dass man versucht (…) einseitig in seinem Selbstverständnis (…) nur seine eigenen Werte zu vermitteln."

Dass eine Öffnung für andere Religionen und ihre Mitglieder im Sinne der Inklusion sinnvoll ist, dürfte in verschiedenen Beiträgen dieses Bandes deutlich geworden sein. Ob man sich mit den Begründungsmustern des Inklusionsgedankens dabei aber auf verschiedene religiöse (oder auch areligiöse) Begründungssysteme beziehen sollte, erscheint uns jedoch für die hier vorliegende Fragestellung eher fraglich. Wie Johannes Rüegg-Stürm zu Recht hervorhebt, ist es gerade die in den alltäglichen Handlungen der jeweiligen Organisation mitlaufende Selbstreflexion, die in hohem Maße die Prägung des Selbstverständnisses eines sozial tätigen Unternehmens mit bestimmt. Insofern muss es im Sinne der hier vorgeschlagenen Konfessionsbindung darum gehen, gerade das historisch gewachsene und in einer jahrhundertelangen Tradition herausgebildete Deutungspotential der evangelischen und katholischen Konfessionen für das Selbstverständnis diakonischer und caritativer Unternehmen entscheidend ins Spiel zu bringen. Deutlich stellt sich damit die Frage, ob damit zumindest für die Begründungszusammenhänge des Selbstverständnisses solcher Unternehmen eine gewisse Grenze der Offenheit gegenüber anderen religiösen (oder religionslosen) Orientierungen definiert ist. Keine offene Frage ist, wie besonders Beate Hoffmann deutlich gemacht hat, dass das Deutungspotential christlicher Tradition kein Selbstgänger ist, sondern eine Bildungsherausforderung für die Unternehmen von Caritas und Diakonie darstellt.

Die Beiträge von Wolfram Weiße und Alexander Kenneth Nagel plädieren in diesem Zusammenhang für eine noch stärkere Öffnung gegenüber anderen Religionen und Überzeugungssystemen. Und Yasar Sarikaya betont, dass es vor allem darauf ankomme, innerhalb des eigenen Unternehmens arbeitenden „Andersgläubigen auf Augenhöhe" zu begegnen. Das ist von der Grundhaltung sicherlich zu befürworten. Dass ein Überzeugungspluralismus gerade unter Inklusionsaspekten in Diakonie und Caritas absolut wünschenswert ist, dürfte deutlich geworden sein. Allerdings wird dabei die eigene Konfessionsbindung für die Formulierung und Umsetzung des Selbstverständnisses des jeweiligen Unternehmens im Sinne der „Macht der Geschichte", auf die Hans-Walter Schmuhl hinweist, Priorität haben müssen – nicht zuletzt, um den beteiligten Personen hier eine klare Orientierung vorgeben zu können, die es ihnen erlaubt, sich mit dem Unternehmen, in dem sie arbeiten, loyal erklären zu können. Insofern dürfen sich als Minimalvoraussetzung persönliche Glaubenshaltung der Mitarbeitenden und konfessionell geprägtes Selbstverständnis der Unternehmen nicht widersprechen, und die Unternehmen haben dafür Sorge zu tragen, dass alle Mitarbeitenden diesem Selbstverständnis gemäß handeln. Weiße verweist hier auf den „Geist der Institution", der auch diejenigen dazu motivieren könnte, sich in diesem Sinne zu engagieren, die formal nicht zur christlichen Religionsgemeinschaft gehören.

Von verbandlicher und kirchlicher Seite ist diesbezüglich in den Beiträgen von Jörg Antoine und Hans-Tjabert Conring die Loyalitätsrichtlinie angeführt und interpretiert worden. Antoine hebt dabei hervor, dass die Aufrechterhaltung der Richtlinie in der bestehenden Form notwendig sei, um nichtchristliche Bewerberinnen und Bewerber auf dem Hintergrund des Allgemeinen Gleichbehandlungsgesetzes (AGG) ablehnen zu können. Gerade angesichts der Verbreitung dieser Position gilt es, kritisch zu überprüfen, inwiefern sie sich nicht nur auf dem Hintergrund des Inklusionsgedankens, sondern auch der allgemeinen Menschenrechte als zukunftsweisend herausstellen wird. Denn die Richtlinie muss doch wohl eher von ihren positiven Intentionen her beleuchtet werden, anstatt nur die Funktion zu erfüllen, Menschen aus anderen Religionen grundsätzlich den Zugang zur Arbeitsstelle Diakonie in legitimer Weise verwehren zu können.

In diese Richtung argumentiert interessanterweise gerade Hans-Tjabert Conring als kirchlicher Jurist, wenn er meint, dass die Loyalitätsrichtlinie von den jeweiligen Unternehmen mit konzeptionell begründeten Inhalten gefüllt werden müsse: „Es bedarf damit einer konzeptionellen Klärung auf Kirchen- oder Verbands- oder mindestens auf Einrichtungsebene, wenn die von der LoyalitätsdRiLi.EKD (...) eröffneten Spielräume konsistent und gleichermaßen für verschiedene Fälle genutzt werden sollen." Das Interesse unserer Thesen besteht eben genau darin, solche konzeptionellen Weiterentwicklungen anzustoßen. Conring zeigt, dass es schon innerhalb der bestehen Richtlinie erhebliche Möglichkeiten gibt, die Frage der Kirchenzugehörigkeit von Mitarbeitenden je nach Verantwortungsbereich auch für Angehörige anderer Konfessionen und Religionen abzustufen. Es wäre hier mindestens auf evangelischer Seite sicherlich eine sehr interessante und weiterführende Fragestellung für die Diskussion zwischen unternehmerischer Diakonie und verfasster Kirche, ob man nicht – der Erwägung von Conring folgend – die zurzeit gültige Loyalitätsrichtlinie angesichts der sehr dynamischen Gesellschaftsveränderungen so weiterentwickeln müsste, dass sie dabei die Anregungen unserer Thesen aufnimmt.

In dem Beitrag von Ulrich Hammer wird diesbezüglich darauf hingewiesen, dass die grundsätzliche Verpflichtung zur Kirchenzugehörigkeit der Mitarbeitenden in Diakonie und Caritas von staatlicher Seite nicht gefordert ist, sondern eine rein innerkirchliche Setzung ist. „Würde die Konfessionsbindung aufgehoben, wozu die Kirchen und ihre Einrichtungen das Recht haben, bliebe der kirchliche Charakter ihrer Einrichtungen (...) völlig unberührt." Es handelt sich hier pointiert formuliert um eine Selbstbeschränkung und vielleicht auch Selbstblockade der Kirchen, die jedenfalls nicht durch externe Erwartungen oder Forderungen notwendig ist.

Ohne Zweifel ist dabei eine der zentralen Fragestellungen unserer Thesen, inwieweit sich Selbstverständnis der Organisation und religiöse oder weltanschauliche Überzeugung der Mitarbeitenden voneinander unterscheiden und aufeinander beziehen lassen. Hammer interpretiert deshalb die Thesen des Brüsseler Kreises ganz richtig, wenn er schreibt, dass es in ihnen um den Wandel „von einer subjektiven Glaubensanforderung in eine objektive Verhaltenserwartung" geht. Die Relevanz dieses Ansatzes wird wesentlich davon abhängen, inwiefern dies nicht nur theoretisch, sondern auch im Alltag gelingen kann.

Mit Interesse ist hier zu markieren, dass dies auch ein zentrales Anliegen der Stellungnahme von Bischof Ulrich ist. Seine Positionierung stellt schon darin eine wesentliche Erweiterung dar, dass er die Thesen des Brüsseler Kreises nicht nur für Caritas und Diakonie begrüßt, sondern gleichermaßen auch für kirchliche Mitarbeitende als relevant bestätigt. Mit einem biographischen Rückgriff plädiert Bischof Ulrich aber vor allem dafür, das Zeugnis des Glaubens nicht an die subjektive Glaubenseinstellung des Botschafters zu binden. Sein Beitrag liest sich dabei ganz im Sinne der vorgelegten Thesen als Ermutigung, die systemische Verpflichtung der Unternehmen und der Kirchen zu verstärken.

Soweit eine kurze Skizze wichtiger in diesem Band angelegter Argumentationslinien, die in keiner Weise die Rezeptionslinien aus Theorie und Praxis vorzeichnen sollen.

Merkpunkte für die Fortsetzung des hier geführten Diskurses

Die nächste Dialogstufe wird eine breitere Öffentlichkeit von Fachleuten, Praktikern und Unternehmensverantwortlichen sein. Aus unserer Sicht wird dabei darauf zu achten sein, dass die Vielfalt der Perspektiven allenfalls zeitweise auf eingeschränkte Dialogbeziehungen enggeführt werden darf. Gerade die Stimmen, die in diesem Band aus dem Kreis anderer Religionen hörbar geworden sind, belegen nicht nur, dass wir von den anderen Religionen Wesentliches lernen können, sondern zugleich auch, dass diese Stimmen viel zu selten in den bisherigen Dialogstufen Gehör gefunden haben.

Was wir im Folgenden versuchen wollen, sind einige Einsichten, die wir für den anstehenden Dialog gerne sichern wollen. Wir ordnen sie einigen leitenden Stichworten zu:

Begriffsklarheiten

Der bisherige Dialog bedient sich nicht durchgängig eines theoretisch durchgeklärten Theorieinventars. Berechtigt ist deshalb auch gegenüber einigen zentralen Begriffen der Thesen eingewandt worden, dass sie überprüft werden müssen. Insbesondere der Begriff der Konfessionsbindung ist angefragt worden: Entspricht er dem Grundanliegen der Inklusion? Setzt er problematische Signale für den Dialog mit anderen Religionen? In diesem Sinne sind auch andere Formulierungsvorschläge gemacht worden. Fraglos hat der Begriff der Konfessionsorientierung eine deutlich andere Tonalität.

Theoretische Grundlagen

An verschiedenen Stellen streifen die Thesen und ihre Kommentierung theoretische Diskurse. Beispielsweise sei an die Systemtheorie oder auch die Säkularisierungsdebatte erinnert. Zu einem pragmatischen Eklektizismus haben wir uns bereits bekennen müssen. Berechtigt aber ist angefragt worden, ob die theoretischen Grundlagen stimmen. Wo dies zu Verzeichnungen in Diagnose oder Gestaltungsaufgaben führen würde, wären Korrekturen notwendig vorzunehmen. Im Durchgang berechtigter Anfragen haben wir bisher den Eindruck, dass es sehr wohl der Präzisierung und Nachschärfung, nicht aber der grundlegenden Korrekturen bedarf. Auch hier halten wir uns aber besseren Einsichten gegenüber bewusst offen.

Theologische Fundierung

Durchgängig positiv wurde beurteilt, dass die Thesen des Brüsseler Kreises kein rein personalstrategisches Plädoyer sind, sondern der Versuch einer theologischen Selbstvergewisserung. Der besondere Fokus auf die Inklusion wurde dabei nicht nur von einer Reihe von Beiträgen aufgenommen, sondern seinerseits wieder kritisch auf die theologische Klärung des Inklusionsbegriffes gewendet. Dabei wurden nicht nur Hausaufgaben erkennbar, sondern vor allem auch andere Bezüge, etwa zur Verkündigung Jesu, und notwendige Relationsklärungen vorgenommen.

Methodologie/Vorgehensfragen

Aus fachspezifischer Perspektive sind immer wieder Anfragen gestellt worden, ob man in der Findung von Positionen so vorgehen sollte, wie wir dies versucht haben. Beispielsweise ist dies – wie oben dargestellt – gegenüber der Suche nach einer Mitte der Schrift (Inklusion) eingewandt worden. Soweit wir sehen, hat sich die berechtigte Kritik dabei auf die Begründungswege, nicht aber auf die Inhalte bezogen. Fraglos wird es in der methodologischen Sauberkeit noch zwingende Nacharbeiten geben müssen.

Zukünftige Schritte

Es kann nicht überraschen, dass bereits in der jetzigen Entwicklungsphase eine Reihe von kontextuellen Rahmenbedingungen und unterschiedlichen Standpunkten zu einer Vielfalt an erkennbar gewordenen Wegen geführt haben. Der Brüsseler Kreis versteht sich bewusst als ein Zusammenschluss von Unternehmen. Sein Zielpunkt ist die unternehmerische Praxis, auf die die Reflexion ausgerichtet sein muss und deren Gestaltung verantwortet werden muss. Nimmt man dies auf, so liegt es auf der Hand, dass Wegbeschreibungen eher formaler Natur sein müssen:

- Zentral ist es, bei einem Unternehmen von Caritas und Diakonie die vorfindliche Situation und – bezogen auf das jeweilige Unternehmen – den Markenkern zu analysieren. Dies ist nicht nur im Sinne von Kontextualität zu verstehen. Vielmehr hat es auch theologisch eine Bedeutung, weil das Sein Gottes in der Welt der maßgebliche Ausgangs- und Zielpunkt alles caritativen und diakonischen Handelns ist. Gott muss weder in das christliche Unternehmen hinein reflektiert noch in ihm geschaffen werden. Gegenüber jeder hybriden Überschätzung geht es hier um die bescheidene und anspruchsvolle Entdeckung der göttlichen Wirklichkeit. Insofern steht am Beginn jeder Bemühung um das christliche Profil diakonischer und caritativer Einrichtungen die Wahrnehmung: Wo wird christlicher Glaube und christliche Werteorientierung im Unternehmen gelebt? Wo prägen Rituale und Gestaltwerdung christlicher Prägung eine wichtige Rolle? Woran kann angeknüpft werden, wenn nach glaubhaften Umsetzungen christlicher Überzeugung gesucht wird?
  Im Regelfall werden dabei Prägungen erkennbar, die sich auch in der Gegenwart als wirkmächtig erweisen. Dies beginnt bei den häufig mit der Entstehungsgeschichte verbundenen Mythen der ersten Gründer oder

noch davor den biblischen Grundlagen. Jede christliche Organisation ist in diesem Sinne bis heute eine Erzählgemeinschaft, in der die kollektive Sinnvergewisserung wesentlich in Geschichten geleistet wird.[306] An die Seite der mündlichen Tradition treten aber auch andere Quellen bis hin zur Botschaft der Gebäude (nicht nur Kirchen), in denen sich Botschaften erkennbar verfestigt haben. Schließlich schließt diese Wahrnehmung die vielfältigen Gründe mit ein, aus denen heraus sich Menschen nicht selten sehr bewusst für ein Unternehmen mit konfessioneller Prägung entscheiden.

– Ein wesentlicher Schritt für die Profilschärfung im genannten Sinne muss die explizite Leitbildarbeit sein. Benennt das Leitbild den für die tägliche Arbeit und das Unternehmensverständnis tragenden Werte- und Zielkonsens, der an die Stelle formaler Kriterien tritt, dann kann es nicht nur die frei schwebende Präambelformulierung des Unternehmens sein. Das Leitbild wird zum Arbeitsmaterial, das in die alltäglichen Prozesse und strukturellen Setzungen ebenso hinein verwoben sein muss wie in die Strategie und Positionierung. Selbstverständlich verbietet sich damit auch der Charakter von Ermäßigungsformulierungen, in denen sich der kleinste gemeinsame Nenner unanstößig niederschlägt.

   Aus der Perspektive des christlichen Unternehmens hat das Leitbild dabei einen christlichen Deutungs- und Sinnhorizont. Es ist sinnvoll, dass dieser Horizont in der Leitbildarbeit auch erkennbar wird. Er muss sich dabei, anders als das Leitbild selbst, nicht mit dem persönlichen Überzeugungskanon der Mitarbeitenden decken. Dennoch ist für sie zu akzeptieren, dass dieser Horizont dem Unternehmen wesentlich ist.

   Versteht man das Leitbild als die Basis der kollektiven Handlungsfähigkeit, wird schnell deutlich, dass die Arbeit mit und an dem Leitbild unverzichtbar ist. Dies betrifft sowohl den immer wieder nötigen Abgleich an den Grundorientierungen des Sinnhorizontes und den kontextuellen Herausforderungen als auch die Einarbeitung von Mitarbeitenden in diese Orientierung. Dass der Versuch, die Inklusion als Markenkern christlicher Unternehmen zu rekonstruieren, mit wesentlichen Anregungen von allen Beiträgen positiv aufgenommen wurde, bestätigt, dass dieser Begriff im Zentrum der Leitbildarbeit gut positioniert ist.

– In der Aufnahme der Thesen des Brüsseler Kreises zeichnet sich ebenfalls ab, dass der Spiritualität in Unternehmen von Caritas und Diakonie schon jetzt ein hoher Stellenwert zukommt und zukünftig verstärkt zukommen sollte. Auch hier sind in den Kommentierungen

---

[306] P. Sloterdijk (2014), S. 11, hat deshalb zurecht an das „mythodynamische Grundgebot" erinnert, nach der „[j]ede Geschichte … besser [ist] als keine Geschichte".

dem Diskussionsstand wesentliche Anregungen zugefügt worden. Sie betreffen sowohl die Frage der Rückbindung der Spiritualität an den spezifischen Sinnhorizont als auch die Frage einer entschiedeneren Grenzüberschreitung, etwa unter dem Stichwort der „Servolution" im Sinne des Dienstes am Nächsten als gottesdienstliche Handlung, wie sie Kenneth-Nagel in seinem Beitrag ins Spiel gebracht hat.

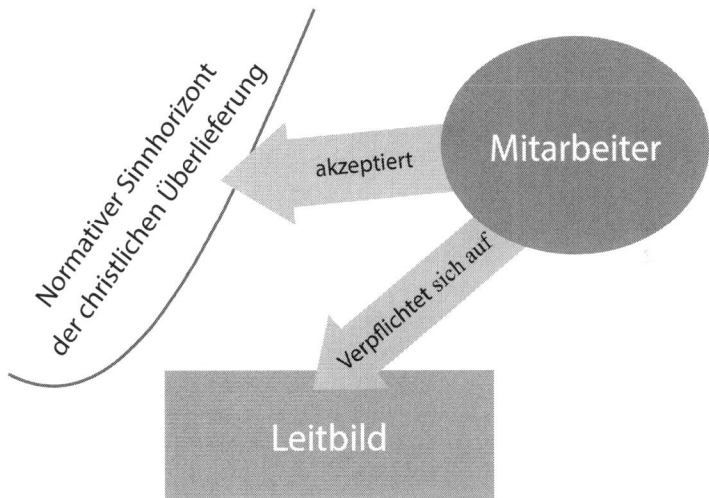

Wesentliche Aufgabe wird sein, diesen Sinnhorizont und diese Verbindlichkeit des Leitbildes den einzelnen Mitarbeitenden zu vermitteln. Antoine formuliert hier zu Recht: „Es bedarf erheblicher intellektueller Selbstvergewisserung und ernsthafter Realisierung in der Unternehmenswirklichkeit, um diesem Konzept Glaubwürdigkeit zu verleihen." Wir meinen jedoch, dass es kein Gegenargument sein kann, dass dies „die Träger der Diakonie in der Breite überfordert". Eben dies ist vielmehr die Aufgabe, die jedes Unternehmen in Caritas und Diakonie zu bearbeiten hat, wenn es ein klares eigenes Profil entwickeln will. Die Ansprüche an das Unternehmen in Bezug auf seine christliche Konfessionsbindung werden dabei nicht weniger, sie werden vielmehr deutlich gesteigert. Es ist wesentlich anspruchsvoller für das einzelne Unternehmen, die eigene Identität immer wieder selbst thematisieren zu müssen, anstatt sie in der Kirchenmitgliedschaft der Mitarbeitenden gesichert zu sehen. Das erfordert – worauf in spannender Übereinstimmung gleichermaßen der Managementlehrer Rüegg-Stürm und der leitende Bischof Ulrich hingewiesen haben – einen permanenten Prozess der Reflexion und Definition der Unternehmensidentität, für den vor allem die Leitenden im Unternehmen verantwortlich sind und in den die im Unternehmen tätigen Mitarbeitenden ständig mit einzubeziehen sind.

Nimmt man dabei für die Unternehmensführung in diesem Sinne auch kinästhetische Gedanken auf, so ist klar, dass solche Identitätsprägung sich letztlich aus dem Unternehmen selbst heraus entwickeln muss. Der Grundgedanke der Kinästhetik, die Eigenbewegung des jeweiligen Menschen z. B. in der Pflege kinästhetisch wahrzunehmen und zu unterstützen, könnte in diesem Sinne vielleicht auch für komplexe soziale Organisationen hilfreich sein. Jedes Unternehmen in Caritas und Diakonie hat seine eigene Prägung und nimmt seine je eigene weitere Entwicklung, wobei hier genau die konfessionelle Prägung einen wesentlichen identitätsbestimmenden Faktor bildet. Beate Hofmann ist insofern zuzustimmen, wenn sie betont, dass Kultur in diesem Sinne etwas ist, „dass sich nicht oder nur in geringem Maß direkt steuern lässt". Die Kunst und Verantwortung der Leitenden kann aber darin bestehen, diese spezifische Prägung und bereits angelegte Bewegung im je eigenen Unternehmen zu „lesen" und immer wieder so zu unterstützen und zur Sprache zu bringen, dass sie für das weitere Handeln und die weitere Entwicklung grundlegend wird. Das so gefundene und ständig aktualisierte Selbstverständnis muss sich dann aber auch in expliziten Verhaltenserwartungen und -anweisungen konkretisieren. Insofern sind vom jeweiligen Unternehmen auch konkrete Standards und Kriterien zu definieren, um eine konsequente Umsetzung des Selbstverständnisses sicher zu stellen.

Es geht damit letztlich um ein konsequent unternehmerisches diakonisches und caritatives Handeln. Diakonische und caritative Unternehmen sind dabei ein Teil von Kirche. Aus diesem Grunde hat die Verortung caritativer und diakonischer Einrichtungen unter dem Dach der kirchlichen Selbstbestimmung eine hohe Plausibilität. Sie bietet – nicht zuletzt durch die nach Art. 140 GG verfassungsrechtlich garantierten Gestaltungsmöglichkeiten der Kirchen – große unternehmerische Freiheit bei eindeutiger konfessioneller Orientierung. Entsprechend ist aufgrund der geprägten konfessionellen Identität diakonischer und caritativer Unternehmen wünschenswert, dass diese Verbindung erhalten bleibt und gestärkt wird. Unsere Gedanken sind an dem Anliegen orientiert, dass die diakonischen und caritativen Unternehmen aktiv an ihrer Verbindung zu den verfassten Kirchen festhalten. Wir hoffen, dass auch die verfassten Kirchen die hier vertretene unternehmerische Position akzeptieren und mit weitem Herzen aktiv unterstützen.

Literaturverzeichnis

– ALBRECHT, CHRISTIAN, „Dienstgemeinschaft". Zur Pluralitätsfähigkeit einer diakonischen Pathosformel, in: DERS. (HG.), Wieviel Pluralität verträgt die Diakonie? Tübingen 2013a, S. 93–107.

– DERS., Glaubwürdigkeit auf der Grenze. Theologische Überlegungen zur protestantischen Identität der Diakonie im Kontext religiöser und kultureller Pluralität, in: DERS. (HG.), Wieviel Pluralität verträgt die Diakonie? Tübingen 2013b, S. 65–92.

– ANDERSSEN-REUSTER, ULRIKE U. A. (HGG.), Psychotherapie und buddhistisches Geistestraining. Methoden einer achtsamen Bewusstseinskultur, Stuttgart 2013.

– AUFFARTH, CHRISTOPH, Mit dem Getreide kamen die Götter vom Osten in den Westen. Systematische Überlegungen zu Religion und Handel am Beispiel des Serapis, in: Zeitschrift für Religionswissenschaft 20 (2012), S. 7–34.

– DERS., Pluralismus, Religion und Mittelalter. Das Mittelalter als Teil der Europäischen Religionsgeschichte, in: DERS. (HG.), Religiöser Pluralismus im Mittelalter? Besichtigung einer Epoche der Europäischen Religionsgeschichte, Münster 2007, S. 11–23.

– BAUER, JOBST-HUBERTUS U. A., Allgemeines Gleichbehandlungsgesetz. Kommentar, München [2]2008.

– BERGER, PETER L., The Desecularization of the World. A Global Overview, in: DERS. (HG.), The Desecularization of the World. Resurgent Religions and World Politics, Michigan 1999, S. 1–18.

– DERS., Zur Dialektik von Religion und Gesellschaft. Elemente einer soziologischen Theorie, Frankfurt/Main 1973.

– BIRKIGT, KLAUS/STADLER, MARINUS M., Corporate Identity-Grundlagen, in: DIES./HANS J. FUNK (HGG.), Corporate Identitity. Gundlagen, Funktionen, Fallbeispiele, München 2002, S. 13–24.

– BÖSL, ELSBETH U. A. (HGG.), Disability History, Bielefeld 2010.

– BOYARIN, DANIEL, A radical Jew. Paul and the Politics of Identity, Berkely 1994.

– BUREL, SIMONE, Unternehmensidentität. Greifbarmachung eines Konzeptes mittels diskurslinguistischer Methoden, in: Heidelberger Graduiertenjournal für Geisteswissenschaften 2 (2012), S. 1–20.

– CAMPENHAUSEN, AXEL FREIHERR VON, Staat und Religion nach dem Grundgesetz, in: Humboldt Forum Recht (2008), S. 123–129.

– CASANOVA, JOSÉ, Public religions in the modern world, Chicago1994.

- CONRING, HANS-T., Leiharbeit in der Diakonie. Beschluss des KGH.EKD zur Zeitarbeit verwechselt Dienstgemeinschaft mit Dienststellengemeinschaft, in CuraContact (2) 2007, S. 4f.
- DALAI LAMA XIV., Das Buch der Menschlichkeit. Eine neue Ethik für unsere Zeit, Bergisch Gladbach 2000.
- DIAKONIE IN HESSEN UND NASSAU, Interkulturelle Orientierung und Öffnung der Diakonie. Was unser Denken und Handeln leitet, Nov. 2009, abrufbar unter: www.diakonie-hessen.de/fileadmin/Arbeitsfelder/Migra tion_und_Fluechtlinge/Publikationen/Interkulturelle%20Öffnung%20und%20 Orientierung%20Interkulturelles%20Leitbild%20DWHN.pdf ((27.10.2014).
- DIAKONIE RHEINLAND WESTFALEN LIPPE, Interkulturelle Heraus-forderung für die eigene Organisationsentwicklung. Workshop für die Leitungsebene diakonisch-kirchlicher Träger und Einrichtungen, 7. Juni 2011 in Hagen. Dokumentation, abrufbar unter: www.diakonie-rwl.de/cms/media/pdf/arbeitsbereiche/teilhabe_und_integration/migratio n_und_flucht/publikationen/DokumentationTraegerworkshopInterkulture lleOeffnung-DiakonieRWL1.pdf (27.10.2014).
- DIAKONISCHES WERK DER EKD E. V. (HG.), Geistesgegenwärtig pflegen. Existenzielle Kommunikation und Spirituelle Ressourcen im Pflegeberuf, Bd. 1. Grundlegungen und Werkstattberichte, Neukirchen-Vluyn 2012.
- DIES. (HG.), Interkulturelle Öffnung in den Arbeitsfeldern der Diakonie. Diakonie für Menschen zwischen Ländern und Kulturen (Diakonie Texte. Handreichung 13), Leinfelden-Echterdingen 2008.
- DIAKONISCHES WERK IN HESSEN UND NASSAU E. V., Auf dem Weg zu einer „Dienstgemeinschaft mit Anderen". Dokumentation der Konsul-tation „Wen wollen wir als Mitarbeiter/in? Kirchliche und diakonische Einrichtungen im Spannungsfeld zwischen christlicher Profilierung und interkultureller Öffnung" am 25. August 2010 in der Evangelischen Akademie Arnoldshain, abrufbar unter: http://www.diakonie-hes sen.de/fileadmin/Dateien/AAA_DiakonieHessen/Files/Ueber_uns/Arbeit sbereiche/Migration/Tagungsdokumentationen_Texte/Dienstgemeinscha ft.pdf (27.10.2014).
- DROBINSKI, MATTHIAS, Glaubensrepublik Deutschland, Freiburg 2012.
- DÜZGÜN, SABAN ALI, Die Möglichkeit einer theologischen Grundlegung der menschlichen Vollkommenheit, in: HEINZMANN, RICHARD U. A. (HGG.), Menschenwürde. Grundlagen im Islam und im Christentum, Ankara 2006, S. 215–235.
- EDUARD SCHILLEBEECKX, Christus und die Christen. Die Geschichte einer neuen Lebenspraxis, Freiburg 1977.
- EINIG, ANDREAS, Wie im Himmel so auf Erden. Spiritualität in der Personal- und Organisationsentwicklung, Baden-Baden 2014.

- EKD, Engagement und Indifferenz Kirchenmitgliedschaft als soziale Praxis. V. EKD-Erhebung über Kirchenmitgliedschaft, Hannover 2014.
- EKD, Identität und Verständigung. Standort und Perspektiven des Religionsunterrichts in der Pluralität, Gütersloh 1994.
- EROGLU, HÜLYA, Muslimische Pflegekräfte in deutschen Krankenhäusern. Zwischen Bereicherung und Belastung, in: Zeitschrift für die Religionslehre des Islam 14 (2014), S. 5–22.
- EURICH, JOHANNES/LOB-HÜDEPOHL, ANDREAS (HGG.): Behinderung – Profile inklusiver Theologie, Diakonie und Kirche, Stuttgart 2014.
- FALATURI, ABDOLJAVAD, Grundkonzept und Hauptideen des Islam, Hamburg ²2002.
- FIEDLER, PETER, Das Matthäusevangelium, ThKNT 1, Stuttgart 2006.
- FREIBERGER, OLIVER, How the Buddha dealt with Non-Buddhists, in: SCHMIDT-LEUKEL, PERRY (HG.), Buddhism and religious diversity. Religious Pluralism. Vol. IV, New York 2013, S. 46–56.
- FUCHS, OTTMAR, Caritaseinrichtungen als Orte interreligiöser Praxis, in: Impulse 15 (2010), S. 14–20.
- GABRIEL, KARL, Säkularisierung und Wiederkehr der Religionen unter den Bedingungen der Globalisierung, in: KREUTZER, ANSGAR/GRUBER, FRANZ (HGG.), Im Dialog. Systematische Theologie und Religionssoziologie, Freiburg 2013, S. 267–277.
- GADAMER, HANS-GEORG, Gesammelte Werke. Bd. 1, Hermeneutik: Wahrheit und Methode. Grundzüge einer philosophischen Hermeneutik, Tübingen 2010.
- GEBHARDT, WINFRIED, Believing without Belonging? Religiöse Individualisierung und neue Formen religiöser Vergemeinschaftung, in: KREUTZER, ANSGAR/GRUBER, FRANZ (HGG.), Im Dialog. Systematische Theologie und Religionssoziologie, Freiburg 2013, S. 297–317.
- GENSCHEL, PHILIPP/ZANGL, BERNHARD, Metamorphosen des Staates – Vom Herrschaftsmonopolisten zum Herrschaftsmanager, in: Leviathan 3 (2008), S. 430–454.
- GLASENAPP, HELMUT VON, Kant und die Religionen des Ostens, Kitzingen 1954.
- GRAF, FRIEDRICH W., Die Wiederkehr der Götter. Religion in der modernen Kultur, München 2004.
- GREGOR, PAUL, Konfuzius, Freiburg 2001.
- GRESHAKE, GISBERT, Gottes Heil – Glück des Menschen. Theologische Perspektiven, Freiburg/Brsg. 1983.
- GU, XUEWU, Konfuzius zur Einführung, Hamburg ³2008.
- HAAS, HANNS-STEPHAN, Bekannte Sünde. Eine systematische Untersuchung zum theologischen Reden von der Sünde in der Gegenwart (NBST 10), Neukirchen 1992.

- HAMMER, ULRICH, Europäische Wende im Kirchlichen Arbeitsrecht? In: AuR 2011, S. 278–285.
- HARK, HELMUT, Religiöse Neurosen. Gottesbilder, die die Seele krank machen, in: Baumgartner, Isidor, Handbuch der Pastoralpsychologie, Regensburg 1990, S. 481–492.
- HARNACK, ADOLF VON, Die Mission und Ausbreitung des Christentums in den ersten drei Jahrhunderten, Leipzig 1902.
- HASPEL, MICHAEL, Diakonie und Arbeitsrecht in theologischer Perspektive. Evangelisches Profil und kirchlicher Auftrag der Diakonie nach dem Ende des Konzeptes der Dienstgemeinschaft, in: BThZ 2013, S. 349–377.
- HAUSCHILDT, EBERHARD, Wider die Identifikation von Diakonie und Kirche, in: PTh 89 (2000), S. 411–415.
- HAYEK, FRIEDRICH A., Die Ergebnisse menschlichen Handelns aber nicht menschlichen Entwurfs [1967], in: DERS., Rechtsordnung und Handelsordnung. Aufsätze zur Ordnungsökonomik, Tübingen 2003.
- HEINIG, MICHAEL, Kirchenrechtliche Herausforderungen für die Diakonie im Horizont religiöser Pluralisierung und Säkularisierung, in: ALBRECHT, CHRISTIAN (HG.), Wieviel Pluralität verträgt die Diakonie? Tübingen 2013, S. 35–64.
- HESSEL, STÉPHANE/DALAI LAMA XIV., Wir erklären den Frieden, Berlin 2012.
- HICK, JOHN, On Conflicting Religious Truth Claims. In: *Religious Studies* 19 (1983), S. 485-492.
- HOBURG, RALF, Theorie der Helfenden Berufe. Nachwort, Stuttgart 2008.
- HOFMANN, BEATE, Diakonische Unternehmenskultur, Stuttgart [2]2010.
- DIES., Sich im Glauben bilden, Leipzig 2013.
- HUBER, WOLFGANG U. A. (HGG.), Kirche in der Vielfalt der Lebensbezüge (4. EKD-Erhebung über Kirchenmitgliedschaft), Bd.1, Gütersloh 2006.
- IANNACCONE, LAURENCE R./STARK, RODNEY, A Supply-Side Reinterpretation of the 'Secularization' of Europe, in: Journal for the scientific Study of Religion 33 (1994), S. 230–252.
- ILKILIC, ILHAN, Kultursensible Patientenverfügung in einer wertpluralen Gesellschaft und das muslimische Glaubensverständnis, in: HAKER, HILLE U. A. (HG.), Perspektiven der Medizinethik in der Klinikseelsorge, Berlin [2]2014, S. 105–118.
- JÄGER, ALFRED, Diakonie als christliches Unternehmen. Theologische Wirtschaftsethik im Kontext diakonischer Unternehmenspolitik, Gütersloh [3]1990.
- JÄGER, HENRIK, Menzius. Den Menschen gerecht. Ein Menzius-Lesebuch, Zürich 2010.

- KASPER, WALter, Jesus der Christus, Mainz [9]1984.
- KELLER, SIMON, The Limits of Loyalty, Cambridge 2007.
- KESSLER, HANS, Erlösung als Befreiung, Düsseldorf 1972.
- KHOURY, THEODOR ADEL, Kommen Muslime in den Himmel? Gelangen Christen ins Paradies? In: TWORUSCHKA, UDO (HG.), Gottes ist der Orient, Gottes ist der Okzident. Festschrift für Abdoljawad Falaturi zum 65. Geburtstag. Köln 1991, S. 486–496.
- KONFUZIUS, Gespräche (Lun Yü), Köln 2007.
- KONG, QUI, Die Weisheit des Konfuzius. Aus dem chinesischen Urtext neu übertragen und eingeleitet von Hans O. H. Stange, Frankfurt/Main 1964.
- KÖRTNER, ULRICH, Der inspirierte Leser. Zentrale Aspekte biblischer Hermeneutik, Göttingen 1994.
- KRUTTSCHNITT, JÖRG, Die Bedeutung der „Loyalitätsrichtlinie" im Spannungsfeld zwischen pragmatischen Problemlagen und protestantischem Profil, in: BECKER, UWE U. A. (HGG.), Diakonie, unbeschadet der Rechtsform. Festschrift für Moritz Linzbach anlässlich seines 65. Geburtstages, Berlin 2013, S. 51–60.
- LAVE, JEAN/WENGER, ETIENNE, Situated Learning. Legitimate Peripheral Participation, New York 1991.
- LEWKOWICZ, MARINA/LOB-HÜDEPOHL, ANDREAS, Spiritualität in der Sozialen Arbeit, Freiburg im Breisgau 2003.
- LOB-HÜDEPOHL, ANDREAS, Berufliche Soziale Arbeit und die ethische Reflexion ihrer Beziehungs- und Organisationsformen, in: DERS./LESCH, WALTER (HGG.), Ethik Sozialer Arbeit. Ein Handbuch, Paderborn 2007, S. 113–161.
- DERS., Bewegende Beziehungen gestalten – Leben aus Gottes Kraft, in: SCHAVAN, ANNETTE (HG.), Leben aus Gottes Kraft. Denkanstöße. Ostfildern 2004, S. 83–87.
- DERS., Gegensichten – zur Kritik an behindernden Bildern beschädigten Lebens, in: Informationen für Religionslehrerinnen und Religionslehrer 31 (2002), S. 172–181.
- DERS., Gott in Welt. Heilsames und Unheilvolles im Umgang mit psychisch versehrten Menschen, in: HEINZ, ANDREAS U. A. (HG.), Über Gott und die Welt, Berlin 2005, S. 23–31.
- DERS., Inklusion als theologisch-ethische Grundnorm – auch für die Armutbekämpfung? In: JOHANNES EURICH U. A. (HGG.): Kirchen aktiv gegen Armut und Ausgrenzung. Stuttgart 2011, S. 158–174.
- DERS., Inklusive Gemeinschaften. Ethische Implikationen der Behindertenrechtskonvention, in: Stimmen der Zeit 232 (2014), S. 243–256.
- LÖHMANN, BIRGIT, Die ACK-Klausel in der Diakonie. Erhebung und gegenwärtige Anwendung im Diakoniekrankenhaus Rotenburg (Wümme) gGmbH. Kriterien und Organisationsformen der Zukunft,

Masterarbeit Institut für Diakoniemanagement KiHo Wuppertal/Bethel, Bad Pyrmont Juli 2011.

- LUHMANN, NIKLAS, Die Gesellschaft der Gesellschaft, Frankfurt/Main 1997.
- LUHMANN, NIKLAS, Ökologische Kommunikation. Kann die moderne Gesellschaft sich auf ökologische Gefährdungen einstellen? Opladen [4]2004.
- LUHMANN, NIKLAS, Organisation und Entscheidung, Wiesbaden [3]2011.
- LUZ, ULRICH, Das Evangelium nach Matthäus, EKK I/3, 2. Aufl. Neukirchen-Vluyn 2012.
- MILEWSKI, NADJA, Fertility of Immigrants. A Two-Generational Approach in Germany, Hamburg 2010.
- MILLER, DONALD, Reinventing American Protestantism. Christianity in the New Millennium, University of California Press 1997.
- MUCKS-BÜKER, DETLEF, Interkulturelle Öffnung – Notwendigkeit in der Altenpflege? Eine Untersuchung zu den Erwartungen an die Altenpflegeangebote des Diakonischen Werkes Gladbeck-Bottrop-Dorsten e. V., Masterarbeit Institut für Diakoniemanagement KiHo Wuppertal/Bethel, Gladbeck August 2011.
- MÜLLER, KLAUS, Diakonie im Dialog mit dem Judentum. Eine Studie zu den Grundlagen sozialer Verantwortung im jüdisch-christlichen Gespräch, Heidelberg 1999.
- NAGEL, ALEXANDER-KENNETH, Pluralisierung als Chance: Religionssoziologische Perspektiven für eine „diverse Diakonie", in: CHRISTIAN ALBRECHT (HG.), Wieviel Pluralität verträgt die Diakonie? Tübingen 2013, S. 11–34.
- DERS., Public Religion and State Transformation: Zero-sum game or Fruitful Partnership? In: Journal of Religion in Europe 3 (2010), S. 323 bis 349.
- NAUERTH, MATTHIAS, Gestern noch eine Glaubensgemeinschaft, heute eine bunte Koalition! Überlegungen zu Wandel und Konstanz der Identität diakonischer Organisationen, in: Der Bote 1 (2013), S. 12–18.
- OBERDORFER, BERND, Art. Konfession, RGG[4], Bd. 4, Tübingen 2001, Sp. 1546f.
- PARGAMENT, KENNETH I., Ziele, die dem Menschen heilig sind. Zur Bedeutung der Zukunft für die Gesundheit. In: Spiritual Care 1 (2013), S. 8–16.
- POHL-PATALONG, UTA, Von der Ortskirche zu den kirchlichen Orten. ein Zukunftsmodell, Göttingen 2006.
- POLLACK, DETLEF/MÜLLER, OLAF, Religionsmonitor. Verstehen was verbindet. Religiosität und Zusammenhalt in Deutschland, Bielefeld 2013.

- PRÖPPER, THOMAS, Erlösungsglaube und Freiheitsgeschichte. Eine Skizze zur Soteriologie, München ²1988.
- RAHMAN, FAZLUR, Major Themes of the Qur'an, Chicago u. a. ²2009.
- REBER, JOACHIM, Christlich-spirituelle Unternehmenskultur, Stuttgart 2013.
- RENZ, ANDREAS U. A., Identität durch Anerkennung von Differenz. Zusammenfassende und weiterführende Reflexionen, in: SCHMID, HANSJÖRG U. A. (HGG.), Identität durch Differenz? Wechselseitige Abgrenzungen in Christentum und Islam, Regensburg 2007, S. 254–260.
- REUTER, HANS-RICHARD, Kirchenspezifische Anforderungen an die privatrechtliche berufliche Mitarbeit in der evangelischen Kirche und ihrer Diakonie. Theologisches Gutachten zum Entwurf einer „Loyalitäts-richtlinie" des Rates der Evangelischen Kirche in Deutschland, in: DERS., Botschaft und Ordnung. Beiträge zur Kirchentheorie, Leipzig 2009, S. 185–222.
- RIESEBRODT, MARTIN, Die Rückkehr der Religionen. Fundamentalismus und der „Kampf der Kulturen", München 2000.
- RILKE, RAINER MARIA, Das Stundenbuch. Erstes Buch: Vom mönchischen Leben (1899), Leipzig 1905.
- ROETZ, HEINER, Konfuzius, München 1995.
- ROLOFF, CAROLA U. A. (HG.), Buddhismus im Westen. Ein Dialog zwischen Religion und Wissenschaft (Religionen im Dialog 6), Münster u. a. 2011.
- RÜEGG-STÜRM, JOHANNES, Das neue St. Galler Management-Modell. Grundkategorien einer integrierten Managementlehre; der HSG-Ansatz, Berlin u. a. ²2003.
- DERS./GRAND, SIMON, Das St. Galler Managementmodell. 4. Generation – Einführung, Bern 2014.
- RÜPKE, JÖRG, Integrationsgeschichten. Gruppenreligionen in Rom, in: DERS. (Hg.), Gruppenreligionen im römischen Reich, Tübingen 2007, S. 113–126.
- SACKMANN, SONJA, Methoden zur Erfassung von Unternehmenskultur, in: NERDINGER, FERDINAND W. (HG.), Ansätze zur Messung von Unternehmenskultur. Möglichkeiten, Einordnung und Konsequenzen für ein neues Instrument, Rostock 2007, S. 6–25.
- ŚĀNTIDEVA (7./8. Jh.), Bodhicāryāvatāra of Śāntideva. Edited by Vidhushekhara Bhattacharya, Calcutta 1960.
- SARIKAYA, YASAR, „Muhammad, Wir haben dich als Barmherzigkeit für alle Welten gesandt." (Koran, Sure 21/07), in: DERS. U. A. (HGG.), Muhammad. Ein Prophet – viele Facetten, Münster 2014a, S. 15–36.
- DERS., Muhammad und der Andere. Diffamierung oder Anerkennung, in: DERS. U. A. (HGG.), Muhammad. Ein Prophet – viele Facetten, Münster 2014b, S. 179–194.

- SCHEIN, EDGAR H., Organizational Culture and Leadership, San Francisco 1985, deutsch: Unternehmenskultur. Ein Handbuch für Führungskräfte, Frankfurt, New York 1995.
- SCHMIDT-LEUKEL, PERRY, Gott ohne Grenzen. Eine christliche und pluralistische Theologie der Religionen, Gütersloh 2005.
- DERS., Exclusivism, Inclusivism, Pluralism. The Tripolar Typology – Clarified and Reaffirmed, in: KNITTER, PAUL F. (HG.), The Myth of Religious Superiority. Multifaith Explorations of Religious Pluralism, Maryknoll NY 2005, S. 13–27.
- SCHMUHL HANS-WALTER/WINKLER, ULRIKE (HGG.), Welt in der Welt. Heime für Menschen mit geistiger Behinderung in der Perspektive der Disability History, Stuttgart 2013.
- DIES. in der Körperbehindertenhilfe. Das Johanna-Helenen-Heim in Volmarstein von 1947 bis 1967, Bielefeld 2010.
- DIES., Als wären wir zur Strafe hier. Gewalt gegen Menschen mit geistiger Behinderung – der Wittekindshof in den 1950er und 1960er Jahren, Bielefeld 2011.
- SCHOENAUER, ANDREAS, Kirchliche Arbeitnehmer zwischen Loyalität und Diskriminierung, in: Kirche und Recht 1 (2012), S. 30–44.
- SCHULZ, RÜDIGER U. A., MDG-Trendmonitor Religiöse Kommunikation 2010. Ergebnisse repräsentativer Befragungen unter Katholiken sowie der Gesamtbevölkerung, München 2010.
- SECKLER, MAX, Theosoterik und Autosoterik, in: ThQ 162 (1982), S. 289–298.
- SEELEMANN, ULRICH, Kirchenmitgliedschaft als Voraussetzung kirchlicher Anstellungsverhältnisse, in: ZevKR 44 (1999), S. 226–243.
- SEGAL, ALAN F., Paul the Convert, New Haven 1990.
- SLOTERDIJK, PETER, Die schrecklichen Kinder der Neuzeit. Über das anti-genealogische Experiment der Moderne, Stuttgart ²2014.
- STARK, RODNEY/FINKE, ROGER, Acts of faith. Explaining the human side of religion, Berkeley 2000.
- STARNITZKE, DIERK, Diakonie als soziales System. Eine theologische Grundlegung diakonischer Arbeit in Auseinandersetzung mit Niklas Luhmann, Stuttgart 1996.
- DERS., Diakonie in biblischer Orientierung. Biblische Grundlagen – Ethische Konkretionen – Diakonisches Leitungshandeln, Stuttgart 2011.
- STATISTISCHES BUNDESAMT, Statistisches Jahrbuch Deutschland und Internationales (2012).
- STOLZ, FRITZ, Rechnungen in der Endzeitökonomie, in: ZfR 8 (2000), S. 71–92.
- TAKIM, ABDULLAH, Koranexegese im 20. Jahrhundert. Islamische Tradition und neue Ansätze in Ateş's „Zeitgenössischem Koran-kommentar", Istanbul 2007.

– TEZCAN, LEVENT, Interreligiöser Dialog und politische Religionen, in: Aus Politik und Zeitgeschichte 28/29 (2006), S. 26–32.
– THEIßEN, GERD, Symbolisches Heilen in der Nachfolge Jesu. Neutestamentliche Überlegungen zum diakonischen Heilungsauftrag, in: EURICH, JOHANNES/OELSCHLÄGEL, CHRISTIAN (HGG.), Diakonie und Bildung, Heinz Schmidt zum 65. Geburtstag, Stuttgart 2008, S. 43–67.
– TOBIN, THOMAS H., Paul's Rhetoric in its Context. The Argument of Romans, Peabody, Massachusetts 2004.
– ULRICH, PETER, Normative Orientierungsprozesse, in: DUBS, ROLF U. A. (HGG.), Einführung in die Managementlehre. Bd. 2. FI, Bern ²2009, S. 23–38.
– URBACH, EPHRAIM E., The Sages, Harvard 1979.
– VOGEL, KATHRIN, Corporate Style. Stil und Identität in der Unternehmenskommunikation, Wiesbaden 2012.
– VÖGELE, WOLFGANG, Menschenwürde zwischen Recht und Theologie. Begründungen von Menschenrechten in der Perspektive öffentlicher Theologie, Gütersloh 2000.
– WEICK, KARL E., The Social Psychology or Organizing, New York ²1979.
– WENDELING-SCHRÖDER, ULRICKE/STEIN, AXEL, Allgemeines Gleichbehandlungsgesetz. Kommentar, München 2008.
– WERBICK, JÜRGEN, Soteriologie. Eine Skizze, Düsseldorf 1990.
– WIELANDT, ROTRAUD, Menschenwürde und Freiheit in der Reflexion zeitgenössischer muslimischer Denker, in: SCHWARTLÄNDER, JOHANNES (HG.), Freiheit der Religion. Christentum und Islam unter dem Anspruch der Menschenrechte, Mainz 1993, S. 179–209.
– WILLIAMS, WILLIAM CARLOS, Asphodel, That Greeny Flower. Collectes Poems, New York 1962.
– WILLKE, HELMUT, Systemtheorie I. Grundlagen, Stuttgart 2005.
– ZIMMERMANN, JOHANNES/SCHRÖDER, ANNE-KONSTANZE (HGG.), Wie finden Erwachsene zum Glauben? Einführung und Ergebnisse der Greifswalder Studie, Neukirchen-Vluyn 2010.
– ZIMMERMANN, MICHAEL U. A. (HGG.), Achtsamkeit. Ein buddhistisches Konzept erobert die Wissenschaft. Mit einem Beitrag des Dalai Lama, Bern 2012.
– ZOTZ, VOLKER, Konfuzius für den Westen. Neue Sehnsucht nach alten Werten, Frankfurt/Main 2007.
– DERS., Konfuzius, Reinbek 2000.

Autorinnen und Autoren

JÖRG ANTOINE, Oberkirchenrat Dr., stellvertretender Direktor des Diakonischen Werkes der Ev.-luth. Landeskirche Hannovers e. V., Vorstandsmitglied des Diakonischen Werkes evangelischer Kirchen in Niedersachsen e. V., stellvertretender Vorsitzender der Konferenz Diakonie und Entwicklung des Evangelischen Werkes für Diakonie und Entwicklung e. V.

MICHA BRUMLIK, Prof. Dr., emeritierter Professor für Theorien der Bildung und Erziehung am Institut für Allgemeine Erziehungswissenschaft der Johann Wolfgang Goethe-Universität Frankfurt/M., seit Oktober 2013 Senior Advisor am Zentrum Jüdische Studien Berlin-Brandenburg.

HANS-TJABERT CONRING, Dr. jur., Landeskirchenrat Evangelische Kirche von Westfalen, Dezernat kirchliches Verfassungsrecht und Kirchenrecht sowie Staatskirchenrecht.

HANNS-STEPHAN HAAS, Pfarrer Prof. Dr., Direktor und Vorstandsvorsitzender der Evangelischen Stiftung Alsterdorf, Hamburg; Mitglied im Brüsseler Kreis.

ULRICH HAMMER, Prof. Dr., Rechtsanwalt in Hildesheim, 1994 bis 2008 Professor an der Hochschule für angewandte Wissenschaft und Kunst (HAWK) Hildesheim/Holzminden/Göttingen im Sozialverfassung-, Beratungs-, Kirchlichen Arbeits- und Arbeitsförderungsrecht.

BEATE HOFMANN, Pfarrerin Prof. Dr., Professorin für Diakoniewissenschaft und Diakoniemanagement am Institut für Diakoniewissenschaft und DiakonieManagement (IDM) der Kirchlichen Hochschule Wuppertal/Bethel.

ALEXANDER KENNETH-NAGEL, Prof. Dr., Professor für Sozialwissenschaftliche Religionsforschung, Centrum für Religionswissenschaftliche Studien der Ruhr-Universität Bochum.

DANIEL KIESEL, Geschäftsführer des Brüsseler Kreises, Berlin/Meckenbeuren/Brüssel.

GEORG KRUSE, Sprecher des Brüsseler Kreises, Geschäftsführer Christopherus Werk Lingen e. V., Lingen.

ANDREAS LOB-HÜDEPOHL, Prof. Dr., Professor für Theologische Ethik an der Katholischen Fachhochschule Berlin, Fachhochschule für Sozialwesen und Geschäftsführer des Berliner Instituts für christliche Ethik und Politik (ICEP).

CAROLA ROLOFF (Bhiksuni Jampa Tsedroen), Dr., Wissenschaftliche Mitarbeiterin und Lehrbeauftragte an der Universität Hamburg Akademie der Weltreligionen.

JOHANNES RÜEGG-STÜRM, Prof. Dr., ordentlicher Professor für Organization Studies an der Universität St. Gallen HSG und Direktor des Instituts für Systemisches Management und Public Governance an der Universität St. Gallen (IMP-HSG); Leiter des Forschungszentrums Organization Studies, Programmleiter des interdisziplinären HSG-Master-Programms M.A. in Management, Organisation und Kultur (MOK-HSG).

YASAR SARIKAYA, Prof. Dr., Professor für Islamische Theologie und ihre Diadaktik an der Justus-Liebig-Universität Giesen.

HANS-WALTER SCHMUHL, Prof. Dr., selbstständiger Historiker in Bielefeld, außerplanmäßiger Professor an der Fakultät für Geschichtswissenschaft, Philosophie und Theologie der Universität Bielefeld, stellvertretender Leiter des Instituts für Diakonie- und Sozialgeschichte an der Kirchlichen Hochschule Wuppertal-Bethel.

DIERK STARNITZKE, Pfarrer Prof. Dr., Vorstandssprecher der Diakonischen Stiftung Wittekindshof, Bad Oeynhausen, außerplanmäßiger Professor für Biblische und Systematische Theologie und Unternehmensführung am Institut für Diakoniewissenschaft und DiakonieManagement (IDM) der Kirchlichen Hochschule Wuppertal/Bethel.

GERHARD ULRICH, Leitender Bischof der Vereinigten Evangelisch-Lutherischen Kirche in Deutschlands (VELKD) und Landesbischof der Nordkirche sowie Mitglied der Kirchenleitung der Nordkirche .

WOLFRAM WEIßE, Prof. Dr., Professor für Religionspädagogik der Universität Hamburg, Direktor des interdisziplinäres Zentrums „Weltreligionen im Dialog", Direktor der Akademie der Weltreligionen.